中国社会工作协会发展蓝皮书

（2009～2010）

李德运　主编

中国社会出版社

图书在版编目(CIP)数据

中国社会工作协会发展蓝皮书 / 李德运主编. —北京：中国社会出版社，2011.9

ISBN 978－7－5087－3669－3

Ⅰ.①中… Ⅱ.①李… Ⅲ.①社会工作—协会—白皮书—中国—2009～2010 Ⅳ.①D632－232

中国版本图书馆 CIP 数据核字（2011）第 177826 号

书　　名：中国社会工作协会发展蓝皮书
主　　编：李德运
责任编辑：霍静丽

出版发行：中国社会出版社　　**邮政编码**：100032
通联方法：北京市西城区二龙路甲 33 号
电话：编辑部：（010）66032937
邮购部：（010）66060275
销售部：（010）66080300　传真：（010）66051713
（010）66051698　传真：（010）66080880
（010）66080360　（010）66063678
网　　址：www.shcbs.com.cn
经　　销：全国各地新华书店

印刷装订：中国电影出版社印刷厂
开　　本：170mm×240mm　1/16
印　　张：26.5
字　　数：390 千字
版　　次：2011 年 9 月第 1 版
印　　次：2011 年 9 月第 1 次印刷
定　　价：48.00 元

序　言

创新发展模式　积极务实求进

中国社会工作协会会长　徐瑞新

在“十二五”规划开启之年，经过精心筹备和一年多的努力，《中国社会工作协会发展蓝皮书（2009～2010）》终于面世了。值此出版之际，我向所有参与该书编写工作的同志和支持该书编写的专家，表示深深的感谢！

社会工作是现代社会为应对工业化、城市化和市场化产生的社会矛盾与社会问题作出的一项重要制度安排。改革开放以来，我国的社会工作在曲折中前进，为社会发展作出了一定的贡献。特别是“十一五”期间，党的十六届六中全会作出“建设宏大的社会工作人才队伍”的重大战略部署之后，党的十七大又强调要在经济发展的基础上，加快推进以改善民生为重点的社会建设，强调要统筹抓好以高层次人才和高技能人才为重点的各类人才队伍建设。在党和政府的倡导与推动下，经过广大社会工作者的共同努力，社会工作专业化、职业化、行业化取得了长足的发展，积累了本土化的初步经验。作为社会建设的重要组成部分，社会工作在社会主义现代化建设中发挥着越来越重要的作用。

中国社会工作协会积极响应党的号召，落实中央精神，始终把“构建社会工作理论和实务体系，推进社会工作的专业化、职业化、行业化和本土化”放在突出位置来抓，与时俱进，开拓创新，不断深化认识，创新管理体制，整合社会资源，加大工作力度，采取创新举措，强化服务成效，提高管理水平，使协会站在了新的历史起点上。2009 年，协会在民政部的正确领导下，坚持科学发展，积极进行战略调整，实施整改，协会整体转型初步实现。随着时代的发展和社会的进步，中国社会工作协会的作用日益凸显，承担的任务也会更加繁重。为此，我们迫切需要编写一部蓝皮书，通过对我国社会工作发展状况的梳理，使读者看到我国社会工作发展实际，增强广大社会工作者的信心；通过对协会工作情况的回顾总结，使社会各界看到协会发展的状况，增强协会的社会认可度和公信力；通过对协会及二级机构理论研究成果和实务工作成果的总结，使各界社会工作者了解社会工作发展成果；通过对社会工作发展过程中出现的新形势、新问题的探讨，使社会工作的发展更具活力。

鉴于上述目的，我们在编写了《中国社会工作协会发展蓝皮书（2007～2008)》的基础上，又组织编写了《中国社会工作协会发展蓝皮书（2009～2010)》。这本蓝皮书以科学发展观为指导，以中国社会工作协会的发展轨迹为切入点，对我国社会工作发展情况进行了重新认识；着眼于协会发展战略转型，对协会工作的成果、不足进行了重新审视；立足于国家对社会工作的战略定位，对社会工作未来发展的方向和重点进行了新的探讨。该书延续了《中国社会工作协会发展蓝皮书（2007～2008)》的总体框架，在保持协会总报告、二级机构分报告、协会发展大事记、附录这些版块的基础上，新增了三个方面的内容：一是总结了两年来协会及二级机构理论建设和实务工作的重要成果，增强了可读性。二是增写了两年来我国社会工作发展综述，增强了社会性。三是选编了部分领导同志的有关讲话，并约请社工领域专家就当前社会工作中出现的新情况、新问题撰写了专题理论文章，增强了理论性。

本书通过对社会工作发展形势的回顾以及对协会工作进行系统的梳理和分析，有利于社会各界了解我国社会工作发展脉络和中国社会工作协会发展状况；通过对当前社会工作发展形势的分析和未来发展前景的预测，有利于引导广大社会工作者思考和研究。希望《中国社会工作协会发展蓝皮书（2009～2010)》的出版，不仅促进协会内部的学习和总结，更增进社会各界对社会工作和中国社会工作协会的了解和监督，推进协会与广大社工机构的交流与合作，促进我国社会工作更快更好发展。

中国社会工作协会四届三次常务理事会议

中国社会工作协会 2010 年年终总干事联席会议

《中国社会工作协会发展蓝皮书》编辑委员会

目　　录

全国社会工作发展状况综述

领导讲话

总报告

落实整改　积极转型　提升能力　再创佳绩

——中国社会工作协会2009～2010年工作概述

【摘要】　2009～2010年，协会在民政部的正确领导下，坚持以邓小平理论和“三个代表”重要思想为指导，全面落实科学发展观，开拓进取、改革创新、突出重点、抓住时机，落实整改，积极转型，取得实效。协会自身定位更加清晰，职能发挥更加充分，整体实力不断提高，专业特色不断加强，整体转型初步实现，为推动我国社会工作的专业化、职业化、行业化、本土化建设作出了应有的贡献。

【关键词】　落实整改　理论研究　实务建设　专业提升

2009～2010年是协会发展历史上的重要两年。这两年，协会在民政部的正确领导下，坚持以邓小平理论和“三个代表”重要思想为指导，全面落实科学发展观，开拓进取、改革创新、突出重点、抓住时机，以整改为契机，不断提升协会的软实力和硬实力，努力探索适合中国国情的社会工作发展道路。从而使事业发展跨上了新台阶，理论建设达到了新水平，实务建设取得了新进展，内部管理得到了新加强，队伍建设迈出了新步伐，为推动建立具有中国特色的社会工作理论和实务体系打下了一定的基础。

一、以科学发展观为指导，落实整改，取得实效

2009年，协会在民政部的正确领导下，全面落实科学发展观，狠抓内部整改工作，取得了显著成效。

（一）整改原因

中国社工协会自1991年成立以来，就成为团结全国社会工作者的核心组织，为推进社会工作发展积极努力，作出了一定的贡献。但从总体上看，协会的发展现状与社会工作发展趋势之间还有较大差距，存在着自身定位不准确，总体职能不明确，内部治理不完善的问题。协会必须立足现实，积极整改。这是加强内部建设的需要。作为社会组织，协会应成为行政组织的参谋助手，会员的桥梁和纽带。完善的内部治理结构是协会发挥这一职能的基础。从目前来看，协会的内部治理体制和运行机制仍存在很多不足。协会要发展，必须实施整改，加强内部建设。这是发展社会工作的需要。中国社会工作（者）协会，顾名思义，就是联合全国社会工作者（机构）从事社会工作的专业社会团体，这是协会生存与发展的组织基础。但由于我国长期以来缺乏专职社会工作者，社会工作有关机构也寥寥无几，因此协会在很长一段时间内对自身定位缺乏准确把握，在认识上存在一定的误区，从而造成协会职能不清晰。随着我国社会工作事业的发展，协会必须实施整改，成为发展社会工作的重要力量。这也是完成历史使命的需要。作为联合全国社会工作者（机构）从事社会工作的专业社会团体，在社会工作发展的新时期，协会应该承担起时代赋予的历史使命，承担起专业社会团体的职能，包括集中反映社会工作者（机构）诉求；参与制定落实社会工作相关政策；搭建社会工作领域合作与交流平台；推动社工诚信体系建设，培育社会工作发展的良好社会舆论氛围；培育社工机构，培养社工人才等。因此，协会必须实施整改，以准确、全面掌握社会工作领域的信息和动态，充分发挥综合性的协调和自律职能。

（二）整改进程

1. 确立指导思想

2009年，协会深入贯彻“学习实践科学发展观活动”的精神，从协会实际出发，坚持不懈地认真抓了整改工作。3月，根据《民政部深入学习实践科学发展观活动实施方案》的要求，协会在多方调研的基础上，提出了整改工作的指导思想和目标，明确了整改工作的重点和主要内容，形成

《关于学习实践科学发展观整改意见的报告》，报送民政部。部党组十分重视，在5月26日部党组会议上，专门听取了协会整改方案意见，确定了协会整改工作的原则，并就具体整改工作进行了议定，形成会议纪要，要求协会会同部有关司局落实执行。为落实民政部党组会议精神，协会连续10次召开会长办公会议，逐个听取了各二级委员会的汇报，就深化整改工作进行研究，确定了整改的指导思想。即“以科学发展观为指针，以专业化、职业化、行业化为整改目标和方向，以机构改革和体制、机制创新为重点，逐步把中国社会工作协会打造成为专业特色鲜明，重点工作突出，内外关系协调，运转规范高效，有一定实力和影响力的全国性的、联合性的社会组织”。

2. 精心做好准备

深入学习实践科学发展观活动进入整改落实阶段以后，协会把制定高标准的整改方案和切实有效的整改措施作为落实科学发展观活动的有力举措，以推进协会建设为抓手，细化整改措施，确保整改取得实效。第一，加强调研，准确定位。为了准确定位，协会主动听取民政部关于协会整改的意见，并了解其他协会的运作情况，结合协会实际，提出：中国社会工作（者）协会是联合全国社会工作者（机构）从事社会工作的专业社会团体，协会的一切工作要围绕着这一定位展开。第二，梳理思路，明确职能。在找准定位后，协会明确今后应该发挥的职能是：当好政府特别是民政部推动社会工作发展的助手，为构建和谐社会贡献力量。这主要包括三个方面：其一，加强理论研究，特别是社会工作中国化的理论研究；其二，协助政府主管部门搞好社会工作人才队伍建设；其三，探索和推动社会工作在实务领域的发展。

3. 扎扎实实整改

为了确保整改取得实效，协会制定了一系列措施予以保障。第一，强化专业特色，优化机构设置。根据社会工作专业化要求，协会对机构设置进行调整，提出协会机构设置和工作重心向社会工作专业化贴近的整改目标。首先，对与社会工作联系不密切的委员会进行了撤销，即英烈纪念工作委员会；其次，对内容相近的工作委员会实行了撤并，合并城区、乡镇、社区服务工作委员会为社区工作委员会；再次，对原有的与社会工作联系密切的委员会不仅保留并予以加强，保留了社会养老、儿童社会救助、康复医学、企业公民工作委员会，重点加强了社会养老、儿童救助、社区、康复医学、企业公民工作委员会；第四，根据形势发展的需要，新增了理论宣传、婚姻家庭和社工师工作委员会；此外，还积极配合有关司局，做好婚庆、婚介行业委员会和志愿者、福利企业等工作委员会的移交工作。通过机构整改，协会基本实现了机构设置上的“消肿”和“加强”，一方面强化了社会工作专业化的机构设置，另一方面工作委员会由原来的17个撤并至12个。协会还在整合8个专项基金的基础上，组建“中国社会工作发展基金会”。第二，加强制度建设，完善管理办法。为了完善协会管理体制，提高制度的实用性和可操作性，使各项工作规范有序的运作，实现协会可持续性发展，协会结合学习实践科学发展观活动，加强了协会的制度建设，完善了机构和人员的管理办法。一是编辑印发了《中国社会工作协会管理制度汇编》，制定了一些新的管理制度和操作性规程，完善了《工作委员会管理暂行办法》和《专项基金管理办法》，重点明确了二级机构的职责、管理体制和管理制度，规范了协会工作的运行机制和工作程序，为推进机构管理的严谨性和科学性提供制度保障。二是颁布了《人员管理暂行办法》和《总干事聘任实施细则》，对聘任、聘用人员的引入和管理，工资、福利与社会保险，考核与奖惩，人事、党群关系的代管和转接都作了明确规定，从而实现了有章可循，为全力打造效能高、作风实、自律严的工作队伍奠定了基础。目前，协会已建立和完善11项规章制度，在议事决策、人事财务、用印管理、办事程序、经费筹集等方面都努力做到有章可循，严格自律。第三，加强队伍建设，提升能力水平。为加强协会的队伍建设，提高自身专业化水平，协会坚持可持续发展观，不断加强人员结构调整和能力建设，对管理、直属机构、基金负责人以及二级委员会总干事实行竞聘和述职考评，并引入督导制度和对二级委员会的评估制度，基本实现了协会从领导班子到员工队伍老、中、青的梯次结构，年轻化、专业化，知识结构、办事能力及规范运作水平都有较大提高，推动了二级委员会的规范化建设，协会动员社会力量、宣传社会工作的能力也提升到一个新的水平，为协会的可持续发展奠定了基础。

（三）整改效果

总体来看，这次整改，以科学发展观为指导，从实际出发，抓住工作重点，落实各项措施，在机构设置上，突出专业特色，紧贴社会工作核心内容，推进行业化建设，整合专项基金，基本实现了机构设置上的“消肿”和“加强”；在制度建设上，重点明确二级机构的职责、管理体制和管理制度，规范协会工作的运行机制和工作程序，实现协会的可持续性发展；在人员管理上，建立能上能下、能进能出、人尽其才、才尽其用的人才任用机制。通过整改，协会自身定位更加清晰，职能发挥更加充分，整体实力不断提高，专业特色不断加强，管理体制逐步完善，整体转型初步实现，为逐步把协会打造成为专业特色鲜明、重点工作突出、内外关系协调、运转规范高效，有一定实力和影响力的全国性社会公益组织奠定了坚实的基础。2010 年 1 月 12 日，民政部李学举部长对《中国社会工作协会关于整改工作的总结报告》作出重要批示：“中国社工协会认真落实《学习实践科学发展观活动整改意见》，从加强、发展自身入手，定位整合、建章立制、思路清晰、重点突出、组织得力、成果显著，值得肯定。”

二、以落实整改措施为动力，积极转型，创新发展

通过整改，协会重新定位，整合资源，明确职能，突出专业特色，强化整体转型，以转型求创新，以创新求发展，协会的专业化能力显著提高，内部建设更为完善，机构设置更加合理，队伍素质逐步提高，业务工作全面发展，项目运作能力显著增强，社会影响力、公信力逐步提升。

（一）专业化能力显著提高

专业化是社会工作实现职业化、行业化的前提。作为我国社会工作领域的排头兵和领头雁，协会在整改的基础上，努力提高自身专业化水平，取得了明显成效。主要表现在：

1. 以专业化建设为核心，积极探索具有中国特色的社会工作理论，取得丰硕成果

理论是行动的先导，是指引实践顺利进行的航向灯。加强理论学习，既是时代赋予协会的责任，也是协会发挥自身优势的基础。协会注重结合自身实际，不断创新思想，深入理论研究，积极探索有中国特色的社会工作理论体系，取得了丰硕成果。主要表现在：第一，加强调查研究，寻求专业社会工作本土化发展道路。2010 年 4 月，协会组织调研小组，赴北京、上海、深圳、江西、湖南等地，就如何构建中国特色的社会工作实务体系进行专题调研考察，并在此基础上形成了调研报告，报告对中国特色社会工作实务体系进行了初步的探索和分析，提出了构建我国社会工作实务体系的十大要素，得到了有关方面的重视，在社会工作系统产生了一定的影响。此外，协会还组织专家深入灾区，调研灾区开展社会工作现状，提出关于建立和推广五种基层社会工作组织形式的报告，受到中央领导及部领导的高度重视。第二，推动总结宣传，营造社会工作发展氛围，提升社会工作影响力。2009 年以来，协会先后编印宣传材料《中国社会工作发展报告（1998～2008）》和《中国社会工作协会发展蓝皮书（2007～2008）》，对我国社会工作和协会工作的发展历程进行梳理，向社会宣传国内社会工作理论与实务研究成果；编印《社会工作实务个案专辑》，汇编全国各地较为典型的社工实务案例，为社会工作者提供实际的帮助；加强协会网站建设，发布全国各地社会工作相关信息；撰写《积极探索构建社会工作实务体系》等研究论文和调研报告，拓展宣传渠道，扩大社会影响。第三，加强研讨交流，为社会工作的开展提供理论支持。协会通过举办多种形式的研讨交流，对在社会工作开展过程中遇到的难题和新问题深入研究，为社会工作的开展提供理论支持。“灾后重建中的中国社会工作论坛”、“民族地区社会工作与社会建设论坛”、“首届医务社工论坛”等都对本领域的理论、实务问题进行探讨，总结实践经验，推出了一批在多个领域开展社会工作的理论成果，引起了各方关注，在开拓社工新领域方面产生了重要影响。“中国社工协会专家委员会会议”和“全国各地社工协会建设座谈会”对当前社工行业面临的形势和存在的问题进行了系统探讨，并初步建立了内地社会工作网络。

2. 以实务创新为突破点，积极开展社工实务探索，推进社会工作本土化发展实务是社会工作的重要组成部分，是社会工作的实质所在，也是为理论的发展和确立提供实证。协会在整改基础上，坚持以实务创新为突破点，将社会工作理念运用到实务中，积极开展社工实务探索，推动了社会工作本土化发展的进程。第一，开展社工试点和基地工程，社会工作实务创新取得实效。为了推动灾区社会工作开展，协会开展了“社会工作服务组织试点工程”，在四川汶川灾区扶持设立五个社会工作服务组织项目试点机构。在专家委员的指导和有关各方的积极配合下，试点机构连续举办了三期培训班，成效显著，得到了中央及民政部领导的重视，为今后加强民办社工服务组织建设打下了基础。为推动中国特色社工实务体系建设，协会与有关地区和单位合作创建了五个“社会工作实务创新基地”，即“城区社会工作实务创新基地”（以北京市西城区社会工作联合会——厚朴社工事务所为主）；“企业社会工作实务创新基地”（以深圳市民政局社工处——深圳市龙岗区至诚社工服务社企业社工实务基地为主）；“基层社工岗位专业化创新基地”（以江西省社工协会——南昌青云谱社会福利院为主）；“农村社会工作实务创新基地”（以长沙民政职业技术学院——湘西自治州古丈县默戎镇中寨村社工实习基地为主）；“社工带义工社工功能拓展实验基地”（以广东南海青年社工协会——南海桂城为主）。这些创新基地为协会扎实深入地推进社工实务建设创造了条件。此外，协会二级委员会社工专业化试点工作也取得进展。二级委员会立足实际，服务大局，积极尝试和努力开展社工专业化试点建设。社区工作委员会组织实施“社工一家”项目，婚姻家庭工作委员会成立婚情社工事务所，社会养老工作委员会在内蒙古、陕西等地建立社会养老基地试点，组建“关爱老人服务中心”，为老年社工开展专业服务提供帮助。第二，推进社工实务培训工作，培养实务型社工人才取得实效。为推进协会队伍专业化建设和培养社工实务人才，协会调整和加强了社会工作培训中心的力量，结合协会专业化建设目标，在培养实务性的社会工作人才上狠下工夫，特别是在老年、儿童、社区、婚姻家庭社工队伍的培养与建设上取得实效。协会投资百万元建立社工远程培训教育网，青岛社工培训基地为河北、黑龙江等地举办各类社工培训班 17 期，共培训 850 多人，受到地方欢迎。第三，策划和组织多种活动，传播社工理念取得实效。为了提升社会工作的社会认可度和影响力，在全社会营造有利于社会工作开展的良好氛围，协会策划和组织“中国社工年会”、“首届全国社工知识大赛”等活动。这些活动紧贴我国社会工作发展的实际，通过媒体的刊播，传扬社工理念，展示社工风采，盘点社工事件，介绍社工政策，促进社工事业发展。

（二）项目运作能力得以提升

活动是社会组织的生命力所在，抓好项目运作是协会生存与发展的必要举措。过去两年中，协会坚持“以活动促品牌树立，以品牌促形象提升”的发展方式，通过积极开展各种活动，将社会工作理念运用到实践中，努力打造品牌项目，提升项目运作能力，积极服务社会，取得了明显的成效。

1.“龙头带动”工作取得成效，“一老一小”品牌项目持续发展

“一老”——“爱晚工程”取得重大进展。作为社会化养老工作的示范工程，“爱晚工程”继在上海、青岛等地落地后，又向山西等地推进。“爱晚工程”布局在全国进入关键阶段，为促进和推动我国社会养老事业的发展起到了积极的示范作用。“一小”——“爱心希望”项目持续发展。2009 年，“爱心 2008”项目正式更名为“爱心希望”。“爱心希望”活动在秉承“助人自助”理念基础上，救助对象从单一的孤残、病残儿童逐步扩展到深处困境的儿童；救助地区从四川地震灾区延伸到甘肃、吉林、新疆、陕西、山西等地；救助方式从协会独立运作逐步发展为同地方政府、企业单位、爱心组织联合推动，不断探索新型救助模式；资助方式从现金和实物救助逐步推广到短信捐助和手机彩票推广。2009～2010 年度，协会为开展儿童救助项目募集善款，近千名贫困家庭孤残儿童得到救助。此外，脑瘫儿童救助、孤残儿童家庭寄养和助学工作以及艾滋病致孤儿童救助工作也取得了稳步发展。

2.“多点支撑”工作取得成效，二级委员会工作全面开花

第一，社区社会工作取得丰硕成果。“全国首届社区共建共享高层论坛”、“第三届全国社区睦邻文化高层论坛”、“2009 中国社区服务论坛”、

“2009两岸四地社区服务工作实务论坛”、“第二届全国社区社会组织建设高层论坛”、“首届中国社区工作经验交流会”、“首届全国社区党建工作推进会”、“全国社区居委会建设工作推进会”、“学习型社区经验交流会”和“菊园新区三全服务”专家讨论会等会议的召开，以及对河北、天津、江苏、上海、新疆等地的社区社会工作、特色社区建设、社区服务和农村社区建设的调研，都为抓好社区工作，推动社区社会工作实务开展作出了积极的探索。第二，婚姻家庭社会工作积极开展。暨“亲密之旅”家庭培训、“青少年身心健康教育知识讲座”取得成效之后，“婚姻家庭公益热线”和“婚姻大讲堂”又顺利启动。婚姻服务业标准的制定与贯彻，中国婚博会、中国婚介工作研讨会、第四届全国婚礼主持人大赛的成功举办等都对婚姻家庭社会工作的发展起到了积极的推动作用。第三，社会公益领域社会工作成果显著。“榜样公益”系列活动组委会的召开，确定了活动的发展方向和工作重点，富有成效。“中国慈善排行榜”、“第四届十大社会公益之星评选表彰活动”、“中国优秀企业公民调查评选活动”等都注重在内容、形式、宣传和社会参与面上进行创新，发掘典型事件和优秀人物，提高公众对社会工作的认识，发动群众参与社会工作。2009年至2010年连续两年举办了中国社工年会，评选了中国社工领域的十大事件和年度中国社工人物，产生了很大的社会影响。社区志愿者工作委员会、彩票工作委员会和公益委员会立足现实，结合自身特点，狠抓专业建设和基础管理，积极开展内容丰富、形式多样的活动，不断探索新的合作模式，成果显著。防治乳腺癌专项基金、甘泉工程公益基金等各专项基金也针对各领域做了积极的推进工作。第二十二届国际科学周活动主题鲜明，内容丰富，融入社工，社会反响很好。第四，康复医疗社会工作不断深入。“全国精神疾病新进展高级论坛”、“康复科普社区行”、“全国老年病康复交流论坛”和“第七次医院管理论坛”的成功举办，对社会福利老年康复机构的发展方向和趋势、社会工作在老年福利康复机构中的作用和应用、医院管理与医务社会工作等问题展开了深入研讨，为探索和推广康复医疗社会工作作出了积极努力，取到了一定成果。

3. 社会救助工作扩展领域，救灾工作取得实效

2009年青海省玉树地震发生后，协会积极组织员工向灾区捐款6.6万余元。各二级委员会紧急参与援灾工作。儿童社会救助工作委员会派人赴灾区进行援助，灾后联合史家胡同小学发起了青海玉树“孤儿学校”长期教育援助活动；社会公益工作委员会举行闲置物品公益拍卖会，为灾民筹集善款；贫困家庭病残儿童救助基金组织企业向灾区捐款20万元；彩票工作委员会号召彩票界收藏人士向灾区捐款3.5万元。在甘肃舟曲发生特大泥石流灾害后，协会及相关二级委员会密切关注灾情，积极制定灾后救援方案。同时，协会领导与员工纷纷踊跃捐款，以实际行动支援灾区人民救灾，一天内筹得捐款3.7万余元。儿童社会救助工作委员会发起“关爱灾区人民公益募捐”活动，为玉树、舟曲灾区人民募集过冬物资。

（三）协会有效治理模式初步形成

协会以机构整改为契机，完善内部管理，严格自律规范，加强自身建设，完善运行机制，在提升协会整体能力上取得了新的突破和进展。

1. 内部建设不断增强

第一，机构设置不断优化，管理体制和运行机制不断创新。会长领导下的秘书长负责制和主任领导下的总干事负责制得到完善和加强；统筹机制初步建立，协调能力显著增强。二级机构的权责进一步明确，运作逐步规范，协会的监管力度和资源整合、统筹调动的能力得到加强。第二，制度建设逐步完善，管理日益科学严谨。结合学习实践科学发展观活动，协会加强了制度建设，制定了一些新的管理制度和操作性规程，完善了机构和人员的管理办法，管理体制机制进一步优化，制度的实用性、可操作性、时效性和先进性得到加强，为推进机构管理的严谨性和科学性提供制度保障。第三，队伍建设迈出新步伐，人才结构逐步优化。协会不断加强人员结构调整和能力建设，举行专业培训，并引入督导制度和对二级委员会的评估制度，提升员工的专业化水平，基本实现了人尽其才、才尽其用。第四，党团组织建设持续加强，先进性作用积极发挥。协会党总支、团总支、妇联注意积极按照部机关党委要求，围绕协会的中心工作，根据社会组织的特点，组织开展了各种丰富而有意义的活动，落实相关政策。这些活动的举办既增强了协会的凝聚力，又充分发挥了党、团员在各个工作岗位上的先锋模范作用，保证了协会的健康发展。

2. 法人治理结构不断完善

为完善协会的法人治理结构，提高协会的法律风险防范能力，协会举办“社会组织人员依法履行职责”讲座，并出台协会《法律事务管理暂行办法》。办法就相关问题作出明确规定，以规避二级机构擅自对外签署具有法律效力的文书、协议而造成不良影响和后果的发生。

3. 基金会建设取得实质进展

为提升协会的硬实力，支持协会及社工事业的发展，协会积极组建“中社社会工作发展基金会”。基金会得到了上海、杭州两家爱心企业各1000万元的捐助，原始资金已到位，各项手续已完备并通过民政部核准和国务院批复，“中社社会工作发展基金会”正式成立。

（四）协会社会认可度和公信力逐步提高

协会以自身宣传资源为基础，整合资源，积极开展对外交流与合作，推动协会全方位发展，不断提升协会影响力和知名度。

1. 整合协会内部媒体资源，提升协会舆论宣传能力

协会高度重视宣传工作的基础性作用，积极创新宣传方式，与媒体实现深度合作，营造共同关注、共同参与社会工作的社会氛围。2010年，协会在加强和社会相关新闻媒体合作的同时，着力整合协会内部媒体资源，推动宣传工作的发展。《公益时报》、《中国民康医学》杂志、《社会与公益》、协会网站和第一视频积极发挥作用，宣传报道中国社会工作与公益事业发展进程，展现社会工作与公益事业在社会建设中的重要作用，提升了社会工作和协会的影响力。《城市区街通讯》、《养老》、《公益人》、《志愿者》等内部刊物也根据委员会业务特点，发挥指导行业发展的作用。影视中心精心组织的“同在蓝天下——爱心·希望”公益晚会，向社会展现协会儿童救助成果。2010年9月，协会首次组织召开所属媒体座谈会，交流宣传经验，探讨交流合作，取得积极效果。据不完全统计，2010年中央电视台、中央教育电视台、人民日报、新华社、搜狐网等社会各类媒体宣传社工协会与活动的新闻报道近3万次（条），为营造有利于社会工作发展的舆论环境发挥了积极的作用。

2. 重视与国内其他社会公益团体的合作，学习先进经验

“榜样公益”系列活动、“爱心2008”都得到了中华慈善总会、宋庆龄基金会、中国红十字总会等公益组织的积极参与和响应，这也是社会对协会公信力的认可。同时，协会也注意密切海峡两岸暨香港、澳门社工领域的联系。几年来，协会与香港、澳门等地的社工组织共同开展了内容丰富的公益活动，也促进了内地社会工作水平的提高。

3. 积极开展对外交流与合作，学习引进先进经验，推动协会全方位发展

随着协会影响力的不断扩大，协会的对外交往日益频繁。自加入国际社会工作者联合会以来，协会连续三次参加国际社工联大会，并积极组织出国考察国外社会工作，邀请外国友好社团来协会访问，举办“中美社工论坛”等，这些都为协会扩大交流，提升形象，促进中国社会工作的发展起到了积极作用。2010年6月，协会组团出席在香港召开的“2010社会工作世界会议”和“国际社工联第二十届年会”。协会代表就中国内地社会工作实务建设以及社会工作服务试点工程有关情况发表演讲，在分论坛上就社区社工、儿童社工等积极发表了意见和建议，同时参观了香港8个具有代表性的社工服务中心，并与香港社服联等组织进行了交流，为提升中国内地社会工作的影响起到了积极的推动作用。香港社服联、香港社工协会等社工同人也分别拜访协会，就未来开展专业合作进行交流。这些宣传、交流活动充分展示了协会的形象，让社会各界进一步了解认识了协会，增强了参与和支持协会活动的自觉性和积极性，扩大了协会的社会影响力和知名度，成功打造了协会的公信力和诚信度。

三、2009～2010年工作带给我们的启示

回眸2009～2010年，协会的各项工作都取得了较好的成绩。但是，在成绩面前，我们绝不能忽视现有工作与人民群众需求之间的巨大差距，决不能忘记时代赋予我们的重大责任，发展社会工作仍然任重而道远。协会工作还需要进一步改进或创新，包括适应项目推进的需要，合作方式还要改进；适应国家社会工作人才队伍建设的需要，新的培训方式亟待开发；适应民间社工组织发展的需要，协会服务能力亟待提高；适应社会工作舆

论氛围尚未形成的现状，协会公信力建设亟待进一步加强等等。这些都是我们今后一段时期内必须着力调研，着力改进，着力解决的重要事项。

总结这两年来协会工作的经验，我们深深感到，要促进协会沿着正确方向更快更好地发展，必须要做到“五个坚持”。一是坚持“政府领导、当好助手”的工作定位。协会始终坚持在政府领导下，将推动社会工作发展的精神落实到实际工作中，配合政府推进社会工作发展。整改之后，协会通过多次会长办公会，将推动社会工作理论和实务发展作为今后工作的重中之重，纳入协会总体发展计划，并明确提出相关工作任务，将社会工作发展指标列入二级委员会考核指标体系。二是坚持“理论先导、实务跟进”的发展策略。协会始终重视社会工作理论的研究，特别是在整改之后，协会通过专题调研、召开论坛、组织会议、开展培训等多种方式探索社会工作理论，所形成的报告填补了社会工作理论研究方面的一些空白，也为社会工作实务推进提供了坚实的理论支撑。协会鼓励二级委员会进行社会工作实务探索，开展试点工程和基地建设，将社会工作理论融入社会工作实务中，取得很好的成效。通过理论和实践的融合推进，协会的软实力逐步提高。三是坚持“开拓进取、四化并进”的前进方向。社会工作者是社会管理和公共服务领域里的重要力量，职业化和专业化是发挥社会工作优势的必然要求和基本保障；行业化和本土化是社会工作的发展方向。作为从事社会工作的全国性社团组织，协会坚持以推动社会工作的四化建设为己任，确保社会工作的健康发展。四是坚持“社会运作、多方参与”的运行模式。社工项目的运作开展是构建社会工作实务体系的重要方法，也是提升协会硬实力的重要途径。协会始终坚持以项目为载体推动社会工作发展。通过打造一系列品牌项目，协会的项目运行能力得到很大提升，有效保证社会工作在较短的时间内实现较大的飞跃。五是坚持“以内促外、创新发展”的发展道路。协会在推动社会工作发展的进程中，始终将落实科学发展观融入日常工作中，内部建设与外部形象相互促进、相互提升。在内部建设上通过整改优化机构设置，提升员工素质，强化整合能力；在外部形象上通过活动提升协会影响，展示社工风貌，提升协会信誉。通过这种方式，既形成以内促外、齐头并进的带动效应，又创新发展道路，为协会的发展注入新的活力。

四、新的年度协会前景展望与未来规划

大力发展社会工作，建设社工人才队伍，促进和谐社会建设已成为我国社会建设的重要组成部分，并得到党和政府的高度重视。发展社会工作、促进社会和谐既是时代赋予协会的责任，也是协会必须承担的历史使命。面对社会工作发展的大好形势，协会必须审时度势，既要看到前途的光明和辉煌，更要看到前进路上的困难和问题，找准组织定位，调整工作重心，加强能力建设，发挥职能作用，落实整改，积极转型，提升能力，再创佳绩。

新的年度，协会工作的整体思路是：高举中国特色社会主义伟大旗帜，以邓小平理论和“三个代表”重要思想为指导，用科学发展观统领协会工作；紧紧围绕民政部的中心工作，充分发挥协会在社会工作方面的助手作用；坚持以加强协会的专业化、职业化、行业化、本土化建设，以推动社会工作理论和实务创新为重点，以推动募捐工作和社会救助为载体，促进协会可持续发展，为维护社会稳定，促进社会和谐作出更大贡献。具体来说，就是要实现“一个中心，两个建设，三个能力，四化并进”。

“一个中心”，就是要坚持以邓小平理论和“三个代表”思想为指导，以科学发展观统领协会工作，将创新发展提高公信力建设作为协会工作的中心，确保协会健康、稳步、可持续发展。

“两个建设”，就是要不断加强社会工作理论建设和实务建设。理论和实务创新能力关系到协会存在的价值和影响力，也是衡量协会自我治理能力是否具有成效的重要尺度。因此，新的年度，协会要加强调查研究，坚持理论创新，推出理论研究新成果；要总结典型经验，抓好社会工作实务创新基地建设和社会工作服务组织试点工程，积极探索中国特色社会工作理论和实务体系，以“抓组织促网络，抓人才促队伍，抓试点树典型”为抓手，开创新形势下中国社会工作的发展路径。具体来说，就是要做好十项工作：一是要扎实抓好社会工作实务创新基地建设和社会工作服务组织试点工程。对基地和试点要加强指导、评估、总结、交流、推广经验。二是要抓好理论建设。要“开好两个论坛”，即企业社工论坛和第二届医务社工论坛，抓好课题研究和编辑出版《中国社会工作协会发展蓝皮书

(2009～2010)》和《社工实务个案丛书》。三是要拓展社会工作新领域。要在已开展的或深入探索的民族社会工作、企业社会工作、医务社会工作的基础上，积极拓展司法、矫治、老年、青少年等领域的社会工作，使社会工作真正成为构建和谐社会的重要力量。四是要积极推进民办社工服务机构的建设。通过继续抓好"民办社会工作服务组织试点工程"，以培训、孵化等方式推动民间机构的发展，建立民间社工机构服务网络，为民办社工服务机构提供专业服务。五是要推动地方社会工作协会的建设。一方面要积极呼吁各级政府给予重视，加力促进；另一方面要通过推广地方优秀社工协会的成功做法和经验，抓好社工实务的发展，来推动地方社工协会的建立。六是要加强会员发展与服务工作。要认真做好助理社会工作师和社会工作师的登记、管理、跟踪培训与服务工作，切实抓好社会工作者职业标准的制定工作，大力发展会员，建立"社工热线"，开展会员服务，反映会员呼声，维护会员权益。七是要加强培训工作。要充分发挥协会培训中心的组织和服务功能。八是要加强和树立品牌项目。对已经开展的具有影响力的传统项目要予以加强，赋予其社会工作的理念和方法。同时鼓励各二级委员会策划和树立新的品牌项目，抓好项目运作，带动工作发展。九是要抓好社会公益组织社会工作岗位的开发，推动社会公益组织向社会工作方向发展。要加强社会公益组织中社会工作理念的引入和社工岗位设立的探讨工作，适时召开"社会公益组织社工推进研讨会"，拓宽新思路，开发新领域，促进社会工作有更大发展。十是要办好社会工作协会成立20周年纪念大会。总结20年来的发展成果，制定今后的发展目标。

"三个能力"，就是要不断加强协会自身能力建设，特别是自我治理能力、整合资源能力和项目运作能力。一是要积极提高协会自我治理能力。加强协会管理体制改革，进一步完善对二级机构的管理体制；加强协会职能部门力量，保证协会工作整体健康发展；加强基金会建设，增强协会硬实力；建设学习型社团，解决好协会自身专业化问题；建立人才激励机制，加强人才队伍建设；加强与相关单位的交流，理顺关系，建立合作；加强宣传工作，抓好媒体建设；做好社会组织评估的迎审工作，开展创先争优活动，促进协会工作整体水平提高；打造协会团队精神，倡导"和合诚信　学创实乐"协会文化理念。通过加强体制建设、机制建设、制度建设、队伍建设、文化建设和自律建设，优化管理机制，强化落实措施，严格办事程序、完善内部管理，切实做到依法、规范管理。将自我治理能力融入评估指标，以评估促治理，以治理促发展，努力营造一个有利于各项工作健康发展的良好氛围。二是要努力发挥协会的整合社会资源的能力。积极协调和开发社工领域所拥有的社会资源，做好政府推动社会工作发展的助手，积极推动实现“政府购买服务”，整合宣传力量，扩大宣传力度，加强内外交流，增强社会影响，推动社工发展。三是要切实增强协会的项目运作能力。在项目运作中体现社会工作理念，学会正确地设计项目、积极地运作项目、科学地评估项目、不断地推广项目，提高项目运作的执行能力，从内容和形式上深入探索具有社工专业特色的社会服务活动，打造品牌项目，促进协会的可持续发展。

“四化并进”，就是要切实发挥协会作为全国社会工作组织“排头雁”和“领头兵”的作用，不断推进社会工作的专业化、职业化、行业化、本土化。“专业化、职业化、行业化、本土化”是协会再上新台阶的必然选择。为此，协会要围绕工作中心，理清社工理念，凸显专业能力，发挥行业优势，积极构建社会工作实务网络，使协会工作步入快速发展的快车道。其中专业化是首位，只有具备专业社工管理能力，协会才能有更大的生存和发展空间。

2011 年是十二五规划启动的第一年，是中国社会工作协会成立 20 周年，是本届领导班子上任 10 周年。随着时代的发展和社会的进步，中国社会工作协会的作用日益凸显，承担的任务也会更加繁重。面对社会工作发展的大好形势，我们要在民政部的正确领导下，继续解放思想，大胆探索实践，改进宣传方式，开拓合作渠道，提升服务质量，完善管理机制，力争以饱满的工作激情不断增添新的活力，以坚强的团队力量不断战胜新的困难，以廉洁的工作作风不断展示新的风貌，以无私的奉献精神不断取得新的业绩，明确奋斗目标、理清发展思路、提高自身优势、积极应对挑战，在新的历史起点上取得更好的成绩。

分报告

营造社会养老氛围　创建养老典范工程

社会养老工作委员会

【摘要】　在中国社会工作协会的领导下，为社会养老行业搭建平台，倡导以居家养老为基础，以社区养老为依托，以机构养老为补充的养老模式，推动社会养老服务人才队伍的建设，建立综合型养老基地，是社会养老工作委员会的工作重点；建立完备的、覆盖不同层次老人需要的养老服务网络，促进普惠性养老服务体系建设，是社会养老工作委员会的工作愿景。随着社会老龄化的不断加剧以及养老服务需求的不断增多，委员会将本着开拓创新的精神与科学求实的态度，全方位地服务老龄社会，为将我国的社会化养老事业推向新高度发挥应有的作用。

【关键词】　社会养老　搭建平台　建设示范基地　完善服务体系　创立文化品牌

中国社会工作协会社会养老工作委员会是经民政部批准设立的、中国社会工作协会领导下的中国社会养老服务行业的全国性行业机构，是由全国从事社会养老服务的单位和个人自愿组成的非营利、公益性、行业性、全国性的社会团体。

一、社会养老工作委员会的历史沿革与发展

社会养老工作委员会的前身是老年福利服务工作委员会，于 2004 年 4 月经民政部批准正式成立，作为中国社会工作协会的分支机构，专门从事老年福利服务方面的工作。成立以来，通过举办各种专题论坛、组织开

展岗位培训、提供行业性信息服务、树立先进典型、开展慈善救助、探索异地养老等活动，为会员单位解决了不少实际问题，在养老服务业内获得了较好声誉，成为一个协调全国社会养老工作发展的行业组织。

社会老龄化的加速发展对社会养老服务工作提出了新的要求。在中国社会工作协会的领导与指导下，社会养老工作委员会从中国人口老龄化的实际问题和基本国情出发，发扬中华文化尊老爱老的优良传统，传播现代社会养老理念，推广先进社会养老模式，探讨重要社会养老问题；在国家法律、法规引导和政府政策的指导下，建立社会养老产业的合作平台，引导社会养老行业的健康发展，促进养老服务从业人员素质的提高，加快我国社会养老服务体系的建设，推动社会养老事业的进程。

二、社会养老工作委员会现状及主要工作

社会养老是一项利国利民、功在当代、利在千秋的伟大事业，它需要全社会的广泛关注与共同参与。为营造良好的社会养老氛围，充分发挥行业组织的积极作用，社会养老工作委员会致力于以下几项重要工作：

（一）搭建三大养老服务平台

1. 行业宣传平台

为加强老龄工作的宣传力度，推动社会养老服务领域的工作沟通与协作，社会养老工作委员会创办了《养老》杂志和中国养老社工网，通过一刊一网的宣传平台，既加强了会员单位之间的沟通了解，也增加了全社会对养老行业的关注度。

《养老》杂志（月刊）自出刊以来，在业内获得良好反响。《养老》杂志定位于引领服务主体多元化、服务方式多样化、服务对象公众化、服务队伍专业化的新趋势，杂志内容贴近现实，注重时效性及实用性，在宣传、解读党和国家关于社会养老服务的方针政策方面，报道养老服务行业的先进单位、先进个人、先进事迹方面起到重要作用，为积极推进中国养老事业专业化、社会化、行业化的方向发展贡献力量。在随刊读者调查中，广大读者对杂志总体满意度较高，普遍认为《养老》杂志

是极具发展潜力的专业性杂志，有宏观高度，有深入分析，内容丰富，实用性强。

互联网作为21世纪一项重要的信息交流工具，其直观、便捷的优势越来越受到青睐。中国养老社工网则是委员会打造的网络宣传平台，网络平台与杂志配合，形成刊网联手的强大合力。中国养老社工网，相对杂志而言，其宣传更具有时效性、丰富性、灵活性的特点，是对杂志宣传的重要补充与提升。通过对网站每日进行有效的信息更新，在宣传党和政府养老工作的方针政策，介绍各地养老工作的先进经验及国内外养老行业的最新发展动态方面发挥了重要作用；与此同时，也为从事社会养老行业的同人们搭建了一个良好的政策学习、经验交流、信息互动的平台。

2. 会员服务平台

为加强与全国各地养老服务机构的联系，更好地服务会员，社会养老工作委员会对全国3000多家养老服务机构信息进行核实整理，建立了会员单位资料信息库。同时，将全国各地最新的养老政策进行汇编，以《会员通讯》的方式发放给各地会员，累计5000余份。为更好地服务地方会员机构，便于及时与地方养老服务机构联系，社会养老工作委员会已在东北（沈阳）、华南（广州）建立了两个地方联络处。

为切实做好会员服务工作，社会养老工作委员会于2010年5月组织召开了全国会员代表大会预备会议，2010年12月召开了“全国会员代表大会暨社会养老服务体系建设论坛”。这两次会员代表大会不仅选举产生了委员会新一届理事班子，而且对推进社会养老服务工作的理论探讨与实践经验交流，推进社会养老服务体系建设，加强行业组织建设，发挥了重要作用。通过这两次大会，增强了对养老服务机构实际运营情况的了解，探讨了现阶段社会养老机构运营模式方法，总结了社会养老服务经验。

3. 人才培养平台

针对社会养老护理专业人才匮乏、基层护理人员掌握的专业技能无法适应养老护理需求的现状，为培养专业化养老服务人才，实现养老服务机构专业化、职业化发展，社会养老工作委员会采取与大专院校合作，为从业者提供培训。率先在北京、内蒙古、湖北建立培训基地，利用其专业知识、专业技能对养老服务人员进行培训，并向养老机构推荐输入专业化人才，壮大养老服务队伍，提高养老服务水平，使社会养老走上专业化的道路。

与此同时，社会养老工作委员会还依托中国社会工作协会，扩大与其他委员会的联系与合作，扩大与养老机构之外的老年社会工作者的沟通与联系，通过展开为老服务优秀社工评选活动，努力将社会养老工作委员会打造成为团结、联合养老领域社会工作者的全国性组织。

（二）建设综合养老示范基地

为加快养老机构基础设施建设，社会养老工作委员会在全国范围内打造了一批养老机构示范基地。社会养老工作委员会养老基地建设将按照自建、合作建设与加盟三种方式，其中今年的重点在自建项目上，内蒙古呼和浩特、陕西老君山、湖北襄阳、浙江杭州等地的养老基地建设项目有条不紊展开；与此同时在北京、深圳等地合作建设与加盟体系建设也正在筹划之中；预计在未来的3～5年内，这些遍布全国的养老示范基地将可实现机构养老服务的跨区联动，实现养老与养生的有机融合。

养老示范基地的建设以老年人为主要居住对象，符合老年人生理和心理特征，配置有老年人辅助设施，具备一定的生活配套设施和城市功能。养老示范基地的建设将采取养护、康复、医疗、休闲、娱乐为一体的先进模式，为住区内的老年人提供各种服务、生活照料和健康指导并且富有活力的社区生活，满足不同老年人群的交往需要。社会养老工作委员会利用广泛资源，引进国际先进理念，参与老年服务社区建设，弥补社会养老资源的不足，为广大老年人提供多层次、多方位的养老选择。

（三）探索构建养老配套服务体系

社会养老工作委员会为推动养老服务实现专业化和产业化之路，促成老年服务业的较大发展，运用市场调节的手段，通过投资主体多元化，投资形式多渠道，发挥社会组织和个人的积极性，从硬件设施和服务配套两方面协调养老产业发展。通过各种形式建立多层次的养老配套服务体系，为养老服务行业创建良好的发展环境。

目前社会养老工作委员会已在北京、大连两地初步建立了三大为老服务中心。联合杭州华盈创智投资管理有限公司在北京组建了公益性组织“关爱老年服务中心”，主要致力于机构养老单位咨询服务、老年心理咨询服务、老年护理人员培训以及文化娱乐服务；在北京成立了北京房山护理员培训中心，以解决我国当前面临的养老服务人才紧缺问题；与此同时，在辽宁省大连市建立了大连老年旅游服务中心，依托大连良好的滨海气候和有吸引力的旅游资源，为老年人提供丰富的旅游资源，并与全国的养老示范基地联合，打造“候鸟式”养老的联动机制。

三、委员会未来的工作方向

（一）充分发挥三大平台的优势与作用

社会养老工作是一项艰巨而浩大的社会工程，作为社会养老领域的专业委员会，服务于行业发展是社会养老工作委员会的根本宗旨。社会养老工作委员会作为一个很好的行业平台，通过具体工作的开展与推进，有利于进一步传递国家老龄政策法规、介绍养老领域的先进理念与经验，有利于进一步促进社会各界对养老问题的理论探讨和一线从业者的实践经验交流，有利于养老服务的建设朝向规范化、专业化、体系化发展，从而推动整个社会养老行业的发展。

社会养老工作委员会以后的工作中还将继续发挥自身行业平台的优势与作用，围绕宣传、会员服务与人才培养，继续做好社会养老工作委员会的行业基础工作。一方面立足中国国情，带着强烈的自我关照意识，发现问题、总结问题；另一方面结合委员会自身行业属性，扎扎实实为行业发展贡献一点自己的力量。这不仅是一种姿态，更是一种责任和使命，将贯穿委员会工作的始终。

（二）扩大养老基地建设并适时向居家养老辐射

养老示范基地建设是社会养老工作委员会行业实践工作的重要组成部分，社会养老工作委员会在未来3～5年内将在全国建设20个综合养老示范基地。在中国机构养老发展滞后，建设水平层次不齐，配套服务差距明显的情况下，一方面社会养老工作委员会致力于集中社会优质资源，加大养老示范基地的建设；另一方面在发展机构养老的同时，社会养老工作委员会将逐步依托养老基地资源，开展养老护理员培训项目，适时有步骤地参与社区养老，逐步开展居家养老服务，丰富机构养老服务。

社会养老工作委员会未来几年的时间里，将充分整合利用信息资源、人才资源、旅游资源的优势，逐步扩大综合性养老示范基地建设，通过不断探索与完善市场化运作，在建设养老服务机构的同时，惠及社区养老、居家养老的老人，全面地服务社会养老。

（三）进一步深化养老服务体系建设

养老服务建设包含硬件设施建设与软性服务建设两大方面。社会养老工作委员会在目前的工作开展中已经明确了硬件、软件两手抓的思路与方向，并一直坚持这个方向开展工作。在进行综合性养老示范基地建设的同时，也逐步将养老配套服务体系建设纳入委员会工作日程，并取得意向性成果。

下一步社会养老工作委员会将进一步整合各种社会资源，联系有志于投资老龄事业的企业，为社会养老事业搭建一个投融资平台，加强养老配套服务体系建设。一方面要按部就班地搞好为老服务中心、养老人才培训中心、老年旅游服务中心建设；另一方面要与养老示范基地建设相结合，通过在为老服务的社区建设中，寻找新的配套服务需求，进行考察调研，付诸实践，做到软硬结合，同步发展，使硬件建设与服务配套两不误。

（四）全力打造一个自有文化品牌

社会养老工作委员会在完成组织架构、搭建好行业服务平台之后，为进一步扩大行业影响力，下一步将全力打造社会养老工作委员会自己的“孝亲敬老中华行”文化品牌。通过开展大型系列活动，力争通过这一品牌活动，将尊老、敬老、爱老的传统孝道文化发扬光大，增强社会养老行业的凝聚力和影响力。初步预计这一主题活动下将开展如下四项分类活动：

1. 继续组织全国老年书画大赛

为更好地展示老年风采、服务社会，社会养老工作委员会联合大连神州众益集团于2010年承办了首届全国“众益杯”老年书画大赛。大赛共收到3513幅书法和绘画作品，按一定比例，评选出一、二、三等奖及优秀奖、纪念奖，赛后组委会甄选优秀获奖作品结集成册。有了此次书画大赛的成功经验，社会养老工作委员会将继续组织全国老年书画大赛，把它作为“孝亲敬老中华行”品牌下的常规活动。

2. 举办全国老年手工艺品大赛

社会养老工作委员会在开展会员服务工作的过程中，得知很多老年人对做一些小手工艺品情有独钟，通过这样的“劳作”，他们不但收获了成就感，更重要的是使手、眼、脑得到很好的锻炼，有利于老年人的身心健康。社会养老工作委员会在老年书画大赛成功举办的基础上，以“老有所为、老有所乐”为出发点，打算在全国开展老年手工艺品大赛，作为老年书画大赛的类别补充，并将其常规化。

3. 开展全国为老服务优秀社工评选活动

任何社会工作的开展都离不开在一线社工群体。正是他们的默默奉献、艰辛付出才换来整个社会的和谐发展。社会养老工作委员会作为中国社会工作协会社会养老领域的分支机构，团结、表彰养老服务领域的优秀社工是委员会做好社工人才服务的重点之一。下一步的工作中社会养老工作委员会将在全国开展为老服务优秀社工评选活动，以弘扬孝亲敬老的传统美德。

4. 举行孝亲敬老大型文艺巡演活动

“孝亲敬老”主题的大型文艺巡演活动，是社会养老工作委员会“孝亲敬老中华行”文化品牌下筹备的又一大型演出活动。通过特色文艺演出，生动、直观、有利地传播尊老、爱老、敬老的社会理念，扩大行业影响力。

倡导以居家养老为基础，以社区养老为依托，以机构养老为补充的养老模式，推动社会养老服务人才队伍的建设，建立综合型养老基地，是养老工作委员会的工作重点；建立完备的、覆盖不同层次老人需要的养老服务网络，促进普惠性养老服务体系建设，是社会养老工作委员会的工作愿景。随着社会老龄化的不断加剧以及养老服务需求的不断增多，将社会养老工作委员会的工作拓展到社区到家庭，全方位地服务老龄社会，“各美其美，美人所美，美美与共，天下大同”。社会养老工作委员会将以和谐共赢的心态思考未来的发展，为会员单位和老人尽心尽力服务，把开拓创新的精神与科学求实的态度结合起来，为将我国的社会化养老事业推向新高度发挥应有的作用。

（撰稿人：吕斌）

广泛动员社会力量　大力开展儿童救助

儿童社会救助工作委员会

【摘要】 儿童社会救助工作委员会近两年来做了大量工作，在内部建设和项目开展方面取得了显著成绩，但仍有诸多不完善的地方。随着社会发展和协会改革的需要，儿童救助工作需要调整工作思路，努力提升自身的社会工作专业化、职业化和行业化水平，实现转型。

【关键词】 儿童救助　工作思路

近两年来，儿童社会救助工作委员会（以下简称儿助会）在协会领导的关心和支持下，紧紧围绕“救助一个孩子，解脱一个家庭，带动周围一片，促进社会和谐”理念开展工作。我们坚持“以人为本，助人自助”的理念，研究和探索儿童社会工作理论和实务创新，推动儿童社会工作的健康发展；宣传、动员、组织、整合、协调社会力量，开展以培养儿童社会责任感、提高儿童良好的心理素质和对儿童行为矫正为主要内容的社会工作；积极开展助医、助养、助学活动；推动以贫困家庭病残儿童救助为主的儿童医疗工作的开展，维护困境儿童的合法权益；加强国际合作，努力提高我国儿童社工和儿童社会救助工作的水平，为构建社会主义和谐社会作贡献。

这两年，我们积极落实协会提出的专业委员会要逐步向“专业化、职业化、行业化”主动转型的要求，从机构建设、项目拓展和规划工作思路三个方面着手，通过加强学习、制度建设、款物筹集、项目管理、财务管理等工作的开展取得了显著成绩。2010 年全年先后开展近 30 次儿童救助宣传或募集活动。

一、大力加强内部建设

在推进机构专业化、职业化进程方面，我们认真学习协会相关文件，邀请协会领导给我们讲解协会发展历程和未来发展规划，并对我们的工作提出要求；积极组织员工参加协会组织的学习和培训活动；鼓励员工参加社会工作师考试，目前已有1名社会工作师、1名助理社工师；推进社会工作专业方法融入项目管理和项目实施。

在内部管理方面，为统一思想、规范行动，我们修订了儿助会章程、会议制度、公文管理制度、请示报告制度、人事制度、财务制度、会员制度、自律制度、考勤制度、出差管理办法等。

在发展会员方面，针对我们开展的主要工作积极发展会员，我们不仅关注儿童福利院，更关注围绕儿童生活环境和资源供给的各种单位，如医院、学校乃至儿童产品生产企业；不仅关注单位，还关注个人，如儿童领域的专家学者、热心儿童公益事业的媒体记者等，并积极筹备会员大会。我们初步建立了医院联盟和专家队伍，据初步统计，目前有医院会员32个。

在项目推进方面，儿助会在全力做好各项工作的同时，努力发挥助医方面的品牌优势，先后承接了中国留学人才发展基金会、神华公益基金会的助医项目，为儿助会今后的发展奠定了基础。

二、稳步推进项目工作

（一）医疗救助项目

医疗救助项目是我们的核心项目，主要救助年龄在0～14岁的患有先天性心脏病、白血病、脑瘫等疾病的贫困家庭儿童及孤儿，并通过搭建救助平台，为社会爱心人士提供捐赠渠道救助这些因病无钱医治的患儿。目前，我们已在全国发展合作医院32家，初步建成医疗救助网络。

2010年6月，我会与四川省慈善总会合作在四川地区救助100名先心病患儿；9 月，我会接到中国留学人才发展基金会捐款，用于救助青海地区 30 名患儿，目前已有 22 名患儿得到救助，其中 11 名玉树先心病患儿在同仁医院治愈，14 岁藏族女孩秋松成功摘除了 14.7 斤脂肪瘤，得到社会广泛关注。

脑瘫康复项目是我们助医项目的重要组成部分。该项目以北京尔康医院为依托，帮助孤残儿童在北京进行康复训练。我们在工作的同时，不断总结脑瘫康复经验并帮助 4 名辽宁阜新福利院、2 名青海福利院员工进行康复技能培训。脑瘫康复工作得到满文军、原梓霏等演艺界明星的鼎力支持，通过各种活动为脑瘫康复项目捐款，用于支持脑瘫患儿治疗、脑瘫康复师培训和康复器材购置。

为贯彻落实总理工作报告关于“开展农村儿童白血病、先天性心脏病医疗保障试点，尽力为这些不幸的儿童和家庭提供更多帮助”的精神，我们主动与神华公益基金会联系，经民政部推荐、神华公益基金会考察和协会领导的大力支持，最终达成合作协议，神华公益基金会出资 5000 万元与我们携手开展贫困家庭儿童白血病及先天性心脏病救助活动暨“神华—爱心行动”项目。

（二）助学项目

我们主要开展了“尚学路上”项目、福利院大龄孤儿助学项目、蓝草项目等旨在帮助贫困儿童和孤残儿童走进校门，接受教育的项目。

“尚学路上”项目以一对一的方式资助贫困中小学生上学，资助款项用于交纳学生的学杂费及补贴生活费等，并在贫困地区建立图书室。该项目 2010 年度帮助了 121 名贫困学生，并进入了“壹基金典范工程总决选”。

福利院大龄孤儿助学项目主要是帮助大龄孤儿融入社会的职业技能教育。该项目大胆尝试，积极吸纳社会工作理念，对每一个被帮助儿童进行个案管理并撰写辅导计划，定期总结并撰写个案报告。目前有 10 名大龄孤儿正在接受帮助，在北京等地学习计算机等技能。

我们认为仅仅救助儿童是不够的，为了帮助西部留守儿童及其所在的家庭，提高贫困地区农村留守妇女、儿童的生活水平，保障儿童在当地得到基本教育，2009 年 12 月，正式启动了为期三年的“蓝草”项目。中国民间的蓝靛染料来自蓝草，蓝靛印染在中国民间自古有之，在四川、贵州、湖南三省也是和民间生活息息相关。蓝靛印染的蓝印花布经过反复漂洗、晾晒才会显出它的美丽。该项目今年上半年开展两次妇女培训，其制作品也已入世博会展览。由于该项目的顺利开展，帮助了当地贫困家庭和儿童并获得了欧盟 NGO 合作伙伴资质。

（三）助养项目

主要有中英孤残儿童家庭寄养、中美家庭寄养合作两个子项目。主要开展的工作有积极借鉴英国经验，广泛听取国内家庭寄养专家意见，编撰并修订编写了《选择寄养》和《寄养行为准则》两本培训教材；考察国内儿童福利院 8 家；开展儿童福利院支持计划，全年共为 38 家福利院筹集助养经费 918000 元人民币，在四川德阳投资 40 万美金建立了保护中心。

（四）捐助净水器项目

洁净水和卫生设施是保证孩子们身体健康的生活基础。

我们联合美国儿童健康有限公司分别向贵州、湖南、新疆、青海、宁夏、广东、江西、福建、山东、重庆、海南 11 个省市自治区的儿童福利机构捐赠安通纳斯净水系统及紫外线杀菌系统。本年度截止到 12 月中旬累计捐助 98 台，每台价值约 6000 美元，总价值约 412 万人民币，覆盖 1 万多名儿童。

（五）灾后重建项目

我国是灾害多发的国家，参与灾后重建是我们关注儿童社会救助的重要方式之一。

2010 年度我们出资 88.04 万元人民币，支持四川灾区 4 家儿童福利机构和 17 所小学购置教学设备，目前该项目进展顺利。

玉树地震后，我们多次组织力量进行募捐，宝洁公司、北京市史家胡同小学、《时尚好管家》杂志、北京健荣伟业商贸有限公司等累计为玉树捐赠物资折合人民币近 186 万元。其中，史家胡同小学活动在中央电视台新闻联播中播出，起到良好的宣传作用。

三、2011年度工作思路

按照协会要求，适应新形势下社会对儿助会专业化、职业化、行业化、社会化的诉求和期待，我们将努力从理论研究、项目管理、自身建设三大方面有所提升。

我们首先对儿童社会工作的定义和主要任务进行了学习和探讨。

围绕儿童社会工作的特点和主要任务，我们提出总体发展目标：通过两年多的努力，通过开展“爱心·希望”系列项目，加强理论研究、规范项目管理、提升自身能力三个方面推进机构向专业社会工作转型，机构沿着儿童社会工作专业指导、职业督导、行业引导方向，深入推进机构渐进改革和发展。

（一）加强理论学习

强化理论学习，建立专家队伍，推进社会工作方法介入项目管理，借鉴国内外经验，编辑儿童社工刊物，扩展各地社工站工作；重点探讨资助儿童社会工作课题研究。

（二）规范项目管理

依据儿童社会工作任务逐步调整项目方向和重点；项目立项从调研与论证到项目预算、筹资与奖励；项目实施运用社工方法介入项目执行到尝试开展项目监督和评估；以协会医务社会工作论坛为平台，重点以北京大学人民医院、佳木斯大学康复医学院为基地，以神华爱心行动、小儿脑瘫康复培训项目为依托，试点个案管理、小组工作、社区发展等社会工作专业方法介入儿童医疗救助。

（三）加强自身建设、提高管理能力

进一步完善规章制度，推进工作人员职业化考试，扩大机构和项目宣传与品牌，建立会员管理机制；重点筹备召开儿助会会员代表大会。

（撰稿人：张昕、黄真平）

加强社会工作　建设和谐社区

社区工作委员会

【摘要】 根据民政部党组要求，2009年年底至2010年年初，中国社会工作协会对原城区工作委员会、乡镇工作委员会、社区服务工作委员会进行了合并，成立了中国社会工作协会社区工作委员会。两年来，社区工作委员会在深入贯彻科学发展观，创新和谐社区建设的发展新途径，研究新形势下基层管理体制，促进社区工作的发展，加强社区工作专业化的试点工作，认真抓好品牌和亮点工作中，为全体委员单位提供了很多成功的经验，促进了我国社区建设的发展。

【关键词】 成立大会　社会建设　社区服务　品牌活动　创新发展

为了深入贯彻落实科学发展观，更好地发挥社会组织作用，推动协会专业化、职业化、行业化建设，根据民政部党组要求，2009年年底至2010年年初，中国社会工作协会原城区工作委员会、乡镇工作委员会、社区服务工作委员会进行了合并，成立了中国社会工作协会社区工作委员会。成立大会于2010年4月13日至18日在重庆市召开，大会通过了《中国社会工作协会社区工作委员会章程》，选举产生了本会的主任委员、副主任委员和常务理事单位，通过了社区工作委员会顾问名单，通过了本会专家组成员名单。会议确定了“以关注民生，共建和谐，服务委员单位”为重点的工作思路和工作内容。截至2010年年底，社区工作委员会的委员单位共429个，其中副主任委员单位27个，常务委员单位87个，委员单位315个。

一、社区工作委员会的性质、主要职责和任务

中国社会工作协会社区工作委员会是中国社会工作协会社区工作的枢纽型的专业工作委员会，它是由从事和支持关注城乡社区工作与发展的单位和个人组成，并经民政部批准的全国性社会团体。该委员会是以科学发展观为统领，运用专业化、职业化和行业化的手段发动社区群众，整合社区资源，服务社区民生，解决社区问题，协调社区成员关系，缓解社区社会矛盾，提高社区居民生活质量，提升社区成员素质和城乡基层文明程度，改善社区人文环境和生态环境，弘扬社区价值与精神，促进社区公平、正义、稳定与和谐，加强城乡文明社区建设，推动城乡社区经济、政治、文化和社会的可持续发展。

社区工作委员会的主要职能：执行国家关于加强城乡社区工作的政策和要求，探索社区工作发展的思路，促进社区工作的本土化建设，推动社区工作发展与创新；开展社区社会工作实务，延伸社区社会工作范围；培训社区工作人才，优化社区工作机制；总结交流社区工作经验，宣传推广社区工作典型；提高社区工作社会化水平，推动文明和谐社区建设发展；开展社区公共服务的项目化运作，提高社区服务多样性需求的市场化水平，搞好公益服务、福利服务和志愿服务；着力抓好城市区街社区工作；不断拓展乡镇社区工作事业，积极为新农村建设和实现全面小康提供服务；开展与港、澳、台和国际社区社工界的合作；承办政府和协会委托的其他事项。

二、2009年至2010年的主要工作

（一）深入贯彻科学发展观，创新和谐社区建设发展新途径

主要由城乡基层政府部门组成的社区工作委员会，从委员单位的组成、工作职能和任务都有它的特殊性。为此，我们一直把贯彻落实中央的指示精神放在首位，与城区、街道、乡镇的委员单位一起，推进社区建设的发展，创新社区建设发展的新途径。

胡锦涛总书记提出：“把共同建设、共同享有和谐社会贯穿于和谐社

会建设的全过程，真正做到在共建中共享、在共享中共建”的指示精神，这段话既为我们明确和谐社会和社区建设的目标，又为我们明确了实现这个目标所必需的手段，体现了共建各方在和谐社会和和谐社区建设中权利与义务的统一、过程与目标的统一。各地在开展和谐社区建设的过程中，充分发挥党的核心领导和政府的主导作用，广泛调动方方面面的积极性，充分整合分散在社区的政治、经济、文化和社会资源，为社区的和谐和发展作出了积极的贡献。原城区工作委员会联合上海市民政局于2009年5月30日至31日，在上海市浦东新区召开了以“共建和谐社区、共享发展成果”为主题的全国第二届“共建共享”高层论坛。论坛的指导思想是：以邓小平理论、“三个代表”重要思想为指导，深入贯彻落实科学发展观，继续解放思想，创新工作方法，激发广大群众、社区单位和社区社会组织对共建共享活动的参与热情，使各种资源在和谐社区建设中得到最大限度的整合利用，社区凝聚力得到明显增强，社区环境、社区服务得到明显改善，从而促进社区各项事业的可持续发展。论坛得到了广大委员单位的极大关注，280多篇经验材料和理论文章汇编成册供委员单位学习借鉴。周铁农副委员长专门为本次论坛题词“共建共享是社区建设创新发展的动力源泉”。

共建共享活动的开展，离不开社区居民、社区单位的积极参与。为了强化社区居民的社区意识、责任意识和主人翁意识，提高社区居民参与和谐社区建设的积极性，增强社区的凝聚力和向心力，推动和谐社区建设的可持续发展，2009年9月21日至23日，原城区工作委员会联合江苏省民政厅和宜兴市政府在江苏省宜兴市召开了主题为“服务民生、共创和谐”的“首届中国社区节暨‘宜兴杯’全国社区工作自主创新成果百花奖颁奖活动”。宜城街道提出了实现“小社区、大和谐、新跨越”的战略目标，以创建自治型社区、服务型社区、平安型社区、学习型社区、生态型社区为工作重心，夯实了和谐社区建设的基础。

为贯彻落实国务院《关于加强和改进社区服务工作的意见》的指示精神，在民政部基层政权建设司的指导下，我会联合上海市民政局和上海市嘉定区政府于2010年9月25日至27日，在上海市嘉定区召开了“关注民生　共创和谐”为主题的菊园新区“三全服务”专家论证会。“全方位、全过程、全天候”的三全服务是社区服务社会化的补充和延伸，是科学发展观的一个创新成果和生动实践。“三全服务”体现的就是以人为本，他们的经验和做法是创新城市基层服务体制的重要成果和新的探索，正如专家组成员对菊园新区的“三全服务”给予的评价中所说的：“三全服务”为改善民生提供了经验，它是社区服务的最高标准和标杆，是创先争优的最好实践。

党的十七大把“发展远程教育和继续教育，建设全民学习、终生学习的学习型社会”作为新形势下现代化建设的重要战略目标。而且提出：“各级党组织一定要把加强学习作为一项重大而紧迫的任务来抓，切实抓出成效。只要全党坚持加强学习、加强实践，我们的领导水平和执政水平就能不断提高起来，我们的事业就能不断向前发展。”作为我会的委员单位，都是工作在城乡一线的同志，他们的工作水平、处理问题的能力，代表了政府的形象。为了使学习活动能在委员单位中深入开展起来，我会于2010年8月下发了《关于在委员单位中开展创建学习型城区、学习型街道、学习型乡镇、学习型单位和学习型社区活动的通知》。截至2010年11月初，共收到各地学习经验材料200余篇。为了交流经验，相互学习，我会联合深圳市南山区政府于2010年11月27日至29日，在深圳市举办了“全国学习型单位经验交流会暨2010年社区工作委员会年会”。会议的指导思想是：以科学发展观为统领，紧紧围绕党和国家工作大局，通过全员学习、终身学习机制化和制度化的推进，提高城乡基层社会的文明程度和广大干部群众的知识化、社会化、信息化和现代化水平，为城乡基层的经济发展和社会进步、为我国全面小康的实现和中华民族的伟大复兴作出新的更大的贡献。会上南山区政府副秘书长在发言中强调，南山区政府始终把一手抓经济发展，一手抓社会管理，不断推进学习型城区建设工作。南山是深圳的高新技术产业基地、现代物流基地、旅游文化基地和教育科研基地，在这片热土上，曾经喊出了“时间就是金钱，效率就是生命”、“空谈误国、实干兴邦”的时代强音，现在又形成了“桃源模式”、“一格三员”、“一核多元”等一套社会管理的“南山经验”。“一格三员”是指：根据片区人口状况、出租屋套数、社区管理难易程度，把社区划分成若干个网格，每个网格配备3名工作人员，即网格督导员、管理员、协管员，分别由街道挂点干部、社区工作者、综合协管员担任，实行“一岗双责”，既要做好本职工作，又要履行好所在网格的管理职责。“一核多元”是：“一核”指以社区党委（总支）为核心，“多元”指社区民营、退休老同志等各类党支部，社区居委会、业委会、老年协会、物业管理公司等各类自治组织及居民群众共同参与的社区党建模式。他们的这种创新模式，为和谐社区建设探索出了一条新路。

（二）研究新形势下基层管理体制，促进社区工作发展

城市街道办事处作为城市基层政府的派出机构，在城市经济、社会建设中起着重要作用，尤其是近些年，随着经济转轨和社会转型，城市街道已经成为我国基层社会管理和公共服务的基本载体和主渠道。为进一步贯彻落实党的十七大精神，总结街道经验、研究街道问题、探索街道改革、推动街道发展，原城区工作委员会联合厦门市民政局和厦门市湖里区政府于2009年12月5日至7日，在福建省厦门市召开了以“探索街道体制改革，推动街道全面发展”为主题的“第二届中国区街发展论坛暨2009年城区工作委员会年会”。会上，专家就街道治理体制进行了功能分析，提出了目前街道的困境、街道改革的理论观点和实践探索及完善街道治理体制的思考。

社区居委会是城市基层政府与群众联系的桥梁和纽带，是和谐社会建设的基础，但随着信息化、市场化、国际化的深入发展，我国社会结构也发生了深刻变化，社区日益成为各种利益关系和社会矛盾的交会点。为研究社区居委会工作的新情况，解决社区居委会工作的新问题，总结社区居委会的新经验，推进社区居委会工作的新发展，我会于2010年7月28日至29日，在新疆克拉玛依市克拉玛依区召开了以“交流社区建设经验，推进社区和谐发展”为主题的“全国社区居委会建设工作推进会暨2010年社区工作委员会常委会”。会议以党的科学发展观为统领，以居委会组织法为依据，以服务居民群众为宗旨，以促进社区文明和谐为目标，努力把社区居委会建设成为功能完善、充满活力、作用明显、群众满意的基层群众

性自治组织，为社会主义和谐社会的基础建设作出新的更大的贡献。克拉玛依市克拉玛依区正式提出了“社区建设是全区工作的奠基工程”基本理念，确立了以社区服务为龙头全面推进社区建设的基本思路。与会代表一致认为：他们的实践经验给大家很大启发，对推动中国文明和谐社区事业向前发展具有重要意义。

（三）协助地方党委抓好基层党组织建设，促进各项工作全面发展

提高党的执政能力，推动经济社会又快又好的发展，是促进社会和谐稳定的迫切需要。而基层党组织作为党的建设的重要组成部分，历来受到各级领导的高度重视，街道、社区党组织是党的基层组织的重要组成部分，处于城市管理服务的第一线，是党在城市全部工作的基础。在新形势下，为了探索如何转变基层党建工作方式，创新工作方法，不断提高党的基层组织建设科学化水平，以科学发展观为统领，按照党的十七大精神，优化组织设置、扩大组织覆盖、创新活动方式，充分发挥党组织推动发展、服务群众、凝聚人心、促进和谐的作用，我会于 2010 年 8 月 23 日至 25 日，在秦皇岛市海港区举办了以“构建区域党建新格局，推动经济社会大发展”为主题的“首届全国社区党建工作推进会”。秦皇岛市海港区委组织部就“坚持一核心四统筹（即突出街道党工委的领导核心地位，统筹社区硬件与软件两个建设，统筹在册党员与在职党员两支队伍，统筹严管与关爱两项举措，统筹创新与机制两者关系）的工作法全面打造区域化社区党建工作新格局”作了专题发言。文化路街道在社区党建中强化“四个注重”，即注重夯实工作基础、注重激发内在活力、注重丰富活动载体、注重创新工作机制。他们的经验赢得到了参会人员的一致好评。

（四）加强社区工作专业化的试点工作

随着城市化进程的加快，大量社会矛盾、社会问题需要在社区化解，社区越来越多地承担了社会稳定、社会整合和社会服务的功能，而社区工作人员事务性工作任务重，分析解决问题技能不足等大量主客观制约因素，急需加强社工专业培训和专业社会工作理念。社区工作专业化应包括管理和服务的专业化、人员及机构的专业化。为此，2009 年 3 月 12 日至 14 日，原城区

工作委员会与江苏省宜兴市委党校、宜兴市宜城街道办事处共同举办了以“全面落实科学发展观、深化和谐社区建设”为主题的提高社工人员素质与能力的业务培训班。培训班专门邀请了全国知名社会学家、中国人民大学教授、中国社会学会名誉会长郑杭生进行授课。对社区工作者应掌握的基本知识列出了100道宜城街道社区工作者基础知识必备题。

2009年年底，我会圆满完成了民政部该年度社会工作人才队伍建设与志愿者队伍建设课题研究报告的北京市社区社会工作者专业服务长效机制研究报告；这次调研通过个别访谈、问卷调查和文献检索，收集和整理了大量第一手资料。通过研究，我们认为：在社区开展社会工作服务已具备条件，社区社会工作者具备一定专业基础知识和经验，能够较快提升专业素质。并提出职业培训应更趋专业性和广泛性，要使社区体制转变与人才队伍建设相结合，提高专业素质与建立激励机制相结合。并建议要发挥行业协会作用，开展以城区为单位的试点专业培训，将工作坊与基础课程讲座相结合，建立健全社区社工群体激励机制。

（五）根据本委员会特点，抓好品牌和亮点工作

近些年，我会在开展活动中，围绕党的中心工作和基层实际，注重抓品牌和亮点工作，在社会上产生了一定的影响，如“和谐社区建设自主创新”、邻居节、睦邻文化高层论坛、社区节、社工节、共建共享、楼门文化、小巷总理等，不仅仅扩大了协会的影响，而且为委员单位树立了具有成功经验的典型。邻居节活动是共建和谐社区的有效载体。开展邻居节活动、弘扬睦邻文化精神已经成为一种社会的时尚和群众的自觉行动，也是被居民认可的一个品牌活动。原城区工作委员会于2009年7月18日至21日，在西安市召开了以“开展睦邻互助、共建和谐社区”为主题的“第三届全国社区睦邻文化高层论坛”，论坛的指导思想是：以科学发展观为统领，按照中央保增长、保民生、保稳定的目标要求，以德为邻，互助互爱，同舟共济，共克时艰，促进邻里和谐，推动社区工作发展。会上，西安市新城区政府发言强调，弘扬实践睦邻文化，助推经济社会发展，率先提出按照“自治好、管理好、服务好、治安好、环境好、风尚好”标准进

行“六好”和谐社区建设，取得了明显成效。7月31日至8月2日，我会在内蒙古自治区满洲里市召开了以“发展社会组织、建设和谐社区”为主题的“第二届全国社会组织建设高层论坛暨2009年城区工作委员会常委会”。发展社会组织，建设和谐社区是一个涉及基层社会管理体制改革与创新的重大理论和实践问题，各级党委和政府都非常重视这个问题，在会上，广泛交流了这方面的成功经验。国务院研究室社会发展司司长张大平作了“发展社会组织是个重大课题”的发言，他从我国政府转型谈了大力发展社会组织的重要性，并建议：一要巩固目前大力发展社会组织的成果，扩大服务内容，提高服务质量；二要勇于改革创新，进一步解放思想，社会组织是新生事物，要坚持正确导向；三是社会组织建设要以民生为重点，要维护人民群众合法权益不受损害为目的。

三、发挥《城市区街通讯》杂志的引领作用

《城市区街通讯》创刊于1990年，在2008年进行了改版，2009年又有了新的发展和突破。一批品牌栏目也脱颖而出，如，旨在传播前沿理论、探讨社区建设新思维新理念的“专家视角”；旨在弘扬基层工作先进代表，展示优秀人物风采的“社工人物”；旨在反映基层民生，体现基层诉求的“关注民生”；旨在反映问题、剖析问题、解决问题、体现民声表达的“百家讲坛”；旨在反映社区居民文化生活丰富多彩的“文化家园”和及时反映民政声音的“民政要闻”等栏目，将刊物的精髓通过每一篇文章呈现给广大的读者。

另外，以《城市区街通讯》为平台，并借助外力来推动刊物的健康发展，主要体现在：一是围绕刊物建立起了中国城区网，通过网络更快捷高效地传递信息，同时刊物与网站之间形成互动，相互支撑，达到了非常好的效果。二是通过QQ群来发展作者，建立作者队伍，同时也加强了作者、编者、读者之间的及时沟通和互动。三是通过刊物之外的公益平台，在全国社区开展公益交流和活动，以此来提高刊物的知名度和影响力，最终实现推动刊物的快速发展。

杂志的报道范围也在不断扩大。杂志过去更多关注的是城市社区，经

过三个委员单位整合后，城郊社区、中小城镇社区也成为杂志报道的重点，在新农村建设的进程中，越来越多的村委会向居委会转变，目前统计的611万多个农村社区是一个广阔的天地，他们在向城市化迈进中遇到的困难、困惑等无疑会更多，该杂志作为一份指导性刊物，义不容辞地担负起了为他们排忧解难的重任。

四、社区工作委员会存在的主要困难、问题

一是农村会员单位需要发展，农村工作局面还待开发，任务较大；二是发挥我会会刊、网上论坛等多样化学习、活动还不够；三是抓亮点着力多，做大品牌不够；抓共性问题多，分类指导不够。

五、下一步工作的展望

一是继续抓好中办国办印发的《关于加强和改进城市社区居民委员会建设工作的意见》文件精神的贯彻落实。该文件是今后社区居委会进一步向前发展的纲领性文件，是居民委员会工作的准则和依据。我们不仅要认真领会文件的精神实质，还要和全国的委员单位一起，总结各地贯彻落实文件精神的情况，交流各地成功的经验和做法，通过典型示范的办法，推动全国社区居委会建设工作的发展。

二是继续在委员单位中开展学习型城区、学习型街道、学习型社区和学习型单位的创建活动。党的十六大以来，以胡锦涛同志为总书记的党中央提出科学发展观等一系列重大战略思想，明确提出了建设学习型政党和创建学习型社会的重大任务，将全党的学习摆在了非常突出的位置。我们要按照中央的要求，把学习变成一种风气，做到全员学习、终身学习。今后我们要将创建学习型单位的活动持久地开展下去。

三是继续抓好品牌活动。本会近几年开展的“和谐社区建设自主创新”、邻居节、睦邻文化高层论坛、社区节、社工节、共建共享、楼门文化、小巷总理等，不仅很受委员单位的欢迎，而且在社会上也产生了积极的影响，不少的委员单位，就是被我们的活动吸引来的，委员会的品牌活动代表了协会的一种精神和风貌，它通过品牌活动的开展和典型经验的宣

传，让全国的同行学有榜样，使更多的单位凝聚在委员会的周围，支持协会，关心协会，和协会同步发展。

四是启动农村社区工作。农村是一个更大的群体，也是和谐社区建设另一支更大的生力军。我们将发动和调动各方力量，把农村社团组织建立起来。

（撰稿人：李万英）

促进康复医学发展　推进医务社工实务

康复医学工作委员会

【摘要】 在中国社会工作协会的领导下，中国社会工作协会康复医学工作委员会履行职责，开拓创新，在学术交流、人才培养、期刊出版、社会活动、心理学研究等方面持续开展工作，取得了一定成绩和进步。但是在突出康复医学前沿领军作用和突出医务社会工作理论和实务研究方面尚有差距，必须根据中国社会工作协会“以学习实践科学发展观为统领，以加强协会的专业化、职业化、行业化建设为核心，以推动社会工作理论和实务创新为重点，促进社会工作的深入发展和协会的可持续发展，为构建和谐社会作出更大贡献”工作的总体思路的要求，进一步强化医学会的改革和建设，为推动我国康复医学事业的科技进步和医务社会工作的实务研究作出应有贡献。

【关键词】 康复医学　理事会建设　理论研究　医务社工实务

我国人口老龄化程度日益加剧，慢性疾病大量蔓延，各种因病、因故致残群体不断增加，社会康复医疗需求十分旺盛。但是，与巨大的康复需求不相称的是，我国康复医疗事业的发展还没有引起有关部门的足够重视，社会康复医疗体系建设不够完善，康复技术人才奇缺和科技水平落后明显阻碍康复机构的发展，人民群众的康复需求与现有康复服务能力之间的差距很大。中国社会工作协会康复医学工作委员会近两年来，在民政部和中国社会工作协会的领导支持下，积极履行职责，开拓创新，在学术交流、成果推广、人才培养、期刊出版、社会活动、心理学研究等方面持续开展工作，取得了一定成绩和进步。

一、康复医学工作委员会近两年以来的工作

（一）进行康复理论研究，推动学术进步

康复医学工作委员会（以下简称康复医学会），近两年以来一直积极开展多种形式、多个专业的学术交流和论坛活动，以提高广大医务人员的专业技术水平和能力，提高其科研能力和创新思维。在2009年，康复医学会在心血管病早期检测及治疗、脑卒中防治与康复、儿童康复训练技术、精神疾病、医院管理、护理等学科均申报有继续医学教育项目，先后在北京、山东、山西、福建江等地开办专题培训和论坛。

2010年，康复医学会继续加强了和专业机构的合作，举行多次学术交流活动：5月16～18日，康复医学会和上海市社会福利中心联合在上海召开了国际老年病康复论坛；6月27～29日，康复医学会心脑血管专业委员会在北京召开了第七届中国血管病变和动脉功能国际研讨会；7月16～20日，康复医学会和深圳市仁达爱心护理院在深圳联合召开了“老年医疗康复创新服务模式研讨会”；9月12～16日，康复医学会在无锡召开“2010全国老年康复治疗论坛”；10月22～26日，康复医学会在厦门召开了“康复医学工作委员会第二届二次理事会议暨医院管理高级论坛”，同时召开了“护理高级论坛”和“中国民康医学杂志编委会议”。

通过上述的活动，康复医学会在传统学术交流的基础上，开展了新领域的研讨，促使医院管理者和广大技术人员增加智慧的营养品，开拓思维空间，使我们的康复机构建设和专业技术进步适应时代的发展。

（二）培养康复事业人才，加强专业化建设

康复医学会根据医务人员的需求和医院发展的需要，适时举办了各种类型的学习班、培训班、知识讲座，尤其在精神疾病康复、儿童康复、社区康复、心血管疾病等专业人才的培训方面，于2009年中先后在北京、温

州、秦皇岛、青岛等地连续举办培训班，邀请权威专家和学者主讲，受到积极欢迎。2010年里又开展了几次专门培训活动：5月14～16日，康复医学会在苏州召开了“文法拉辛临床观察启动会”，有40多家精神病院参加了这项多中心、大样本的科研活动；8月18～22日，康复医学会汕头培训基地和中国社会工作协会社会心理健康服务指导中心联合在青岛市举办了“第十二届儿童康复训练专业技术资格培训班”；9月23～28日，中国社会工作协会心理健康服务指导中心在深圳和香港举办了“首届中国心理保健师数字化干预及皮纹分析培训班”。

上述科研及培训班的举办，是落实中国社工协会加强“专业化、职业化、行业化”的要求，积极培养医务社工人才，推动社会工作人才专业化建设的具体行动。这些经过培训的医护人员，来自全国民政、卫生、部队医疗单位，现大多已成为医院的领导或医护骨干。

（三）发展社会心理服务指导，促进社会心理健康

康复医学会心理健康服务指导中心成立两年来，做了很多扎实性的工作。成立了专家委员会，举办了多期儿童心理培训班，进行了多次工作调研，与香港、台湾地区的相关团体和人士进行了合作交流，特别是与中国科学院心理所合作编写的《灾变心理援助与社会工作》一书，已经公开出版发行，相信对医务社会工作者、心理卫生工作者及有关基层干部、群众和实务工作者会有很好帮助。

（四）坚持三个面向，推进社区康复事业

近两年来，康复医学会逐步理清了坚持“面向社会、面向社区、面向社工”三个面向的发展思路，在会员体系建设上立足民政、面向社会，稳步扩展会员覆盖面；在研究方向上，突出围绕医务社会工作理论和实务的课题；在工作平台上，突出面向社区提供专业化社会服务。尤其是把推进社区康复工作作为学会的重点工作之一：在各地基层社区组织的支持配合下，在力所能及的范围内为残疾人和精神病患者、老年病患者提供多元性的服务，并为社区康复人才的技能提高创造培训机会。如社区康复专业委

员会和北京市卫生局、市健康教育协会合作，编辑出版《社区康复专业人员岗位培训大纲》，对北京市主要城区社区康复专业人员进行培训，目前已培训1500多人，这项工作得到了卫生部的肯定，已由办公厅发文在全国推广；2009年以来，医学会还先后与健康时报社、北京市石景山区科协、北京市西城区残联、北京市肢体残疾协会、北京抗癌乐园、北京心理卫生协会等单位联合开展“康复援助及营养科普社区行”大型科普活动，通过邀请专家深入社区开展健康科普知识讲座、义诊、康复知识及技能培训，对困难群体提供康复援助，为群众提供健康服务，累计服务群众近3000人次。通过这些工作，为康复医学进入社区，发展社会福利事业作出了积极贡献。

（五）加强理事会建设，提升服务水平

突出搞好对理事及广大会员的服务和建设是加强理事会建设的长效保障。学会近年来围绕广大会员的需求和行业发展的要求，对组织建设、管理机制等方面不断进行调整、改进，还在2010年的全国理事会议上正式通过了《关于加强理事会建设的意见》，从认识地位作用明确职责义务，建立健全制度，开展社会活动，促进内外交流，搞好配套服务，加强团队建设，激励表彰先进等八个方面提出了明确意见，得到了广大会员和理事的认可和支持。

二、康复医学工作委员会当前存在的问题和不足

近两年来，尽管康复医学会的各项工作有了一定进步，但仍存在一些不可忽视的问题和不足，尤其在突出康复医学前沿领军作用和突出医务社会工作理论研究和实务方面尚有差距，离中国社会工作协会的发展要求也还有很大差距，主要表现在：

一是康复医学会的活力不够，创造的品牌项目不多。学会在2009年已经完成第二届理事会的组建工作，对康复医学会的建设管理也进行了适当调整，但是目前的会员结构、专业学组设置仍然不尽科学，总体看来发展

还不快，活动不够，向心力、凝聚力还不够，在资金运作方面自我造血机能和外来输血体系还不健全，在开展大型社会活动方面也缺乏经验和实践，康复医学会的社会影响力仍然不够大。六个专业委员会的工作开展的也不均衡，会费收缴工作和杂志发行工作等离总体目标都还有不小的差距，需要加紧改善和克服。

二是面向社会、服务社区的工作做得还不够。按照坚持“面向社会、面向社工、面向社区”的总体方针，康复医学会近年加强了调整，逐步扩展了会员网络和合作领域，努力开展了一些社区公益活动，但是取得的成果有限，社会认知度和参与度还不够，社区公益活动缺乏保障机制和长效性，难以发挥应有的影响和作用。

三是员工团队专业化素质还需加强。近年来，康复医学会加强了自身团队建设和人才选拔、培养工作，但是目前人员结构仍不尽合理，专业化程度偏低，社工师等资格考试工作不够积极，分支机构管理不太到位，这都有待加强。

三、今后工作的规划与重点

面对我国社会康复事业发展的现实要求和我们自身面临的实际问题，康复医学会在下一步的发展中必须根据中国社会工作协会“以学习实践科学发展观为统领，以加强协会的专业化、职业化、行业化建设为核心，以推动社会工作理论和实务创新为重点，促进社会工作的深入发展和协会的可持续发展，为构建和谐社会作出更大贡献”工作的总体思路的要求，进一步强化康复医学会的改革和建设，为推动我国康复医学事业的科技进步和医务社会工作的实务研究作出应有贡献。

（一）打造专业特色、培养专业人才

专业化是社会工作的立身之本，更是医务社会工作立足和发展的根本所在。康复医学会在保持传统培养人才模式的基础上，要在理念上解放思想、行动上开拓创新。要发挥拥有人才库的优势，以各种形式培养优势学科和优秀人才，为民政医院搭建人才发展平台。要达到培养的人才有创新、创造、创业的能力，成为学科带头人的实力。当前特别要在老年病康复、社区康复、慢性精神病康复、精神疾病与神经电生理技术、心脑血管疾病康复、儿童行为障碍数字化干预及社会心理干预等方面打造领军人才，以推动医务社工人才的专业化建设。

（二）强化学会建设，提高服务水平

康复医学会是广大医务专业技术人员的“娘家”，要坚持以服务理事、服务会员、服务医院、服务社会为宗旨，充分调动和发挥康复医学工作者、医务社会工作者的作用，为完成党和政府的中心工作和赋予的任务而努力工作。康复医学会要进一步完善运行机制，进一步完善理事提案制度，进一步完善信函、邮件、网上论坛、沟通议事制度，进一步完善办会和表彰制度，以增强康复医学会的向心力和凝聚力。广大理事和会员也要积极、主动发挥主人翁态度，积极建言献策，履行好权利和义务，在缴纳会费、参加活动、发表和推荐论文，争当志愿者和医学科普知识传播者中发挥积极作用，要建立健全双向服务制，保证康复医学会的活力和可持续发展。

（三）制定专业标准，加强行业规范

根据民政医院的特点，我们将先启动“慢性精神疾病诊治及康复标准化研究”，对从事这项工作的专业人员进行规范化、标准化、实用化的培训。这种培训覆盖所有精神病院，注重动手操作，针对性强，对慢性精神疾病的诊治与康复，对治愈率和降低病死率、致残率将有巨大帮助。以后逐步对其他病种进行诊治康复的标准化研究。待条件成熟时，积极建议政府有关部门以标准、规范的制度进行监督和管理。

（四）开展医务社工研究，推动医务社工发展

针对我国医疗纠纷增多，医患矛盾突出的现状，中共中央、国务院在新医改方案中明确提出了开展医务社会工作，增进医患沟通的主张。康复医学会是中国社会工作协会领导下的专业委员会，就必须突出医务社会工

作的特性，积极为医务社会工作者服务。学会下一步要结合开展“医务社会工作实务试点单位建设”，强化针对医务社会工作发展现状的调查摸底，探索医务社工的培训教育、注册管理及工作方法与机制，并为医务社会工作者提供多方位的咨询和服务。

健康是民生之本，社会康复是帮助残疾人及各种病患人群恢复健康、回归社会的基础。所以，康复医学事业的发展关系亿万人民健康，关系经济发展和社会和谐。作为民政部和中国社会工作协会领导下的全国性专业组织，康复医学工作委员会理应在调动行业力量，总结先进经验，推进康复医学事业和医务社会工作的发展方面发挥更大作用。

（撰稿人：周华兵）

注重社工实务　服务婚姻家庭

婚姻家庭工作委员会

【摘要】　随着我国经济的高速发展，东西方文化的不断碰撞，传统的婚姻家庭理念受到了冲击，处在社会转型时期诸多恋爱、婚姻、家庭问题，带来了一些不和谐的因素。如何发动社会力量共同为发展婚姻家庭文化，研究婚姻家庭理论，倡导文明健康的婚姻家庭习俗；调动整合社会力量，开展婚姻家庭社会工作，推动婚姻家庭教育和婚姻家庭服务以及巩固、提高婚姻家庭的法律地位，维护婚姻双方特别是儿童和老年人的合法权益，为促进婚姻美满、家庭和睦，为构建社会主义和谐社会作出贡献，是中国社会工作协会婚姻家庭工作委员会的责任和义务。

【关键词】　婚姻家庭　构建和谐　社会工作　文明建设　研究与交流

一、婚姻家庭工作委员会的成立

幸福婚姻是美满家庭的基本元素，美满家庭是和谐社会的基石。我国古训对家、国关系有很多论述诸如“国强民欢乐，家和万事兴”、“要治国，先治家”、“一家和而天下和”，更有“修身、齐家、治国、平天下”之经典之说。情感之伤，婚姻之痛，家庭之创，社会之患，婚姻家庭问题不容忽视。

随着我国经济的高速发展，东西方文化的不断碰撞，传统的婚姻家庭理念受到了冲击，处在社会转型时期诸多同居不婚、闪婚闪离、多元家庭造成的情感纠结、经济纠纷以及老人赡养、孩子教育、宅男宅女等恋爱、婚姻、家庭问题给社会带来了不和谐的因素。以逐渐上升的离婚率为例，现在人生活节奏快，工作压力大，特别是很多人外出发展致使婚姻的约束条件少，家庭其他成员干预也少，离婚双方因为家庭琐事一时冲动就会导致离婚。

鉴于此，中国社会工作协会婚姻家庭工作委员会经民政部批准，于2010年8月20日正式成立。委员会是由从事和关心婚姻家庭建设、有社会责任感的单位和个人自愿组成的非营利的、全国性社会团体。委员会的宗旨是：坚持以人为本的科学发展观，运用社会工作的理念和方法，立足国情，研究婚姻家庭理论，发展婚姻家庭文化，倡导文明健康的婚姻家庭习俗。调动和整合社会力量，开展婚姻家庭社会工作，推动婚姻家庭教育和婚姻家庭服务；巩固和提高婚姻家庭的法律地位，维护婚姻双方及家庭成员特别是儿童和老年人的合法权益，为促进婚姻美满、家庭和睦，为构建社会主义和谐社会作出贡献。

二、委员会成立以来的工作进展

婚姻家庭工作委员成立以来，本着集合社会力量开展婚姻家庭领域社会工作，引领会员单位诚信经营，造福千家万户，树立社会和谐的理念，认真拓展项目，积极地开展各项工作。委员会本着不以营利为目的，使社会工作持续化发展的原则开展、实施了许多公益项目，既促进了婚姻家庭的美满幸福，又引领了行业的服务向着规范、专业、诚信等方面良性发展；既有社会效益，又有经济效益；既服务于社会，又能为会员提供诚信经营的公益平台。

（一）建立“婚姻家庭公益热线（010-8688 8688）”

当前无论网络、电视、报纸对家庭情感的报道都很容易成为社会的热点，这表明了社会需求已经不单是物质需要，而是更看重精神渴望，从固有的生活频率转换成现代的生活节奏，从传统的矛盾转换成新的问题。于是，在这样的现实环境下，婚姻家庭工作委员会根据自身的社会职能和社会的实际需求，集合会员力量共同开设了“婚姻家庭公益热线”（以下简称“热线”)。

“热线”的目的是为大众帮困解难，针对社会有需求人群进行心理疏导，矛盾化解，提供家庭服务与帮助，预防过激行为给个人和社会带来危害，促进婚姻幸福，家庭美满，社会和谐。

“热线”计划开通六条线：情感咨询、法律援助、恋爱交友、婚嫁服务、家居家政、家庭教育。“热线”采取线上由培训合格上岗的接线员、有专业能力的义工和专家提供免费服务，线下由经过规模、信誉、专业能力等方面的审核符合进入标准的企业组成诚信服务团队提供优质服务的模式。

“热线”已经于2010年11月6日开始试运营，试运营阶段暂时开通“情感咨询”和“恋爱交友”两条专线，目前咨询者络绎不绝，有情感压抑倾诉者，有家庭纠纷困惑者，也有渴望真情的单身者……“热线”被各种故事包围，正在用一种全新的模式服务于社会。目前婚姻家庭工作委员会正在加紧完善管理机制，剩余几条专线根据条件成熟情况将逐一开通。

（二）开设“婚恋大讲堂”

人生是双行线，生活和事业双向发展才不会失衡，但是很多家庭和社会的教育偏重于成功能力的教育，忽视了生活情感的教育，导致很多人情商匮乏，不懂经营生活，惧怕婚姻。

为此，婚姻家庭工作委员会特别策划，并开设了“婚恋大讲堂”，其目的在于通过传授心灵沟通、情感交流的技巧，激发人们心底的善良，从而学会自我修正，宽厚处世的方法，建立爱己、爱家、爱国积极的人生观。

“婚恋大讲堂”约请了著名业内专家、著名情感节类目主持人、会员培训机构优秀人士授课。讲课内容体现学术性、实用性和互动性。“婚恋大讲堂”力图通过开办培训班，走进机关企业讲座以及网络媒体建立窗口的形式让更多的人掌握生活的技巧和能力，使生活精彩起来。

“婚恋大讲堂”目前尚属于经验摸索阶段，因此，需要逐步完善后再通过婚姻家庭工作委员会会员培训机构向全国铺开。

（三）创办“婚情社工事务所”

有调查数据显示中国的离婚率在逐年上升，因婚姻不幸导致犯罪的行为已经伤及社会的和谐稳定；还有数据证明，离婚前如果有专业的机构或社会工作者劝说疏导，离婚率将会降低60%～80%，对此，专家呼吁设立“结婚、离婚冷静期”。为降低离婚率，减少以此带来的社会问题，促进家庭幸福社会和谐，婚姻家庭工作委员会经过社会调研和专家论证，并在获得上级领导的支持下，决定在全国范围内创办多家“婚情社工事务所”。

“婚情社工事务所”是和婚姻登记部门联合，以稳定家庭生活，维护婚姻情感为目的，由经过培训相对专业的人员，针对准结婚人群、准离婚人群和情感纠结人群提供专业的社会工作服务和帮助，以此减少因盲目结婚、草率离婚而引发的各种社会问题和矛盾的一个公益社会服务项目。

目前，“婚情社工事务所”已经与山西晋中民政局达成联合建立全国首家示范点的意向，有望在2011年上半年落实，这将是利用民间力量解决婚姻家庭问题的一个探索。

三、婚姻家庭工作委员会未来的工作方向

婚姻家庭领域的工作是社会工作的重要组成部分，维护婚姻家庭幸福，促进社会和谐是婚姻家庭工作委员会的责任。婚姻家庭工作委员会将发动社会力量共同关注婚姻家庭领域里的社会问题，并积极探索切实可行的事务工作，为发展婚姻家庭文化，研究婚姻家庭理论，倡导文明健康的婚姻家庭习俗；推动婚姻家庭教育和婚姻家庭服务；巩固、提高婚姻家庭的法律地位，维护婚姻双方特别是儿童和老年人的合法权益，为促进婚姻美满、家庭和睦，为构建社会主义和谐社会作出贡献。

（一）办好论坛，加强委员会理论建设

婚姻家庭工作委员会在今后的发展规划中，将结合婚姻领域的热点问题，筹办相关论坛，做到理论与实务相结合，并在实践中提高理论水平。婚姻家庭工作委员会计划在2011年度，筹办“中美婚姻家庭社工高峰论坛”，以此吸取发达国家和地区的先进经验和成功做法，使之本土化、制

度化、专业化，以利于我们更好更快地走出一条具有中国特色的婚姻家庭社会工作之路。

（二）做好项目，推进婚姻家庭工作委员会实务建设

婚姻家庭工作委员会将全力打造“婚姻家庭公益热线”、“婚情社工事务所”等具有较强社会效益和示范性的实务项目，完善其管理、运营模式全面推广，同时根据社会需求和条件成熟状况推出新的实务项目，以推动婚姻家庭领域里的社会工作科学、有序、健康的发展。

（三）加强交流，打造专业“会员之家”

婚姻家庭工作委员会自成立以来，吸引了一批服务于婚姻家庭领域方面或关注婚姻家庭领域发展的个人和机构注册成为会员单位。他们依照婚姻家庭工作委员会的宗旨开展各项服务，积极参与婚姻家庭工作委员会组织的各种活动。

在今后的发展过程中，婚姻家庭工作委员会将积极发挥服务功能、支持功能和管理功能，切实为会员提供服务。定期组织开展丰富多彩的文化交流活动和专业技能培训等，以加强会员之间的交流，提高会员单位服务水平和质量，从而倡导会员单位诚信经营，专业服务，科学管理，健康发展，使婚姻家庭工作委员会成为会员们信赖的“会员之家”。

（撰稿人：顾秀琴）

抓活动　树品牌　发展公益领域社会工作

社会公益工作委员会

【摘要】　过去两年，社会公益工作委员会紧抓专业建设和基础管理，成功开展了第四届“全国十大社会公益之星”暨“全国优秀公益人物”评选表彰活动，力促“公益拍卖”活动迈向全国、走进社区，受惠群众逐年增多，社会影响力进一步扩大。未来几年，社会公益工作委员会将以“公益之星”和“公益拍卖”品牌建设为中心，以《公益人》会刊和中国公益人网为平台，深入开展社会工作实践，抓好会员服务工作和公益活动管理，建设全国公益组织和公益人物之家。

【关键词】　社会公益　社会工作　公益之星　公益拍卖　公益组织

一、以品牌活动为中心，开展公益宣传和募捐活动

过去两年，社会公益工作委员会成功开展了第四届“全国十大社会公益之星”暨“全国优秀公益人物”评选表彰活动，有效传播了公益精神。“公益拍卖”活动迈向全国、走进社区，有效发挥了募捐作用，受惠群众日渐规模，社会影响力进一步扩大。

（一）树立楷模　弘扬公益“公益之星”品牌逐渐打响

2009 年 9 月 6 日，第四届“全国十大社会公益之星”暨“全国优秀公益人物”表彰大会在全国政协礼堂隆重举行。表彰大会是一次会聚关心公益事业的国家领导人、社会组织和群众团体、基层公益事业从业者和高校志愿者的盛大聚会。获奖者中既有汉族，也有少数民族；有百岁老人，也有 80 后；既有文艺界大腕，也有普通劳动者；有多次获奖的公益明星，

也有第一次站在领奖台上的农民，他们相互映衬、熠熠发光，构成了一幅和谐绚丽的星光图。全国政协副主席邓朴方，全国人大常委会原副委员长彭珮云，民政部部长李立国等出席大会并为获奖者颁奖。中央综合治理办公室、中华全国总工会、全国妇联和中国社会工作协会、中国红十字会总会等七家主办单位领导，以及高校学生代表及首都各界人士近千人出席大会，京内外近百家媒体与会，新华网对大会进行了现场直播。

民政部部长李立国在讲话中指出，“全国十大社会公益之星”评选表彰活动从规模和社会影响上看，一次比一次大，具有广泛的社会基础和群众基础，形成了良好的社会效果。活动主办单位认真负责，评选过程规范有序，严格遵守公平、公正、公开原则，使得这一活动具有很强的社会公信力。民政部将一如既往地大力支持中国社会工作协会等七家主办单位继续将这一品牌活动越办越好。

“全国十大社会公益之星”评选表彰活动经民政部批准，由中国社会工作协会、中国红十字会总会、中国老龄协会、中华慈善总会、中国残疾人福利基金会、中华环境保护基金会和人民日报政治文化部七家单位共同主办，公益委员会承办，中国华侨经济文化基金会协办，自 2003 年起已成功举办了四届。究其成功原因，主要在于以下几个方面：

1. 活动目的在于弘扬公益精神

该活动不是一行一业的内部评选，而是面向各行各业的社会公益事业响应和参与者，树立公益楷模，通过表彰和宣传“全国十大社会公益之星”，推动和促进我国社会公益事业持续健康发展，为构建社会主义和谐社会贡献力量。

2. 主办单位是公益组织

该活动相关主办、协办单位主要在扶贫助困、抗灾救灾、无偿献血献髓、助老、助残、环境保护等社会公益领域从事救助活动，集合了最广泛的社会工作者、志愿者和捐赠人，且都是具有较高公信力和卓越影响力的民间组织，他们作为主办单位和主要推荐单位，保证了活动“公益性”、“权威性”、“民间性”的性质，并得到一以贯之的体现。

3. 活动坚决杜绝收费

活动自设立之初，就坚决杜绝也从未向任何基层、企业、群众收取过任何费用或出物、出工等变项收费，还向经济困难的获奖者提供基本交通和食宿补助，并先后为常梦、李振华、潘世鹏等基层获奖者争取了社会捐赠。可以说，不单从未增加基层、企业和群众的负担，而且还真正地为群众办实事、解难事、做好事。

4. 活动得到群众和媒体的拥护

活动历经八年，成功举办四届，参与人数越来越多、社会影响越来越大。近三届评选活动中，候选人均超过 200 人，在新华网举行的公众投票都获得超过 500 万张选票，第四届评选活动更获得 5000 多万张选票，可见其影响力之大。活动得到了各级各类媒体的自觉响应，包括人民日报、新华社、中央人民广播电台、中央电视台、新浪网、第一视频、北广移动传媒、中国移动手机报等多种形式的媒体对活动予以报道，中国社会报、公益时报、中国红十字报、中国老年报等报纸还多次专版刊登了获奖者事迹，引起了社会各界的广泛关注。

5. 活动得到中央有关部门的大力支持

民政部、中央精神文明办、中央综治办、共青团中央、全国妇联、全国总工会作为活动支持单位，始终对活动给予热情关注与支持。活动还一直受到人民日报社和新华社的高度关注。人民日报两次为活动作了专版宣传，人民网在网上公示了候选人事迹；新华社连续三届批准在新华网上公示候选人事迹并进行公众投票，这是除“双百”评选和全国道德模范评选外唯一得到批准予以在新华网上进行的投票活动，新华网还对表彰大会进行了现场直播。

6. 活动得到中央有关领导的高度重视

全国人大和全国政协许多领导都对这一活动予以关心和支持，全国人大常委会副委员长周铁农、全国政协副主席邓朴方，时任全国人大常委会副委员长的司马义·艾买提、彭珮云，全国政协副主席郝建秀，都先后出席过表彰大会并为获奖者颁奖，极大地鼓舞了获奖者和与会代表。同时，这一活动还得到了长期关心社会公益事业的老领导老同志的积极推动和大力支持，全国人大环资委原主任委员曲格平、武警部队原司令员巴忠倓等老领导全程参与活动，并多次提出指导意见。统战部、中国侨联等单位的领导同志也多次光临表彰大会，为获奖者颁奖。

7. 活动社会效果显著

作为回报公益事业参与者的一项精神奖励和表彰活动，活动深受社会各界好评。一位候选人还制作了一面写着“公平、公正、公道；诚心、诚朴、诚信”的锦旗送给组委会。通过表彰和宣传濮存昕、徐本禹、司堃范、佟丽华、王健林、陈光标等具有典范意义的获奖者的事迹，直接带动了演艺明星、高校学生、医生护士、律师、企业家等各类社会群体参与公益事业的热情，丛飞、微尘、顺其自然的获奖更是直接促进了青岛、深圳、宁波等爱心城市的涌现。可以说，活动不单鼓舞着获奖者在公益道路上越走越好，而且切实推动了公益理念在全社会的普及。

8. 活动规范、严谨、庄严、隆重

活动评选综合统计社会各界代表评审、公众投票和组委会评审三方成绩，以事迹能否感动大众、影响能否惠及百姓作为甄选获奖者的关键标准，强调公益事迹的典型性、注重公益人物的代表性。40 多位获奖者不单在获奖时被奉为带动全社会参与公益事业的典范，而且经受住了历史的检阅，无一违法或非法行为，并大多成长为当地经济实体或社会组织的带头人和中坚力量，在促进当地或行业发展特别是社会公益事业发展方面充分发挥了模范带头作用。

通过“全国十大社会公益之星”评选表彰活动的举办和获奖者的宣传效应，公益精神正日益深入人心，进一步打响了“公益之星”品牌，有力地推动了公益事业持续健康发展，为构建和谐社会贡献积极力量。

（二）迈向全国　走进社区　“公益拍卖”活动稳步推进

公益拍卖活动是社会公益工作委员会为探索公益事业发展的新途径、新模式，顺应民众意愿和需求而创建的一个公益项目，以其新颖的筹资形式和多方回报渠道而受到越来越多爱心人士和百姓的青睐。项目以公益精神为根本精神，将公益文化和公益理念有机地融入到传统的拍卖形式之中，在热心公益的个人、企业及社会组织之间搭建起一座“扶贫济困，助人自助”的爱心平台。活动倡导“大众参与、快乐公益”的新理念，社会各界人士在宽松、愉悦氛围中参与捐赠、竞拍，拍卖所得投向公益活动和公益项目。

1. “公益拍卖”活动迈向全国

自“公益拍卖”项目设立以来，社会公益工作委员会多次组织公益拍卖活动，捐赠所得给汶川地震灾区、江西革命老区贫困先心病儿家庭等。

2010 年 7 月 24～31 日，首届“全国民间文化艺术精品（上海）公益博览周暨中国公益拍卖上海行”活动在上海展览中心举行。该活动被誉为是新中国成立以来规模最大的民间公益文化活动，黄、白金艺术品，玉器珠宝，象牙雕，刺绣，小叶紫檀、海南黄花梨名贵木艺家具，名贵乐器，名家字画，佛文化艺术品等十几个类别的 300 余件民间文化艺术精品参展，上海市政协主席，上海慈善基金会理事长冯国勤，全国人大环境与资源保护委员会原主任、社会公益工作委员会主任曲格平，上海市人大常委会原主任陈铁迪、中国社会工作协会会长徐瑞新，民政部社会工作司司长孙建春等领导出席，秦怡、都本基、李达、周立波、何赛飞、程乃珊等文化艺术界名人到会参观。

“公益拍卖”先后在北京、太原、深圳、内蒙古、上海等地举办了五场新闻发布会暨推介活动，宣告了公益文化博览和公益拍卖在全国范围内启动，走出了迈向全国的一大步。新华社先后五次发布通稿、中央电视台《新闻联播》、《晚间新闻》、《新闻直播间》等栏目先后多次对活动进行报道，东方卫视《闪电星感动》进行了 30 分钟的专题报道，活动在中央人民广播电台、光明日报、经济日报、解放军报、中国青年报、中国日报、工人日报以及北京、山西、内蒙古、广东、上海等当地媒体先后被报道 200 余次，有力地宣传了公益文化和社工精神。

2. 公益拍卖活动走进社区

随着城市社区群众生活水平的不断提高，生活用品更新换代加快，闲置物品不断增加，造成了空间的大量占用和资金的积压。这些物品扔掉可惜，卖了不值，捐赠又往往找不到适当的渠道。另外，企业捐赠物资的情况日益增多，但也有一些物资并不是受助对象真正需要的，或者面临着巨大的运输成本压力。利用公益拍卖这一方式，将这些物品拍卖给真正需要的人，把筹集款项用于帮助受助对象，将真正实现多方受益。

2010年3月起，公益委员会开始在北京地区试点“闲置物品”公益拍卖活动。通过联合各城区街道、居委会、社会工作机构和热心公益事业的企事业单位，将“平民公益”理念和“公益拍卖”的概念送到千家万户。“闲置物品”公益拍卖活动的拍品既有服装配饰、家用电器，也有数码产品、文体用品，还有书画、瓷器、邮票等收藏品和手工艺品。

4月24日，联合朝阳门街道举行“心系玉树，我们在一起”闲置物品公益拍卖会，筹款14791元款赠给玉树灾区人民及其他公益项目。

5月15日，联合中关村地区社工协会举行的社区拍卖会筹得善款58110元，用于中关村地区贫困家庭生活，补助“社工桥”革命老区贫困家庭病儿助医行动。

5月22日，联合舍得网举办“关注病童，爱‘心’行动”拍卖会，奥运体操冠军邢傲伟、世界体操冠军范晔助阵拍卖会，筹款9687元用于“社工桥”革命老区贫困家庭病儿助医行动。

6月26日，联合禄米仓社区举办“扶贫助学”公益拍卖会，60件拍品全部拍出，筹得善款5913元，用于资助社区低保家庭大学生。

6月30日，第二次联合朝阳门街道，举办“共产党员献爱心”捐赠物品拍卖活动，16816元善款用于帮扶困难家庭。

10月30日，联合东郊社区举办“爱心手拉手”公益拍卖会，筹款13910元，用于东郊社区贫困家庭生活救助。

“公益拍卖”活动走到基层、走向社区、走到百姓中间，是社会工作者的创举。将闲置物品循环利用，符合低碳环保的生活主张。活动强调慈善不是富人的专利，倡导“多多益善，少少不嫌”的公益捐赠主张和“人人参与，家家受益”的和谐社会风尚，对于促进社会和谐具有积极的推动作用。

老百姓在活动中真正唱主角。活动将最大限度地使居民手中闲置物品流通变现，社区居民和单位既能使闲置物品实物变现，亦可竞买到自己需要和喜欢的拍品，既体验到公益互助活动的乐趣，又收获到真正的物质回报。善款主要用于帮扶社区困难群体，改善其生活质量。最大限度地使百姓参与和受益，使活动赢得了良好的口碑。

通过几次“闲置物品”拍卖活动的举办，公益委员会逐渐摸索出一套社区公益拍卖活动的模式。中央人民广播电台、中央电视台、北京电视台、北京人民广播电台、新京报等媒体多次对活动予以报道，进一步扩大了影响。两家社区分别向公益委员会赠送了写有“驻社区、进社区、爱社区；做公益、做慈善、做奉献”和“关爱民生、公益光荣”的锦旗。一部分有条件的机构已与社会公益工作委员会合作，每季度举行一次“闲置物品”公益拍卖活动，体现了活动旺盛的生命力和良好的公信力。

二、以会员为根本，促进基础管理工作的专业化

（一）加强会员管理工作

会员数量和质量进一步提升。会员是社会公益工作委员会发展坚固的基石。社会公益工作委员会拥有个人会员300余名，团体会员50多个，其中既有来自金融、医疗、教育、零售等各行业的热心人士，又有长期从事法律援助、心理咨询、环境保护、社会救助等社会服务的志愿者，既有文化、传媒、收藏等领域的社会名人和专家，也有街道、社区、草根社团等基层组织和爱心企业。与此同时，骨干会员、活跃会员数量大大增加，在各种公益活动中发挥的作用日益显著。

会员联系渠道不断扩展。通过电子邮件、手机短信、QQ群等多种通信渠道，搭建了一个会员与公益委员会、会员与会员之间畅通交流的平台。2010年起，社会公益工作委员会开始在每年岁末年初组织召开工作年会，邀请领导、理事和骨干会员，对年度工作进行了全面总结，邀请会员

共商委员会发展规划，进一步明确了会员的主人翁地位。

会员服务内容不断完善。目前社会公益工作委员会为会员提供的基本服务主要包括：通过《中国公益人网》和《公益人》会刊加强对会员活动的宣传报道；提供邮件订阅、开放会员之家公益图书室为会员提供资讯和文化服务；组织会员参加义务指路、照顾孤儿、公益义买等志愿服务和捐赠活动；共享会员讲座、活动，为会员单位推荐志愿者和员工；为北京市第二社会福利院、通州关爱中心等基层组织筹集捐助款等。通过开展丰富多彩的会员活动，不单为会员和会员单位提供了参与公益活动的机会，重要的是，初步形成了“会员帮助会员”的局面，增强了委员会的凝聚力和向心力。

（二）加强社会工作专业化建设

以社会工作理念为指导。作为中国社会工作协会下属的二级委员会，社会公益工作委员会在开展工作中把“助人自助”作为活动的基本理念。在服务过程中，以会员和服务对象是否需要、是否愿意参与、是否满意为考察标准，强调服务过程对参与者的积极影响，强调评估服务效果。以“闲置物品拍卖”公益活动为例，就力图使公益拍卖活动的各方参与者，包括物品捐赠人、各位竞买人和被救助群体都能从中受益，是实现社区内部自助的一种良好尝试。

开展社区社会工作。社区是社会工作的主阵地，社会工作的基础在社区。社会公益工作委员会开展的“闲置物品拍卖”公益活动以社区老百姓为主要参与者，通过与社区工作者的合作，逐渐摸索出一条创新管理、服务社区的有效途径，活动的举办既是公益精神深入人心的过程，也是培养社区公益活动和志愿服务骨干力量的渠道，有利于促进社区与居民之间的共融关系，创建温馨和谐的社区生活和富有特色的社区文化。

培养专业领域人才。社会公益工作委员会在日常工作中十分注重专业人才的锻炼和培养，根据活动开展需要和业务性质，积极建设专业化的员工队伍。目前社会公益工作委员会有国家注册专业社会工作者 1 名，国家注册拍卖师 1 名，国家注册拍卖从业人员 2 名，在开展活动中以专业性赢得会员和联谊单位的广泛好评，展现了社会工作团队的良好风貌。

（三）加强宣传工作

积极开展活动宣传。弘扬社工理念，传播公益精神是社会公益工作委员会在开展各项活动时一以贯之的理念。在“全国十大社会公益之星”评选表彰活动、首届“全国民间文化艺术精品公益博览周”活动、“闲置物品拍卖”公益活动等各项活动开展时，社会公益工作委员会都抓住机会，进行了不遗余力的宣传，积极促进全社会了解社工、关心公益。新华社、人民日报、中央人民广播电台、中国国际广播电台、中央电视台、东方卫视等中央和地方媒体，网络、手机、公交电视等新兴媒体都先后多次对活动进行报道，既对开展公益活动起到了重要的宣传效果，又有效地传播了社工和公益精神。

有效利用自身刊物。作为内部刊物的《公益人》是社会公益工作委员会宣传公益人物、传播公益理念、服务会员的一个重要平台，设有社会公益工作委员会工作、特别报道、人物、视点、会员内外、他山之石等10多个栏目，每月出版一期。会刊主要面向会员免费发放，成为传播公益精神和促进会员交流的有效渠道。目前，《公益人》已出刊30余期，发表文章上千篇，累计百万余字。因其风格清新、内容丰富、可读性强，得到了读者的广泛好评。

积极发展网络平台。社会公益工作委员会主管的《中国公益人网》设资讯、公益人物、在线拍卖、社工地带等常规频道10个，二级栏目50余个，文章上万篇，网站已经成为公益领域较有影响力的网站，特别是在各公益组织、社工机构、高校学生和热心社会公益事业的企业中间具有较强的影响力。网站既是社会公益工作委员会发布消息和传播公益精神的重要渠道，也成为与会员和公益组织保持联系的一个重要平台，国内外多家公益组织和社团为网站提供信息。

三、社会公益工作委员会的发展思路

未来几年，社会公益工作委员会工作的总体思路是：以科学发展观为指导，夯实基础，抓住机遇，依托“公益之星”和“公益拍卖”两大品牌，持续开展“社工桥”系列公益活动，以一网一刊为平台，深入开展社会工作实践，抓好会员服务工作和公益活动管理，建设全国公益组织和公益人物之家。

（一）建立“全国十大社会公益之星”评选表彰活动长效机制

“全国十大社会公益之星”评选表彰活动是社会公益工作委员会精心打造的一项品牌活动，日益成为我国公益事业领域一个具有影响力的品牌。社会公益工作委员会要在认真总结往届评选活动的基础上，审时度势，认真研究，从每一个环节入手，把这项活动做大做强做精，使它成为不可替代的公益品牌。

一是要进一步拓宽沟通渠道，加强与公益组织、媒体单位及社会各界爱心企业、人士的联系合作，特别是进一步密切与各主办单位的沟通联络，使更多的社会组织参与到评选工作中来。

二是要与时俱进，创新申报、评选和表彰形式，彰显公平、公开和公正的评选原则，力求评选表彰过程的隆重热烈和鼓舞人心，进一步加大宣传力度，扩大活动的影响力。

三是要组织“公益之星”联谊活动，维护活动的凝聚力，以期这项活动日益显现出它的生命张力，实现可持续发展。

（二）完善公益拍卖流程，推广公益拍卖品牌

公益拍卖既是筹集善款的一种有效方式，同时也是鼓励和回报爱心人士的一种重要渠道。宣传和推广公益拍卖的精神和运作方式，创新公益筹款新途径仍是社会公益工作委员会的工作重点。

一是规范拍卖工作流程。利用专业的拍品库房管理和拍卖竞价软件，规范入库出库、号牌登记、现场投影、财务结算程序，对每件捐赠物品、每个捐赠物品者和义买物品者跟踪记录，对捐赠者和受助者负责。

二是充分发挥新兴媒体的力量，在中国公益人网、淘宝网、拍拍网、有啊等网站上开设“爱心店铺”进行在线拍卖，拓宽公益拍卖活动的影响力和筹资方式。

三是大力推广“闲置物品拍卖”公益活动，使之走向更多的社区、街

道和企事业单位，以扎实落地的活动践行“平民公益”理念，号召更多的人参与公益事业。

四是进一步推广专业的公益拍卖精神，通过承接公益组织委托拍卖，促进公益领域拍卖的专业化，并将公益拍卖活动推广到商场、展览馆等，使公益活动能够为更多的人所参与。

（三）发挥“社工桥”的救助和桥梁作用

“社工桥”是指通过社会工作者的努力，依靠社会力量在爱心企业和困难家庭之间、在发达地区和贫困地区之间，搭建起扶贫之桥，合作之桥，共富之桥。活动以“助人自助”为基本宗旨，发挥“授人以渔”的救助方式作用，帮助困难群体自立、自强、自助。

一是要持续开展“社工桥”革命老区贫困家庭儿童助医活动，保持与受助方的跟踪联络，将善款落实到实处，建立监督和公示机制，维护活动的公信力。

二是要继续做好“社工桥”勤工助学项目，搭建起企业与大学生的“助学”和“勤工”之桥，保持与爱心企业的密切关系和跟踪合作，加大与高校勤工助学部门的联系力度和广度，适时建立勤工助学学生档案库和爱心企业数据库，促进活动深入开展。

三是要与“闲置物品拍卖”公益活动相衔接，对活动筹集善款在各社区、街道和公益组织的落实跟踪指导，保证款项落到实处，真正为人民群众所受益。

四是要拓宽思路，从人民群众的实际需求出发，从公益工作发展的客观实际出发，研究和开发出更多的“社工桥”系列公益活动项目。

（四）多管齐下，注重宣传，形成传播优势

加强公益组织和公益活动的宣传，不单对组织和活动本身具有重要意义，同时对传播公益理念、促进公益事业发展具有重要作用。社会公益工作委员会要积极利用各种媒体一方面宣传自身活动，一方面积极推广公益精神在利用好自身平台《公益人》会刊和《中国公益人网》的基础上，要在各种门户网站和社区上通过博客、微博等渠道发布活动，使公益活动和公益精神为更多的受众所熟知，要保持与各大新闻媒体的密切合作，增加报道力度。

《公益人》会刊的内容要丰富，专业性要提升，要向知名的公益刊物看齐并有所超越。在已有的常规版块的基础上，确保每期有独立策划的专题，确保建立一支专业的和广泛的供稿队伍，确保编辑和设计水平，增强刊物的可读性、实用性和专业性。

《中国公益人网》需要进一步丰富内容，加大推广力度，强化职能。逐渐加大与各级各类公益组织的联系和合作，以庞大的资讯量和及时地更新记录公益发展进程，以深度的通讯报道和纪实图片展示公益人物风采，以方便快捷和免费的交易平台实现生活物品在线义卖，以有效的数据库搜索和查询系统实现救助导航，切实承担起“记录公益历史，汇聚各方力量，服务会员及社会大众”的使命，打造一个关心和参与公益事业人士的网上家园。

（五）创新会员发展和服务机制

社会组织的会员多少、质量高低关系到组织发展原动力的强弱。未来几年，加强会员管理，做好会员服务工作仍是社会公益工作委员会发展的重中之重。

一是要建立公益会员库并有效利用。建立社会公益工作委员会统一管理、会员自主参与的网上会员管理和在线报名系统，充分利用现代科技力量管理会员，保证与会员沟通的有效性和会员参与活动的便捷性。按照会员的不同地域、职业、服务兴趣差别，提供不同形式的公益活动内容，实现会员服务的差别化。

二是要创新会员服务的形式。继续开展活动指导、公益宣传、公益组织探访、组织志愿服务、公益义卖、公益讲座等形式开展丰富多彩的会员服务，并进行总结完善，形成“会员服务有工作”、“公益活动有会员”的局面，促进会员服务工作朝规范化、常规化、体系化发展。

三是要促进会员互助。通过会员交流、组织联谊、信息分享、合作活动、组织共建等方式加强公益委员会与会员之间、会员与会员之间的联系和合作。

四是要建立会员奖励制度。注重会员活动的效果评估，保证会员参加公益活动有所收获，通过会员评级和表彰制度，鼓励会员长期坚持参与公益活动，加强公益委员会的凝聚力。

社会公益工作委员会是在中国社会工作协会领导下，由从事和关心社会公益事业的单位和个人自愿组成的全国性公益团体。作为一个联合的、互助的、服务的、公益的社会团体，我们有决心，也有信心，紧紧抓住公益事业发展的历史最好机遇，在我国公益事业发展的蓝图上写下浓墨重彩的一笔，为公益事业发展作出新的贡献。

（撰稿人：韩金萍）

发挥志愿服务在社工领域的重要作用

志愿者工作委员会

【摘要】 志愿服务体现了社会主义核心价值体系，反映了和谐社区建设的现实需要。志愿精神凝聚着人与人之间的爱与关怀，协助解决社会工作中的各类问题，促进社会的发展与进步。伴随着我国志愿服务的快速发展，志愿服务领域逐步拓展到助老、助残、环保、治安、医疗、救灾以及协调社会关系、预防解决社会问题、恢复社会功能、维护社会稳定、推动制度建设、完善社会保障体系等方面，在社会工作领域发挥了重要作用，对于促进社会繁荣、稳定、和谐、发展有着重要意义。

【关键词】 志愿服务　社会工作　社区志愿者

中国社会工作协会社区志愿者工作委员会于2005年3月成立，2007年更名为中国社会工作协会志愿者工作委员会（以下简称委员会）。委员会积极推动志愿服务工作，传播志愿服务理念，指导志愿服务组织发展，增加志愿服务交流，探讨志愿服务理论，扩宽志愿服务领域，培植志愿服务项目，着力整合社会志愿服务资源，把自身打造为全国志愿服务平台。经过多年努力，委员会现已成为我国志愿服务工作发展的“桥头堡”。

一、近年来的成就

委员会自成立以来，一直遵循中国社会工作协会的宗旨和精神，传播志愿服务理念，壮大志愿服务队伍，塑造志愿服务品牌、开展志愿服务国际交流、创新志愿服务理论，把志愿服务工作推广到社会工作的各个领域。在维护社会稳定、帮助受困群众和困难群体、保护环境、移风易俗、灾害救助、大型活动等方作取得了巨大成就，推动社会工作的全面发展。

在志愿服务宣传方面，委员会通过多渠道、多方式、多地域宣传志愿服务理念，让助人为乐的理念深入人心，吸引各界人士关注和重视志愿服务，并加入到志愿服务队伍中来，共同解决各类社会问题，促进社会和谐发展。2009 年，委员会与民政部基层政权和社区建设司在湖北省武汉市联合举办了“全国社区志愿者注册工作培训班”，来自全国各地的 200 多名有关负责同志和业务骨干接受了培训。山东省青岛市、黑龙江省哈尔滨市、河北省石家庄市、浙江省杭州市等地，也纷纷开展志愿服务培训工作，传播志愿服务理念。

在志愿服务组织方面，委员会通过业务指导、资金支持、共同合作等方式，带动地方志愿服务组织发展，做志愿服务组织的“孵化器”，以新的观念、新的视角、新的标准大力开发志愿服务资源，精心培养志愿服务的新机构、新资源、新人才。2010 年 12 月 2 日，委员会在国家会议中心举行了第 25 个国际志愿者日纪念活动，会上通报了本年度全国社区志愿服务情况。据不完全统计，目前，全国已有 26 个省、自治区、直辖市和 48 个地级市、174 个城区推广使用了“中国社区志愿者注册管理系统”，全国社区志愿者组织已经达到 28.9 万个，平均每个社区有三支以上的社区志愿服务队伍，社区志愿者人数达 2900 多万人，其中注册社区志愿者达到 599.3 万人，参与社区志愿服务活动超过 5000 多万人次，服务小时数达 1500 万小时。

在志愿服务交流方面，委员会借助中国社会工作协会权威性、专业性、全国性的优势，与会员单位、学校、国际组织等机构密切合作，促进志愿服务交流，架起一座志愿服务交流的“彩虹桥”。一是组织地方志愿服务机构相互交流学习，借鉴彼此先进经验和典型，培养适合自己的志愿服务发展模式。例如，黑龙江省逐步建立起全方位活动覆盖、多层次社会参与的“零距离”志愿服务网络，实现了志愿服务工作的重心下移和全方位覆盖，社区志愿服务的组织化程度进一步提高。二是与其他志愿服务组织合作交流，探讨符合中国特色志愿服务发展道路。2009 年 10 月 15 日，委员会参加全国和谐社区建设工作大会，探讨志愿服务在和谐社区建设中的作用。三是全面推广志愿者注册系统，全力打造我国志愿服务交流的网络系统，积极开展全国性志愿服务交流活动，邀请专家学者献言献策，针对志愿服务模式、志愿者组织管理、志愿生活状态、志愿文化建设、志愿交流学习等方面的议题，展开形式多样的交流活动，彼此之间取长补短、互通有无、携手发展，以期更好地打造出符合社会发展潮流的时尚志愿生活。四是委员会积极开展对外交流与合作，与英国海外志愿服务社和联合国志愿人员组织等多个国际志愿者组织建立了密切的合作关系。例如，2009年委员会继续深化合作，开展了中英社区交流项目，致力于促进中英两国的社区工作者、志愿者领导者的职业发展，目前，委员会正在开展中英志愿者青年交流（Youth Xchange，简称YX）项目。通过志愿者国际交流，促进志愿者对不同文化和志愿服务发展状况的了解和认识，树立积极的国际公民意识，推动我国社区、志愿组织的发展和进步。

在志愿服务理论方面，委员会不断深化志愿服务理论研究工作，通过广泛面向国内各级志愿服务组织进行走访、调研、访谈，著作志愿服务理论“教材书”，指导各地志愿服务发展。2009年，委员会前往天津、辽宁省盘锦市等地调研志愿服务工作。同年，受民政部委托，委员会开展了“国家灾害应急志愿服务体系建设”、“我国志愿者招募和注册管理问题”和“志愿者参与‘难点村’治理工作”等课题研究，在应急志愿服务体系建设、志愿者招募、注册管理、农村志愿服务发展等研究方面提出了有针对性的政策建议，推动了国内相关制度的建立和完善。并在中央精神文明建设指导委员会指导和民政部领导下，在中国社会工作协会的指导和帮助下，联系相关党政部门领导、专家学者、志愿组织负责人，围绕志愿服务理论创新、制度创新和实践创新，组织调查研究，着手撰写和出版“社会志愿服务体系建设”丛书，以宣传志愿服务理念和精神，普及志愿服务知识，推动志愿服务的经验交流。

在志愿服务品牌方面，委员会全力打造自身品牌，促使志愿服务更加专业化，由此树立了“抗震救灾志愿者热线”、“地震灾区心理危机干预志愿服务促进计划”、“志愿之光·火凤凰”、“迎奥运、讲文明、树新风志愿服务行动”等志愿服务项目。同时，协助支持各地根据社区居民的需要，围绕群众关心的热点、难点问题确立服务项目。有的为社区内孤寡老人、残疾人、孤老烈属、孤老复员军人、革命军人提供定人、定时、定任务的服务；有的利用节假日组织便民利民服务日活动；有的建立“服务联系卡”、“服务信箱”、电话预约等，如以学生为服务对象的“暑期感恩教育”、“五芳园护花服务队”等，以老年人为服务对象的“健康彩虹”服务、“无围墙敬老院”等，还有“姐妹帮扶会”、“爱撒满孔孟之乡”、“爱心妈妈帮教组”、“悄悄话室”、“道德法庭”等志愿服务品牌。

二、志愿服务发展现状

经过多年的探索实践之后，我国志愿服务事业蓬勃发展，志愿服务制度不断健全，志愿服务组织大量涌现，志愿服务队伍持续壮大，志愿服务水平继续提升，全社会支持参与志愿服务的意识普遍增强，越来越多的老百姓获得关心与帮助，面临着大好发展形势。

一是全国各级政府高度重视志愿服务法律建设工作，纷纷出台了地方性法规政策，积极推动各地志愿服务的快速健康发展，为推动志愿服务全国立法积累了经验、奠定了基础。目前，全国性法规正在起草论证之中，可望在近期出台。

二是党和政府对深入开展志愿服务活动作出了重大战略部署和重要决定。2010年，中共中央办公厅、国务院办公厅发布《关于加强和改进城市社区居民委员会建设工作的意见》提出：“大力推进社区志愿者注册制度，健全社区志愿服务网络，力争用3至5年的时间，实现社区志愿者注册率占居民人口10%以上的目标。”民政部发布的《2010年社会工作人才队伍建设和志愿者队伍建设工作要点》强调，切实加强志愿者招募、注册、管理措施研究，统筹推进志愿者队伍建设，努力开创志愿者队伍建设新局面。

三是中华志愿者协会正在积极筹备中，中央精神文明办、民政部联合成立筹备委员会，联合教育部、卫生部、全国总工会、团中央、全国妇联等单位共同推动协会成立，联合各种社会力量，从宏观上建立统一的、规范的协调管理机制，解决各自为政、管理混乱的现象，维护志愿者的基本权利和利益，充分调动志愿者的积极性和主动性，促进我国志愿服务的全面发展。

虽然我国志愿服务取得巨大成就，在社会工作领域发挥了重要作用。但发展相对较晚，整体水平较低，尚处于起步阶段，有许多问题亟须解决。据了解，世界志愿服务活动的平均参与率在10％，发达国家在30％～40％，而我国的城市人口参与率只有3％，与外国志愿服务水平相比存在很大差距。目前，我国志愿服务发展中，还存在公众志愿服务理念认识单薄、志愿者资源不足、供需协调性差、专业性不强、服务内容单一、管理不规范、考评奖励机制不完善、法制不健全、社会化程度不高、东西部发展不平衡等诸多“软钉子”，严重制约着我国志愿服务的健康发展。解决阻碍志愿服务发展的“软钉子”，摸索出富有启迪意义的经验，是今后一段时间的重要工作。

三、志愿服务工作的发展蓝图和发展目标

委员会将在民政部和社工协会的领导和指导下，利用自身的优势，联合各界力量，共同筹备成立全国性志愿者组织，统一协调全国志愿服务资源，发挥整体优势，建设与政府服务、市场服务相衔接的社会志愿服务体系，凝聚社会各界的力量，促进志愿服务在社会工作领域中发挥更大的作用，共同谱写社会美好、繁荣、稳定的“和谐曲”。

（撰稿人：李宪红）

开展企业社会工作　发展企业公民事业

企业公民工作委员会

【摘要】　“企业公民”是时代进步的产物，是企业社会责任发展的更高阶段；企业以“公民”的身份，在享受社会提供的各种发展条件的同时，积极履行社会责任，为员工发展、环境保护、社区服务、公益慈善作出应有的贡献。企业公民理念正是和谐社会思想在经济层面的体现，是企业落实科学发展观、促进经济发展方式转变、践行和谐社会思想的具体体现。

【关键词】　企业公民　企业社会责任　企业公民建设　企业公民理念　企业社会工作

近两年来，“企业公民理念”被越来越多的企业认同和接受，同时也得到政府、社会和媒体的充分肯定。企业在追求利润的同时，自觉承担社会责任，做合格企业公民，才能协调可持续发展。作为以“推广和普及企业公民社会责任理念”为宗旨的企业公民工作委员会，两年来，积极推广企业公民理念，推进企业社会工作，认真探索企业公民实践，使中国企业公民事业迈上一个新的发展阶段。

一、工作回顾

（一）发展进程

企业公民工作委员会在推广企业公民理念和实践工作中，始终注重企业公民的理论研究、本土化、理论宣传、实践探索、活动推广、国际交流等方面的工作，制定了促进中国企业公民事业发展的一系列指导性文件，开创了中国企业公民建设的诸多领域。首先举办了推广企业公民理念的经典活动；树立了一批走在行业前列的中国优秀企业公民；创立了作为第三方发布《企业公民社会责任报告》；通过不断创新形成了企业公民的“指导体系、评价体系、调查体系、荣誉体系、宣传体系、监督体系”等一整套完善的系统建设，丰富了中国企业公民建设的内容，推动了企业公民在中国本土化和进一步发展，提高了企业公民理念与实践的公众关注度和社会影响力，引领越来越多的企业加入到企业公民建设行列中来。

（二）常项工作

1. 中国优秀企业公民调查评价

2009 年第五届和 2010 年第六届优秀企业公民调查评价，吸引了更多的优秀企业参加：中国建设银行、国家电网、中国一汽集团、中国医药集团、中国人民保险集团等大型央企均榜上有名；IBM、英特尔、日立、罗地亚、渣打银行等跨国公司和联想、亿达、雅昌、腾讯、百度、招商银行、民生银行等民营企业踊跃参加。活动坚持创新和与时俱进，一是推出“中国五星级企业公民”，对会员企业提出了更高的要求，丰富了“企业公民荣誉体系”；二是增加了“媒体记者评审组”，用记者敏感的眼光监督企业行为；三是第一次选择外地（上海）召开表彰大会，增加当地商会和企业家的企业公民意识。活动成功举办获得了良好收效与社会各界的广泛好评，2009 年第五届活动荣获中国社工协会品牌项目。2010 年第六届活动，在前五届的基础上又有了系统总结和新的提升。

2. 中国企业公民论坛

一年一度的论坛，会聚了世界 500 强、国有和民营企业的优秀代表，NGO 领导人，有关专家学者出席论坛并作精彩演讲。论坛为企业公民理念与实践提供了一个广阔的、国际性的交流平台，推广科学的“企业公民理念”，发出权威的“企业公民声音”，总结积极的“企业公民实践”，推动中国企业公民与国际接轨，并将逐步成为“国际性、权威性、持续性”的专业论坛。

3. 责任献社会

“责任献社会”活动，是企业公民工作委员会首倡的、面向广大企业，唤起“企业公民社会责任觉悟”为宗旨的倡导性活动，致力于为有责任感的企业提供争做优秀企业公民、促进可持续发展的途径与方法，为中国企业公民事业发展铺垫广泛基础。

4. 企业公民进社区

社区是社会的细胞，是人工作、休息、生活的家园，也是企业履行社会责任的最终落脚点。企业公民工作委员会联合相关机构开展“中国优秀企业公民走进社区”，旨在使企业充分认识社区服务对促进经济发展、维护社会稳定、繁荣民间文化、改善群众生活、密切人际关系等方面的重要作用，帮助优秀企业畅通社区通道，为社区居民提供优质产品和服务，让消费者买得放心、吃得安心、用得舒心。号召优秀企业公民，自觉承担社会责任，以社区服务促进社区和谐，进而推进社会和谐，达到企业和社区双赢的效果。活动开展中，企业既为社区居民提供了服务，又做了公益慈善，企业形象得到提升，员工的心灵得到净化，社区居民感受到社会的温暖，取得的成效是多方面的。

党中央国务院历来高度重视就业问题。就业被誉为“民生之本、安国之策、稳定之基、和谐之源”。2009 年企业公民工作委员会和相关机构联合开展“社区创业就业暖心工程”，倡导会员单位以实际行动响应党和政府号召，千方百计促进创业就业。“暖心工程”旨在整合多方力量，采取多种渠道，选择多种方法，搭建一个信息交流的平台、技能培训的平台、项目筛选的平台、融资资助的平台，以创业带动就业，为大学生、农民工、退役军人等创造机会、提供支持。社区创业不仅是为了扩大就业，更重要的是为了开发和扩大为社区居民服务的领域和品种，以满足社区居民日益增长的服务需求，进一步提高社区居民的生活质量，为构建和谐社区作出新贡献。

5. 首创第三方发布企业公民报告

定期发布《企业公民社会责任报告》是世界 500 强企业的必修课，是企业自觉接受社会监督，履行经济、社会、环境等责任的重要体现，是企业价值和价值观的高度展示。2010 年 8 月，《国务院国资委 2009 年回顾》中，重点向社会披露中央企业履行社会责任的情况，并要求央企在 3 年内均要向社会公开发布企业社会责任相关报告。

企业公民工作委员会依据我国首部《中国优秀企业公民评价标准》制定了《中国企业公民社会责任报告指南》，从申请、指定专家、实地考察，到评价认定、发布等，制定了规范的发布程序，周密细致，可操作性强。企业公民工作委员会作为第三方发布机构已成功为嘉凯城集团、沈阳水务集团、南京栖霞集团、广厦集团和法尔胜集团等多家优秀企业，发布企业公民社会责任报告。国家领导多次出席报告发布会，并给予高度认可，同时受到社会各界好评。

（三）创新活动

活动是委员会的生命力，是活水之源。积极举办和参与社会活动，使企业公民理念得到更大范围的推广。

2009 年 1 月 7 日，由企业公民工作委员会、绍兴市在沪企业联合会、上海中凯企业集团共同主办的“责任的力量——2009 中国企业公民（上海越商）论坛”在上海香格里拉大酒店隆重召开。绍兴市在沪企业联合会近 400 家会员单位重温《中国企业公民宣言》。

2009 年 4 月 17 日，企业公民工作委员会第一次会长联席会议在深圳腾讯公司召开。田润之会长和各位副会长各抒己见：从定位、目标到发展规划，从活动、宣传到经费，从人才、日常工作到待遇，对企业公民工作委员会的工作和推动企业公民事业的发展提出了很多建设性意见。

2009 年 7 月 27 日，企业公民工作委员会副会长兼总干事刘卫华和嘉凯城集团副董事长兼总裁、企业公民工作委员会副会长边华才一行，深入灾区考察边华才个人援建的四川资阳碑记镇双山小学工程建设情况。中共资阳市委常委、副市长蒋林等当地领导陪同考察；并对企业公民的无私奉献精神高度赞扬和感谢。

2009 年 8 月 30 日，企业公民工作委员会和湖北省襄樊市精神文明建设委员会共同主办的中国企业公民道德建设论坛于在襄樊市召开，主题是“金融危机与企业公民道德建设”。会上发布《中国企业公民道德（襄樊）宣言》，号召企业家主动履行企业社会责任。

2010 年 1 月 14 日，由企业公民工作委员会与中国可持续发展工商理事会（CBCSD）、商务部《WTO 经济导刊》杂志社、日本经济团体联合会海外事业活动关联协议会（CBCC）联合举办的“第二届中日企业社会责任论坛”在北京凯宾斯基大酒店隆重举行。副会长兼总干事刘卫华、专职副会长缪瑞兰出席大会并作主题发言。

2010 年 3 月 13 日至 14 日，企业公民工作委员会刘卫华副会长兼总干事和缪瑞兰专职副会长应邀参加澳门“两岸三地宗教与社会公益关系”研讨会，刘卫华受邀作《企业公民建设与社会公益慈善的关系》主题演讲。

2010 年 6 月 10 日至 13 日，企业公民工作委员会副会长兼总干事刘卫华、专职副会长缪瑞兰应邀出席在香港会议展览中心举办的“2010 国际社会工作联合世界大会”，刘卫华作“社会发展中的企业公民建设”演讲，并与国际社会工作联合大会主席大卫·琼斯就企业公民相关问题进行交流。

2010 年 8 月 21 日，由民政部指导，企业公民工作委员会、社区发展基金、北京社区研究基地、央视喜乐乐网、《社会福利》杂志联合主办的“2010 中国社区服务先进经验报告会暨中国社区网络电视台开播上线仪式”，在北京人民大会堂隆重开幕。十届全国人大常委会副委员长顾秀莲等领导和专家，来自各地的社区服务部门负责人和业务骨干，各类养老机构和优秀企业负责人等 200 多人出席了报告会。

2010 年 9 月 29 日，企业公民工作委员会在人民大会堂作为第三方机构，向社会发布《2010 嘉凯城集团企业公民报告》。顾秀莲副委员长出席发布会并作了重要指示。企业公民委员会首创了第三方发布《企业公民报告》，以增强报告的真实、公正、客观和权威性，这既是企业公民建设的需要，也是中国企业走向全球经济舞台的重要标志。发布《企业公民报告》具有现实的社会意义和深远的历史意义。

2010 年 11 月 3 日，十届全国人大常委会顾秀莲副委员长在人民大会堂江苏厅，亲切会见企业公民工作委员会田润之会长和副会长兼总干事刘卫华、专职副会长缪瑞兰。顾秀莲副委员长欣然同意担任企业公民工作委员会名誉会长，对委员会几年来推广企业公民理念的工作给予了充分肯定。

2010 年 11 月 27 日，第六届中国企业公民年会在人民大会堂召开。十届全国人大常委会副委员长、企业公民工作委员会名誉会长顾秀莲出席大会并作重要指示；国务院国资委、国家发改委、中国红十字会、中国房地产业协会、中国供排水协会，还有相关研究机构的领导、专家和200多名会员代表出席了年会。

（四）成绩经验与存在问题

1. 成绩经验

（1）继续抓好主题活动，始终注重不断创新。尽管“中国优秀企业公民年会”已经成为高端品牌活动，在业界颇具影响，但企业公民工作委员会注重不断创新，赋予活动新的元素。使每一次年会都有新主题和新创意，运用科学发展观推广企业公民理念。

（2）不断丰富媒体资源，扩大舆论宣传阵地。企业公民工作委员会始终注重加强与媒体的合作，在现有基础上，密切与媒体记者的联络，创造多种机会让新闻媒体多了解企业公民工作委员会和相关活动。

2. 存在问题

（1）企业公民工作委员会经费依然没能很好解决。影响了人才的引进，来了留不住，制约了工作的开展，事业的发展；企业公民工作委员会服务手段欠缺，社会影响力还不够大。

（2）国际交流还不够通畅。“企业公民”作为舶来的概念，应经常开展国际交流，加强与国外相关机构的密切合作，获取国际最新信息，使企业公民国际化和本土化有机结合，树立中国企业公民的国际形象，增大中国企业公民的国际声音。

二、社会工作与企业公民

目前，中国企业公民建设主要依靠“媒体宣传，社会组织推动，企业领导人重视，行政、宣传或公关等部门牵头、各部门配合”的模式推进，一些企业虽然已设置了“企业公民建设工作领导小组”、“企业公民建设办公室”等机构，但企业内部专门的企业公民建设力量尚未真正成型；同时，虽有以“构建社会主义和谐社会”为核心的企业公民建设理念和《中国优秀企业公民评价标准》、《中国企业公民报告发布指南》、《中国企业公民建设工作手册（试行）》等文件的指导，但具体执行过程中的专业手段和专业方法也尚未成熟。

因此，介于企业公民与社会工作之间的关联与互补关系，社会工作专业方法，在企业公民建设中有着广泛的应用空间，将起到很大的辅助作用。社会工作的许多直接的、间接的方法都可以直接应用于企业公民建设中来。如个案工作方法可以用于对员工建设领域；团队工作方法可以用于消费者和供应商建设领域；社区工作方法则可以用于社区服务和社会公益服务领域；社会行政工作方法则可以直接助力于企业公民建设行政工作；而企业社会工作者，则可作为企业内部企业公民建设的中坚力量发挥重要作用。

三、企业公民工作委员会工作目标

（一）提高会员数量，提升会员质量

企业公民工作委员会近阶段的会员发展思路是：好事情需要更多人来做，好思想需要更多人来传播。因此，会员的数量和质量决定着一个委员会的活力和素质。每一个会员都是一颗中国企业公民事业发展的种子，只有一定量的会员单位才能带动更多的企业加入企业公民队伍，进行企业公民建设。

（二）加强自身建设，增强服务功能

企业公民工作委员会是会员单位的娘家。因此，企业公民工作委员会应成为会员聚会交流的平台，成为与政府沟通的桥梁，成为与新闻媒体对话的纽带，成为保护会员合法权益的坚强阵地。要继续加强“中国企业公民媒体记者联盟”、“中国企业公民志愿者联盟”、“中国企业公民专家委员会”的建设。为会员单位提供更多更强的服务手段。

（三）加大国际交流，扩大国际影响

要促进中国企业公民走向世界，推动中国企业公民事业与国际接轨，不断增强中国企业公民的国际地位。从而使中国企业公民在国外的经营活动和经济行为更具竞争力，彰显出大国风采和影响力，让“和谐世界”的中国理念真正为国际社会接受和推崇。

（撰稿人：刘卫华　缪瑞兰　关洪家）

规范管理　强化服务　推动彩票行业健康发展

彩票工作委员会

【摘要】　彩票工作委员会总的工作方针和指导思想是：高举旗帜，宣传宗旨，弘扬文化，扩大群体，规范管理，强化服务，促进发行，让彩票行业更好地造福社会。充分发挥彩票行业社团组织作用，贴近市场、贴近基层、贴近彩民，成为连接行业机构与业内人士的桥梁和纽带；成为连接彩民群体的桥梁和纽带；成为连接社会各界人士的桥梁和纽带；坚持以人为本，为彩票发行服务、为从业人员服务、为彩民服务，促进行业内部团结，促进彩票市场和谐健康发展。为此，彩票工作委员会依据国家有关彩票法规和政策，积极配合彩票发行管理机构制定行业规范，建立行业自律机制，配合国家彩票监管部门对彩票市场进行管理和引导，推动彩票业沿着社会性、公益性的方向发展。

【关键词】　彩票　彩票文化年　彩票收藏　彩票发展　彩票培训　彩票管理　彩民　赈灾　规范

一、彩票工作委员会工作回顾

2009～2010年彩票工作委员会（以下简称“彩工委”）的主要工作是围绕举办“彩票文化年”和彩票销售员培训两大工作重点展开，制定了彩工委及地方彩票协会《规章制度汇编》，组织了一系列的彩票公益活动，进行了全行业的彩票文化交流、彩票收藏交流和心系玉树灾区的捐赠活动。通过这些活动，进一步提高了彩工委在彩票行业中地位和作用，让社会各界人士感受福利彩票的真实、诚信、公益，搭起了福利彩票与社会公众联系的桥梁，有效地传播福利彩票的公益理念和诚信理念，全面提升了福利彩票的整体品牌形象，促进福利彩票销售和事业发展。

（一）举办了全国首次60种珍稀彩票评选活动

为配合新中国成立60周年庆祝活动和纪念福利彩票发行22周年，回顾和展望中国福利彩票发展史，向新中国60周年华诞献礼，2009年由中国社工协会彩票工作委员会、全国彩票收藏鉴定专家委员会主办，《中国社会报》、《公益时报·中华彩票》、中彩网协办，开展了全国“60种珍稀彩票收藏推选活动”。这次评选活动是新中国彩票史上的首次，网上投票十分火爆，达到40多万人次。经过大众推选投票，代表听证，专家评审，组委会经过公平、公正、公开、公信、透明的程序，最终从各省市推选票数较高的100个品种、近1000枚彩票中评出了60种珍稀彩票，并分别评出了特等奖、金奖、银奖、铜奖及集体推荐（一、二、三）等奖。这些获奖彩票是新中国所发行即开型彩票的精品，其文化内涵、设计理念、题材选定、艺术水平、印制工艺、市场存量及收藏价值都极为稀有和经典，这60种彩票对研究中国彩票文化内涵与特色，提高今后即开型彩票的设计印制水平有着重要的启迪。

本次评选活动塑造了中国福利彩票的品牌形象，展示了福利彩票的风采和文化内涵，推动了民间彩票收藏和鉴赏活动的发展，繁荣了彩票收藏交流市场。评选活动得到了各省市彩票协会、基层会员单位、民间彩票收藏组织的高度重视，得到了社会各界人士和媒体的鼎力支持。

通过这次活动掀起了民间集彩活动的高潮，使彩票收藏理念更加深入人心，吸引更多的人加入到彩票收藏的队伍中来，全国彩票收藏爱好者从2008年的几十万人，到2010年猛增至3000多万人，彩票收藏购买交易量从2008年的1000多元猛增至2亿多元，彩票收藏交流市场的活跃和繁荣，进而推动彩票收藏业的跨越式发展，促进了福利彩票的发行与销售，进一步扩大福利彩票的社会影响力和品牌优势。

（二）举办了首届中国（深圳）彩票游戏设计大赛

2009年12月，中国社会工作协会彩票工作委员会、深圳市福利彩票发行中心、深圳工业设计行业协会联合举办了首届中国（深圳）公益彩票游戏设计大赛。此次大赛的主题为“公益·创新”。比赛从2009年12月初启动至2010年5月下旬结束，历时半年。本次彩票游戏设计大赛是我国彩票行业及彩票史上首次以彩票游戏设计为内容的重要活动，比赛涵盖了彩票工业设计、游戏设计及平面设计三大领域，包括彩票销售终端设计、投注站形象（VI）设计、电脑彩票游戏玩法设计、主题即开型彩票票面及游戏设计等四大类。

大赛开展以来，得到了全国彩票发行机构、行业公司、彩票设计专家、高等院校设计专业在校生等社会各界人士的积极响应和热情参与。大赛组委会共征集精选作品83件，并在网上公开投票选择优秀作品，网上投票异常火爆，有些作品的竞票甚至达到白热化的程度，整个评选活动网上投票总数达到140多万张，轰动全国，引起了社会公众对彩票的关注，吸引了专业人士的积极参与。这些作品不仅知识产权含量高，而且匠心创新，实用性强。如荣获金奖的《KTV彩票销售终端》、《15平方米也能明亮——投注站平面设计》、《三七二十一高频电脑彩票游戏玩法》、《京彩京韵——主题即开票》等作品凝聚了全国彩票设计专家的心血和智慧，代表了国内彩票游戏设计的先进理念。征集评选活动不仅开创了向社会征集彩票设计方案的先河，而且丰富了我国彩票游戏玩法的开发和储备，有些设计方案十分科学与实用。彩票设计大赛是对彩票知识的一次大普及大提高；是彩票游戏设计理念的大提升，更具体地让公众认识到彩票并不神秘；不仅有益于大众了解彩票游戏规则，也给业内企业注入了新的研发动力，还会带动长期研究彩票的彩票爱好者参与彩票游戏设计。同时，彩票设计大赛还将大力推动彩票行业的创新，更好地提升彩票的社会影响力，对彩票事业的繁荣发展起到重要的推动作用。

（三）举办了中国（深圳）彩票文化展

2010年5月14日，第六届中国国际文化产业博览交易会在深圳会展中心开幕，中国社工协会彩票工作委员会与深圳福彩中心再次携手，联合举办中国（深圳）彩票文化展。租用综合馆234平方米的场地，共展出

48个框3000多枚彩票收藏品，包括新中国60种获奖珍稀彩票、清朝及民国时期发行的老彩票、中国传统和古典文化元素彩票、各省市发行的特色彩票、近期新彩票及深圳地方特色彩票、赈灾及救助专题公益彩票、中外精品彩票等，彩展还用8个框展示全国首届彩票游戏设计大赛获奖作品。另外在文博会主会场举行了深圳福彩主题即开票销售活动，三天销售彩票16万元。彩票工作委员会和深圳福彩中心以彩票收藏文化展为形式，以宣传公益福彩为目的，向全国及世界30多万参观者展示了福利彩票的发展历程和业绩；展示了中国福彩的文化内涵设计艺术，展示了23年来福彩发行筹集公益金兴办的慈善救助项目；充分利用“深圳文博会”这一国际展会平台，进一步提升了福利彩票的品牌形象，提升福利彩票在世界的影响力。

（四）举办了全国第八届彩票收藏·展示·交流会

2010年10月，全国第八届（武汉）彩票收藏·展示·交流会在武汉举行。会上，来自民政部、社工协会、彩工委、彩票收藏鉴定专家委员会以及全国30多个省市自治区彩票机构的相关领导和各地收藏爱好者齐聚江城，以票会友，展示精品彩票，交流拍卖珍藏彩票，研讨彩票收藏发展新思路，促进公益事业，繁荣盛世文化。

此次展会主要内容有全国彩票收藏展览、彩票收藏精品拍卖、彩票文化发展研讨三部分。主体彩票精彩纷呈，拍卖会高潮迭起，研讨会意义深远。彩票收藏展亮点多，精品多，展览分为《楚汉风云》、《红色中国》、《神州风采》、《革新之路》、《四海一家》和《绝世经典》六大主题展区，共展出3000多种珍稀彩票藏品，很多藏品是第一次亮相市场，特别是有百年历史的“奏办湖北签捐票”惊现彩票收藏展，引起收藏界的极大兴趣与青睐。本次展会为我国繁荣彩票文化，活跃彩票收藏，扩大彩民群体，促进我国即开票的发行和销售起到积极推动作用。

（五）开展了向玉树灾区募捐活动

玉树大地震发生后，牵动着彩票行业每一个人的心，为了让玉树12家福彩投注站得到救助，让灾区的福彩投注站尽快恢复运营，彩工委和彩票收藏鉴定专家委员会即刻向全国彩票收藏界发起“情系玉树，行业救助”捐款活动。活动启动后，立刻得到了众多彩票收藏界热心人士的热切响应，纷纷慷慨解囊竞相捐款，奉献爱心，彰显彩票行业的手足之情。先后向灾区捐款3.5万元，彩工委及时将募集的集彩界捐款汇往玉树地震灾区，救助玉树灾区的福彩投注站及站主。

（六）创办彩工网站正式上线

2010年4月，彩工委成立了自己的门户网站——彩工网，这是国内第一个彩票行业协会性质的门户网站。网站以宣传国家彩票政策，倡导彩票文化，为彩民服务，搭建与国际彩票行业协会、学术机构沟通与交流，详实发布国内彩票销量统计数据及分析，为会员单位提供彩票工作经验交流，开办跨媒体区域联动专栏的彩票门户网站。

目前，彩工网经过半年运作已经成为全国彩票媒体的后起之秀。

（七）强化服务，大力推进彩票销售员培训

2010年彩工委为进一步加强福彩系统业务培训师资队伍建设，与有关业务部门结合起来成立了彩工委培训团，聘任张克永为首席培训师。2010年先后在江苏、深圳、长春、西安、内蒙古、上海、安徽、四川等地举进行了190余场彩票销售员营销培训，培训销售员达38000多人。据各地彩票发行机构统计投注站销售员到场率达98%，退场率仅为0.2%，创造出彩票培训听课率的奇迹。彩工委培训工作紧紧围绕着坚定不移地走市场化的路子，以“贴近市场、贴近投注站、贴近销售员”和为投注站“提升形象、提升管理、提升营销、提升素质、提升服务、提升销量”为宗旨，并把“三个贴近和六个提升”作为当前和今后彩工委培训工作矢志不渝的指导思想和重点。

彩工委培训团从投注站销售员怎样用创新手段快速开发新彩民及女彩民到站点自搞促销提升销量，从怎样运用好市场“二八定律”开发高端彩民再到怎样疏导问题型彩民，从投注站如何提升影响力又到销售员怎样细致化服务，从销售员卖好3D的“七板斧”到卖好刮刮乐的“六字诀”，张克永等培训师结合自己20多年彩票工作经验及亲身管理经营多家投注站的切身深感受，坚持培训工作以标本兼治、决胜终端、提升素质为核心，再通过案例剖析、引经据典、旁征博引、深入浅出，理论联系实际的讲解，赢得了各地福彩发行中心领导与销售员的广泛赞誉。在全国彩票培训市场竞争激烈的情况下，彩工委培训团靠全心全意为基层服务的理念，靠贴近市场的真功夫，靠实力赢得了广大投注站销售员的掌声和信任。彩工委培训团的能力、水平和效果得到了所到江苏、上海、安徽、西安、深圳、长春等省市的充分肯定和高度评价，安徽省福彩中心主任程玉华、深圳福彩中心副主任宁文深有感触地说："彩工委培训团授课后效果明显，投注站只要按其做，销量就提升；彩工委为基层办了一件大好事！"

（八）贯彻落实《彩票管理条例》，深化国际质量标准认证

2009年国务院颁布了《彩票管理条例》。这是我国彩票业界的一件大事，对加强彩票管理，规范彩票市场，维护市场秩序，促进公益事业发展，具有十分重要意义。制定并施行《彩票管理条例》，是我国彩票管理法制化、规范化的重要标志，是加强彩票管理、规范彩票市场发展的重要举措，是维护彩票参与者合法权益、提升国家彩票公信力的重要保障。

为了贯彻落实《彩票管理条例》，彩工委在深化ISO9000国际质量标准认证的基础上，研究制定基层中心站及投注站的管理规范。紧密结合《彩票管理条例实施细则》，重点抓好全国地市级彩票销售管理机构的国际质量标准管理的升级与审核，与此同时会同地方彩票协会向基层彩票站点推广延伸。通过试点，基层彩票销售管理有了量化标准，岗位责任制落到实处，从而确保了数据传输通畅，票款资金上缴和结算及时准确，彩票销售站点和中福在线大厅安全措施落实到位，基层彩票销售管理和彩票销售站、厅参照国际化标准管理，真正做到了"凡事有章可循，凡事有据可查，凡事有人负责"。目前，整个试点已取得初步成效，正按计划逐步向全国基层彩票销售机构延伸。

二、对彩票形势和问题的分析研究

随着社会经济发展的不断壮大，福利彩票在销售额、销售模式、内部体制与外部环境等诸多方面都取得了进步和发展，成就令人瞩目。据国家有关部门公布的统计数字，2009 年福利彩票共销售 755.8 亿元，2010 年预计销售 950 亿元左右。在取得优异成绩的同时，必须清醒地认识到福彩工作还面临新的形势和亟待解决的问题，一是《彩票管理条例》和《彩票管理条例实施细则》为福彩提供了制度保障，同时也提出了依法办事、规范管理的更高要求；二是福彩发行取得了较快增长，同时来自各方面的风险因素与日俱增；三是福彩的社会影响不断扩大，同时福彩的品牌形象建设仍需进一步强化；四是发行机构和销售员专业化建设任重道远。这些问题和困难有的是新形势遇到的新情况、新问题，有的是需要长期坚持不懈努力才能逐步解决。目前福彩行业已处于高位运行，要有新突破，必须以科学发展为主题，以转变发展方式为主线，充分发挥行业协会作用，全面推进基础管理和素质建设，面向社会各领域大力宣传福彩“扶老、助残、救孤、济困、赈灾”的公益宗旨，进一步提升彩票公信力，进一步提升品牌效应和社会形象，进一步把彩票文化产业做大做强，大力扩充彩民群体，让更多的人参与到彩票公益事业中来并客观分析市场把握市场，是我们思考的主线。

第一，始终把“安全运行、健康发展”放在首要位置。近几年福彩发行取得了较快的增长，年均增长幅度在 25％左右，与此同时来自各方面的风险因素也与日俱增，“问题彩民”及非法彩票等问题仍比较突出，因此，彩票行业要继续贯彻“安全运行、健康发展”和“讲大局、保安全、重管理、强保障、促增长、求发展”的方针，各地彩票协会要进一步完善行业规范建设，强化从事福彩行业组织的约束力，并将彩票投注站规范建社和销售员素质建设常抓不懈。虽然今天的福彩已颇具规模，但随着销量的攀升，市场竞争加剧，彩票带来效益的同时也会带来诸多风险隐患，强化管理，安全运行仍是彩票工作的第一要务。

第二，培育良性的彩票市场秩序。福利彩票是国家特许发行的彩票之一，随着福利彩票社会影响的不断扩大，提升彩票公益形象、培育良性彩票市场秩序是福利彩票事业发展过程中需要积极面对的问题。首先要树立正确的宣传导向，把工作的重点放在对彩票的公益性宣传方面；放在宣传安全运行、公益理念和社会责任的担当等方面；放在彩民理性购彩回报社会的慈行善举方面。二要塑造诚信运营机制，彩票发行活动建立在信用基础之上，彩票无信不能生存，各地彩票协会要积极配合彩票发行销售机构，把诚信体系建设作为重要任务，全面构筑彩票公平、公正、公开的诚信体系。三要防范问题彩民的出现，坚持“多人少买、量力而行、重玩轻博、寓募于乐”的购彩理念，要求做好彩民的咨询与问答，竭诚为彩民服务，尽最大努力避免问题彩民出现过激行为。

第三，加强行业的专业化建设，提高行业专业素质。一是加强地方协会的建设，制定行业规范，统一规范协会管理条例，进行规范管理，建立起行业自律机制；二是加强福彩系统业务培训师资队伍建设，拓宽销售员培训渠道，加大销售员培训力度，提高彩票销售员营销水平；三是加强福彩行业的规范管理，严格贯彻执行《彩票管理条例》和《彩票管理条例实施细则》，加强内部管理，完善各项规章制度，做到规范操作，依章办事、依法经营，同时要从资金、技术、安全、服务等方面建立健全监督机制，提高人员素质，强化岗位责任，建立风险预警机制，妥善回应社会公众质询，积极配合推动有关部门采取切实有效的措施打击“私彩”，确保我国福利彩票事业安全运行、健康发展；四是大力发展彩民和彩票收藏群体，促进电脑票和即开型彩票的发行销售工作；五是强化市场调研，开展人力资源调查、彩票市场状况及彩民购买行为调查等。

三、今后工作展望

彩票工作委员会在“十二五”未来5年总体目标是：在中国社工协会的领导下，以科学发展观为指导，充分发挥好协会工作的基层优势和社会优势，加快出台彩票行业规范，深入开展彩票理论研究，强化彩票公益宣传，大力开发彩票文化产业，开展丰富多彩的行业文化活动，进一步提高服务意识，凝聚人心，增强活力，赢得位置，形成合力，求真务实，创新发展，为中国彩票事业可持续发展服好务。

（一）研究制定彩票行业规范

在学习贯彻《彩票管理条例》的基础上，积极配合彩票发行管理机构制定行业及相关行业规范，建立行业自律机制，加快全国彩票行业协会组织地市级分支机构组织健全，修订省地两级的《彩票协会章程草案》，统一规范协会管理条例。在总结部分省市开展精细化、信息化管理的基本做法和经验，紧密结合福利彩票发行管理的实际和业务主管理部门的出台的规定，根据各级福彩发行销售机构管理的实际环节，研究制定彩票行业各级管理规范。通过管理规范把彩票行业纳入质量标准化管理，提高福利彩票工作标准化、制度化、规范化、程序化的管理水平，充分发挥社团组织在彩票领域的促进、服务、解难作用，进一步提高社会活动力和社会影响力。配合国家彩票监管部门对彩票市场进行管理和引导，推动彩票业沿着社会性、公益性、伦理性、娱乐性的方向发展。

（二）大力推进彩票文化产业

随着彩票事业的蓬勃发展和大众收藏意识的普及提高，彩票收藏与交流已经成为当今社会的一大热点，集彩藏彩已经逐步进入大众收藏领域。彩工委要通过举办彩票收藏展、彩票拍卖、彩票文化理论研讨等活动，力争通过扩大彩票收藏群体人数，推动彩票收藏和即开型彩票的发行。

（三）编辑出版《中国彩票图录》

目前中国还没有一部完整的彩票图录，为了研究中国彩票史，向广大彩票收藏爱好者提供可查阅的工具书，彩工委拟组织全国专家编撰出版《中国彩票图录大全》。编撰出版的《中国彩票图录大全》将涵盖清末民国期间的彩票、福利彩票、体育彩票，力争把中国彩票图录大全做成彩票珍藏界的珍藏宝典，成为全国数千万彩票珍藏爱好者的工具书，为中国彩票史的展开作出积极的贡献。大全的编撰将使更多的人了解彩票，热爱彩票，同时将推动彩票收藏市场的发展，促进即开票的发行和销售。繁荣彩票文化，活跃彩票收藏市场，扩大彩民群体，推动我国彩票收藏活动的跨越式发展，促进我国即开票的发行和销售。

（四）积极参与治理非法彩票活动

近年来，随着彩票市场的不断拓展，非法彩票泛滥也愈演愈烈。很多地方出现了地下“六合彩”、“足球彩票”、“缩水彩票”、“手写彩票”、设置赌博机、非法网络销售等违法犯罪活动，并已渗透到我们的销售网点，严重侵蚀了国家公益彩票的市场，败坏了国家公益彩票的信誉，危害了彩民的利益，破坏了彩票市场的正常秩序，产生了一定的社会问题和治安隐患。在规范彩票市场、整顿非法彩票过程中，彩工委要积极配合推动有关部门采取切实有效的措施，按照国家彩票管理制度，强化对非法彩票进行日常监督检查，发现问题及时纠正；协助彩票机构行政主管部门认真执行国家有关彩票管理政策、规定，建立健全系统内部监督约束机制，对彩票投注站和专营场所实行条、块相结合管理，并本着“谁主管、谁设立、谁负责”的原则，层层签订管理责任状，建立上下联动、相互制约的监督约束机构，切实把加强彩票市场管理工作落到部门、单位和人头；密切配合公安、工商等部门严格依法办事打击私彩。充分利用各种宣传媒体，开展各种形式的正面宣传教育。宣传国家发行彩票的目的和意义，揭露私彩的危害，教育群众远离私彩。同时要通过宣传，发动群众与非法彩票活动作斗争，弘扬正气，形成浓厚的舆论氛围，协助相关部门设立举报电话，建立举报奖励制度，以调动广大群众的积极性，大力收缴刊载“六合彩”、“赌球”、“缩水彩票”和“手写彩票”等内容的非法出版物，营造良好的彩票市场秩序。

（五）强化彩票调研，为发行管理机构建言献策

彩票调研和彩票理论研究工作要更加实际和深入，力求近几年内举办全国或分片区的福利彩票理论发展研讨会，力争5年内举办国际型的高端彩票论坛。今后通过我们的具体工作，切实推动中国彩票事业的进程与世界同步。

（六）加强福利彩票品牌形象宣传

利用各种形式，广泛宣传福利彩票的宗旨和品牌，强化福利彩票诚信建设，大力发展彩民群体，力争彩民群体人数由现在的3亿在5年后翻一番。

（七）创办新的彩票宣传平台

积极创办好彩票报纸杂志、网站、彩民咨询服务热线、彩票基层销售机构服务中心等，真正使彩工委成为全国彩票行业的信息发布的权威机构。

（撰稿人：苗富瑞）

加强社会工作宣传 推进社工理论研究

理论宣传工作委员会

【摘要】 在中国社会工作协会领导的大力支持和亲切关怀下，以科学发展观为指导，围绕中心工作，从群众关切、社会关注的社会问题入手，普及社会工作知识，弘扬社会工作理念，推动社工理论研究，搭建实务交流平台，营造有利于协会发展和社会工作开展的舆论氛围。本文通过对理论宣传工作委员会的职能界定，介绍了理论宣传工作委员会近两年来的主要工作，同时对理论宣传工作委员会当前面临的形势及存在的问题做了梳理，并对理论宣传工作委员会的未来发展及前进方向进行了阐述。

【关键词】 理论宣传研究 机构能力建设

中国社会工作协会理论宣传工作委员会，专门从事协会理论研究和宣传工作。主要职能是：

负责协会对外宣传联络、进行公共关系维护及其相关活动的开展，特别是面向社会，组织开展宣传工作和理论研究，做好社会工作理念、知识、精神及其伦理价值的普及、推广等工作。

积极推进对协会网站及民政部网群中协会分网站的维护、运营与管理；加强协会和行业媒体资源的整合工作，强化与社会主流新闻力量的合作机制建设。

组织推动社会工作服务机构的社会政策体系、机构建设模式及评估规范体系的建设与发展；负责与民办社工服务机构相关的政府支持、社会组织合作及其国内外交流等工作。

以“社会工作服务组织试点工程”为平台，整合外部智力资源和专业力量，构建社会工作实务平台，推动有中国特色的社会工作实务体系建设；积极在全国各省市、各个行业领域推动社会工作协会和以“社会工作服务中心”为主要形式的民办社工服务机构的建设与发展；组织开展文化建设，探索、加强与协会和社工相关的文化产业体系建设。

一、理论宣传工作委员会近两年主要工作

（一）积极宣传协会中心工作，抓好理论宣传建设，高度重视网站功能开发运用，宣扬社会工作理念

在协会领导的大力支持、积极指导下，理论宣传工作委员会一方面积极做好社会工作的理论宣传工作，及时形成理论文章；另一方面积极扩大协会专家队伍建设，建立专家、顾问队伍，社会工作服务组织骨干队伍、教育培训人员队伍。运用论坛、培训、编撰论文集等形式，宣传党的社工政策和协会重大活动，在协会指导思想和中心工作宣传方面取得了显著成效，较好地发挥了理论宣传舆论导向的作用。

同时，理论宣传工作委员会积极配合各级党委政府、有关部门，重点宣传社会工作示范县市、示范单位，社会工作先进人物，社会工作在服务社会管理、凝聚社会资源、促进社会和谐等方面的功能与作用，提高各行各业各部门对社会工作的认识，形成全社会高度重视关心社会工作从业人员的氛围。

2009 年 2 月 18～19 日，由国家民间组织管理局主办、协会理论宣传工作委员会承办的全国社会组织宣传工作研讨会在京召开。来自全国各省市社会组织和有关新闻媒体代表出席了会议。与会人员就社会组织信息公布、新闻宣传等问题进行了充分交流和研讨，并提出了具体的意见和建议。理论宣传工作委员会充分发挥新闻媒体的主渠道作用，以社会工作理论为支撑，对此次研讨会的举办进行了全方位、多角度的报道，并积极协调相关媒体新闻信息的采集与发布。

此外，理论宣传工作委员会紧密联系协会工作实际，把理论宣传工作

与解决协会发展中的重大问题结合起来，与提高人员自身能力建设结合起来，对协会举办、协会领导参加的活动，进行及时跟踪报道。2010 年 9 月 22 日，中国社会工作协会首次组织召开所属媒体座谈会，会议由陈倚副会长主持，徐瑞新会长，杨建昌常务副会长，赵蓬奇、李德运副会长出席会议并作讲话。协会所属的 10 家报纸、刊物、视频媒体代表参加会议，并联系各自工作实践和业务特点作了工作汇报。理论宣传工作委员会在此次会议中承担了整个宣传任务，协助起草了座谈会方案、会议宣传的新闻通稿以及网站专题的报道。

理论宣传工作委员会一直以服务为己任，努力提高服务意识，为协会多个分支机构提供信息服务，进一步加深了各界对社会工作理论的理解、认识，提高运用理论指导实践的能力。

为进一步丰富理论宣传手段，理论宣传工作委员会积极做好协会门户网站工作，开展社会资源网络建设，在以往网站改版的基础上，积极推进网络技术、页面形式、内容、功能等方面的更新，同时与相关部委、地方民政局、社工协会、民间组织管理机构、高校、基金会、媒体以及民办社工服务机构建立资源链接。参与创建并维护民政部网群社工协会分网站。

通过理论宣传，巩固了新闻队伍，建立了与协会下属媒体机构的紧密联系、与主流媒体良好的合作关系；促进媒体对协会工作有了深刻的认识与理解，建立了一支高效配合协会工作的主流媒体报道队伍；密切了与基金会、社会工作服务组织的联系，搭建了公益资源平台，多渠道、多形式提高协会的理论研究能力和整合外部智力资源的能力。

（二）组织实施“社会工作服务组织试点工程”，推进社工实务体系建设

自 2009 年 4 月以来，理论宣传工作委员会多次组织专家对四川地震灾区的民办社工服务组织进行调研和实地考察，调研报告得到了国务院领导的重要批示和民政部领导的高度重视。经过多次遴选，最终确定了首批五家试点机构：理县湘川情社工服务中心、都江堰上善社工服务中心、安县红十字社工服务中心、资阳市社工服务中心、绵竹青红社工服务中心。

在中国社会工作协会的具体指导下，理论宣传工作委员会设立了“试点工程项目办”，积极推进试点工作的开展，先后申请、募集并配套了近200万元资金，服务推动首批五个试点站的建设与发展，帮助试点单位规范各项规章制度，建立长效机制；先后邀请了统战部、国家民委、民政部和地方政府部门的近30位党政领导干部，中央党校、中国社科院、中国青年政治学院、上海复旦、华东师大、香港理工大等专业机构的近百名专家学者，南都基金会、中国扶贫基金会和爱德基金会的近10名负责人、项目官员以及一线优秀社工，对首批五个站点进行了“机构带头人、社工专业化、政府购买、督导能力和拓展能力”等多项培训，加强站点能力建设。

除此之外，按照工程规划、进度，组织进行了民办非注册及政府购买服务的协调、公益项目洽谈、论坛表彰、工作交流、经验分享、项目评估、新闻宣传等工作，加强试点与各基金会、企业的联系，逐步实现其自身良性运转。

同时，理论宣传工作委员会积极履行自身职责，促进协会充分发挥行业管理的作用，加强行业自律，推进行业发展。在试点工程的推进过程中，促进产生形成民办社工机构的管理办法、服务标准、规章制度，促进民办社工机构服务的规范化发展；建立了职业经理人制度、党政联席会议制度，探索建立了社工服务标准化质量管理体系，并开发研究了一整套评估指标体系量表及评估制度。推动协会工作朝着社会工作专业化、职业化、行业化方向发展。

近两年来，首批五家试点机构建设工作已基本完成，并取得了显著成果，得到了社会各界普遍认可。在维护社会稳定、促进社会和谐中发挥了积极作用，在推进社会工作理论与实务发展方面取得了阶段性成果。

（三）组织举办“社工论坛”，开展社会工作理论研究

在协会的领导和支持下，理论宣传工作委员会于2009年5月19日组织举办了题为“灾后重建中的中国社会工作”的第四届社工论坛。论坛得到了民政部的支持和新华社、中央电视台等中央新闻单位的好评。在论坛上，我们发表了社工协会专家组赴灾区的调研报告，并于会后组织、编

辑、出版了23万字的《发展中国社工服务组织服务灾后重建工作》论文集作为大会成果。

为了总结社会工作服务民族地区社会管理与公共服务的实务经验，研讨民族社会工作的理论成果，表彰服务民族工作的先进社工服务机构，让典型引路，形成示范带动效应，以联合更多的社会力量，大力推动“社会工作服务组织试点工程”，在民族地区和社区建设更多的社工服务机构，由国家民委和民政部指导，中国社会工作协会理论宣传工作委员会主办的“民族地区社会工作与社会建设论坛”于2010年6月25日在人民大会堂成功召开，国家民委、民政部、中央统战部的主要领导，以及“社会工作服务组织试点工程”的五个首批试点服务中心的骨干、专家学者、一线社工等150余人参加了会议，中国社会工作协会会长徐瑞新出席会议并致辞。会后举办了民族地区社工服务机构素质能力建设培训班，对首批和第二批试点民办社工服务机构的相关人员进行了培训。

此次活动取得圆满成功，得到了政府和社会的一致肯定。中共中央政治局委员、国务院副总理回良玉给大会发来贺信，指出发展民族地区社会工作，对创新民族工作方法、维护民族地区稳定、促进各民族共同繁荣发展具有重大意义。希望中国社工协会在引导推动有关人才和机构服务民族地区社会工作发展和社会建设方面发挥更大作用。全国政协常委、中央党校原副校长李君如作了题为“把中华民族大家庭的关爱带给少数民族群众”的精彩讲演，指出社会工作介入和服务于民族工作，是我们社会工作者的崇高使命和崇高责任。这次活动在社会工作如何服务党的民族团结进步事业方面作出了有益的探索，在民族社工理论和实务体系建设方面作出了重要的贡献，进一步推进了“社会工作服务组织试点工程”，推动中国特色的社工理论体系建设。

（四）积极维护、服务专家队伍的建设与发展

理论宣传工作委员会通过开辟网络专栏、举办论坛、开展课题调研、推动试点工程建设项目等活动，把专家队伍稳定在协会周围，为协会工作建言献策。与此同时，面向中组部、民政部等政府部门，中央政策研究

室、中国社科院、中央党校等学术研究机构，北京大学、中国青年政治学院、中华女子学院等高校，积极邀请和发展党建、党史、社会、政治、经济、教育、医疗、青少年等相关学科、领域的专家学者，从不同视角研究社工理论、弘扬社工理念、推动发展社会工作。

联合社工专家运用相关领域智力资源，进行课题研究。约请了北京大学教授王思斌、中国青年政治学院教授陆士桢、华东师范大学教授吴铎、西南财经大学教授韦克难、长沙民政职业技术学院教授史铁尔等为中国社会工作协会发展蓝皮书撰写理论研究文章。

在各项活动的展开与推进过程中，团结了专家学者，提升了协会理论研究水平与地位，拓展了协会与党政组织、学术研究机构的合作关系。

（五）不断加强机构自身能力建设，推动理论宣传工作队伍的建立与发展

理论宣传工作委员会十分重视员工专业工作能力的培养。在配合协会主要工作，以及传播社工理念、宣传社工知识、弘扬社工精神的需要下，组织了部门人员进行专业理论文章的撰写，从灾害救援、民族宗教、家庭社区、企业医疗等多个视角和领域，阐释社工理论，传播社工实务，推动社工机构及其人才队伍建设。文章多次发表在中共中央党校《学习时报》、《理论动态》，民政部《中国社会报》、《中国社工导刊》以及新华社、人民网等相关媒体上。

此外，还组织部门人员进行社会工作师资格考试知识培训，并参加了社会工作师资格考试。在规范内部管理的基础上，进一步稳定队伍、提升能力，加强理论宣传工作委员会队伍的专业素质，为各项工作的有序开展奠定了扎实的人员基础。

（六）开展系列培训活动，培养了一批具有社会工作理念的民办社工机构负责人

为切实提高民办社工服务机构专业能力，提高服务质量，促进中国本土化社工队伍建设，理论宣传工作委员会积极联系协调各地党政领导干部、国内社会工作高校教授、基金会项目官员、知名公益类服务组织负责

人等共计110人次，对四川灾区首批试点服务中心法人、执行主任、专业社工、志愿者以及社工伙伴进行了职业经理人、社工机构专业化、督导及素质拓展能力的系列培训，共计培训400人次；着重加强对各试点机构的行业管理、行政管理及人才培养、实务案例发掘和服务能力的提升。

参训人员普遍反映，中国社会工作协会理论宣传工作委员会举办的系列培训活动主题明确，内容实用，针对性较强，受到一线社工、社工伙伴和基层党政领导同志的欢迎，希望协会创造条件，多提供这样的服务。

此外，通过培训、交流等活动，为各社工服务机构搭建了与政府、基金会、高校、企业和社会组织交流的公益平台，扎实推进了各站点自身能力的提升。

二、面临的形势和存在问题

我国社会工作实务缺乏系统化、专业化的理论指导，严重地制约了社会工作的建设与发展。加强社会工作理论研究与宣传，对引导社工实务的开展具有特殊意义。

在协会领导的带领与支持下，近年来理论宣传工作委员会定位比较准确，通过规范、完善相关工作制度；发挥本部门集体作用，充分整合宣传力量，积极协调和开发社工领域所拥有的社会资源，并能够采取有效措施提高部门人员的专业知识水平和实践操作能力。在取得一定成绩的同时，我们也清醒地看到自身存在的问题和不足。

（一）部门专业化发展不突出

理论宣传工作委员会作为协会的重要部门，担负着宣传社工知识、普及社工理念的重要任务。理论宣传工作委员会所有工作人员虽是经过严格挑选的综合型人才，但大多不具备社会工作的专业背景以及价值理念。在进行理论宣传工作研究的过程中，很难发挥社会工作专业价值观、专业方法和专业技能优势，难以保证理论宣传工作朝着专业性的方向发展。

理论宣传工作委员会将着眼于实际工作的需要，采取“走出去、引进来”的方法，一方面通过组织内部人员参观考察优秀社会工作服务组织，学习先进经验，参加社工师资格格考试，以及协会组织的各类培训，来提升现有人员的专业化水平；另一方面，招募专业社会工作者，提高工作的质量和专业化水平、带动队伍的专业化发展，重点打造一支结构合理、一专多能、素质优良的宣传队伍。

（二）对社会工作的宣传力度不足

在我国，人们对社会工作还比较陌生，专业社会工作力量也比较薄弱，社会知晓度、认同度普遍较低，因此，普及社会工作理论知识的任务非常繁重。

社会工作作为新生事物，逐渐成为社会媒体竞相关注的焦点，但从总体上看，媒体对社工的宣传力度不够，社工发表的文章多局限在内部刊物上。

理论宣传工作委员会要继续采取研讨会、培训班、专家讲座、考察学习等多种方式，采取群众喜闻乐见、生动活泼、通俗易懂的形式，利用杂志、报纸、网络等媒体，深入宣传社会工作人才队伍建设的重大意义，使人们逐步了解社会工作者高尚的道德情操、感人的精神力量、科学的职业规范和丰富的专业内涵，不断认识、理解、尊重、接纳社会工作者，努力形成“有困难、找社工”的新局面，为进一步推进社会工作人才队伍建设营造良好的社会氛围。

（三）没有充分运用现有资源，发挥协会各级部门及外围媒体作用，网站开发利用有待进一步提高

协会工作涉及社会的方方面面，量大、面广，要做好理论宣传工作，需要整合多方资源，建立联动机制，形成强有力的社会工作普及宣传合力。从目前来看，理论宣传工作委员会与协会内部及全国会员单位和理事单位的沟通、协调还不够，还未形成有制约力的工作机制，信息来源渠道单一，作为协会“窗口”的网站，专题建设与应用等有待进一步加强。

理论宣传工作委员会应进一步挖掘和巩固外围宣传力量，充分发挥重要媒体的主导优势，抢占舆论制高点；借助重大活动扩大对外宣传，同时强化管理协调，提升对外宣传水平；深入挖掘信息资源，探索内容丰富、

形式多样、成效明显的宣传途径，加强网站专题建设，要抓好主题宣传以增强社会影响力，抓好典型宣传以增强社会感召力，抓好新闻发布以增强舆论导向力。使各种社会资源得到充分的整合利用。

三、未来工作思路和发展方向

理论宣传工作委员会要结合协会实际，形成宣传工作的内外合力，充分发挥自身优势，拓宽部门职能，切实把协会宣传工作推向更广阔的空间。在推动社会工作向着专业化、职业化、行业化建设的发展过程中，我们要有理性的定位和比较清晰的思路。

一是加强理论宣传研究，做好理论宣传工作委员会的本职工作。整合协会新闻资源，凝聚协会和社会的传媒力量，大力宣传协会的指导思想、中心工作和重大活动，深入研讨社会工作重大理论与现实问题，宣传我国社会工作的现状与发展，为民办社会工作服务组织的发展提供新思路、新举措、新见解。同时，要重视理论与实践相结合，积极推动专家队伍的建设与发展，用好资源。

二是继续做好“社工服务组织试点工程”首批五个试点工作。在现有的基础上，总结四川灾区首批五个试点经验、运行模式和各项标准，查找问题，研究进一步加强和改进试点工作的思路和措施，按照民政部社工人才规划精神，争取在2011年将首批五个试点机构纳入民政部“国家示范站”。

三是利用自身优势，继续做好提高试点社工服务中心和基层社工服务机构能力建设的培训工作，把培训做深，用培训促进民办社工服务机构的能力提升。并根据各方建议，积极延伸开发相关培训成果，出教材、出光盘。

四是办好论坛，做好表彰评比工作，向更广阔的领域推进社会工作。在做好协会理论宣传工作，组织实施“第二届民族社工论坛”和“首届企业社工及机构社工论坛”的同时，着力组织机构社工实务体系建设，在企业、民族、信访维稳、司法矫正、教育医疗、边疆农村等行业领域大规模推动建立社工服务站点。

五是为进一步探索社会转型期间新的社会工作理念、社会工作体制，服务并探索创建中国特色的社会工作理论体系，加强对民办社工机构的规范督导工作，协同专业教育机构，为各站点提供专业支持，并逐步开发完善一套适用于民办社工服务组织的站点建设、民非注册、政府购买、项目申请、督导培训、自律与评估等标准和办法。

六是继续抓好网站工作，及时发布协会活动、思路、想法，充分发挥网站各功能模块作用，并积极探索专题栏目的设立与开发；推动网站各项服务机制的建立，使协会网站能真正成为各界了解社会工作、洞悉协会动态的窗口。

（撰稿人：南燕）

弘扬科学精神　传播和平观念

国际科学和平促进委员会

【摘要】 中国社会工作协会国际科学和平促进委员会是在民政部注册，中国社会工作协会领导的工作委员会，由科技、教育、文化、新闻和企业界有关社会机构和个人组成。和促会的宗旨是：弘扬科学精神，传播和平理念，开展社会活动，促进社会和谐。其主要任务是：开展科学与和平领域的民间国际交流活动，组织国内外有关社会组织和人士开展友好往来与项目合作；承办每年一度的“国际科学与和平周”活动，组织社会相关单位和热心科学和平事业人士开展系列活动；表彰、奖励在开展科学和平社会活动中作出突出贡献的单位和个人。

【关键词】 科学　和平　发展

一、主要工作

国际科学和平促进委员会（以下简称和促会）业务工作的指导思想是：“弘扬科学精神、传播和平理念、整合社会资源、开展社会活动、促进社会和谐。”工作方针是：按照中国社会工作协会关于对和促会的业务定位，建立健全相应组织机构，加强基础设施建设，积极开展社会公益活动，开辟与海内外社会工作者的交流与合作，办好一年一度的国际科学与和平周活动，探讨社会工作科学化发展思路，为促进和平发展，构建和谐社会作贡献。

和促会成立以来，在中国社会工作协会的领导下，根据其宗旨和任务，开展了相应的组织工作和业务活动，主要有：

（一）组织建设工作

一是制定内部管理规章制度，加强和促会规范化制度化管理。所订制度包括：组织机构设置和部门职责范围，工作人员守则，财务管理制度，固定资产管理制度，职工医疗管理暂行规定，印章使用管理办法，职工医疗管理暂行规定，经费支出报销审批程序规定，会员发展及管理办法，会员守则等。

二是积极发展会员，建立健全理事会和常务理事会。编辑印发了《会员发展管理手册》，积极发展会员和理事单位，按照章程规定履行选举程序，从团体会员中选出理事单位 62 个，选出常务理事 16 人，选举了正副会长和总干事。

（二）主要业务工作

和促会业务工作的重点是：紧密围绕和促会的宗旨和中国社会工作协会的中心工作，除承办好一年一度的国际科学与和平周系列活动以外，重点开展有关促进科学和平发展及促进和谐社会建设的公益性社会工作。成立以来开展的主要活动如下：

“信心与勇气比金子更璀璨——地震周年社会工作爱心特别行动”，组织相关人员于 5 月 12 日地震周年之际赴地震灾区，向灾区青少年赠送励志书籍和电影，并组织“信心与勇气比金子更璀璨”演讲，安排获奖人员到北京人民大会堂演讲。

举办“喜迎国庆 60 华诞暨建党 88 周年首都书画家联谊会”，联谊会于 2009 年 6 月 27～28 日在北京昌平举办。来自文化界、科技界、教育界和军委系统的老将军、老干部、艺术家、企业家书画爱好者共计 60 人参加此次联谊活动。

与有关单位合作举办“向智障儿童献爱心”公益活动，组织书画家作品义卖，所得款项和部分作品捐献给安徽合肥智障儿童学校和当地民政部门及有关慈善机构。

举办“艺术与和平”论坛系列活动，弘扬和平理念，促进社会和谐。第一届论坛活动于 2009 年 11 月 17～22 日在北京举行，100 余位书画家和有关理论研究人员参加活动，并在北京举办了“艺术与和平”书画展览和学术报告会。第二届论坛活动于2010年11月28～30日在北京举办，并在书画展的基础上，编辑了《和平颂》大型书画作品集萃，由外文出版社正式出版，在海内外发行。

与相关单位合作举办《铸造和平》主题活动，铸造和平主题活动计划将立体汉字《和平》做成高约10米的艺术性立体雕塑，立于城市广场和知名公众活动场所，第一步计划在北京展览馆广场、哈尔滨呼兰文化广场，以及连云港、山东郯县等地建造，逐步向全国和海外推广。

二、品牌活动：国际科学与和平周系列活动

国际科学与和平周是联合国倡导的一项国际性、公益性社会活动。1988年12月，第43届联合国61次大会通过一项决议，确定每年11月11日所在周为“国际科学与和平周”，要求各会员国在此周举办相应活动，宣传科技进步对维护世界和平、促进人类社会和谐发展所起的重要作用。

为响应联合国号召，中国的40多家国家机构、人民团体和和社会组织连续20多年在中国开展这一活动，中国是开展“国际科学与和平周”活动最为广泛、最为深入、最有实效的国家之一。该项活动的具体组织工作均由和促会负责。

近两年来，由和促会负责承办的第21届和第22届国际科学与和平周开幕式分别于2009年11月12日和2010年11月7日在北京人民大会堂举行，来自全国各地的1600余人出席会议，9位国家领导人出席会议并讲话。

2009～2010年期间，国际科学与和平周各主办、协办单位围绕联合国国际科学与和平周的主题，举办“金钥匙”科技知识竞赛、医药卫生进社区等促进科学和平发展的社会公益系列活动60余项，范围遍及全国31个省市自治区，参与人数超过500万人。16个全国性科技文化展览场馆免费向公众开放，还组织了“周乐颂和平”大型民族交响音乐会，和平之夜文艺晚会、“铸造和平”主题活动，“艺术与和平”书画展览等文化活动，在社会上产生了较大影响，2009年被评为中国社会工作协会的品牌项目，为

促进和谐社会建设作出了积极贡献。

三、今后工作思路与发展战略

和促会的重点业务是承办一年一度的国际科学与和平周活动，并适当开展其它符合和促会宗旨的社会活动。在这一思想的指导下，和促会今后将把战略重点放在促进和平周活动的不断创新、持续发展和促进基础设施建设方面。

在不断总结以往经验的基础上，和促会计划在近两年内集中力量做好下列几项重点工作：

第一，为了推动和平周活动的健康持续开展，拟筹备设立科学和平发展专项基金，建立与相应社会组织和大型企业的长期合作机制，保持和平周活动经费的来源稳定，从组织上和经费上保证和平周活动的持续发展。

第二，为了使和平周的主办单位、协办单位和相关合作单位更好地开展相应活动，拟在会议条件比较好而且对和平周活动支持力度比较大的城市，建立和平周会议基地或培训基地，将有一定品牌效应的会议或活动引入，扩大和平周活动范围，为主办单位提供便利条件，争取更多优惠政策。

第三，加强与和平周主办协办单位的联系，促进他们之间的横向联系，信息共享，资源互补，共同开展一些较为大型的活动。不断开展调研，根据国家中心工作和主办单位的需要确定每年和平周的主题和亮点项目，促进和平周活动更上一个台阶。

第四，提高秘书处的服务能力建设，为会员和理事单位搞好服务，不断发展会员，扩大影响，动员更多的社会力量为促进社会和谐和共建和谐世界作贡献。

第五，适当开展促进科学和平发展的项目合作与国际交流工作，加强与企业界联系，为促进经济建设提供服务。探讨社会工作科学化发展的思路，为构建和谐社会作出新的贡献。

（撰稿人：陈军）

树立社会工作理念　推动婚庆行业发展

婚庆行业委员会

【摘要】　中国社会工作协会婚庆行业委员会成立以来，坚持以科学发展观为指导实践，坚持运用社会工作的理念和方法开展实践，坚持倡导健康、文明、时尚的婚礼文化，努力促进全国婚庆市场的规范发展。通过宣传贯彻国家婚庆行业服务标准和举办“婚博会”、“婚礼主持人大赛”以及国内外婚庆同行之间的交流等具有示范意义和重要影响力的各类活动，促进了婚庆行业的加速发展，使以婚庆服务为龙头的结婚产业成为国民经济中的重要新生力量，并宣传了中国传统文化，极大地丰富了婚礼行业的精神和物质成果。此外，婚庆行业委员会培训中心根据市场需求与变化积极作出了相应调整，推动行业服务规范、健康、有序的发展，在业内树立起一定的权威性，成为全国婚庆行业中无可替代的重要行业性组织。

【关键词】　婚庆行业　品牌项目　婚礼主持人大赛　行业交流　行业发展　婚庆社会工作

一、婚庆行业委员会工作回顾

中国社会工作协会婚庆行业委员会于 2004 年 2 月 27 日成立，近七年来，始终秉承为行业和会员服务的宗旨，立足行业的可持续发展，努力适应新形势下对婚庆服务的要求，不断加强行业的规范自律和从业人员的队伍建设，为整合、规范婚庆行业和婚庆市场，促进行业的健康发展，发挥了积极的作用。

2009～2010 年是婚庆行业委员会稳步发展的两年。在这两年里，婚庆行业委员会深入贯彻落实科学发展观，开拓进取、引领创新，积极努力完成各项活动的组织筹备、开展和宣传工作，婚庆行业化水平得以提升，内部管理得到加强，为推动婚庆行业委员会的未来发展打下了一定的基础。主要表现在：

（一）以专业化建设为核心，积极推进行业的创新发展

专业化是行业实现职业化、行业化的前提，创新是行业可持续发展的源泉与动力。2010 年 3 月 3 日由协会主办、婚庆行业委员会承办的婚庆产业发展高峰论坛在上海举行。论坛紧紧围绕结婚产业创新与发展这一主题，盘点了 2009～2010 年全国婚礼服务行业市场情况，总结了行业发展工作过程中的实践经验，近百名来自全国各地的行业专家、婚庆企业代表相聚一堂，就行业现阶段发展如何快速突破瓶颈与企业管理经营中的问题展开了广泛、深入的探讨。在关于行业、企业如何创新发展的问题上达成了共识，为整合共享行业资源、推动婚庆行业专业化建设与可持续化发展打下了基础。

（二）坚持行业发展理念，以开展特色、创新活动为契机，推进行业本土化发展

婚庆行业委员会是经民政部批准成立的，是全国性的婚庆行业机构。婚庆行业委员会运用社会工作的理念和方法，宣传中国特色的社会主义先进婚礼文化，坚持以倡导文明、健康、时尚、高雅的婚礼文化为主线，自 2005 年起，在北京、上海等地举办了多届中国国际婚博会（在北京成功举办了 16 届，在上海成功举办了 10 届）。目前，该展会已发展成为了全球规模最大、参观人数最多、现场新人与服务商家签约金额最高的结婚展。展会不仅搭建了结婚一站式服务的平台，推动了中国结婚消费的诚信和规范服务与国际交流（先后有 15 个国家的展商和相关组织参加或参与了展会）。中国婚博会已成为京、沪两地新人婚庆服务签约的主平台。婚博会提供与传播了许多优惠措施与现代婚礼时尚文化创意理念，广受新人和业内人士的欢迎，取得了良好的社会效应。婚博会期间，全国婚庆行业委员会还聚集国内多位婚礼行业专家、婚礼文化学者成功举办了“穿越中国风・盛世婚典”、“江南流韵”等系列婚礼秀。婚礼秀将中国古典文化精髓与现代时尚元素完美的融合，向观众展现了中华民族五千年传承下来的婚俗文化，

充分展现了“文明、健康、时尚、高雅”婚礼文化的理念，成为中国婚礼市场的风向标，得到广泛和热烈的反响。

二、以“抓形象、促影响”为手段，积极打造品牌活动，努力提高婚庆行业委员会影响力

自2004年开始已经成功举办了四届的全国婚礼主持人大赛，是我国行业内唯一由民政部批准，中国社会工作协会主办，婚庆行业委员会承办的最高水平、最具权威性、标志性、影响力的国家级婚礼文化专业赛事，同时也是全国各民族优秀的婚礼文化、婚礼人才荟萃、共谋发展的品牌盛会。其宗旨是：弘扬先进婚礼文化、倡导文明婚庆理念、规范婚庆行业管理、提升婚庆服务水平。大赛在公正、公平、公开的选拔标准基础上推出了一批批优秀的婚礼主持人。

2010年12月17日，第四届全国婚礼主持人大赛总决赛在苏州成功举办。共有来自全国32个省（市、自治区）的近千名婚礼主持人参加了北京、重庆、黑龙江、辽宁、内蒙古、甘肃、宁夏、河北、河南、湖北、湖南、四川、山东、江苏等15个分赛区的选拔赛，大赛的社会关注程度之高、参赛选手人数之多、涉及范围之广，在婚庆行业内外的影响都是空前的。在此届大赛总决赛中，选手们将“构建和谐社会”的思想融入贯彻到了比赛中，以创新、时尚、特色等形式弘扬了我国各地方特色的婚礼样式与风采，宣传了博大精深、特色鲜明的婚俗文化，更集中体现了和谐社会、和谐家庭的核心价值观。第四届全国婚礼主持人大赛的成功举办，对行业的专业化、创新化、可持续化发展起到了重要作用，树立了婚庆行业委员会促和谐、促发展的形象，对提升委员会的行业影响力、社会影响力产生了积极作用。

三、继续坚持行业培训理论探索与实际操练，实现从业人员专业素质的整体提升

不断增强软实力建设是婚庆行业委员会向前发展的动力，也是行业从

业人员专业化、职业化的表现。因此，婚庆行业委员会配合协会专业化建设目标，坚持创新理论与实际操练的结合，与时俱进，加强婚庆理论和实践探索，为实现从业人员专业素质的整体提升和行业可持续发展作出贡献。

（一）坚持理论创新，积极探索行业培训师资队伍的实践经验

2010 年 6 月 12～13 日，中国社会工作协会婚庆行业委员会培训中心在北京召开了第三次工作会议。会议回顾了培训工作所取得的成果，并安排和部署了今后的培训工作方向。总干事史康宁作了会议工作报告。

中国社会工作协会婚庆行业委员会自 2004 年 2 月成立以来，始终把行业培训工作作为工作的重点，截至 2010 年 6 月，婚庆行业委员会培训中心先后在北京、重庆、成都、哈尔滨、沈阳、济南、南京、武汉、长沙、太原、银川、杭州、西安、郑州、南昌、大连、青岛、苏州、无锡、枣庄、滨州、焦作、伊春等城市，开设了婚礼策划师、婚礼主持人、婚礼摄像师、婚礼影像后期制作、婚礼策划营销、场布技师、婚礼督导、婚庆公司经营管理等 10 余类课程培训，并以其参培人数最多、师资阵容最强、培训内容最丰富、教学组织最严谨、考核最严格、口碑最好，成为学员最信任的、最具权威性和影响力的行业培训机构，提前完成了中国社会工作协会婚庆行业委员会第二次会员代表大会《工作报告》中提出的“加大培训力度，使婚庆职业培训制度化、规范化，争取到 2010 年，经过培训取得执业资格的各类婚庆职业人超过一万人次，使行业的整体素质有一个飞跃”的战略任务。

（二）不断加强婚庆理论和实践在时代发展中的探索

80 后、90 后新人的不断增多所带来的婚庆市场环境的不断变化，为婚庆行业从业者带来了新的机遇与更大的挑战。对此，中国社会工作协会婚庆行业委员会培训中心积极调整和优化课程结构，使课程设置、教学组织与行业迅速发展的现状更加紧密地结合。在这一年里，委员会先后在北京、银川、武汉、长沙、苏州等地开办了婚庆公司经理人、婚礼策划师、婚礼主持人、婚礼督导导师、婚礼场布技师、婚礼摄像师、婚礼后期

编辑师等 10 余类共计 17 期婚庆职业培训精品课程，共有来自全国各地 800 多人次参加了上述各类培训。经过培训，学员们纷纷表示自身素质得到了很大提升，特别是所学到的理念、技能知识与实际工作能够紧密结合起来，及时地更新理念，提升技能，了解行业趋势，抓住市场机遇，为各婚庆公司创造了大量的经济效益，增强了硬实力建设，为婚庆行业持续向前、快速发展增强了动力。

四、以形象促影响，积极开展对外宣传，扩大联系渠道

2010 年，婚庆行业委员会继续加强对外交往与交流宣传。8 月 23～28 日第十三届亚洲婚礼文化研讨会在韩国首都首尔成功举行。此次由中国社会工作协会婚庆行业委员会组团，中国社会工作协会副会长徐留根任代表团顾问、婚庆行业委员会总干事史康宁任团长的韩国之行，共有来自北京、江苏、湖北、重庆、辽宁、山东、湖南、河南等地的婚庆行业同人 35 人。代表团在韩国访问期间参观了日本桂由美婚纱秀、韩国金美淑婚纱秀以及韩国著名的婚礼殿堂，并与其他代表团就婚庆行业发展进行了广泛和深入的交流。其间，中国代表将具有中国传统文化特色并融会现代时尚元素的“穿越中国风”婚礼秀展现给亚洲各国同行，不仅展现了我国婚庆行业文明、健康、时尚、高雅的理念，更加弘扬了我国博大精深、鲜活跳跃的婚礼文化。第十三届亚洲婚礼文化研讨会对亚洲各国关于中国婚庆行业的认识和影响度起到了积极的推动作用。

五、关于婚庆行业的几点思考和工作发展方向

（一）婚庆行业和婚庆服务要切实体现社会工作的理念

在全国上下构建和谐社会的大背景下，婚姻家庭工作成为社会工作的重点领域之一。和谐家庭是和谐社会的基石，美满婚姻是和谐家庭的基础，婚姻生活开始于婚姻庆典。一方面，婚姻庆典是一种文化，要具有中国特色；另一方面，婚姻庆典也是服务于千万家庭和千万新人的社会工作。一场高品位、高质量的婚姻庆典对于新人今后一生的婚姻美满和家庭

和谐都具有无可替代的意义。婚庆工作者应自觉把婚庆服务看成是社会服务的一部分，要从更深的层次来理解婚庆服务和社会工作的联系和现实意义。

（二）继续加强行业规范化建设，推动婚庆行业向前发展

婚庆行业在我国是古老的行业，具有悠久的历史。近20～30年间，随着经济的发展，人们生活水平的提高，婚姻庆典迎来了有史以来最为繁荣的时期，据不完全统计，每年婚庆服务市场的直接消费可达4000亿～5000亿元人民币。婚庆行业已经形成了较为成熟的产业链，对上游和下游的行业具有强劲的拉动作用，婚庆消费已经形成一种经济，被有关部门命名为"婚庆经济"。然而，婚庆服务市场至今还缺乏相应的标准、监督，甚至缺乏必要的诚信，因此，业内人员及社会各界普遍认为，婚庆行业委员会应该对婚庆市场进行更有效的监督和规范，整合婚庆行业的资源，更好地坚持和推进品牌活动，加强和各省市婚庆行业组织的联系及推动国际间婚礼文化的交流互动，形成具有中国特色的婚礼文化。

我们相信，在党和政府的关心支持和行业同人的共同努力下，婚庆行业委员会的工作必将开创更好的新局面，取得更大的进步。

（撰稿人：史康宁、商祺）

加强专项基金建设　开展社会公益活动

基金部

【摘要】　本文介绍了中国社会工作协会下设专项基金的公益活动情况，分析了基金不利的因素，研究了政府新颁布的公益性捐赠税收优惠政策对我们的重要影响，以及基金部如何落实协会领导的要求，规范基金管理。

【关键词】　基金状况　防治乳癌专项基金　公益性捐赠税前扣除资格

中国社会工作协会基金部是协会的内设机构，服务和协调协会下属的各专项基金的日常工作，同时指导、监督各基金的工作机构依据相关法律和章程开展公益活动。2009 年，中国社会工作协会太阳雨公益慈善专项基金管理委员会成立。至此，中国社会工作协会所属专项基金共有八支：孤残儿童救助基金、成龙—杨受成公益慈善基金、扶贫开发基金、甘泉工程公益基金、贫困家庭病残儿童救助基金、防治乳腺癌专项基金、榜样公益基金及太阳雨公益慈善专项基金。这八支基金的成立背景、资源、实力和业务范围不尽相同，但他们都旨在通过公益活动多角度、多方面地关心、资助社会生活中的困难群体，探索各自发展的运营模式。

2009～2010 年，协会下设各支基金努力运作，开展了一系列公益活动。

一、孤残儿童救助基金

2009 年，孤残儿童救助基金管委会组织了温暖志愿团，拓展了温暖之旅活动，开展了温暖之旅河南行、山西行、青海行，资助贫困孤残儿童手术费，资助贫困学校修建电教室，修缮学校设施。

二、扶贫开发基金

2010年暑假，扶贫开发基金与中国教育学会合作组织实施了“世界名校大学生英语夏令营”教育扶贫支教活动。这个活动由中国教育学会培训中心捐赠了15万元作为援教款项，由中国社会工作协会扶贫开发基金管理委员会负责落实到各地的支教活动中。活动组织了来自英国牛津大学、剑桥大学和美国常春藤盟校如哈佛大学、耶鲁大学、普林斯顿大学的在校生、毕业生的外籍志愿者，与来自北京师范大学、北京外国语大学等国内知名院校的优秀大学生，以及北师大附属实验中学、人民大学附属中学等学校的优秀中学生一起走入内蒙古、河北、四川、江西、广东、安徽等多个省区10余所地方学校，与当地老师和学生一起交流，将语言、知识、信念与师生们共享。这一活动有近万名边远山区的老师孩子受益，必将产生更加深远的影响。基金会将把这项有意义的活动坚持下去，并将其形成一个品牌，越做越大。

三、防治乳腺癌专项基金

经过一年的探索和努力，2009～2010年防治乳腺癌专项基金开展了大量公益活动，取得了显著成绩。

（一）区域性乳腺防治网络项目（德阳）

德阳市区域性乳腺癌防治网络项目是由雅芳女性基金会捐助，赠与亚洲和中国社会工作协会防治乳腺癌专项基金管理委员会设计和组织实施的大型公益项目。基金资助建立了以德阳市人民医院为区域性乳腺癌防治网络中心医院，并辐射什邡、绵竹、广汉、中江、罗江等五县市医院的四川德阳区域性乳腺癌防治网络。

项目自2009年5月1日正式启动，到2010年5月31日，首期工程已全部完成。德阳市人民医院乳腺中心面积280平方米，设有候诊区、诊断室、检查室、专家远程会诊室、VIP室、数据交换中心等服务单元，专门为广大患者提供一站式、全方位、全流程的乳腺疾病检查和治疗服务的温馨女性世界开始正式接待病人。

2009年9月21日至2010年9月31日，乳腺中心共诊治患者12743人次，具体统计数据见下表：

类别	普查人数	门诊人数	住院人数	乳癌人数	早期癌人数	手术人数	保乳手术
人数	495	12248	658	114	19	84	11

此外，位于北京电力医院的北京远程专家会诊中心及数据中心也同期建成。此中心设有远程专家会诊室、远程数据机房，为德阳区域性乳腺癌防治网络提供了强大的技术支持。

（二）“粉红家园”

乳腺癌防治专项基金专门成立了患者关爱组织——“粉红家园”，主要开展热线咨询、医院探访、康复讲座、贫困患者救助等形式的公益活动，为乳癌姐妹提供持续性的心理、医疗、康复等方面的支持与援助。家园成员包括乳腺癌的患者、康复者及其亲属，医疗人员、慈善人士、爱心机构与新闻媒体。其中，乳癌患者援助热线自开通以来，截至2010年10月31日，已经接听了来自34个省（市、自治区）及海外地区的3578个电话；接待病友及亲属来访225人次，节假日呼叫转移910人次；救助贫困乳腺癌患者17人次。

（三）医生培训

中国乳腺癌近30年来有快速增长及患者较西方女性年轻化的趋势，死亡率及发病率高，急需专业医生提高诊断率及治疗水平。因此，作为中国防治乳腺癌专向基金计划开展的公益项目——天使计划“万名基层医生早诊早治知识培训”正是在这一背景下计划开展的。基金计划每年培训2000名医生，5年内培训国内10000名医生；为1000名医生提供进修机会。预计将有300万名患者受益于该项目。这将明显提高其所在地区的乳腺癌早诊率，降低误诊率；对于提高早期乳腺癌的检出率，降低乳腺癌的死亡率也具有深远的意义。

四、榜样公益基金

2009年夏，榜样公益基金举行了“中国首届榜样公益人物表彰暨榜样中国行活动”启动仪式；2010年年初与华夏时报社共同发起了“2009中国榜样公益论坛”，在这些活动中对评选出的公益人物颁奖，颂扬其公益行为，使公益人物成为大众的榜样，公益理念得以传播。

五、太阳雨公益慈善基金

太阳雨公益慈善基金于2009年7月成立，由江苏太阳雨新能源集团有限公司捐赠200万元，主要用于资助社会上的困难群体改善生活条件。截至2010年年底，太阳雨公益慈善基金通过江苏省红十字会、慈善总会等机构已拨付120万元，资助当地学校改善校舍、资助贫困大学生、儿童福利院等，拨付100万元用于资助中国残疾人艺术团。

六、贫困家庭病残儿童救助基金

2010年夏，贫困家庭病残儿童救助基金通过青海省社会工作协会向青海玉树地震灾区捐赠抗震救灾药品约20万元，使贫困受灾的伤病群众得以救治，恢复健康。

七、甘泉工程公益基金

2009年和2010年，甘泉工程公益基金相继举办中国城市建设峰会暨建设行业公益年会。在会上，基金号召大家为解决西部贫困干旱地区饮水问题出策出力，顾山虎、陈良敏等名家捐赠价值400多万元的书画作品，表达社会各界对基金的信任和对社会困难群体的关注和爱心。城市建设行业的专家和社会各界人士在公益年会上，还商讨了低碳节能城市建设的可行性及西部贫困干旱地区的改造发展之策。

八、成龙—杨受成公益慈善基金

2009年，成龙—杨受成公益慈善基金捐建保定市顺平老年服务中心

120 万元，至今有 400 多位老人在顺平老年服务中心安享晚年。

总之，在这两年里，八支专项基金资助社会困难群体，扶危济贫，弘扬公益精神，在社会上起到了积极影响。但由于接受的捐赠少，公益活动运作还不理想。

各支专项基金在各自领域的活动和成果，离不开协会的领导和中国社会工作协会这一平台。而国家公益性捐赠税收的新政也对非营利性公益性社会团体提出了明确的公益活动指标要求。专项基金管委会面临着压力和挑战。随着 2010 年协会逐步落实向社会工作实务转型，专项基金将开拓新的社工领域，如医疗社工、儿童社工；继续联系大企业和慈善人士，为困难群体提供资金、物质帮助和精神上的支柱，使他们能够提高生活质量，重新回到正常生活状态。基金部将迎接新挑战，继续努力完成新的使命。

（撰稿人：刘文）

坚持正确舆论导向　注重社会宣传效益

《公益时报》社

【摘要】　《公益时报》坚持正确的理论导向，注重宣传报道的社会效益，并在传统媒体经过多年努力取得行业媒体权威地位的基础上，结合全球媒体发展趋势和《公益时报》实际，全力打造以手机报、电子版、专业网站、社区电子屏为主体的新媒体群，并取得了初步成果。

【关键词】　《公益时报》舆论导向　新媒体群　社会效益

一、坚持正确舆论导向，突出报纸品牌塑造

坚持政治家办报原则，保持正确的舆论导向，注重宣传报道的社会效益，在创新报道中巩固公益领域权威媒体地位，并取得相应的经济效益，始终是《公益时报》的办报准则。近两年来，《公益时报》全力打造报纸品牌，突出重点，发挥优势，较好地实现了社会和经济效益双丰收。

一是继续发挥深度报道优势，兼顾公益资讯的广泛性，专题报道与常规报道相结合，创新报道形式，扩展报道领域。对版面设置进行了深度调整，使之适应我国公益事业发展的新格局；及时就公益领域重大事件推出专题报道，针对新现象、新问题推出深度报道；结合报纸特点，充分发挥员工个人优势，实现了报道形式的多样化，突出了严肃活泼的特点。玉树地震救灾报道中突出捐款接收和使用的透明化报道引起读者广泛关注；民间组织管理制度改革的探索性报道，得到业内专家好评；大额捐赠落实情况穷追不舍的报道，充分体现了媒体的社会责任；《彩票管理条例》修订的系列报道，为有关决策提供了全方位参考。在抓重点、抓热点、抓时效

的同时，适时括展报道领域，在社会工作报道方面有了重大突破，特别突出了社工实务及社工理论以及协会工作的报道。

二是依托媒体巩固和发展品牌活动，深化报纸品牌塑造。不断革新和发展中国慈善排行榜和企业公民评选等传统品牌活动，丰富项目内容。中国慈善排行榜已成为中国公益慈善事业的年度盛典，确立了独家中国企业社会责任标准，不仅弘扬了中国传统的公益慈善精神，更深入推广了企业公民等现代公益理念，推动了公益慈善事业社会化发展。与此同时，创新了一批新的品牌活动，倡导成立中国公益传媒联盟，举办中国公益新闻年会，凝聚各媒体力量共同推进中国公益事业的健康发展；发起成立中国企业公民高尔夫俱乐部，以此吸引高端人士积极参与到公益事业中来。

三是参与直接的公益活动，扩展报纸的社会影响力。以社工理念发起成立“共铸中国心”基金计划，并连续在多个省份成功实施，为爱心人士提供了慈爱平台，使更多困难群体得到直接救助。依托媒体展示，多次开展了对急需救助的个人的定向捐赠宣传报道活动，展示了报纸的公益影响力。

在做好传统媒体工作的同时，《公益时报》针对新技术的普及和推广，全球媒体市场发展的新现实，对报纸的未来发展进行了积极的探索和实践，并取得了显著成绩。

二、适应全球媒体发展趋势，全力打造新媒体群

2009以来，《公益时报》针对全球媒体的发展趋势，结合本报实际，在传统媒体经过多年努力取得行业权威媒体地位的基础上，将工作重心转向打造新媒体群。

全球金融危机开始后，世界范围内的众多传统媒体面临发展困境，一是传统媒体广告业务严重滑坡，二是各种新媒体特别是网络媒体对传统媒体形成了强大的竞争。依托传统媒体优势，全力打造电子版、手机报、专业网络媒体等新媒体，成为全球报业应对不利形势的方向。

新媒体的特点是快速、灵活、营销方便等，结合传统纸媒体的信息资源优势，能够使传统媒体在现代潮流中焕发活力。《公益时报》特别是

“新闻周刊”事实上长期以来受制于发行渠道不足而难以产生良好的发行效益，同时在新闻的时效性上也受到各大门户网站纷纷推出的公益频道、彩票频道的竞争。因此，打造新媒体群成为《公益时报》战略决策的一个重大转变。

为此，《公益时报》社成立了网络事业部，以全面协调新媒体的制作、营销等业务。引进大批新媒体制作必需的专业人才，并制定了中长期发展目标。

工作方向上，一是全力筹备创刊《公益时报》手机报和《公益时报·中华彩票》手机报；二是对《公益时报》网站和《公益时报·中华彩票》网站进行深度改版，以进一步增强其门户网站的特征；三是改进已上线的《公益时报》和《公益时报·中华彩票》电子版以及营销模式；四是与相关企业合作推出《公益时报》社区电子屏。最终形成以纸媒、手机报、电子版、门户网站和社区电子屏为主体的公益类新媒体群。同时，开展了与中国移动等新媒体平台的深度合作。

目前，网站改版工作已基本完成，增强了网络编辑力量，初具门户网站规模。电子版在改进形式的基础上，发行模式得到扩展，既可以很方便地直接在网站订阅，也可以通过地方发行商、彩票投注站代销读报点卡的形式来订阅。手机报经过在广东试运行后已开始全国发行。每天有30万人左右通过《公益时报》、有至少100万人通过《公益时报》电子报、有超过1000万户家庭通过社区电子屏、有不计其数的用户通过《公益时报》手机报获得公益资讯。

在全力打造新媒体的同时，在《公益时报》品牌塑造等方面的传统工作也取得突出成就，在不断改进中国慈善排行榜的运行模式的同时，倡导成立中国公益传媒联盟，举办中国公益新闻年会，以表彰在公益领域作出突出贡献的新闻工作者；发起成立中国企业公民高尔夫俱乐部，这是我国首个以倡导企业公民理念为宗旨的高尔夫联谊组织；发起成立“共铸中国心”基金计划，救助了大量贫困家庭的先天性心脏病患儿。这些活动的开展，极大地提升了《公益时报》的社会影响力和品牌价值，也为新媒体的营销垫定了社会基础。

三、深化新媒体发展战略，探索新媒体营销模式

《公益时报》新媒体群目前可以说只是初具模式，还有许多后续的工作要做。因为，新媒体在办刊模式、发行模式、广告营销模式等方面，与传统媒体还是有很大的差别，可以说是一个全新的领域。《公益时报》新媒体建设是在发展中探索，探索中发展。

在新媒体办刊模式上，将进一步整合原有资源和新兴资源，结合传统媒体优势和新媒体优势，根据读者的反馈以及发行、营销渠道的反馈，不断改进优化新媒体的办刊模式。

在新媒体的发行渠道上，已进行了一些可行性的探索，比如与各大门户网站合作，传统媒体地方发行商代销等，已取得一定成效。还将在行业化、合作化方面进行更多的积极的探索。

新媒体广告营销依然是个难题，特别是手机报的广告承载能力有限，加之国家有关政策对手机报等新媒体发布广告方式的严格限制，确实困难不少。但最根本的还是，新媒体群作为一个载体，更重要的在于所提供的公益资讯的权威性、时效性，是直接关系广告营销成败的传统问题。因此，将在这方面继续加大工作力度，全力拓宽资讯来源，强化公益资讯报道的独家性和社会影响力。

四、形成规模效益，降低运营成本，增强影响力

新媒体虽然技术性更强，但运营成本更低，而经济和社会效益依托现代信息技术则能够迅速扩张。因此，新媒体在形成规模效益后，其社会影响力会更强大，资讯反应会更及时。

《公益时报》新媒体群经过发展完善，并探索出一整套切实可行的营销运营模式后，其发行规模必将迅速扩大。测算表明，当《公益时报》手机报、电子版发行规模达到目前传统纸媒的发行规模时，其经济效益必然超越现有的传统纸媒。而在社会效益方面，由于新媒体更快速、便捷，加之电脑、手机等设备普及率的不断提高，也必将成倍扩张。

（撰稿人：王高利）

努力提高杂志质量　大力推进社会康复事业

《中国民康医学》杂志社

【摘要】　2009～2010年，《中国民康医学》杂志社在发挥传统优势和经验的基础上，在国家新闻媒体体制改革的大背景下，坚持为医务科技工作者服务，为医务社会工作者服务，为人民健康服务，作出了积极努力，取得了新的成绩。但也存在着一些发展中的瓶颈问题和遇到一些新的挑战。为此，杂志社提出在今后一个时期要着重做好的四个方面的工作：苦练内功强自身，下大力气拓市场，扩大广告和发行，数字出版不放松。

【关键词】　民康医学　康复事业　质量管理　数字出版　医务社工

《中国民康医学》杂志于1987年创刊，1988年出版发行，是由国家新闻出版总署批准，民政部主管，中国社会工作协会主办，国内外公开发行的医学科技期刊（半月刊）。杂志出版23年来，坚持党的办刊方针，坚持按国家有关法律、法规办事，在推广健康知识、预防各种疾病、维护人民健康、传授康复适宜技术等方面做了大量工作，为我国国民的健康、康复医学事业和医务社会工作的发展作出了应有的贡献。尤其是近两年杂志在规范管理、创新出版、提高质量、拓宽市场上有了新的突破并更加完善。

一、2009～2010年杂志出版发行情况概述

2009～2010年，《中国民康医学》在发挥传统优势的基础上，在国家新闻媒体体制改革的大背景下，在为医务科技工作者服务，为医务社会工作者服务上作出了积极的努力。不仅仅满足于把科技成果信息和知识传播

出去，还更注重杂志媒体的传播艺术和质量。杂志立足国民健康传媒的概念，运用独特的视角、专业的方法，开辟了新的专栏、新的报道内容，贴近社会工作、贴近群众、贴近社区，综合传递了健康医疗成果、社会心理卫生知识及医务社会工作者的主流声音，提升了杂志的质量和社会影响力。

一是两年来上下半月刊共出版了48期，发表论文4560余篇，共约1138万余字。不仅反映了现在康复医学的成果，还反映了当代医疗科技发展的水平和前景；不仅传授了医疗康复的适宜技术，还贴近了社会、群众和社区。

另外，根据协会领导指示试办的《健康中国》科普刊物，两年共出版了12期，把有关健康的科学知识用通俗的语言和事例向大众作出传播和宣传，取得了较好的效果。

二是出版发行遵纪守法，不违规、不违章、不踩线，自觉接受新闻出版总署和主管、主办单位的监督和管理，没有不良记录发生，受到主管部门好评。《中国民康医学》杂志社被中国社会工作协会评为2009年度先进集体。

三是拥有固定客户群2000多家，每期发行量保持在5000册以上，每年有小幅上升。据中国知网2010年10月发布的2009年发行与传播统计报告，《中国民康医学》2009年机构用户总计2073家，分布在14个国家和地区，个人读者分布在18个国家和地区。高端用户，如国家图书馆、首都图书馆等共计96家；党政机关，如国务院发展研究中心、北京市人大常委员会等共计26家；第二、第四军医大学等军队机构14家；中国医大附属医院等747家医院；中国科学院等243个研究院所；国外如哈佛大学、耶鲁大学、悉尼大学、牛津大学等35所大学以及港、澳、台等97家单位都订阅和查阅下载《中国民康医学》资料。2009年仅从中国知网下载的《中国民康医学》论文总量188550篇次。

四是《中国民康医学》发表的文章贴近社会、贴近群众、贴近社区，坚持了上半月刊以学术理论性文章为主，服务高端；下半月刊以社区、社会康复适宜技术为主，服务基层。《健康中国》主要是面对普通民众，普及康复知识。这种定位受到了读、作者及广大群众的欢迎，赢得了一定的社会影响力和知名度。

五是狠抓质量，有新路子。我们坚持“质量是科学，质量是灵魂，质量是检验杂志的唯一标准”的理念，与清华同方和中国知网合作，狠抓质量的管理和提高。利用清华同方研发的“学术不端文献检测软件”对2010年以后出版的文章进行检测把关，严把抄袭及剽窃行为，取得了较好的效果，为杂志的生存、竞争和发展打下了基础。

二、当前存在的主要问题和挑战及面临的形式

（一）主要问题和挑战

尽管杂志的出版发行总体来看健康、进步，一步一个脚印，始终保持了持续强劲的发展势头，但仍存在一些不可忽视的问题和不足，其主要表现是存在“一少二多三低”现象：

“一少”，发表的科研基金项目和科研立项的文章少。

“二多”，发表的临床经验报道的文章多；文章采用统计学方法处理不够严谨的多。

“三低”，有些文章的“含金量”低；杂志市场开展能力低；经济效益低。

这些问题是杂志发展的瓶颈，须全力突破、努力克服。

（二）面临的形势要关注

杂志面临的主要形势，就是要在当前新闻媒体深化改革的大背景下，在新闻出版行业整合资源、优化结构、扩大产业规模、实现集约化经营的大形势下，充分考虑自己的薄弱点和不足。比如在基础建设条件、环境资源条件、出版和经营条件、人力资源条件、质量和受众市场等方面都存在着不可忽视的压力，致使抗风险的能力较弱，对此必须有清醒的认识，并给予高度关注，以适应形势、深化改革、创造条件，谋求杂志的可持续发展。

三、应对措施及今后的发展目标和展望

针对上述问题和挑战及面临的形势，《中国民康医学》要保持可持续发展，要保持这个较为成熟的品牌，一定要在党和政府的大政方针的指引下，坚决按照新闻出版总署新出字〔2010〕294号文件规定的期刊出版质量综合评价指标体系的要求，通过质量求生存，树立口碑赢市场。只有通过杂志丰富的内涵条件、产品文化以及多年好口碑相传的积淀，与时俱进，不断进取，才能使杂志巩固和发展，才能真正成为广大医疗康复科技人员和广大医务社会工作者的良师益友。具体要抓好以下几个方面的工作：

（一）苦练内功强自身

一是抓好内部建设。包括：（1）基础建设条件：办公、印刷、发行、技术、体制、人才培养和引进、财务制度。（2）环境资源条件：政策利用、内部制度、经济实力、市场环境等。（3）出版能力：出版规模、内容、质量评价、文字、编校质量、数字出版、国际化等。（4）经营能力：发行、广告、受众等。紧密结合实际，加强专业化建设，提高专业化水平，建设一支专业过硬的队伍。只有把内部建设搞好了，才能为杂志的发展打下深厚的基础。

二是抓好高质量的作者群。杂志的文章是作者写的，作者水平的高低决定杂志质量的高低。要在原有作者群的基础上，巩固扩大作者队伍，定期、重点的培训、指导、帮助作者，为他们提供必要的信息和条件，使他们愿投稿、投好稿。以保证杂志的“含金量”，其他效应才能随之提高。

三是倾听作者、读者、编者意见，定期或不定期开会座谈，共同为提高杂志质量献计献策。

四是树立品牌意识，重视对杂志的宣传。一个成熟的品牌，要经过千百万人的口碑相传，一个好的杂志，也要经过多年质量、宣传、有关资源充分利用的积淀。杂志要改变过去宣传力度不够、宣传不到位的弊端，千方百计巩固、树立这个在医务人员及大众中比较熟悉的“中国民康医学”

品牌。

（二）下大力气拓市场

《中国民康医学》的市场占有率还不大，各地虽有一批工作站，但作用和积极性还没有充分调动起来。今后要注重布局杂志的销售网点，扩大销售渠道，强化工作站、联络站的作用，充分发挥通讯队伍、通讯员、编委及固定客户、医院的作用，充分发挥邮发和自办发行相结合的作用，扩充社会和社区这个庞大的市场，提高杂志的发行率和市场占有率。

（三）扩大广告和发行

广告少和发行量偏低，一直是杂志没有很好解决的问题，尽管有多种原因，但报道的内容、质量及市场开发能力是问题的主要矛盾。今后除抓好报道的内容和质量外，还要注重审稿、编辑、广告经营、市场开发及人才的培养，拓宽经营发行渠道，调动医药厂家和医药代表的积极性，使质量与市场、效益有机地结合起来。通过各个环节的紧密联系，使广告和发行工作大大迈上一个新台阶。

（四）数字出版不放松

数字出版是学术期刊数字化转型和改革发展的需要。《中国民康医学》多年来一直与同方数据库和中国学术期刊（光盘版）杂志社进行良好的合作，把杂志通过互联网向全世界推广，这不仅改变了学术期刊的出版手段，更重要的是为学术期刊参与国际化、市场化竞争和实现以“知识服务为导向”的办刊理念和模式提供了先进的运行条件，大大提高了学术研究的国际竞争力和影响力。2010 年下半年，杂志又参与了“中国知网”的优先数字出版行动，为作者的科研成果论文以快速通道进入国际互联网提供了便利条件。我们在这方面更要严格把关，审慎定稿，狠抓质量，适应杂志传媒的数字化，信息化发展趋势。

总之，杂志今后要坚持走改革发展的道路，坚持质量第一的标准，坚持为医务科技工作者和医务社会工作者服务的宗旨，坚持杜绝学术不端行为的立场。坚信必然会有一个美好的发展前景。

（撰稿人：汤发亮）

搭建社会公益交流平台
助力社会公益事业发展

《社会与公益》杂志社

【摘要】 由民政部主管，中国社会工作协会主办的《社会与公益》杂志，是国家新闻出版总署为推动我国公益事业发展而批准的刊物。杂志于2010年7月正式创刊发行，随后全面推开各项工作。自创刊以来，杂志社全体同仁坚定办刊方向，用心办刊，在保证社会效益的基础上，努力解决好杂志的经济效益，实现杂志社的良性循环。目前杂志办刊质量逐步提高，各项工作正在有条不紊地展开。

【关键词】 《社会与公益》 创刊 办刊

《社会与公益》杂志由民政部主管、中国社会工作协会主办，是国家新闻出版总署于2010年2月在国内纸质媒体总量严格控制的大背景下，为推动社会工作升级和公益慈善事业发展而特别批准的新办杂志，体现出国家对于宣传中国社会公益事业的重视，对民政部和中国社会工作协会的支持。2010年5月由新闻出版总署颁发《社会与公益》杂志期刊出版许可证，几经筹备，2010年7月正式创刊，迄今已出版5期。《社会与公益》杂志自创刊以来，秉持宣传报道中国社会与公益事业发展进程，展现社会工作与公益事业在社会建设中的重要作用，将社会工作理论与实务研究相结合，搭建国内外公益组织相互学习与交流的平台，推动我国社会工作与公益事业发展的办刊宗旨，不断创新，博得了社会各界的一致好评。

一、社会公益事业蓬勃发展，《社会与公益》杂志应运而生

（一）社会公益事业发展迅速

改革开放30年以来，中国的经济总量翻了15倍，我国已经成为全球第二大经济体。中国经济实力的增长使人民生活质量得到了有效改善，为中国发展社会公益事业提供了最重要的物质基础。而“以人为本”的国家发展战略，是中国开展社会公益事业的政治基础。

2008年的汶川地震之后，全社会的公益捐赠标志着中国公益事业的基本格局发生了深刻的改变，国民的公益理念也发生了根本性的变化。中国社会进入了一个“公益慈善新时代”。全社会所表现出的爱心和责任感是中国公益慈善事业发展的最重要的社会基础。

（二）社会工作和公益理念宣传亟待加强

中国社会公益事业得到快速蓬勃发展，专职社会工作人员队伍越来越壮大，社会工作的深度和广度迅速增长。与此同时，社会各界参与公益事业的热情持续升温，受惠人口数量和受惠实效同步递增；社会与公益领域的新法规、新理论、新经验、新方法以及新问题越来越多，急需媒体的宣传支持和紧密配合。但是，在我国目前12000多种报刊中，社会公益慈善类报刊为数极少，而且多为小范围和区域性传播，已经远远不适应中国社会公益事业发展的需求。且目前中国的公益模式仍是以政府为主导的公益，这是一个基本国情。因此宣传现代公益新理念，培育公民的公益意识就成为必要和必须。若想更好地发展具有中国特色的公益慈善事业，就必须提升热心公益慈善的企业、团体等的社会地位，团结中国民间捐赠核心群体。让更多的普通人参与公益慈善事业，以更加开放的心态向全世界的公益慈善机构学习成功经验，推进社会公益事业的发展，已成为媒体的新的历史使命。

（三）中国社会工作协会高瞻远瞩创办《社会与公益》杂志

在民政部的支持下，中国社会工作协会决定创办一本专门性杂志，通过宣传公益理念、弘扬公益文化、普及社会工作知识，来推动社会公益事

业发展、促进和谐社会构建。经过中国社会工作协会会长徐瑞新、常务副会长杨建昌、副会长兼秘书长赵蓬奇、社长杨松生及社工协会上下工作人员的全体努力，新闻出版总署于2010年5月20日颁发了《社会与公益》杂志的期刊出版许可证（国内统一刊号：CN11-5944/C）。7月由民政部主管，中国社会工作协会主办，中国红十字总会、中华环境保护基金会、中国法律援助基金会、中国华侨经济文化基金会、中国青少年发展基金会协办的《社会与公益》杂志正式面向全国创刊发行。

二、不负重望，《社会与公益》杂志精彩面世

（一）创刊首发式顺利召开

7月2日，《社会与公益》杂志创刊首发式在北京人民大会堂举行，全国人大常委会副委员长周铁农、财政部原部长项怀诚、民政部原部长崔乃夫、国家新闻出版总署副署长李东东、中国社会工作协会会长徐瑞新及民政部有关领导和中国红十字会、中国宋庆龄基金会、中国老龄事业发展基金会、中国青少年发展基金会、中国法律援助基金会、中国华侨经济文化基金会等多家全国性大型公益社团组织的负责人出席了当天的活动；中央电视台等近40家在京媒体派出记者前来采访；全国政协原副主席、中国宋庆龄基金会主席胡启立特意发来贺信，对《社会与公益》杂志创刊表示祝贺。

会上，各位领导和公益组织负责人均对创刊表示祝贺，一致认为《社会与公益》杂志迎合了时代的潮流，满足了热心公益的组织和个人的需求，必将大有所为。同时也提出了殷切期望，希望杂志始终坚持正确舆论导向，始终坚持为中国社会公益事业鼓劲加油，办成一本可读性强、影响力大的公益媒体。

（二）反响巨大，工作全面推开

发布会后，经过近百家媒体的报道和转载，《社会与公益》杂志创刊的消息在社会公益事业相关的各个层面推开，很多NGO组织打来电话对《社会与公益》杂志表示关注，并希望在宣传报道方面相互保持沟通。

在杂志初期没有订阅的情况下，结合杂志内容我们对相关机构进行了赠阅，目前重点在中央、国务院各部、委、办、局，全国人大代表、全国政协委员，各省市区和各大中城市主要领导，中国驻外使馆，香港、澳门特区政府，全球华人华侨社团及国内外公益慈善机构进行赠阅。其中值得一提的是香港特别行政区和澳门特别行政区特意发函列出赠阅明细，在香港和澳门的政府主要机构和图书馆供公务人员和市民进行借阅。

三、任重道远，搭建社会公益交流平台

（一）坚定办刊方向

《社会与公益》杂志作为民政部主管、中国社会工作协会主办的杂志，从一开始就明确了四个定位：第一，坚持政治家办刊原则，与中央和民政部大政方针相抵触的稿件不采不写不编不发，与中央、民政部和社会工作领域主旋律相一致的稿件多编多发；第二，坚持权威性、指导性、可读性原则，稿件要有全领域高度，要体现新理论、新方法、新经验，尽量用新闻事实说话，具体文字力避生涩；第三，坚持时效性原则，尽量采写新近发生的重大事件和典型事例，并把动态性事项截止到发稿前最后时刻，炒冷饭的稿件多数在选题阶段就直接消灭，少数能够产生独家观点或者独家视角的内容才准许放行；第四，坚持编辑部统筹原则，在选题策划阶段就通盘考虑各版块各栏目内容的配合与呼应，避免各行其是，使稿件组合形成合力，努力达到宣传效果 1＋1＞2 的效应。

（二）用心办刊

在杂志内容方面，我们策划了“从中国公益到公益中国”的大型专题，全景扫描了中国改革开放 32 年公益慈善发展史，总结公益史，以求再进步；发起了“民间草根人物中华公益之星——民间公益百城百人大搜寻”，深入民间，寻找榜样，发掘蕴藏在普通百姓内心的公益精神内涵；我们目及珠峰，以一个世界最高峰捡垃圾的动作唤起广大民众的环保意识；我们聚焦社会，关注农村留守儿童生活现状与出路；我们走进香港，了解香港义工 40 年的发展历程，并借鉴北欧社会公益变身社会福利的宝贵

经验；我们也在深度观察、深刻反思草根 NGO 的发展空间。

玉树地震发生后，本刊特派记者亲抵高寒灾区，与受难同胞同吃同住，用心灵去记录他们重建家园的执著坚毅；与来自四面八方的 NGO 和志愿者紧密沟通，用真诚去感悟他们忘我救援的无私无畏。于是，在废墟之上，记者用饱含深情的笔向我们展现了《令人震撼的人性之美》。

舟曲泥石流大灾消息传来，本刊编辑部立即动员，为灾区捐出一份公益人的拳拳爱心。与此同时，编辑记者全方位追踪救灾进展和成因调查，从 NGO 组织的救灾行动中寻找本刊独家新闻，从人与自然和谐发展角度看待大灾的警示，以本刊视角进行深刻反思。

我们所做的这一切，是为了不辜负社会与公益这洋溢着爱，担负着责，引领着心的伟大事业。

（三）良性循环中做好杂志

国家新闻出版总署李东东副署长曾对杂志社社长杨松生说，要在不断强化杂志社会效益的同时，解决好杂志自身的经济效益，这样才能在良性循环中把杂志做得更好。为此，杂志在办好内容的前提下，在经营方面也作了许多积极的努力，争取到了农行、桃源居等广告客户。为广告客户策划了企业公益形象展示、中国公益在行动等栏目，建立了通讯员联络机制，同时，为了 2011 年的发行工作，我们与各代理征订公司进行了代征订工作的合作，与相关公关公司、广告公司迅速建立了业务合作。在各项公益类活动中发放我们的杂志，增强杂志影响力。我们的努力没有白费，杂志得到越来越多读者的认可，每接到一个咨询订阅的电话，对我们都是一份鼓励。

接下来我们将进一步明确办刊方向，找准读者定位，满足客户需求，完善发行模式，争取不负重望，起到搭建社会与公益的交流平台，助力社会与公益事业的作用。

（撰稿人：雷建华）

关注社会问题　促进社会和谐

第一视频

【摘要】　第一视频不断在互联网、手机等新媒体终端领域积极奋进，通过五年时间形成了“一个平台三大亮点”的局面。一个平台：第一视频网站和手机网站的传媒平台。三大亮点：“彩视界”，彩票信息和销售；“邻讯”，手机地图社区（LBS＋SNS）；“KKF”手机游戏。不断扩大品牌影响力，并用自己的影响力影响网民、影响社会，奉献于公益。第一视频坚持正确的舆论导向，牢固树立政治意识、大局意识、责任意识、阵地意识，高举中国特色社会主义伟大旗帜，坚持团结稳定鼓劲、正面宣传为主，唱响主旋律。这是媒体的责任，也是第一视频一直坚持的使命。作为中国社工协会领导下的宣传机构，作为走在中国传媒前列的新媒体，第一视频一直以社会责任为企业发展的基准，完善资质，对自身发布及网友上载的内容实行严格的审查，始终坚持正确的舆论导向和价值观。

【关键词】　舆论导向　新媒体　产业链　微视频　公益　彩票　直播

党和国家的方针政策的贯彻执行，社会的安定团结和人民的幸福安康，都与精神文明息息相关，正确的舆论导向更功不可没。媒体的舆论对精神文明建设具有强大的推进作用，和谐社会建设中舆论是先锋，是号角。互联网迅速发展之后，网络新媒体成为大众获得新闻信息的重要渠道，新媒体更要坚持以正确的舆论引导网民，贴近社会，贴近实际，贴近群众，增强时代感，扩大信息量，加强报道的针对性和时效性，以满足各方面信息需求，努力开拓创新，传播先进文化和正确的价值观。

第一视频不断在互联网、手机等新媒体终端等领域上下求索、积极奋进，深刻领会三网融合的要义，通过先进的技术手段、运营理念、专业团队，构筑多平台、多渠道、立体发展的新媒体产业链：以视频直播为优势，以“微视频”门户为基础的新媒体平台 v1.cn；基于互联网资讯、手机终端、电话投注、地面实体店的彩票服务平台“彩视界”；基于电子地图定位（LBS）开发的集网络互动、商务信息和生活娱乐实用功能为一体的掌上社区“邻讯”；国际专业手机游戏开发与运营平台“KKF”；互联网网络广告联播平台“第一视频联播网”。四大支柱业务发展迅猛，成为中国主流的、弘扬健康向上文化的视频网络阵地。

在发展企业、积累财富的同时，第一视频品牌影响力不断加强，并用自己的影响力影响网民、影响社会，奉献于公益。第一视频主营业务之一彩票服务，为中国3亿彩民搭建安全便捷的彩票服务平台，为国家公益事业募集基金，为社会福利事业添砖加瓦。

一、国家大事件面前勇创视频报道先锋

第一视频全面贯彻党的宣传方针，在中国社会工作协会的正确领导下，高度重视自身舆论导向的使命感和责任感，在国庆60周年、玉树抗震救灾、上海世博会、广州亚运会等国家重大事件发生时，坚持报道的及时性、准确性，呼吁全国人民团结向上、积极奋进，庆贺国民盛世。在灾难面前万众一心、不畏艰难险阻，成为中国网民大众浏览网络新闻资讯、弘扬健康向上中国文化主旋律的重要基地。

（一）深入宣传热烈庆祝中华人民共和国成立60周年

在2009年中华人民共和国成立60周年之际，在第一视频集团领导高度重视下，将内容中心、运营中心、宽频事业部三大部分的团队重新组合，坚持以总编辑带队、新闻频道为主、其他各频道全力配合的方针，全公司有70余人的专业团队全职负责国庆报道工作，上线系列大型专题、与北京电视台达成深度合作、三档特色视频直播专题、举办多次大型的网友

互动活动、与中国移动和中国联通合作推出四档手机视频服务。

第一视频网上大型专题包括：(1)“中华人民共和国成立60周年”。通过直观的图片展示方式展示全国各族人民庆祝国庆60周年的激动、热情、祥和的热烈氛围。(2) 国庆阅兵大回顾。此专题囊括：自1949年来历届大阅兵、历届阅兵的精彩片段、历年阅兵揭秘、本届国庆阅兵村聚焦以及实时跟踪10月1日阅兵典礼上的精彩片段。(3) 国庆60周年以来的经典歌曲、电视、电影、文艺庆典等文艺盛况。

特色网络直播专题包括：(1) 与北京电视台在国庆期间进行“我爱你，中国”的直播合作，2009年国庆当天在第一视频网站24小时不间断直播；(2) 北京市百姓宣讲团报告会，该活动由北京市委宣传部、市委讲师团举办，第一视频凭借雄厚的网络视频直播技术成为该活动独家网络视频支持单位，活动影响巨大，被中央电视台《新闻联播》以及北京电视台的《北京新闻》报道；(3) 致公党举办国庆60周年文艺演出直播，新中国成立以来，各民主党派积极参政议政，为祖国的繁荣昌盛贡献自己的力量。第一视频作为视频门户网站，一直对此给予高度的关注和正面的报道。

第一视频面向中国移动和中国联通用户，在国庆60周年推出4档手机视频资讯：国庆庆典活动及重要文艺演出资讯，献礼影视剧资讯，新闻资讯，中央与北京政府发布的重要信息，并发动网友自拍国庆题材视频。

为了更好地与网民互动，第一视频举办了播客“迎国庆视频大赛”，2009中国摄影家尧山大PK，论坛“国庆红心头像”等丰富多彩的网民活动。

第一视频举办的国庆60周年系列专题和各项相关活动引发了广泛关注，受到了网友的热烈欢迎。截至2009年9月24日，已经发布了文章4000余篇，图片5000余张，视频1000余段，网民浏览次数逾1000万，留言数量逾10万。

(二) 大力宣扬爱心浇灌，玉树重生

玉树地震发生后，牵动着第一视频人的心。为献一份爱心，尽一份绵

力，第一视频发起第一视频捐助玉树灾区孤儿爱心行动，号召全体员工为玉树灾区的孤儿捐款捐物，并由第一视频集团新闻总编辑兼网站总编辑柳绪纲带领此次爱心行动的其他成员，在六一期间将笔记本电脑、衣物、善款等送往青海，于西宁亲手交给捐助对象——青海玉树藏族自治州孤儿学校的校长。同时，第一视频爱心行动一行还前往青海红十字医院看望了孤儿学校受伤的老师和学生。

此外，第一视频于六一儿童节当天上午10点，邀请到中国儿童少年基金会理事宋立英和音乐才女刘惜君一起做客第一视频《桑兰会客厅》的直播间，与主持人桑兰和广大网友以及第一视频玉树爱心行动小组和玉树孤儿一起度过了一个温暖而有意义的六一儿童节。

（三）广泛宣传中国2010年上海世界博览会

中国2010年上海世界博览会（Expo 2010）于5月1日至10月31日期间，在中国上海市举行。此次世博会也是由中国举办的首届世界博览会，并以总投资450亿人民币，创造了世界博览会史上最大规模记录。

第一视频集团作为国内最大的微视频新闻门户，也积极参与其中，早在开幕半年前就开始着手筹备这次盛会的报道工作，联合中国台湾网，打造了一款强档网络视频节目——两岸明星聊世博。节目内容涵盖世博盛世的方方面面，以谈话方式由两岸明星为网友一一解读。节目受到了广大网友的喜爱，点击率持续高涨。

海峡两岸首次共同参博，堪称上海世博会的一大特色。同样，两岸传媒也是因为这样一个盛会走到一起，通力携手，向中国展示一个发展的世界，向世界展现一个东方大国的振兴。

（四）积极报道广州亚运会，共燃亚洲激情

2010年11月广州亚运会盛大召开，点燃了亚运激情，也点燃了中国人的爱国热情，作为亚洲地区规模最大的综合性运动会，亚运会巨大的社会影响和经济效应难以估量。

为了更好地直击这次盛会，第一视频成立了几十人的专门团队，负责广州亚运会选题的策划、组织、设计和执行，制作了“共享激情亚运，尽在第一视频”的第16届2010年广州亚运会专题，包括“赛场动态”、“焦点赛事”、“精彩瞬间”、“美动亚运”、“星彩时刻”、“历届亚运”等板块。第一视频特派主持人、编导团队，亲赴亚运拍摄并利用微博上载给第一视频网友第一手视频资讯，还征集了上百个网友亚运现场视频，展开激烈PK，引发了数百万网友和体育爱好者的积极参与和探讨，该专题页面流量达到2000万。

二、新媒体产业链

（一）第一视频多媒体门户网站（WWW. V1. CN），上第一视频，看新闻里的故事

V1. CN是微视频新闻门户，是视频网络新传媒。以全明星评论员和主持人阵容打造网络视频的明星栏目。开展网络信息传播、网络广告、网络购物、网络游戏、网络社区服务等综合业务。

第一视频已获得国务院新闻办公室、文化部、工信部、国家新闻出版总署、广电总局、北京市通信管理局等国家互联网相关业务主管部门颁发的互联网新闻信息服务、网络文化经营、增值电信业务经营、互联网出版、信息网络传播视听节目、广播电视节目制作经营、手机电视经营、电信与信息服务业务经营等互联网主流业务的各项许可。

第一视频是第29届奥运会北京国际新闻中心唯一新媒体合作伙伴，被中国互联网协会评为中国互联网企业信用评价AAA级（最高级）信用企业；曾获中国最具品牌价值网络媒体、网络媒体爱心公益突出贡献奖、新中国成立60周年网络传播创新奖等荣誉。

第一视频依靠强大的技术手段、专业团队，早在2005年就实现了互联网和手机终端的视频直播，到2010年已经顺利完成了数千场大中型网络、手机直播。极具代表性的，除了有第一视频建立早期的第15届中国金鸡百花电影节全程卫星直播，第60届戛纳国际电影节直播，北京国际科教电影电视展全程直播，香港影视博览会全程直播，博鳌亚洲论坛年会直播以外，还有2009“公益中国年度颁奖晚会”全程直播等。第一视频正在直播！向世界直播中国！向中国直播世界！第一视频直播平台为合作伙伴提

供专业的网络视频直播服务。

《坐视天下》等新闻评论类栏目，立足平民立场，体现学者深度，被网友热捧。《快男评快男》、《花儿评朵朵》等自制微视频栏目，以辛辣大胆、犀利风趣的主持风格、全明星阵容，引发了一场互联网的娱乐风暴。第一视频自制视频节目被网友钟爱有加，直播网络发帖、跟帖创下了中国互联网自办节目发贴、跟帖数量之最。

第一视频“0号线”每天凌晨开始讲述“蚁族故事”，是第一视频针对地铁族打造的一档网络电台，一经上线便迅速积累了大批粉丝。

（二）“奉献公益　乐善人生”，彩视界的一站式彩民服务

彩视界服务于广大彩民，充分发挥互联网、电话等通信网络方便快捷的独特优势，挖掘彩票市场潜力，扩大彩票销售规模，为中国福利公益事业作更大贡献，第一视频投资组建了北京彩视界信息技术有限公司，开展彩票信息服务业务，设立了“彩民俱乐部”、彩民论坛等频道，在网民中具有一定影响。此后，第一视频率先与经财政部批准的电脑福利彩票销售单位之一黑龙江福利彩票中心开展合作，在国内开展首家网上时时彩开奖视频直播。并投入巨资开发了方便快捷安全的手机购彩终端，兼容国内外主流手机品牌，截至2010年年底已覆盖近4000万台手机终端，并且每月以新装机500万台的速度增长。彩票种类已经覆盖包括竞彩、高频彩、传统数字彩的福彩和体彩的全彩种并覆盖了互联网、手机和地面实体店。

第一视频彩视界以其较为成熟的网络彩票销售和服务系统成为了国内最大的无纸化购彩服务运营商，并以其雄厚的资金实力，先进的技术支持，最大的市场占有，丰富的彩票新闻和销售经验，良好的信誉，被合作伙伴所认可。

2010年世界杯期间，彩视界展开了丰富多彩的世界杯活动，除有线上虚拟投注游戏之外，还在广州、杭州等十几家酒吧开展彩票活动，与彩民一起看比赛，研究彩票投注技巧。央视名嘴张路更亲临活动现场与彩民、球迷谈球论彩，现场气氛热烈火暴。

为了更好地为彩民服务，帮助和指导彩民高效购彩，第一视频彩视界

定期邀请权威彩票专家，亲赴广州、杭州等地竞彩店开展彩民沙龙和竞彩店业主交流培训等活动现场，为彩民答疑解惑，指导彩民高效投注，获得了彩民的热烈欢迎。

根据权威数据，截至2010年11月9日，中国福利彩票今年销量已突破800亿元，同比增长166亿多元，增幅26%，为国家筹集福彩公益金250多亿元，再创历史新高。彩票收益是国家财政福利收益的重要组成部分，是社会公益事业的重要支持力量。

依靠国际领先的技术设备及团队，向广大彩民提供全面、优质、迅捷的彩票资讯，缔造了国内彩票游戏娱乐的第一平台。彩视界在不断扩大着自己的影响力，运用高科技，为中国彩民提供高效、方便、安全的获取彩票信息和评彩、购彩平台，打造彩民生活圈，遵循“奉献公益、乐善人生”的经营理念为越来越多的彩民提供专业服务。

（三）KKF第一视频手机游戏，“快乐如风，触手可及”，打造最娱乐的手机游戏

2009年第一视频开始拥有自己的手机游戏产品，开发运营数十款游戏、网络游戏，现已销到海外。构建了具有自主知识产权和品牌的手机精品游戏下载平台—“第一空间”。

（四）邻讯，基于地图定位的手机社区（LBS＋SNS）“在家靠父母，出外靠邻讯”

邻讯是第一视频集团2010年上线的国内首个新型地图移动互联网社区（LBS＋SNS），实现了地图（MAP）、手机（MOBILE）和SNS的完美融合，对大众生活具有很高的实用性和趣味性。

邻讯具有位置找寻、按自己兴趣挑选邻友、组群组分享话题、图片等功能。用户能够向周边的邻讯用户发起活动、询问或者播报；也可以快速搜索自己感兴趣的交友对象，甚至还推出了房价模块，提供周边新房、二手房的价格走势，图片等详细信息。

（五）监听监看，坚持正确价值取向

第一视频成立单独的“监听监看中心”，严格按照国新办、广电总局

的要求，在中国社会工作协会的领导下，完善平台内容审核体系，设置专业队伍对网友上传的试听节目、留言、图片、论坛发帖等进行逐一审查，对反党反社会、黄色暴力的内容进行严格排除。

为了更好地完善监听监看体系，保证不良内容被严格排查，第一视频利用技术中心研发的“视频抽帧出图”系统、“音频转换文字”系统、网站流量异常报警系统等高科技产品，结合专业的团队工作，维护平台内容的健康、合法。

三、春网开元，互联网风景这边独好——第一视频成功举办中国互联网首届首场春节联欢晚会

2010年2月6日，农历虎年小年儿，在中国互联网协会、北京网络媒体协会、北京市互联网宣传管理办公室的领导和大力支持下，“春网开元风景这边独好”中国互联网首届首场春节大联欢由第一视频拉开了序幕。接下来，新浪、搜狐、百度等其他7家主流网站接力登场，一直到虎年除夕。第一视频举办的是首场网络春节大联欢，从2月6日零点到24点持续24小时，更有当日20：00开始的持续4个余小时的落地直播晚会在亚视基地华美登场，明星、网星、民星群星荟萃，包括网民最喜爱的明星：中国著名演唱家杨洪基、刘媛媛，德云社相声演员李菁和少帮主曹云金，中国一线歌手孙悦、孙楠、许巍以及港台当红明星等，当红主持人尉迟琳嘉、沈星，爆红的网星后舍男生、西单女孩、芙蓉姐姐、张议天、唐章勇，更有普通人因网络而被大家熟知的明星暴走妈妈、杨光等。

晚会首创了MPL（multi-cam panoramic live），全景式多机位直播技术，现已获得国际专利产品，也首创了UGD（user generated directing），互联网视频直播同页面多屏幕观众自主导播。除了拍摄晚会舞台机位以外，还有11个机位分布在演员休息室、化装间、上下场通道等不同场景，而这些场景也在同步对外直播。第一视频首创的MPL技术，获得了国家知识产权局的发明专利证书。这一技术填补了网络直播画面单一的空白，真正发挥了互联网特性，增加了舞台观看的真实性和趣味性，缔造了互联网视频直播和电视直播的本质区别，互联网视频直播和点播的本质区别。

“春网开元　风景这边独好”中国互联网首届首场春晚联欢晚会从策划到举办一共仅用了28天，晚会当天大雪纷飞，直播现场一票难求；观众冒雪前去观看，直到晚会落幕大家还迟迟不肯离场；第一视频网站的网友留言挤爆网页；晚会经典视频被网友竞相传播；新媒体春晚经济的话题引起广大学者、网络同仁普遍探讨，开创了春晚经济新模式，获得了业内同行、专家、学者及广大网友的热论和盛赞。首届首场网络春晚台前幕后的故事被集结成书《春网幕后》，已于2010年11月出版发行，深受广大读者喜爱和追捧。

四、团结、紧张、严肃、活泼——八字箴言塑造企业精神，心系公益身体力行

第一视频以“团结、紧张、严肃、活泼”为企业宗旨，坚持“创新决定发展；思路决定出路；技术决定战术；细节决定成败”的工作指导方针，以“为国争光的爱国精神；团结协作的团队精神；艰苦创业的奉献精神；精益求精的敬业精神；争创效益的拼搏精神；勇攀高峰的创新精神”为企业精神，肩负媒体责任，心系国家、社会、人民切身利益和需要。

第一视频更充分利用自身新媒体的优势，传播正确健康的价值观，引导温暖向上的舆论导向。今后，第一视频将继续在中国社会工作协会的领导和支持下，一方面继续发展自身多渠道、多平台、立体化的经营理念和经营模式，另一方面极尽所能为中国网民、手机用户服务，传播健康绿色的网络文化，让更多的人诉诸公益、身体力行！

（撰稿人：张鑫）

全国社会工作发展状况综述

中国特色的社会工作在探索中前行

——2009～2010 年全国社会工作发展综述

【摘要】 如果说中国社会工作的前 20 年是恢复、拓展、初步发展的话，从 2009～2010 这两年可以说是蓬勃发展、深入实践、逐步体现本土化特色的重要阶段。两年来，中国特色的社会工作取得了卓有成效的发展成果。社会工作人才队伍建设体系、社会工作实务建设体系都在创新中发展，理论联系实际的研究工作开始起步，体现了全面开创中国社会工作发展新局面的总特色，对推动社会主义和谐社会建设发挥了积极作用。中国社会工作正走向历史新阶段，中国未来的社会工作发展前景广阔。

【关键词】 社会工作　社会工作人才队伍建设　社会工作理论研究　社会工作实务体系建设　社会工作发展

2009～2010 年两年来，中国社会工作以邓小平理论、“三个代表”重要思想为指导，深入贯彻落实科学发展观，按照中央关于加强社会建设的重大战略部署，积极探索，创新实践，取得了卓有成效的发展成果，初步形成了在党的领导下，由政府主导、社会组织运作和公众广泛参与的、实务领域不断拓展的、各地模式发展多元化的、具有中国特色的社会工作实务体系，初步建立起了专业化、职业化水平不断提升的、快速发展壮大的社会工作人才队伍体系，初步开始了与中国特色的社会工作实践活动紧密联系的理论探索和研究工作，体现了全面开创中国社会工作发展新局面的总特色，对推动社会主义和谐社会建设发挥了积极作用。

一、中国特色的社会工作在创新中发展

（一）社会工作人才队伍建设的创新发展

中国特色的社会工作发展首先体现在社会工作人才队伍建设的创新发展上。中央高度重视，为加强社会工作人才队伍建设提供了强大动力；各地认真实践，为加强社会工作人才队伍建设积累了成功经验。社会工作人才队伍建设取得显著成就。

1. 完善制度，加强交流，创新经验

两年来，中央和有关部委出台了一系列重要文件，有力地推动了中国社会工作人才队伍建设的发展，特别是2010年6月中共中央、国务院印发了《国家中长期人才发展规划纲要（2010～2020年）》，将社会工作人才列为与党政人才、企业经营管理人才、专业技术人才、高技能人才、农村实用人才并列的第六类人才，进一步明确了社会工作人才在国家人才发展格局中的重要地位，提出了到2015年社会工作人才总量达到200万人，到2020年社会工作人才总量达到300万人的令人鼓舞的发展目标。此外，《中共中央、国务院关于深化医药卫生体制改革的意见》的发布，对发展医务社会工作提出了明确要求；中央综治委出台的《关于进一步加强刑满释放解除劳教人员安置帮助工作的意见》，要求发挥社会工作者在安置帮教中的作用；国家人口与计划生育委员会出台的《“十一五”和2020年人口和计划生育队伍职业化建设中长期规划》，对人口计生领域社会工作发展和社会工作人才队伍建设作出了安排部署；中国残联等15个部门联合出台的《关于推进残疾人社会保障体系和服务体系建设的指导意见》，强调一定要加快残疾人社会工作人才培养，推动残疾人社会工作发展。

2009年以来，民政部先后印发了《关于开展社会工作岗位开发设置情况调查的通知》、《民政部关于开展社会工作人才队伍建设试点示范创建活动的通知》、《民政部关于促进民办社会工作机构发展的通知》、《民政部关于开展第二批社会工作人才队伍建设试点工作的通知》等文件。

在不断积累经验、深入发展的基础上，中组部、民政部及各地试点地区联合组织了大量的交流培训活动，总结推广试点经验，有效地推动了人才队伍建设的新提高、新发展。例如，2009 年 5 月 19 日，由中组部委托民政部举办的 2009 年首期全国地方党政领导干部社会工作人才队伍建设专题研究班在江西省南昌市开班；2009 年 12 月 21 日至 12 月 24 日，为贯彻落实《汶川地震灾后恢复重建条例》，民政部社工司在四川成都举办“汶川地震灾区民政局长社会工作培训班”；2010 年 3 月 2～3 日，民政部在广州市召开全国机构社会工作人才队伍建设试点经验交流会；2010 年第一期全国地市级领导干部社会工作专题研究班于 5 月 24 日在福建省厦门市开班；2010 年 6 月 9 日至 11 日，全国第二批社会工作人才队伍建设试点地区研究班在宁波举行；2010 年 8 月 29 日，全国地方党政领导干部社会工作人才队伍建设专题研究班在内蒙古包头市开班。

在民政部社会工作人才队伍建设试点工作的推动下，目前全国已有 170 多个地区和 260 家单位开展了社会工作人才队伍建设试点工作。

2. 加强继续教育，培养提升专业人才

社会工作者继续教育的目的是使社会工作者保持良好的职业道德，不断更新、补充知识，提升专业水平和能力，提高服务质量。为此，民政部制定了相关制度，如《社会工作者职业水平证书登记办法》、《社会工作者继续教育办法》等，明确了社会工作者继续教育的内容，提出适应岗位需要，提高社会工作者的理论水平和分析，以解决实际问题的能力为主，注重针对性、实用性和科学性。为社会工作专业人才的不断提升起到了良好的制度保证，并推动了各地社工人才继续教育的制度化。例如，深圳出台了《深圳市社会工作者继续教育实施细则》，在全市公布实施。继续教育将成为硬指标，直接影响到社工上岗工作。

同时，各地通过与高校联合，建立社工实习实训基地；创办社工节等形式有效地提升了社会工作的专业化、职业化水平。例如，张家港市分别与复旦大学、中国青年政治学院、南京师范大学等 5 所高校签订了共建社会工作专业实习基地协议。分期分批接收这 5 所高校社工专业学生到市第一人民医院社工部、市儿童福利院等首批 6 个实习点进行实习。湖南天心区创新形成了自主学习与教师指导协同、社工互动与督导引导协调、学生实习与促进服务相长，以及项目设计与课题研究互助的四种社会工作人才培养模式。拥有中南大学、湖南农大、长沙民政学院等高校实践与就业基地 8 个，硕士培养站 1 个，实务督导组 5 个，培养专业社工 204 人，占全省社工的 21.8%。

此外，国家大力发展社会工作专业教育。近两年，许多省市开设了社会工作专业的自考科目。目前全国已有 240 多所高校开设社会工作本科专业，每年毕业学生 1 万多人。2009 年，国务院学位工作委员会设置社会工作硕士专业学位（MSW），并在北京大学等 33 所高等院校和科研单位开展社会工作硕士专业学位教育试点。社会工作学科硕士、专业硕士，每年毕业 300 人。

随着社会工作专业制度如社会工作资格考试制度、注册制度、社会工作者评价制度等方面新的探索和发展，社会工作人才队伍的专业化、职业化水平大大提高。特别是 2009、2010 年度助理社会工作师、社会工作师职业水平考试按期举行。职业水平考试合格者，2009 年助理社工师 6611 人，社工师 4227 人；2010 年助理社工师 5324 人，社工师 2620 人。开考至今合计产生了 43622 名助理社会工作师和社会工作师，其中助理社会工作师 32583 名、社会工作师 11039 名。

（二）社会工作实务建设在创新中发展

两年来，各地以创新社会管理格局、提高社会服务水平、增进民生福祉为目的，以建立健全社会工作制度为重点，培育社会组织、推行政府购买服务机制为手段，拓展实务领域，不断推进社会工作实务发展。

1. 社会工作的运行机制在创新中不断发展

一是完善管理体制，培育发展民办社工机构。各级地方党委、政府通过建立相对统一管理、组织协调有力的行政机构，设置管理岗位，配备骨干力量，推进社会工作。同时，鼓励各地建立社会工作协会，推动行业自我管理、自我服务和监督。继续探索并逐步实施政府购买社会工作服务的发展道路，这是深化行政管理体制、实行一种新的社会管理的理念和方式，也是提升政府公共服务能力的重要举措。两年来，各地涌现了大批社工机构。民间社工组织正如雨后春笋，生根发芽，蓬勃发展，越来越多地担负起社会服务职能。

例如，上海浦东社工协会已经孵化和促成了多家民间社工机构的建立。从帮助创业者调研需求，开发项目，规划机构发展模式，到协助登记注册，启动资金注入，帮助寻找政府资源，联系政府购买，一直到联系第三方咨询评估，它已经建立了一整套公益“生态链”的雏形。2009 年 12 月，全市首个旨在扶持公益性社会组织的园区——浦东公益服务园成立，为进一步培育发展社会组织提供了新的政府扶持模式。至 2010 年已有包括浦东社工协会、乐群社工服务社在内的 21 家社会组织入驻园区。深圳社工机构通过构建民间化运作主体及有效的监管机制，运作初步实现自主化，并运行顺畅，整体水平呈现不断上升的趋势。截至 2010 年，深圳已经拥有鹏星社会工作服务社、社联社工服务中心、深圳慈善公益网等为代表的 42 家社工机构。

至 2010 年，全国民政事业单位和城乡社区已开发设置 4.5 万多个专职社会工作岗位，全国培育发展了 300 多家民办社会工作服务机构，社会工作人才发挥作用的舞台更加宽广，社会工作实务发展深度和广度都有了极大提高。

二是以项目化运作推动社工实务。积极探索政府购买服务机制，按照契约化、项目化运作方式，为民间组织提供财力保障和政策支持。

社工机构及其他公益组织是社会服务的主要提供者，其提供的服务形式经常以项目的形式存在。社工机构既可以是社会服务项目的实施主体，也可以是项目的发起者。目前社工机构所从事的社会服务项目，主要有三种。第一种形式是，机构利用自身物质和智力资源，自主研发、自主运营；第二种形式是，机构自主研发项目形成方案后，向有关政府或公益基金组织进行劝募、申请资金或其他资源参与运作；第三种形式是，由政府或基金会开发某些服务项目，进行公开招投标，社工机构根据自身能力和优势进行竞标。以上海、深圳参加“公益创投”大赛的社工机构为例，在拿到资助的时候，机构首先应该考虑的是好好使用这笔资金，并把其看成机构长远发展和服务质素提升的“种子”和“动力”，在此基础上探索机构可持续发展的道路。

无论是社工起步较早的上海，还是目前势头较猛的深圳，或者是在探索发展之中的北京，项目开发运作在社工实务中都具有十分重要的意义。深圳从购买社工岗位起步，到近期开展向社会征集公益项目的探索，逐步实现两种购买服务方式的对接，既赢得了宝贵的试点实践经验，又遵循了社会工作的基本规律。北京市西城区委社会工委、区社会办通过西城区社会建设专项资金，向三个事务所购买专业社会工作服务，并出台了《西城区社会工作者联合会项目管理办法》，对项目的申请、管理、评估及资金使用等方面作出了具体的规定。广州市社会工作协会组织评估专家小组对2009年通过立项的33个试点项目的运行情况进行评估监督，调整和优化项目计划，以保证社会工作服务的质量；广东东莞政府购买社工服务的形式包括购买岗位和购买服务项目，整个过程引入独立第三方进行考核评估。浙江嘉兴通过创新政府购买社工服务项目和地方职业评价制度，着力推进社会工作专业化、职业化建设。

三是创新用人机制。各地在实践中不断探索建立专职制、聘用制、派遣制、项目制等多种用人机制，形成优秀人才脱颖而出的用人环境。进一步规范职业行为和职业操守，根据考核结果实行奖惩。建立科学合理的薪酬保障制度，对在企事业单位从事社会工作的人员执行专业技术人员的工资标准，在其他机构工作的保证其不低于同等条件的其他专业技术人员薪酬水平。

例如厦门湖里区着力健全社会工作用人机制，以“社会化招聘、合同化管理、职业化运作”为原则，灵活推动社会工作人才队伍职业化建设的不断发展，提高社会工作人员的薪酬和福利待遇，提供与社会工作专业人才价值相适应的薪酬和福利待遇，体制内社会工作人员享受专业技术岗位待遇，体制外社会工作人员参照体制内社会工作者享受相应待遇。

2. 社会工作实务领域在创新中不断拓展

两年来，我国社会工作从服务对象、服务范围、服务领域、服务方式都有了新的拓展。主要表现是：(1) 在服务对象上，已经从原来主要服务困难群体和特殊群体逐步拓展到所有有需要的社会大众；（2）在服务范围上，已经从社会救助、社会福利、优抚安置等行业逐步拓展到教育辅导、司法矫正、人民调解、就业服务、卫生服务、人口服务、信访调处、扶贫开发等业务；（3）在服务领域上，已经从民政部门所属领域逐步拓展到教育、公安、司法、人力资源社会保障、卫生、人口计生、信访、扶贫等部门以及工会、共青团、妇联、残联等组织所属领域；（4）在服务方式上，已经从单个领域、个别机构开展个案工作、小组工作等微观社会工作服务逐步拓展到多个领域、众多机构开展社区工作、社会工作行政、社会工作督导咨询等宏观社会工作服务，以及综合运用各种社会工作方法的整合型社会工作服务。例如，在上海，社工的用武之地正在逐步扩大，心理调节、处理医患关系、社区服务、企业管理、宗教和民族等越来越广泛的领域都对社工提出了需求。社工正在变得与市民的生活密切相关。而这种变化在我国的一些发达地区也能够被明显地感受到。从 2009 年下半年到 2010 年，东莞市、镇两级财政共投入社会工作经费 3900 多万元，先后有民政、教育、妇联、司法等 9 个市直部门开展试点，社工服务已经涵盖 10 多个领域，把社会服务向基层社区、学校、医院全面扩展。

3. 中国社工协会努力推动社工实务建设

两年来，中国社会工作协会以“专业化、职业化、行业化”为目标，积极发挥行业协会的作用，努力推动社工实务建设。例如 2010 年 2 月 2 日，中国社工协会创办了“首届中国社工年会”，盘点和宣传全国社工领域的优秀典型，大会推选出了蒋正华、郭长江、徐祥龄、陆士桢等为“2009 年度中国社工人物”以及“2009 年度全国社会工作领域十大事件”。为推动社会工作发展发挥了积极作用。

中国社会工作协会 2010 年启动了“民族社区社工机构试点”工程，为扶持、引导民族领域社工发展，创新服务内容，探索中国特色的社工实务作出了努力。2010 年 6 月 25 日，由中国社会工作协会主办的“民族地区社会工作与社会建设论坛暨民族社区社工机构试点和社工培训班启动仪式”在人民大会堂隆重举行。中共中央政治局委员、国务院副总理回良玉给大会发来贺信。全国人大常委会副委员长陈昌智到会并作了重要指示；

2010年12月，中国社会工作协会举办了“首届全国医务社工论坛”，论坛发出倡议书并成立“全国医务社工联盟”，为整合共享医务社工资源，推动医务社工实务建设打下了基础；2010年6月中国社会工作协会召开全国各地社会工作协会建设座谈会，专题讨论如何推进具有中国特色社会工作实务建设问题。

此外，中国社会工作协会为推动有中国特色的社工实务体系建设，2010年下半年与有关地区和单位合作创建“社会工作实务创新基地”，通过建立“城区社会工作实务创新基地”（以北京市西城区社会工作联合会——厚朴社工事务所为主）、“企业社会工作实务创新基地”（以深圳市民政局社工处——深圳市龙岗区至诚社工服务社企业社工实务基地为主）、“基层社工岗位专业化创新基地”（以江西省社工协会——南昌青云谱社会福利院为主）、“农村社会工作实务创新基地”（以长沙民政职业技术学院——湘西自治州古丈县默戎镇中寨村社工实习基地为主）、社工带义工社工功能拓展实验基地（以广东南海青年社工协会——南海桂城为主）”等五个各具代表性的层级和不同服务领域、不同服务形式的基地建设，不断探索社会服务的工作重点及方式，积累和深化本土化的社会工作实务发展经验，为全面加快社会工作发展奠定良好基础。

（三）植根于实践中的理论探索和研究的新发展

中国社会工作的发展离不开理论的指导。近年来，中国社会工作者进行了大量理论探索。如果说前几年，中国社会工作研究是在推进专业社会工作教育的过程中得到相应拓展的话，那么这两年，中国社会工作研究是在推进专业社会工作实践发展的过程中得到新的思考与进步。

在政府的指导推动下，各地社会工作实践中注重“政社结合”、“政校结合”，政府与社工行业协会以伙伴关系合作，联合高校力量，使社工理论与实践有机结合，社工的专业优势得以有力发挥。一批既有丰富理论经验，又有相对丰富实务经验的社会工作专门人才正成为社会工作研究的主要力量。高校相对专业的理论教育与实务训练，以及对社会工作前沿的研究，推动了社会工作的专业化发展。

民政部在推动社工人才试点工作中，注重边试点、边研究、边总结，从政策上、理论上对有关问题进行研究，提炼出带有规律性的社工人才队伍建设做法和经验。

由中国社会工作协会牵头组织，联合中国社会工作教育协会、上海市社会工作培训中心、民政部社会工作研究中心、长沙民政职业技术学院等单位共同编辑出版发行的《中国社会工作发展报告（1988～2008）》是国内第一部社会工作蓝皮书，也是这一时期理论研究的重要成果。

另一方面，各类社工论坛的召开也推动了社会工作各领域的理论思考。例如，由中国社会工作协会、中国市长协会、广东省民政厅、广东省东莞市政府主办，香港社会服务联会、澳门街坊会联合总会、台湾中华社会行政学会联合协办的"2009 两岸四地社区服务工作实务论坛"于 11 月 13 日至 15 日在东莞市举行。国家和有关部委领导，内地和港、澳、台等有关社区服务部门负责人和业务骨干、专家学者、社区服务的管理人员及实务工作者和优秀企业代表等 300 人出席论坛。本届论坛是历届规模最大的一次，也是最富有新意的盛会。充分体现了在现代多元社会中，政府、社会组织、企业相互作用，共谋发展的时代特征；2009 年 8 月 5 日至 6 日，由《社会工作》杂志主办的第二届中国特色社会工作论坛在井冈山举行，此次论坛的主题是"社工机构的培育与发展"；2010 年 3 月 19～20 日，"社会工作国际论坛"在深圳市举行。本次论坛由民政部、深圳市委市政府联合主办，深圳市民政局承办，香港理工大学、深圳市社会工作者协会、深圳市现代公益组织研究与评估中心、社会服务发展研究中心、香港基督教服务处协办。美国、韩国、瑞士和我国内地及港台地区的社会工作主管部门领导、社会工作知名学者专家、社工机构负责人、社工等 200 余人参会，各界人士就"深圳模式"及中国社会工作的发展特点进行了深度研讨；2010 年 8 月 18～20 日"中国社会工作教育协会第七届年会暨社会工作评估指标体系推介研讨会"在深圳召开。

以上一系列活动都是扎根于社会工作实践土壤的理论探索之花。

（四）社会工作对社会建设的新贡献

1. 服务社会，促进和谐

社会工作的价值在于助人。中国社会工作的目标是为构建社会主义和谐社会服务。在中国加速向现代化目标迈进的历史关头，人们越发认识到，在发展过程中也会产生许多困难和问题，诸如下岗失业、城市人口老龄化、青少年犯罪、精神健康问题、外来人口涌入等一系列新的威胁。而且社会问题呈现出复杂化、多样化、专门化、个性化的新的特征，以专业方式有效地解决社会问题，是保持社会稳定、创建现代化城市的有效模式，是实现可持续发展的内在需要。当前，约有近900万名社会工作从业人员活跃在社会福利、社会救助、减灾救灾、扶危帮困、社区建设、社区矫治、医患关系调整、特殊人群服务等领域，广泛开展“助人自助”的专业服务，在社会建设与管理中正扮演着越来越重要的角色。他们以“助人自助”的专业服务，被誉为和谐社会建设的“工程师”。

例如，上海浦东不断扩展社会工作服务网络，在18个街镇建立社会工作服务机构，在全区建立了10个医务社会工作站、38个学校社会工作站，使潜在社会矛盾化为无形。江西省社会工作紧紧围绕党和政府正在实施的民生工程，发挥社工系统化、多样化、个性化地解决民生问题的能力，增强了社会管理与服务的亲和力及实效性。他们针对空巢老人、留守儿童、留守妇女、网瘾青少年、重病患者、下岗职工等社会特殊群体和困难群体开展了一系列社会工作专业化服务，使社会工作赢得了群众的普遍认可。广东妇联聘请社工为妇女维权，通过开展具有专业技巧的个案跟踪服务，为广大妇女提供了心理和法律方面的咨询和支持。截至2010年前三季度，8个妇女维权与信息服务站开展服务的受益人群达119万多人次，群众访问量超1755万人次；深圳市开通了“深圳社工岗位电子分布图”。图上显示了全市40多家社工机构、300多个社工工作点、800多名在岗社工的分布信息，市民可以上网点击，寻找需要的社工资源信息，也可以对不满意的社工服务进行投诉。社工岗位电子分布图的开通，为市民提供了一条更为便捷、更为准确地寻求社工服务的渠道，让市民切实地感受到：社工服务并不遥远，社工服务就在你我的身边。

2. 服务社区，共建共享

建设和谐社区是一个涉及基层社会管理体制改革与创新的重大理论和实践问题。胡锦涛总书记曾提出：“把共同建设、共同享有和谐社会贯穿于和谐社会建设的全过程，真正做到在共建中共享、在共享中共建。”共建共享是社区建设创新发展的动力源泉。

随着城市化进程的加快，大量社会矛盾、社会问题需要在社区化解，社区越来越多地承担了社会稳定、社会整合和社会服务的功能，而社区工作人员事务性工作任务重，分析解决问题技能不足等大量主客观制约因素，急需加强社工专业培训和专业社会工作理念推广。两年来，在民政部等有关部门的推动下，各地创新实践，社区工作专业化发展有了很大提高。主要体现在：在城乡社区服务机构中开发设置了大量社工岗位；在社区活动中更加关注民生，提升文明。例如南昌市青云谱区提出“社区干部社工化，社会工作本土化”的目标，组织开展一系列弘扬社区文化、丰富社区生活、倡导互帮互助、凝聚社区居民的活动，切实提高城市社区文明水平；中国社会工作协会社区工作委员会和各地联动创建的邻居节、社区节、社工节、共建共享、楼门文化、睦邻文化高层论坛、小巷总理等活动，弘扬以德为邻，互助互爱，同舟共济，共克时艰，促进邻里和谐，推动社区工作发展，在全国产生了较好的影响。

3. 服务灾区，作用突出

灾后社会工作服务，是社会工作职业化与专业化制度建设迈上新台阶的重要契机，是形成中国特色灾害社会工作的重要契机。

汶川地震后，许多地区都组建了灾后重建社会工作服务团，奔赴灾区，开展社会工作服务。湖南省组建的湘川情社会工作服务队2009年3月17日在四川理县成立，他们发挥专业优势，长期为灾区群众服务，取得了较好的成效，得到了当地老百姓的普遍赞扬和川湘领导及同行专家的高度认可。中央电视台的《朝闻天下》、《新闻30分》以及中央电视台新闻频道的《共同关注》栏目相继以较大篇幅报道了湘川情社会工作服务队以灾后困难群体及心理压力比较大的基层干部为对象，以解决生计问题和民心问题为目标，以整合社会资源、重建支持网络为手段，抚慰灾民情绪，重建社会关系，培养本土社会工作力量，建立一支带不走的社会工作队伍等内容，大力宣传了湘川情社会工作服务队在理县灾后重建、促进民族地区和谐发展所作出的积极贡献。中国社会工作协会组织开展的“社会工作服务组织试点工程”，首批在灾区建立五个社会工作服务组织试点，通过试点，总结经验和模式。协会组织专家和有关人员深入灾区调研灾害社会工作现状，提出了关于建立和推广基层社会工作组织五种形式的报告，受到中央领导及部领导的高度重视，并作出重要批示，为灾后社会工作的本土化实践作出了有益探索。

以上社工实践在灾后重建中发挥了突出作用。在玉树地震中我们同样看到了社会工作者的身影。现在社会工作介入灾后恢复重建已形成制度。

二、社会工作发展中呈现的特点、经验与不足

（一）两年来社会工作发展呈现的新特点

1. 中央重视、地方积极，本土化特色逐步体现

2009～2010这两年可以说是社会工作蓬勃发展、深入实践、逐步体现本土化特色的重要阶段。蓬勃发展的标志是中央重视、地方积极、创新发展；深入实践的标志是社会工作的专业化、职业化进程加快，基层工作的各个领域几乎都有了社会工作实务的探索，而且社会工作发展较早的地区已经在实践中形成较为成熟的模式；逐步体现本土化特色的标志是虽然我们还是很多地借鉴国外、港台等地的模式，但已经是“能动的复制”，已经能够紧密地结合中国实际，追求本土化特色，使其更好地服务于中国的社会主义现代化建设。而且本土化特色已经引起了国际社会的关注、期待和认可。当然，和世界上许多国家和地区相比，总体上中国的社会工作起步较晚，发展不平衡，力量薄弱，专业社会工作仍处于初始阶段。但我们相信，中国未来社会工作事业发展前景广阔。

2. 专业化、职业化进程加快，人才队伍建设体系日趋完善

随着民政部社会工作人才队伍建设试点工作的深入开展，各地人才队伍不断壮大。通过培养提升现有人员，引进吸纳专业人才，不断加强专业督导，迅速集聚了大批社会工作专业人才，推动了社会工作专业化、职业化的进程。由于社工招募制的建立，特别是社会工作专业毕业生的加盟，意味着新一代社会工作者走上历史舞台。社工作为一个新的职业阶层，其经济待遇逐步由随机性、补充性和低偿化转为固定化、正式性，一些地区

达到相当于社会中等职业收入的水平，标志着社工队伍真正开始职业化。社工培训从临时性的、非系统的、常识性的逐步转向有计划的、系统的、学历性和专业性的培训；社工职称和注册制度正式推出，并逐步统一化和规范化，标志着社工队伍真正开始专业化。

在制度方面，中央及有关部委出台了一系列社会工作人才队伍建设文件，各地也结合自身实际出台了社会工作人才队伍建设的综合性文件与配套政策。目前，自上至下、纵横贯连的社会工作人才队伍建设制度体系框架初步建立。

3. 社会工作发展模式呈现多元化特点

随着中国社会工作实践的不断探索，整体上初步形成了“党政主导、部门协力、社会运作、各方参与”的工作模式。具体来说，目前已经初步形成了以上海浦东为代表的政府与社会组织相结合的社会工作发展模式、以深圳为代表的社会组织运作为主的社会工作发展模式、以江西万载为代表的政府运作为主的社会工作发展模式。这三个地区在两年多的实践中不断深化发展，总结提高，为其他地区发展社会工作树立了良好榜样，提供了鲜活经验。

此外，各地在社会工作实务发展中不断探索，既学习先进地区已有模式经验，又结合当地实际，初步形成了各具特色的实践模式，呈现多元化发展趋势。

北京市在市社工委、市社会办指导下，各区在社会工作事务所建设方面进行了积极探索和大胆尝试。东城区于2009年6月成了北京市首家社会工作事务所——助人社会工作事务所。西城区于2009年8～9月间成立了悦群、仁助和睦友三个社会工作事务所，形成了社会工作联合会下辖的“一会三所”的模式。目前，北京市在更大力度地推动社工事务所的发展。包头市作为我国西部地区的一个重工业城市，与发达地区相比，经济社会发展程度相对落后、社会工作基础相对薄弱、民办的社会工作组织还没有形成规模。在这种情况下，他们在借鉴先进地区“社工＋义工”经验的基础上，坚持从本地区的实际出发，大胆探索，将在社会工作领域没有取得社会工作者专业职称的从事社会管理和服务的人员作为“助工”引入社会工作的领域，提出了“以社工为示范，以助工为主体，以义工为辅助”的“三工”联动模式，形成“培养专业社工，社工带动助工，义工协助社工，群众参与义工”的良性互动工作格局，在西部地区开展社会工作探索了一条新的发展途径；2010年，广东南海青年社会工作人员协会正式成立，这是佛山市首个社工行业组织。该协会是在具有16年义工队伍的基础上拓展社工服务。南海社工和义工联动的机制，使得南海义工文化深入基层，体现出浓厚的“社会化”的色彩；宁波海曙区借鉴浦东经验，同时结合当地实际，走出了“海曙模式”的新路。他们以“示范引路、整体推进”为特色，不断探索和总结本土经验；大庆市委围绕市情实际，注重探索创新。2009年在全国地级城市中第一个成立了市委社会工委。他们创新社会建设开展途径，创新社会建设保障措施，创新社会建设管理方式，努力探索大庆特色的社会工作发展模式。

此外，珠海、广州、青海、沈阳等地都做了大量适合当地实际需求的社会工作实践探索。

总之，加强制度建设、提升服务能力、强化实践效果，进一步探索中国特色的社会工作制度体系和实践模式，是时代赋予我们的重任，要树立高度的使命感和责任感，抓住机遇，以饱满的热情投身到这场和谐社会建设的潮流。

（二）两年来社会工作发展的初步经验

1. 构建中国特色的社会工作体系必须坚持本土化发展之路

构建中国特色的社会工作体系必须坚持本土化发展之路。社会工作的本土化，是中国社会工作实践的重要战略。本土化包含两个方面的含义，一方面是产生于发达国家或地区的社会工作进入中国后结合中国特性而进行的适应变化；另一方面是从社会工作的对象、主体、目标、技术、伦理等方面对中国既有的社会服务经验的提炼，并在此过程中领悟、借鉴、学习和融会外来社会工作的特性。也就是说中国社会工作的本土化发展是外来经验本土化和本土经验专业化的互动过程。两年来中国社会工作的实践发展充分体现了这两方面的可喜进步，可以说正逐步显示出本土化的特色。中国社会工作的发展也有待于两者互动的广度、深度和速度。我们必须立足中国国情和社会实际需求，借鉴消化现代社会工作的共同价值基础和指导理念，突出改革创新的时代精神，将中国传统社会工作经验与西方现代社会工作理论、方法相结合，加以总结提升，在构建本土社会工作体系方面继续努力。

2. 构建中国特色的社会工作体系必须拥有专业人才队伍及其制度保障体系

社会工作的蓬勃发展，需要一支高素质的职业化、专业化的社工队伍。社会工作者是社会管理和公共服务领域里的重要力量，职业化是发挥社会工作优势的必然要求和基本保障。专业化是社会工作的立身之本，是社会工作发挥效能和不断发展的关键。因此，立足职业化发展，突出专业化提升，并辅以相应的制度体系保障是推动中国社会工作发展的重要任务。今后一个时期，我们要注重形成普通高等教育与高等职业教育共同发展、不同学历层次教育协调配套、专业培训和知识普及有机结合的社会工作人才培养体系；建立以社会工作者职业水平评价、专业技术职务聘任、注册管理等制度为主要内容的社会工作人才评价体系；建立以社会工作岗位开发设置为重点、社会工作人才资源合理流动和有效配置为目标的社会工作人才使用体系；建立以薪酬待遇、社会保险、奖励表彰为主要内容的社会工作人才激励保障体系。探索出一套符合社会工作发展规律，具有鲜明中国特色的社会工作制度体系，从而推动中国特色的社会工作发展。

3. 构建中国特色的社会工作体系必须加快社工实务实践探索

社会工作一开始就是以解决实际问题为目的，因此，社会工作者以实务见长。同时，随着社会工作人才队伍的发展，相应的落实人才发挥作用的载体——实践领域必须加快发展，只有紧密结合中国现实发展需要，不断开拓社会工作实务新领域，不断提高专业服务水平，在实践中探索规律，凝练模式，才能不断推动中国社会工作的深入发展。

（三）社会工作发展目前存在的不足

两年来，中国社会工作的发展虽然已经取得了很大成绩，但距离中央加快社会建设的要求，距离现实生活人民群众的需求还存在很大差距，还存在许多问题亟待解决。

1. 实务发展依然是薄弱环节，理论发展相对滞后

实务能力是社工的核心。虽然许多地区的社会工作实务实践已在多领域探索开展，但我们的实务能力还显得不够，教学的应用性、督导的专业支持系统和社工的职业精神等需要进一步加强。需要花大力气推进社会工作实务，提升社工实务本土化水平。

此外，社会工作教育虽然吸收了一些社会科学的理论，但长期以来缺少独特的研究作为社会工作实践的理论支撑，因此不论在社会工作的基础理论还是实务模式以及工作方法的建设方面，我们的创新任务都很艰巨。

2. 人才、机构与岗位衔接缺乏制度规范

我国目前虽然有 200 多所高校设置了社会工作专业，每年培养的本科生就达万人左右，但社会管理、社会福利、社会服务领域大量缺乏合格的社会工作专业人才。由于尚未通过制度规范在社会工作专业教育与职业资格体系之间建立明确的衔接关系，学非所用、用非所学的现象尚严重存在，这种情况应当尽快加以改变。机构建设亟待加强。一方面社会急需大量的社工，另一方面具有专业化资格的社工并没有真正介入社会工作的运行机制里，而吸纳社工人才的民办社工机构还没有真正发展起来。因此，人才培养与机构建设需要实现同步衔接。此外，人才、机构应与专业社会工作岗位设置同步推进。在社会工作事务所建设过程中，同步研究专业社会工作岗位设置工作，以事务所建设为载体，研究专业社会工作岗位的职责、设置的标准、数量及薪酬待遇等，实现机构建设与岗位设置的有机衔接和协同推进。

3. 政策、财政支持依然是制约发展的瓶颈问题

政府购买社工服务机制，是社工机构持续发展的“硬件支撑”，是我国公共社会福利服务发展的必然趋势。构建中国特色的社会工作体系，让政府财政埋单应成为社工服务的常态。近年来，伴随着我国社会工作的日渐蓬勃，涌现出了一批具有一定规模、管理规范、作用明显的民办社工机构。但从总体上看，目前我国民办社工机构的发展还面临总量不足、成长缓慢、服务水平不高、发展不平衡等问题，与日益增长的社会服务需求相比还存在较大差距。影响和制约社会组织特别是基层社会组织发展的因素

很多，但最主要的还是集中在政策、资金、人才和管理这四个方面，为此，加快培育和发展社会组织必须破解这“四大瓶颈”，为推进社会组织发展创造良好条件和氛围。

当前，民间社工组织发展急需资金支持，而采取政府购买服务的方式来扶持民办社工机构壮大发展是社工发展的必要条件。根据国外和港台地区的经验，社会工作服务机构70%的项目资金来源于政府。因此，一是建议在社会建设资金中设立购买专业社会工作机构服务的项目，并建立稳定的投入机制。目前，应尽早出台关于政府购买公共服务的政策文件；制定出台专门政策措施，以项目招标、委托等多种方式，逐步建立政府向民办社工机构购买服务机制，加快从“养人办事”向购买服务转变；尽早建立规范的评估指标体系；在各类社会资源尚未有效参与到社工机构建设中来的情况下，需要公共财政予以优先支持。二是需要逐步建立多元的筹资机制。积极争取相关基金会及各种社会力量的支持，为社工机构的建设和发展提供稳定的、多元的保障。要逐步形成独立于企业事业单位之外，资金来源多渠道，管理服务社会化的有中国特色社会保障体系。

4. 地区发展不平衡，社会工作发展整体环境有待改善

目前我国社会工作分散在各个领域，没有单独形成一个系统，社会工作政策、法律体系、配套制度都不完善，发展社会工作要做的事情很多。因此，就全国社会工作发展程度来说，地区发展极不平衡，有的地区已经有了较为深入的发展，有的地区刚刚开始起步，而有的地区还有大量空白。特别是首先发展起来的地区以城市为主，大量的农村社会工作急需回应。所以，今后还要努力推动社会工作发展缓慢或还没起步的地区尽快实现社会工作的初步发展。要注重农村社会工作的研究和探索。另外，要加大宣传力度，营造良好社会环境，着力提高社会工作的社会认同度。自党的十六届六中全会提出建设宏大的社会工作人才队伍以来，“社会工作”的社会认知度空前提高，但相当一部分人仅仅局限于知道而不是真正理解，难以切实地推进工作，这在一定程度制约了社会工作实务的有效开展。

三、迎接社会工作发展的黄金期

在全球化进程中，我国提出了全面落实科学发展观、构建社会主义和谐社会的重大战略思想。2010年的政府工作报告里明确指出：要让人民生活得更幸福、更有尊严，要坚持公平正义，让社会更加和谐。这为中国社会工作的发展指明了方向。维护公平正义，促进社会和谐是时代赋予中国社会工作应有的责任。社会工作要坚持公平正义，就需要对社会问题时刻关注；对公众利益持续维护；特别是对困难群体尽力帮助。让公平正义的阳光照进每个人的窗口，使社会工作在促进社会和谐中发挥真正的作用。可以说，当代中国是开展社会工作实务与理论的最肥沃的土壤。

（一）社会工作人才队伍建设将迎来新的发展时期

《国家中长期人才发展规划纲要（2010～2020年）》中，把提升社会工作领域专业技术人才的能力水平列为重点。未来10年，我国社会工作人才的需求量将达到数百万之多，这么大的需求量，给社会工作人才队伍建设提供了绝佳的发展壮大平台，社会工作人才队伍建设将迎来一个新的“黄金期”。同时，中央和政府即将出台关于加强社会工作人才队伍建设的意见，以及其后对加快人才队伍建设的相应制度体系的继续完善，都会极大地推动人才队伍建设。广大社会工作者也将在接受各类继续教育的培训中、在社会服务的各领域中接受实践锻炼，成长为专业化社工人才。

（二）社会建设的新目标将推动社会工作实务发展的新阶段

首先，社会工作之所以成为热潮，是由于党中央提出的构建和谐社会的伟大目标，也是因为一系列社会问题已经摆在我们面前。如何帮助我国现有的1.4亿的老年人、8000万残疾人、4126万城乡贫困人口以及其他困难群体、边缘群体，是关系和谐社会构建的一个重要要素。社会发展的历程表明，社会工作者对于化解社会不同利益主体的矛盾和冲突、促进不同社会阶层之间的协调与和谐相处、为大幅度提高社会和谐程度而提供服务性的资源方面是大有可为的。

其次，社会的变化也带来了社会工作服务领域的新的扩大。一是城市社会工作的新生长点、新领域。在城市化过程中，个体心灵封闭日益加深，心灵对可以产生共鸣的空间需求日益强烈，这对社会工作的开展提出了新的要求。社区作为城市基本细胞，随着其功能的完善，人们对社区的依赖程度越来越高。而且出现了各种社区模式，如“新老楼区结合”、“现代化小区”、“企业封闭小区”等。如何使社区工作正常化、健康化、持久化，这是社会工作新的生长点、新领域、新天地。二是农村区域社会工作新生长点、新领域。社会的变化发展使农村成为社会工作开展的重要领域。要根据不同的县情、区情、乡情来探索建立各自特色的社会工作新路子。探索在扶助返乡农民工就业创业、扶贫发展、农村信访、纠纷处理、拆迁安置等工作中引入社会工作等内容。

再次，社会工作实践的深入将促进体制完善、机构发展。根据西方发达国家的经验，社会组织可创造占社会总量10%的就业岗位，而目前在中国这一比例还不到1%。这一领域的就业潜力也正急速打开。2009年，中国青年报社通过腾讯网对1329名网友的调查显示，83.8%的人认为，当下中国急需社会工作者。据有关人员介绍，北京市2000多个社区的社区服务主要由居委会提供。居委会成员中以退休人员居多，年龄知识结构日趋老化，急需新鲜血液的注入。但不仅仅是社区急需社工，社会多领域需要大量的社会工作人才。这就为我国现阶段加快社会工作的发展，特别是推进体制完善、机构发展提供了难得的机遇。

（三）民间组织走上社会建设舞台，中国社工协会任重而道远

民间组织是社会公共服务的主要提供者之一，它与政府、企业共同构成稳定社会的“铁三角”。培育和发展社会组织特别是公益类、慈善类、服务类社会组织，对加强和改进社会管理，扩大公众参与，反映利益诉求，调解矛盾纠纷，强化社会监督，更好地提供公共服务，增加和带动就业，促进社会和谐稳定，都具有重要的现实意义。

社会工作究其本质是一种专业服务，应主要由社会组织即“第三部门”来提供，由政府提供必要的资助（购买服务）。而在我国，长期以来，所存在的主要是一种直接针对社会上的困难群体，由政府相关部门（如民政部）或群团组织开展的带有行政色彩的服务活动，即行政性、非专业化

的社会工作，这种形式的社会工作至今仍存在很大的发展空间，政府的社会管理部门也是重要的社会工作部门，也存在专业化、职业化建设的问题。但社会工作的本质特征是服务。况且，“小政府，大社会”的格局是我们改革要实现的目标，从发展趋势看，政府不可能直接经办所有的社会服务工作，大量的社会服务工作都要过渡到第三部门。在我国，目前第三部门的发展还处于初期阶段，其规模、力量等都还十分薄弱。从推进社会工作职业化的需要出发，必须加快第三部门的发展。据最新统计，中国民间组织对 GDP 的贡献不足 1%，而美国在 1999 年时就已经达到了 6.9%。相比英美等国家，中国民间组织的发展只有三十几年。但是，随着中国社会和经济发展，社会对民间组织、公益互助、紧急救援以及意见表达的需求和空间，包括政府、商业和民间组织的互动空间会越来越大，对此我们应充满信心。

从实践经验来看，政府和民间组织建立伙伴关系，会聚的能量显示出强大生命力。政府系统中有力的组织优势和广阔的社会资源，社团丰富的实务经验和相对高效的办事机制，在伙伴关系确立之后，双方面的优势都得以发挥。社会服务从目前以政府直接提供为主，逐步转向购买民间组织服务的方式，民间组织将成为政府有力助手，形成政府与民间组织共同治理和服务社会的新格局。

展望今后，中国社会工作协会任重而道远。作为团结、联合全国从事社会工作单位和个人的唯一全国性社会工作团体，我们将高举维护公平正义，促进社会和谐的旗帜，在推动中国社会工作“专业化、职业化、行业化、规范化”的进程中发挥领头雁作用。我们将以社会政策的执行者、社会服务的组织者、社会矛盾的化解者、社会管理创新的推动者、社会资源的整合者、社会诉求的反映者为角色定位，致力于全面推进中国特色的社工实务体系的探索和建立；致力于中国社会工作职业制度走向体系化和规范化的进程；致力于整合资源，开展更广泛的国内、国际合作与交流；致力于构建本土社会工作的理论知识体系；致力于困难群体的利益表达和利益保护，从而推动以人为本的和谐社会的全面进步与发展！推动中国社会工作进入繁盛发展的美好明天！

（撰稿人：王红卫）

领导讲话

发展民族地区社会工作　促进各民族共同繁荣

——致“民族地区社会工作与社会建设论坛”的贺信

（2010年6月25日）

国务院副总理　回良玉

值此“民族地区社会工作与社会建设论坛”举办之际，谨表示热烈的祝贺，并对从事民族地区社会工作教育、研究与实务的专家学者和一线社会工作者表示亲切慰问！

我国是统一的多民族国家。做好民族工作关系党和人民事业发展全局，是全面建设小康社会、实现中华民族伟大复兴的战略任务。社会工作是现代生活发展进步的产物，是应对工业化、城镇化、市场化带来的社会问题的重要举措。发展民族地区社会工作，对创新民族工作方法、维护民族地区稳定、促进各民族共同繁荣发展具有重大意义。

希望中国社会工作协会在引导推动有关人才和机构服务民族地区社会工作发展和社会建设方面发挥更大作用。希望更多的专家学者关心民族地区社会工作，为构建民族地区社会工作理论和实务体系，培养民族地区社会工作人才，加快民族地区发展做出更大贡献！

预祝本次论坛取得圆满成功！

为发展社区服务创造有利条件
使社区服务迈上新台阶

——在“两岸四地社区服务工作实务论坛”上的讲话

（2009 年 11 月 14 日）

民政部部长　李立国

很高兴参加“2009 两岸四地社区服务工作实务论坛”，本次论坛汇聚了两岸四地社区服务工作者、专家、学者、企业代表，是以社区服务实务为主题的高端论坛，我感到很有必要、也很有意义。我代表民政部向论坛的胜利召开表示热烈的祝贺！向长期以来关心、支持、参与社区服务的社区工作者、专家、学者、企业家、媒体朋友们表示衷心的感谢！

上世纪八十年代民政部提出开展社区服务以来，社区服务得到了长足的发展，取得了显著的成绩。特别是 2006 年《国务院关于加强和改进社区服务工作的意见》下达后，各级党委和政府高度重视，纷纷研究出台政策措施，各有关部门和社会各界大力支持参与社区服务，努力推进社区服务体系建设。随着社会主义市场经济的发展和城镇化进程的加快，越来越多的“单位人”转为“社会人”，城市社区在经济社会发展中的地位越来越重要，社区居民对社区服务的需求越来越高，社区服务已经成为我国服务业的重要组成部分。目前，随着经济社会发展和社区建设的推进，我国社区服务事业已经进入关键时期，服务对象从传统的对象向全体社区单位和社区居民转变；服务内容从便民服务和福利性服务向公共服务、商业服务、志愿服务等全方位服务转变；服务项目从一般性的社会需求服务向创业、就业、健康、医疗、卫生、安全、科技等多样化、个性化服务需求转变；服务区域从传统的城市社区逐步向农村社区拓展延伸。可以说，新形势下社区服务具有很大的潜力和广阔的前景。要把社区服务搞好、做大做强，满足人们日益增长的物质文化需求，必须加强社区服务体系的理论研究和探索。

下面，我对发展社区服务谈三点建议：

第一，确定社区服务的功能定位和服务重点。社区是城乡居民的安家之所和精神家园，居民群众的困难需求，社区及干部要帮助解决，但社区的干部也不可能包打天下。因为要根据社区实际情况和居民群众需求对社区服务的主要功能、重点领域、服务人群进行实事求是的鉴定，让每个城乡居民感受到社区服务给他们带来的便利和好处。按照国务院14号文件对社区服务内涵和外延的界定，社区应把工作重点放在普通居民开展自助和互助服务上，组织社区单位、居民积极参加社区志愿服务，协助街道办事处落实好社区公共服务，支持社区单位、居民开展社区商业性服务。社区居委会要把服务重点放在居民最关心、最需要的需求上，为社区老年人、残疾人、下岗失业人员等提供帮助和服务。

第二，要研究明确社区服务中心和社区服务站的作用。据统计，截至2008年底，全国社区服务设施12.2万个，城市便民、利民服务网点71.9万个。这些社区服务设施主体是多元的，有的是政府的、有的是企业的，也有居民个人的，我们必须实施分类指导，发挥好他们各自的作用。因此，要加强研究，根据实际需要明确其性质，逐步探索建立规范的管理体制和运行机制。对社区服务设施和网点要从政策上予以扶持，从管理上予以规范，引导为居民提供优质、快捷的服务。

第三，研究制定鼓励和支持社区各类组织、单位和个人开展社区服务的激励政策。近年来，出台了很多政策措施，但是力度还不够，可操作性还不强。因此，要加强和改进社区服务工作，必须从中央到地方尽快研究制定鼓励和支持社会力量参与社区服务的配套政策措施；研究制定鼓励和支持事业单位、机关、团体和个人兴办社区服务的鼓励政策；研究制定鼓励和支持社区各类组织参与社区服务的扶持政策；研究制定鼓励和支持社区居委会开展社区互助和社区志愿服务的政策。通过上下共同努力，为发展社区服务创造有利条件，使社区服务事业迈上新台阶。

同志们，朋友们，本次论坛从参会代表构成和研讨的议题上看都具有一定的高度和水准，涵盖了社区服务工作的各个主体：政府、社区、企业、社会团体、学术教育机构等，全方位的探索社区服务工作的发展和前景，以科学务实的态度多渠道、多方位、多视角的汇集两岸四地社区服务工作的先进理论和经验，切实推进各地方社区的事务工作。

祝论坛圆满成功！

祝各位会议期间，在东莞生活的愉快！

谢谢大家！

加强社会工作　促进民族和谐

——在“民族地区社会工作与社会建设论坛”上的讲话

（2010年6月25日）

国家民委党组书记　杨传堂

非常高兴出席中国社会工作协会举办的活动。首先，我代表国家民委，对论坛的召开表示热烈祝贺；对受表彰的社工机构和代表致以崇高的敬意，并借此机会，向长期以来大家对民族工作的关心和支持，以及为民族地区社会工作和社会建设作出的贡献，表示衷心感谢！

党的十六大以来，中央相继提出了科学发展观，构建社会主义和谐社会等重大战略思想，把以改善民生为重点的社会建设摆到了更加突出的重要位置。民族地区的社会工作和社会建设，关系到民族地区全面建设小康社会的进程，关系到民族团结、社会稳定、边防巩固的大局，意义更为重大，任务更加繁重。长期以来，广大社会工作机构和社会工作者，以高度的责任感和强烈的事业心，通过提供专业化的社会服务，在促进少数民族和民族地区加快发展，加强对民族地区的对口支援，增进民族之间的团结和谐等方面，都取得了很大的成绩，也探索和积累了很多好的做法和经验。这是大家辛勤耕耘、默默奉献、开拓创新的结果，也为进一步做好今后的工作打下了坚实基础。

当前，我国工业化、信息化、城镇化、市场化、国际化正在深入发展，民族关系日益成为全社会范围的重要关系。做好民族地区的各项工作，包括社会工作，都必须做好民族工作。因此，我们要牢牢把握各民族共同团结奋斗、共同繁荣发展的主题，顺应时代发展的要求，满足人们群众的期待，不断地把我国民族团结进步事业推向前进。

希望广大社会工作者争做民族地区社会建设的有心人。民族地区的特殊性决定了民族地区社会工作和社会建设的特殊性。要坚持从实际出发，注重研究总结民族地区社会工作的特点和规律，更好地把社会工作与其他各项工作紧密结合起来，不断地发现新情况，形成新思路，解决新问题，开创新局面。

希望广大社会工作者争做民族地区各族群众的贴心人。群众利益无小事。社会工作关系千家万户。要急各族群众之所急，想各族群众之所想，办各族群众之所需，努力解难事、做实事、办好事，充分发挥桥梁纽带作用，切实把党和政府的温暖送到各族群众的心坎上。

希望广大社会工作者争做模范执行民族政策的带头人。民族政策是民族团结的生命线。要带头学习掌握党和国家的民族政策，学习掌握民族基本知识，使开展社会工作的过程成为宣传和落实民族政策的过程，成为加强民族团结教育、增进民族团结的过程。

国家民委将与大家一道，齐心协力为推进民族地区社会工作和社会建设，不断做出新的贡献。

最后，祝本次论坛取得圆满成功！

谢谢大家！

大力推进民族地区社会工作及其人才队伍建设

——在“民族地区社会工作与社会建设论坛”上的讲话

（2010 年 6 月 25 日）

民政部副部长　姜力

非常高兴参加由中国社会工作协会举办的民族地区社会工作与社会建设论坛。在此，我代表民政部对论坛的成功举办表示热烈的祝贺，对与会的各位领导、各位专家学者和来自民族地区基层一线的社会工作者表示诚挚的问候！刚才，杨建昌副会长宣读了回良玉副总理致本次论坛的贺信。贺信充分体现了回良玉副总理对民族地区社会工作及其人才队伍建设的高度重视以及对广大民族地区社会工作者的亲切关怀，我们要深刻学习领会，认真贯彻落实。

社会工作是工业化、城市化、市场化发展到一定阶段的产物，是社会发展的重要标志，是现代社会为解决社会问题、化解社会矛盾、应对突发事件、降低社会风险、维护社会稳定、促进公平正义而普遍采取的一项重要制度安排。社会工作人才是以助人为宗旨，运用社会工作专业理念、知识和方法，为有需要的社会成员提供困难救助、矛盾调处、权益维护、心理疏导、行为矫治、关系调适等个性化、多样化社会服务的专业人才。社会工作范围涵盖社会救助、社会福利、社区建设、减灾救灾、慈善事业、优抚安置、扶贫开发、就业服务、教育辅导、卫生服务、司法矫正、人民调解、人口计生、信访调处等领域。从社会工作人才发挥的功能作用上讲，社会工作人才是公共服务的专业提供者、社会矛盾的有效化解者、社会政策的直接执行者、社会管理创新的有力推动者、社会公平的积极维护者，是解决社会问题的“医师”和社会建设的“工程师”，是构建社会主义和谐社会的重要资源和宝贵财富。

党中央、国务院高度重视发展社会工作，加强社会工作人才队伍建设。党的十六届六中全会提出建设一支规模宏大、结构合理、素质优良的社会工作人才队伍的重大战略任务，强调建立健全以培养、评价、使用、激励为主要内容的政策措施和制度保障。党的十七大强调要在经济发展的基础上，加快推进以改善民生为重点的社会建设，统筹抓好以高层次人才和高技能人才为重点的各类人才队伍建设。今年 4 月，党中央、国务院印发的《国家中长期人才发展规划纲要（2010～2020 年）》，第一次将社会工作人才纳入党和国家人才发展大局；第一次将社会工作人才作为与党政人才、企业经营管理人才、专业技术人才、高技能人才、农村实用人才并列的六支主体人才队伍进行全面部署；第一次明确了我国社会工作人才队伍的发展目标，即：到 2015 年，社会工作人才总量达到 200 万人，到 2020 年，社会工作人才总量达到 300 万人。前不久，在党中央、国务院召开的全国人才工作会议上，胡锦涛总书记指出，要按照构建社会主义和谐社会的要求，以中高级社会工作人才为重点，大力培养职业化、专业化的社会工作人才队伍。

当前，我国社会工作及其人才队伍建设总体上已经形成了党委政府领导，组织部门牵头抓总，民政部门具体负责，有关部门密切配合的管理体制与运行机制。多年来，民政部作为社会工作及其人才队伍建设的政府职能部门，在社会工作人才培养、评价、使用和社会工作试点探索与研究宣传等方面进行了不懈努力。

——在社会工作人才培养方面，民政部与教育部密切合作，积极推进社会工作专业教育发展，目前国内已有 240 多所高校开设社会工作本科专业，33 所高校开展社会工作硕士专业学位试点，10 多所高校开展了与社会工作相关的社会政策、社会保障等博士学位教育。1996 年至今，全国民政系统有 10 多万从业人员接受了社会工作专业培训；2007 年以来，民政部受中组部委托，已经举办 7 期地方党政领导干部社会工作专题研究班，共培训 280 余名地方党政领导干部。

——在社会工作人才评价方面，民政部与人力资源和社会保障部联合发布了《社会工作者职业水平评价暂行规定》，建立了包括职业水平考试、登记管理、继续教育等内容的社会工作者职业水平评价制度；2008、2009年，民政部联合人力资源和社会保障部成功组织了全国社会工作者职业水平考试，全国共有22万人报名参考，产生我国首批近4万名专业社会工作者；2010年的全国考试已于本月19、20日举行，共有近7万人报名参加考试。

——在社会工作人才使用方面，民政部与人力资源和社会保障联合发布了关于民政事业单位岗位设置的指导意见，明确了民政事业单位原则上以社会工作岗位为主体专业技术岗位，明确了民政事业单位的专业属性，明确了社会工作者的职级和工作待遇，目前各地已在民政事业单位和城乡社区开发设置了45000多个社会工作岗位。去年10月，民政部印发的《关于促进民办社会工作服务机构发展的通知》，对促进民办社会工作服务机构发展、设置社会工作岗位提出明确要求，目前全国已培育发展民办社会工作服务机构300多家。

——在社会工作试点探索方面，民政部在全国范围内确定了165个地区和260个单位开展试点工作，目前已经产生出第一批7个试点示范地区和15个试点示范单位，探索总结出以上海市为代表的政府与社会组织结合的发展经验，以深圳市为代表的社会组织运作为主的发展经验，以江西省万载县为代表的依托现有资源、政府运作为主的发展经验。

——在社会工作研究宣传方面，成立了民政部社会工作研究中心，民政部—联合国儿童基金会中国儿童社会工作研究中心，开展了多层次、多形式、多领域的政策理论研究；创办了民政部社会工作网站和国家级社会工作专业刊物《中国社会工作》。

今后一个时期，我国社会工作及其人才队伍建设将按照党中央、国务院的战略部署，努力形成制度建设和工作实施的“五大体系”：一是逐步建立不同学历层次教育协调配套、专业培训和知识普及有机结合的社会工作人才培养体系；二是逐步建立以社会工作岗位开发设置为重点、社会工作人才资源合理流动和有效配置为目标的社会工作人才使用体系；三是逐步建立以社会工作者职业水平评价、专业技术职务聘任、登记管理等制度为主要内容的社会工作人才评价体系；四是逐步建立以薪酬待遇、岗位津贴、社会保险、奖励表彰为主要内容的社会工作人才激励保障体系；五是逐步建立以社区社会工作服务机构为基础，民办社会工作服务机构为主体，公办社会工作服务机构为示范的社会工作服务机构体系。

我国是全国各族人民共同缔造的统一的多民族国家，民族工作始终是关系党和人民事业发展全局的一项重大工作。新世纪新阶段，党中央确立了各民族共同团结奋斗、共同繁荣发展的民族工作主题，强调促进民族团结、实现共同进步是民族工作的根本任务，作出了一系列加强和改进民族工作的重大部署。民族地区社会工作及其人才队伍建设是我国社会工作及其人才队伍建设的重要组成部分，也是我国民族团结进步事业的重要组成部分。在民族地区锻炼成长起一支职业化、专业化的社会工作人才队伍，为各民族人民提供个性化、多样化社会工作专业服务，实现好、维护好、发展好各族人民根本利益，是我国社会工作及其人才队伍建设的重要目标。大力推进民族地区社会工作及其人才队伍建设，对于进一步推动各民族共同团结奋斗、共同繁荣发展，进一步推动民族团结进步事业创新发展，进一步加强和改进党对民族团结进步事业的领导，都具有积极促进作用。《国家中长期人才发展规划纲要（2010～2020年）》提出要在今后十年实施“边远贫困地区、边疆民族地区和革命老区人才支持计划”，为大力发展民族地区社会工作、培养民族地区社会工作人才提供了重要政策依据。借此机会，我就推进民族地区社会工作及其人才队伍建设提四点建议：

一要不断加强民族地区社会工作及其人才队伍建设理论研究。要以中国特色社会主义理论体系为指导，结合党的思想政治工作、群众工作和我国社会工作实践经验，借鉴国（境）外社会工作发展成果，认真研究民族地区社会工作理论和实际问题，着力形成符合民族地区实际、体现民族地区特色、满足各民族群众需要的社会工作及其人才队伍建设理论体系、实践模式和制度构架，为民族地区和谐社会建设提供科学指导，为民族地区社会工作及其人才队伍建设实践提供行动指南。

二要不断完善民族地区社会工作及其人才队伍建设政策体系。要紧紧围绕造就一支规模宏大、结构合理、素质优良的社会工作人才队伍的重大战略任务，加快在广大民族地区建立健全以培养、评价、使用、激励为主要内容的社会工作政策措施和制度保障。要不断加强社会工作学科专业体系建设，制定社会工作培训质量评估指标体系。要健全社会工作人才评价制度，完善社会工作人才队伍职业化管理政策。要加快制定社会工作岗位开发设置政策措施，在公益服务类事业单位、城乡社区和公益类社会组织开发设置社会工作岗位，通过多种渠道吸纳社会工作人才，提高社会服务专业化水平。要研究制定政府购买社会工作服务政策，鼓励和支持民办社会工作服务机构健康发展。要研究制定推进民族地区社会工作及其人才队伍建设的倾斜政策，推动社会工作资源向民族地区配置，社会工作人才向民族地区流动，社会工作服务向民族地区延伸。

三要不断加强民族地区社会工作人才培养。要准确把握民族地区社会工作及其人才队伍建设现状和发展趋势，科学提出民族地区社会工作人才队伍培养规划，加快建立民族地区社会工作人才培养体系。要不断加强民族地区社会工作专业教育，通过在普通高等院校开设社会工作专业民族班、民族院校开设社会工作专业等方式，培养民族地区社会工作专业人才；同时，要积极支持民族院校开展社会工作硕士专业学位教育。要大力加强民族地区社会工作培训基地建设，依托有条件的高校、干部学院、科研院所、培训机构、社会管理与服务机构建立一批培训基地，分地区、分领域、分层次大规模培训现有社会工作从业人员。要对民族地区直接从事社会管理和公共服务的党政部门、人民团体、相关事业单位、部分执法单位、公益类社会组织的领导干部和城乡基层党组织、群团组织、居（村）民自治组织成员进行有计划、分步骤的社会工作教育培训，学习掌握社会工作专业知识和技能，不断提高专业素质和工作水平。

四要不断加强民族地区社会工作实务探索。目前，民族地区社会工作及其人才队伍建设有着众多可资学习借鉴的国内外成功实践。在国际上，美国、澳大利亚、新西兰、南非、菲律宾等国家已有数十年在多民族聚居区开展社会工作的成熟做法和经验；在我国国内，新世纪以来，北京、上海、深圳、云南等地在少数民族聚居社区开展了社会工作服务探索，特别是汶川特大地震发生后，上海、广东、湖南等对口支援灾区重建工作队在受灾较重的民族地区成功开展了社会工作服务实践。希望广大民族地区积极学习借鉴这些地区的做法和经验，结合本地实际，积极探索立足城乡社区、富有本地特色、满足群众需要、服务社会建设、促进社会和谐、维护社会稳定的民族地区社会工作及其人才队伍建设的好做法、好经验。

中国社会工作协会作为全国性社会工作行业组织，在促进社会工作发展、加强社会工作理论研究和实务体系建设等方面发挥了重要作用。举办本次论坛，是中国社会工作协会贯彻落实全国人才工作会议精神和《国家中长期人才发展规划纲要（2010～2020年）》的切实举措，也是中国社会工作协会充分发挥行业组织作用的具体体现。希望中国社会工作协会在今后的工作中再接再厉，继续发挥自身优势，凝聚各方力量，积极示范带动，为推进包括民族地区在内的我国整体社会工作及其人才队伍建设作出应有贡献。

同志们，朋友们，本次论坛是我国举办的第一个以民族地区社会工作与社会建设为主题的论坛。论坛的举办对于扩大民族地区社会工作影响、吸引更多的专家学者和实务工作者关心、关注、研究民族地区社会工作，在更大范围、更多领域、更高层次推进民族地区社会工作及其人才队伍建设，不断提高民族工作水平，都具有重要意义。希望各位会议代表在论坛期间畅所欲言，建言献策，交流工作实践，分享有益经验，探讨实践难题，寻求破解对策，为推进我国民族地区社会工作及其人才队伍建设聚智聚力。

最后，再次祝贺论坛成功举办，祝各位领导、各位专家学者和来自民族地区基层一线的社会工作者身体健康，工作顺利，万事如意！

社会工作在社会建设中的地位与作用

——在“中国社会工作与构建和谐社会高层论坛”上的讲话

（2007 年 6 月 17 日）

中央党校原副校长　李君如

自从党的十六大把社会和谐问题提上议事日程，到党的十六届六中全会作出构建社会主义和谐社会的历史性决定，中国社会工作的春天来到了。我们广大社会工作者应该更加自觉地肩负起历史赋予我们的神圣使命，为构建社会主义和谐社会作出让党放心、让人民满意的新贡献。

中国社会工作的主题：构建社会主义和谐社会

以胡锦涛为总书记的党中央提出的构建社会主义和谐社会的战略思想，对于我们广大社会工作者来讲，一个重大的意义，就是明确了中国社会工作的主题，是要构建社会主义和谐社会。

我们注意到，以胡锦涛为总书记的党中央在提出构建社会主义和谐社会这一战略思想的时候，明确地指出中国特色社会主义的总体布局已经从经济建设、政治建设、文化建设三位一体发展为经济建设、政治建设、文化建设和社会建设四位一体；社会和谐是中国特色社会主义的本质属性。这些具有重大理论创新价值的新论断，对于我们社会工作特别有意义。因为，社会工作是社会建设的一个重要组成部分。

特别是，党的十六届六中全会在中国共产党和中国特色社会主义发展史上，第一次以构建社会主义和谐社会为主题载入史册，第一次通过了一个关于社会建设的纲领性文献。这一举措，表明中国特色社会主义事业已经进入到一个以经济建设为中心，把构建社会主义和谐社会摆到更加突出地位的新阶段。我们党自十一届三中全会以来，一共开了5次党代会、1次全国代表会议、41次中央全会。过去40次中央全会的主题，大体有四类：一类是重点研究经济问题的，包括经济体制改革、国民经济发展计划、农业和农村等问题；一类是研究精神文明建设问题的；一类是研究党的建设问题的，包括党内生活准则、整党、党同人民群众联系、加强党的建设等问题；还有一类是研究党的历史问题的，包括国庆30周年讲话、党的历史问题的决议，也包括对党的领袖所作出的平反决议或同意辞去重要职务的决定。这次六中全会研究的主题，与上述情况都不同，研究的是社会建设问题。显然，这一独特的主题决定了这次全会在党的历史上具有特殊重要的地位。应该讲，从上一世纪80年代中期以来，我们已经把国民经济发展计划扩展为国民经济和社会发展计划，但是，历次中央全会在提出国民经济和社会发展计划时，研究的重点还是国民经济发展问题。党的十六届六中全会第一次把社会建设问题作为一个专门的问题提出来，通过了一个系统论述构建社会主义和谐社会问题的决定，具有开创性的意义。这也证明了这次全会在党的历史上，是具有特殊重要地位的全会。

这一切，不仅给我们广大社会工作者提供了难得的机遇，而且更重要的是明确了今天和今后一个历史时期我国社会工作的主题，就是要构建社会主义和谐社会，或者说，就是要为构建社会主义和谐社会服务。

现阶段中国社会工作的目标：完成到2020年的和谐社会建设任务

那么，我们应该怎么样来构建社会主义和谐社会呢？科学的态度是：（一）求真，即按照构建和谐社会的规律，根据中国特色社会主义的本质属性和总体要求，来构建社会主义和谐社会；（二）务实，即按照一切从实际出发，一切从人民利益出发的要求，认真研究当代中国的基本国情和现阶段经济社会发展中面临的现实问题，以解决人民群众最关心、最直接、最现实的利益问题为重点，构建社会主义和谐社会。我们只有这样，坚持求真务实的科学态度，才能脚踏社会主义初级阶段中国的实地，一步一步地推进社会主义和谐社会的建设。

坚持求真务实，首先要认识到“社会和谐是我们党不懈奋斗的目标”。党的十六届六中全会通过的《决定》，强调构建社会主义和谐社会反映了建设富强民主文明和谐的社会主义现代化国家的内在要求，明确地把“和谐”同“富强民主文明”一起，作为我国社会主义现代化建设的奋斗目标提了出来。不仅如此，党的十六届六中全会的一个突出贡献，是确定了到2020年我国社会主义和谐社会建设的目标和任务。这一切，对于我们推进社会工作更有现实意义，因为它在实际上已经明确了现阶段我国社会工作的目标和任务。

作为中国的社会工作者，要为完成到2020年的和谐社会建设任务作贡献，就要在宏观上搞清楚“三个定位”：

一要搞清楚现阶段推进社会主义和谐社会建设的时间定位问题。社会主义和谐社会是一种社会状态、社会属性，构建社会主义和谐社会势必是贯穿于社会主义整个历史过程的长期任务，需要几代人、十几代人，甚至几十代人坚持不懈地努力奋斗。这就要求我们，不仅要一般地研究社会主义和谐社会理论，不仅要认识到构建社会主义和谐社会的长期性，而且要从现阶段党承担的历史使命和要解决的重大问题出发，给予现阶段构建社会主义和谐社会一个正确的时间定位。这里可以有三种选择：一是同我们基本实现社会主义现代化的目标相联系，确定到本世纪中叶的社会主义和谐社会建设目标和任务；二是同十六大提出的全面建设小康社会的历史任务相联系，确定到2020年的社会主义和谐社会建设目标和任务；三是同“十一五”规划相联系，确定到2010年的社会主义和谐社会建设目标和任务。党中央经过研究，确定了到2020年的社会主义和谐社会建设目标和任务，从而使得我们有了明确的可操作的并能实现的前进方向。

二要搞清楚现阶段推进社会主义和谐社会建设的空间定位问题。我们现在讲构建社会主义和谐社会，是作为社会建设的任务提出来的。由于“社会”是一个复杂的多层次的范畴，在社会科学中，“社会”既可以是同“自然”相对应的范畴，也可以是同“个人”与“国家”相区别的范畴。前者是广义的社会，又称为“大社会”，是包括经济、政治、文化在内的社会，是人文社会科学研究的对象；后者是狭义的社会，又称为“小社会”，是社会学研究的对象。正因为社会有广义社会与狭义社会之别，所以要有一个在什么样的层次上推进和谐社会建设的问题。这就是所谓空间定位。广义的社会主义和谐社会，就是具备“民主法治、公平正义、诚信友爱、充满活力、安定有序、人与自然和谐相处”这二十八个字六方面总要求的社会。构建这样的社会主义和谐社会，必须全面地推进社会主义经济建设、政治建设、文化建设和社会建设。狭义的社会主义和谐社会，就是同经济建设、政治建设、文化建设相平列的社会建设意义上的和谐社会建设，主要指的是发展社会事业、健全社会保障、加强社会治理等。现阶段推进社会主义和谐社会建设如何定位？是在广义社会即“大社会”范围内构建社会主义和谐社会，还是在狭义社会即“小社会”范围内构建社会主义和谐社会？我们注意到，党中央在确定到2020年的奋斗目标的时候，坚持以“大社会”的和谐为指导，以“小社会”的和谐为重点，努力在加大社会建设的力度，完善社会保障等方面，做出一篇能够给人民群众以看得见的变化和实惠的好文章。这有助于增强全国人民构建社会主义和谐社会、推进中国特色社会主义事业全面发展的信心。

三要搞清楚现阶段推进社会主义和谐社会建设的重点定位问题。明确了我们今天构建社会主义和谐社会的时间和空间以后，还要对当前特别需要引起深刻注意的经济社会矛盾进行分类，明确我们到2020年要解决的重点问题。特别是，对于那些人民群众迫切要求解决而又有条件解决的矛盾应该先解决；对于那些人民群众要求解决而一时难以解决的矛盾也要给大家一个希望。我们注意到，现实生活中存在的各种矛盾大体可以分为三类：一是由社会变动所伴生并已招致广大群众和社会舆论强烈不满的甚至引起公愤的问题。特别是权力致富、贪污腐败、非法牟利，黑社会和恶势力等等。这些问题不需要多少物质条件就可以解决的，必须下决心给予解决。二是由快速工业化、城镇化带来的人民生活中业已引起广泛关切的紧迫问题。包括就业问题，失地问题、失业、下岗和社会保障问题，“看病贵、看病难”和“上学贵、上学难”问题，等等。这些问题经过20多年改革开放，已经具备一定的或较好的条件，关键是要给以更大的重视和关注，积极主动地去解决。三是我国经济社会发展中更带基本性，并将在长时期发生深刻影响的重大矛盾。比如产业结构不合理、增长方式粗放，城乡差别、地区差别、贫富差别，等等。这些问题在短期内难以全面解决，也要千方百计加以缓解。因此，如同党的十六届六中全会通过的《决定》所指出的，我们要“以解决人民群众最关心、最直接、最现实的利益问题为重点，着力发展社会事业、促进社会公平正义、建设和谐文化、完善社会管理、增强社会创造活力，坚持走共同富裕道路，推动社会建设与经济建设、政治建设、文化建设协调发展”。

当然，从更深层次上看，是要始终清醒地认识到我国现在处于并将长期处于社会主义初级阶段这一最大的实际，始终清醒地认识到现阶段我国社会的主要矛盾是人民日益增长的物质文化需要与落后的社会生产之间的矛盾。这是我们在今天观察和处理一切问题，包括构建社会主义和谐社会问题的大原则。作为党的社会工作者，必须牢牢记住这些大原则。只有这样，才能更好地完成历史赋予我们的工作任务。

中国社会工作的当务之急：建设宏大的社会工作人才队伍

应该讲，党中央把社会建设列入中国特色社会主义的总体布局，提出构建社会主义和谐社会的战略任务，既为加强我国的社会工作创造了最好的条件，也对我国的社会工作提出了更高的要求。我们有许多事情要做，当务之急，就是要抓紧建设一支宏大的社会工作人才队伍。这也是落实党的十六届六中全会精神的重要举措。

建设宏大的社会工作人才队伍，首先要从量上加强专业社会工作者队伍建设。社会工作是一种帮助人和解决社会问题的工作。它是基于人权与社会公正的基本原则而开展的工作。它的任务是帮助社会上的贫困者、老弱者、身心残障者和其他不幸者；预防和解决部分经济困难或生活方式不良而造成的社会问题；开展社区服务，完善社会功能，提高社会福利水平和社会生活素质，实现个人和社会的和谐一致，促进社会的稳定与发展。在我国，社会工作不仅包括社会福利、社会保险和社会服务，还包括移风易俗等社会改造方面的工作。我们所讲的社会工作者，指的就是活跃在社会福利、社会救助、社会慈善、劳动保障、残疾康复、优抚安置、医疗卫生、青少年服务、司法矫治等服务结构的专业技术人员。据有关部门统计，我国社会工作者总量严重不足，平均一个工作人员要为1000名重点民政对象提供服务。这种情况对于构建社会主义和谐社会，显然是很不适应的。据《人民日报》报道，全国民政系统社会工作人才队伍建设推进会表示，到“十一五”末，将力争培养近千名高级社会工作者、近万名中级社会工作者和近十万名初级社会工作者，形成服务老年人、残疾人、孤儿、灾民、流浪乞讨人员，以及社区、社团、婚姻和家庭等各类群体机构的专业化、职业化人才分布格局。希望这样的规划能够得到方方面面的重视，认真落实，争取提前实现。

建设宏大的社会工作人才队伍，同时要从质上加强专业社会工作者队伍建设。我们都知道，社会工作是以多种方式帮助人类能够正常地与环境进行多样化的复杂的交流。它的宗旨是促进人类发展全部潜能，丰富人类的生活并阻止人类功能失调。职业社会工作还专注于问题的解决和变化。在现代社会，社会工作者们正是社会变迁、个人生活、家庭与社区生活进步的代理人。因此，从事现代意义上的社会工作的专业人员，必须具有很强的专业知识和系统的专业训练。目前，我国许多社会工作者是从别的战线转过来的，没有经过系统的专业教育，工作手段和方法比较落后，难以提供个性化、多样化、系统化服务。而另一方面，我国每年从社会工作专业毕业的人才，又大面积流失，改从他业。这种状况必须引起我们的高度重视。我们必须尽快建立健全社会工作人才科学合理的培养体系、公正公平的评价体系、完善的人才使用机制、有效的优秀人才激励机制。对于现有的社会工作者，有关部门应该举办社会工作专业知识培训班；对于社会工作专业毕业的人才，应该采取各种措施吸引他们到社会工作的专业岗位上来；在全社会，应该倡导形成尊重社会工作者、支持社会工作者的良好氛围。

总之，从数量和质量两个方面切实加强社会工作者队伍建设，是今天加强社会工作，推进社会主义和谐社会建设的当务之急。

明确方向　改革创新
共创中国社会工作发展新局面

——在中国社会工作协会第四届常务理事会第三次会议上的讲话

（2010 年 5 月 24 日）

中国社会工作协会会长　徐瑞新

各位常务理事，同志们：

今天召开中国社会工作协会第四届常务理事会第三次会议，现在，我向会议作工作报告，请予审议。

一、2008～2009 年工作回顾

2008～2009 年，中国社会工作协会认真贯彻落实党的十七大精神，坚持开拓进取、改革创新，在大家的共同努力下，协会事业发展跨上新台阶，专业工作取得新成绩，内部管理取得新突破，队伍建设迈出新步伐，为推动我国社会工作的发展作出了应有贡献。我们的主要工作如下：

（一）以开展学习实践科学发展观活动为契机，落实整改，加强协会专业化建设

2008 年，协会认真贯彻中央及民政部党组的精神，组织全体员工开展“学习实践科学发展观活动”。活动中，协会坚持“端正思想、认真学习；联系实际、不走过场；抓住重点、落实整改；改革创新、促进发展”的原则，取得了实效，得到部党组的肯定，并在 2009 年民政部召开的社会组织第三批学习实践科学发展观活动动员会议上作了典型经验介绍。

协会在学习实践科学发展观活动的基础上，形成整改方案报告报送民

政部。部党组5月26日召开会议讨论协会整改方案，并形成会议纪要。为落实民政部党组会议精神，协会连续10次召开会长办公会议，逐个听取了各二级委员会的汇报，就深化整改工作进行研究，并用半年时间比较圆满地完成了机构整改、制度建设和二级机构总干事重新聘任等工作。

在整改中，我们根据社会工作专业化要求，对二级工作委员会设置进行了较大调整，保留了与社会工作联系密切的社会化养老、儿童救助、康复医学、企业公民等委员会。新组建社区、婚姻家庭、理论宣传工作委员会和社工师委员会。注销了英烈纪念、城区、乡镇、社区服务工作委员会。同时，积极配合民政部有关司局做好婚庆、婚介行业委员会和志愿者、福利企业等工作委员会移交工作。通过整改，协会二级工作委员会由原来的17个减至12个。

总的看，协会通过整改，强化了社会工作专业特色，提高了人员素质，明确了发展方向，管理体制和运行机制得到了完善和提高。2010年1月7日，我们向民政部提交了《中国社会工作协会关于整改工作的总结报告》。2010年1月12日，李学举部长对报告作出重要批示："中国社工协会认真落实《学习实践科学发展观活动整改意见》，从加强、发展自身入手，定位整合、建章立制、思路清晰、重点突出、组织得力、成果显著，值得肯定。"

（二）以公信力建设为核心，推动各项工作深入发展

公信力建设是社会组织的生命力。两年来，协会坚持把公信力建设作为工作的关键环节来抓，以此带动各项工作的发展。

1. 协会的"软实力"建设有明显突破

协会在推动具有中国特色的社会工作组织模式和体系方面进行了积极的富有成效的探索。标志性的工作有：协会推出了两本书《中国社会工作发展报告（1998～2008）》（社会工作蓝皮书）和《中国社会工作协会发展蓝皮书（2007～2008）》，填补了国内社会工作实务研究方面的空白，在相关领域产生了一定影响；举办了灾后重建中国社会工作论坛，提出了灾害和重建中社会工作介入的一些理论和实务范例，引起各方关注；随后，协

会组织专家和有关人员深入灾区调研灾害社会工作现状，提出了关于建立和推广基层社会工作组织的五种组织形式的报告，受到中央领导及部领导的高度重视，温家宝总理、回良玉副总理和民政部领导都作出重要批示。

2. 积极开展社会工作实务，努力打造协会品牌项目

社会工作实务是社会工作的核心内容，作为全国性社会工作组织，我们坚持把社会工作的核心价值观贯彻在社会工作的实务过程，为全国社会工作实务的开展作出积极探索。

一是儿童社会救助工作。协会以“爱心 2008”贫困家庭病残儿童大型公益活动为抓手，注意做到由过去单一的孤残儿童救助逐步推广扩大到所有困境中的儿童救助，注重体现“助人自助”的原则；由协会单方去做，逐步形成同地方政府、企业单位、爱心组织联合推动。两年来，很多贫困孤残儿童得到帮助。“爱心 2008”作为品牌项目，受到社会广泛关注和欢迎。中央台《新闻联播》将“爱心 2008”同“希望工程”、“母亲水窖”等著名公益项目并列向全国播放宣传。2009 年，“爱心 2008”活动正式更名为“爱心·希望”，救助对象和领域有了进一步的拓展。

二是助老项目。2008 年 1 月，一项旨在系统化全面推进我国社会化养老服务的大型公益项目——“爱晚工程”正式启动。“爱晚工程”是社会力量共同推动社会化养老事业的系统工程，也是坚持社会公益性目标和市场化运作相结合的方式、推进社会化养老服务的创新工程，将为开展社会化养老工作提供有价值的尝试。

三是社区工作。通过举办“睦邻点”建设专家论证会、全国首届民俗文化与和谐社区建设高层论坛、中国首届社区社会组织建设专家论证会、2008 中国社区服务发展论坛、“中国优秀企业公民社区行”系列活动等，都在如何推动社区社会工作实务方法和体系方面作出了积极的探索，取得了丰硕的成果。通过举办“全国社区志愿者注册工作培训班”等多种活动，分阶段有力推进了社区志愿者注册工作。截至 2009 年年底，注册社区志愿者已接近 1000 万，为实现党中央提出的“完善社会志愿者服务体系”的战略目标作出了贡献。

四是社会公益事业。“榜样公益”系列活动得到深入开展，“榜样公

益”基金的成立，2008年度、2009年度慈善排行榜的发布，婚姻服务业标准制定和推出，婚博会的举办，“社工桥”活动的开展，公益服务热线的开通等都对促进社会公益事业起到了积极的推动作用。特别是5·12汶川大地震发生后，协会充分发挥社会工作优势，“闻震而动”，联合有关团体发出了“发挥社工优势，投入抗震救灾”的倡议书。组织所属各机构、各部门，全力投入抗震救灾工作。5月13日，中国社会工作协会成龙—杨受成公益慈善基金第一个将善款1000万元捐至民政部，之后，20余家企业通过协会向灾区大额捐款捐物，据初步统计，总额超过1亿元。5月14日上午，中国社会工作协会工作人员不顾个人安危启程进入灾区，及时对灾民组织力所能及的救援，表现了协会员工队伍的高素质。协会先后委派两名会领导奔赴四川灾区考察灾情，进行实地调研和有效援助。其后，协会制定了“一对一”援助重建方案。协会组织中集集团援建的汶川雁门中心校是地震灾区第一个正式恢复上课的中学，为此，汶川县委、县政府以及受灾严重中心校给协会发来感谢信，表达了灾区人民对中国社会工作协会的心声。

（三）以形象促影响、积极开展对外交流与合作

两年来协会的对外交流与合作得到进一步加强，先后组团参加了“国际社工联年会”，同澳大利亚社会工作访华团进行了友好交流，邀请外国友好社团来我会访问，举办“中美社工论坛”等活动，这些都为我们开阔视野、扩大交流、提升形象，促进我国社会工作的发展起到了积极作用。2009年11月，国际社会工作者联合会主席大卫·琼斯拜访我会，实地考察和参加协会组织的活动，对中国社会工作的发展速度和水平表示惊叹和肯定。此外，香港社服联负责人、美国CCC同仁基金会、新加坡社会公益组织负责人等都前来我会拜访、交流，取得了积极的效果。

（四）加强宣传工作，增强社会对社工的认识与支持

为了提高社会对社会工作的认识与接受程度，我们在中央电视台、中央教育电视台等主流媒体都加大宣传力度。据不完全统计，仅2009年在中央电视台等各类媒体宣传社工协会工作和活动的新闻报道有2万次（条）

以上，宣传力度和广度都高于往年。《公益时报》积极发挥协会喉舌的作用，《中国民康医学》杂志、协会网站和第一视频紧密配合协会工作，起到了重要的窗口作用，不断提高全社会对社会工作和社工协会的认知度。最近，经民政部和国家新闻出版署批准，协会又新创办《社会与公益》杂志，将为宣传社会工作，促进社会公益事业发展起到进一步的推动作用。

（五）加强协会自身建设，不断提升整体能力

两年来，我们坚持把加强协会的自身建设放在首要位置，通过完善内部制度，规范运行机制，严格自律，加强监督，不断整改，有力地促进了协会整体能力的提升。一是在制度建设方面，协会先后出台了一系列管理制度，编辑印发了新的《管理制度汇编》，在议事决策、人事财务、办事程序、经费筹集等方面都努力做到有章可循，严格自律，既放开搞活又管理到位，尤其强调开展项目活动要做到公开、公平、公正，建档立案、公布社会、接受监督，凡指定捐赠，在协会财务部门的监督下，基本做到有序规范，得到了审计部门肯定。这些措施都为完善管理制度和运行机制，促进协会科学发展提供了保障。二是在队伍建设方面，协会坚持可持续发展观，不断加强人员结构调整和能力建设。2009 年，在二级委员会总干事实行竞聘后，协会第一次对管理机构、直属机构及基金负责人进行述职考评。特别是经过整改后，协会从领导班子到员工队伍基本实现了老、中、青的梯次结构，年轻化、专业化，知识结构、办事能力及规范运作水平都有较大提高，为协会的可持续发展奠定了基础。

总结两年来的经验，我们的体会是：（1）公信力是协会发展的生命力。公信力是用扎实有效的工作和诚实守信聚集起来而放射出的一种影响力和号召力。中国社会工作协会始终将公信力作为协会发展的生命力，经过艰苦努力和不断探索，取得了初步成效。协会在今年第二次被评为“全国先进民间组织”，协会党总支被民政部直属机关党委评为“先进党组织”，得到社会各界的肯定。（2）可持续发展是协会运行的必要保障。两年来，协会结合实际，着力建设高效稳定发展的长效机制，端正协会发展方向，通过合理调整设置机构，有效进行资源整合，促进协会整体发展。

（3）专业化、职业化、行业化是协会再上新台阶的必然选择。特别是2009年以来，协会围绕社会工作大局，坚持社工理念，突出专业能力，发挥行业优势，从内容和形式探索具有社工专业特色的社会服务活动，整合社会资源、打造品牌项目，使协会工作步入了成熟发展的新阶段。

回顾两年来我们所取得的成绩和进步，是民政部正确指导的结果，是社会各界大力支持的结果，也是社工协会全体会员特别是理事和常务理事团结奋斗努力的结果。在此，我代表中国社会工作协会向大家表示衷心的感谢！

两年来的工作虽然取得了一定的成果，但还有许多薄弱环节。例如：对会员的服务内容需要拓展和创新；与会员单位的联系与沟通需要加强；对专业化服务研究得不透，软实力和硬实力都有待提高。特别是相对于基层社会工作的蓬勃发展，中国社会工作协会在许多方面还落后于形势对我们的要求、基层对我们的希望。距离我们专业化、职业化、行业化的目标还有明显差距。

二、今后的工作规划及工作重点

今年“两会”的政府工作报告明确提出：要让人民生活得更幸福、更有尊严，要坚持公平正义，让社会更加和谐。这为中国社会工作的发展指明了方向。应当看到，随着现代化建设的深入发展和国内外形势的变化，社会工作的地位将显得更加重要，社工协会的作用越来越凸显，承担的任务也会更加繁重，社会工作的改革与创新将显得更加紧迫。这些都是我们赢得发展的良好机遇。我们要抓住机遇，迎接挑战，在促进协会的专业化、职业化、行业化建设上要有突破，在推进社工实务体系的探索和建立上要有创新。因此，中国社会工作协会下一步工作的整体思路是：以学习实践科学发展观为统领，以加强协会的专业化、职业化、行业化建设为中心，以推动社会工作理论和实务创新为重点，促进社会工作的深入发展和协会的可持续发展，为构建和谐社会作出更大贡献。重点抓好以下工作：

（一）培育专业人才，打造专业特色

专业化是社工协会立足与发展的根本所在。要突出协会以人为本的专

业理念和特点，体现协会的专业地位，以专业能力引领行业发展。要加强协会专业化建设，提升队伍的专业化水平。首先，要按照社会工作专业化的要求，结合年终考核，建立对二级工作委员会的专业化建设水平考评制度。通过目标管理，实行量化考评，以促进协会专业化建设的整体提高。其次，要抓好社工人才引进工作。按照公开招聘，严格选拔的原则，引进专业人才，充实协会社工理论与实务的研究力量。再次，要抓好社工培训工作，积极探索“院校专业培养＋岗位学习培训＋职业继续教育”，以提高实务能力为目标的培训体系；要加强现职在岗人员的专业培训，特别是对非专业社工的在岗人员要采用专业培训和继续教育的形式对其充电，力争三年内协会应有70％的员工持有社工师（助理社工师）职业资格证。对外，协会要加强对培训中心和各地培训分中心的建设和管理。要充分利用现有网络开展好远程培训教育。培训工作要着眼于实务水平的提高和领域的拓展，推动基层社会工作者实践经验和理论素养的提高，培养和建立一支本土化的社工督导队伍，形成中国特色社会工作的领军人才，以推动社会工作人才的专业化建设。

（二）转变思想观念、拓展实务领域

协会要实现社会工作专业化，一方面，要转变观念，真正搞清协会及各分支机构在促进社会工作专业化建设过程中的地位、职责；搞清社工协会区别于其他慈善、福利、公益组织的特性和不同之处，突出社会工作专业化特色；搞清我们的服务对象的基本需求，在履行我们的宗旨，满足服务对象的需求过程中，转到社会工作“助人自助”的基本理念和专业方法上来。要积极组织开发服务项目，打造品牌项目，特别要注意解决好怎样把协会层面的品牌项目做大、做强、做实，做出示范，做出影响。要继续编辑出版《中国社会工作协会发展蓝皮书（2009～2010）》，认真总结和充分反映协会整改成效及在专业化、职业化、行业化建设过程中所取得的经验。要根据社会工作发展形势的要求和成果，继续组织论证和编撰新的《中国社会工作发展报告》（社会工作蓝皮书），以指导社会工作实务体系的建设和发展。要抓好“社工知识大赛”的举办和“社会工作实务个案丛书”的编写工作，推动社工知识的普及。要继续办好社工论坛，每一届的社工论坛都要针对每一时期社会工作发展的新形势和新问题，开展深入的讨论，形成新的理念，促进社会工作的新的发展。另一方面，我们也要注意积极协调，探索、开发新的社工实务领域。要开展社工实务试点工作，以协会、专家和地方三结合的形式进行，转好典型引路，总结推广经验。从近期看，协会要和相关组织、部门保持紧密的合作，在灾后重建、少数民族地区社工、医疗卫生社工、青少年社工等领域进行深入摸索和实践。从长期看，我们要通过走协会“联合化”的道路，在条件成熟时，逐步成立相关领域社会工作委员会，发展“外围”组织，为催生和完善有中国特色全国性社会工作实务体系的框架而作出贡献。

（三）促进民办社工机构发展，完善社会服务评估机制

随着社会建设的进一步推进，民办社工专业机构的作用会越来越突出，作为全国性的社会组织，中国社会工作协会要在催生、孵化、发展社工机构上履行职责，作出贡献。一方面我们要推进“社会工作服务组织试点工程”的实施。经过调研，我们要在如何为社工机构的发展创造出良好的社会组织制度环境，逐步完善社工机构的组织登记管理的专项法规体系上向政府部门提出建议，使社工机构发展与社会进步的要求相适应。另一方面，伴随着公共财政保障机制和政府购买服务机制的逐渐确立，协会要着眼于社工机构专业化水平的提高，探讨社会工作服务运行机制的建立，防止社会服务资源分散，防止社工机构恶性竞争，给予社会工作者一个放心、满意的平台，给予社工机构一个公平竞争的环境，为社工实务的健康发展提供一个有效的载体保障。

（四）贯彻职业标准，加强行业规范

作为行业组织，中国社会工作协会要努力根据国家公布的社会工作师职业标准，针对社会工作不同领域和不同服务项目，组织制定对民办社工机构和社工服务项目的可操作性的考核标准，以强化社会工作的实务特性，协助政府积极推进社会工作的职业化进程。协会要充分发挥政府参谋助手作用，在制定行业制度，规范行业服务方面，为国家相关政策的制定

提供建设性意见，推动社会工作法制建设进程。为社会工作的发展创造良好的政策、法制环境。要根据政府有关部门的精神，积极研究“全国社工行为规范守则”的制定工作。力争1～2年中，可以在养老、儿助、家庭、社区社工、康复社工等有一定工作基础的领域，探索和推进社工社会服务标准制定的进程，总结经验再逐步推广。争取在3～5年内，在更多领域推进社工服务标准化进程，以此来规范和评估社会工作的服务水准、强化社会工作的实务特性，发挥社会工作应有的作用。

（五）推动各地社工协会建立，构建社工组织网络

一是要积极推动各地社工协会的创建，构建全国社会工作协会的组织网络。二是要加强行业自律，要充分发挥协会作为行业组织的“依法履责，维护权益，反映诉求，提出建议”的作用，规范行业管理的模式；组织制订社工“从业守则”和“道德准则”，大力表彰和推广先进组织和个人，搭建活动平台，以推动民间社会工作组织的健康发展。三是要在政府的领导下，做好社会工作者的注册登记及管理的工作，积极发展会员，建立全国社会工作者登记注册网络，发挥社工协会的应有作用。

（六）加强宣传力度，提升社会影响

发挥舆论宣传媒体的引导功能，塑造社会工作的形象，努力营造社会工作的良好氛围，增强社会工作的社会认同感和信任感是推进社会工作实务进程的重要环节。协会要充分发挥自身优势，做好社会工作的宣传。一要加强对协会现有宣传媒体的统一领导，要在协会理论宣传工作领导小组的协调下，统一谋划，确立重点；二要加强同主流媒体的联系，借助社会发展宣传力量，广泛宣传社会工作在社会建设中的重要作用，不断提升全社会对社会工作的认识，自觉融入社会工作的大潮中；三是宣传形式要丰富多彩，喜闻乐见，“寓教于乐”，让百姓更能从宣传的直观感受中，认识社会工作、接受社会工作；四是要充分发挥协会专家委员会的作用，加强社会工作理论和实务研究，推动社会工作的深入发展。

（七）加强协会法人治理，不断完善自身建设

解决协会的基本生存问题和实现协会的长远发展战略目标，关键点是

协会的法人治理要合理、有效。提高法人治理能力重在制度建设和管理机制，因此，在去年整改的基础上，一是要继续抓好协会的管理体制和运行机制的落实、完善和改进，要坚定不移地贯彻会长领导下的秘书长负责制和主任领导下的总干事负责制的管理体制。要严格办事程序、完善内部管理、抓好内部协调、有效整合资源，促进协会整体发展。二是要抓好协会的自律建设，做到依法规范管理。今年要注意抓好二级机构特别是二级委员会评估体系的建设和评估工作的开展，上半年做调研准备工作，下半年结合工作进展，逐步、逐个进行评估，努力营造一个有利于各项工作健康发展的良好氛围。三是抓好“社会工作发展基金会”的组建工作和协会各项专项基金的整合工作，使基金会成为保证协会工作发展的一个重要支撑力量，以增强协会的硬实力建设。四是要进一步加强党团组织建设，开展“争先创优”活动，不断增强协会的向心力和凝聚力，确保今年各项任务的完成。

同志们，时代赋予中国社会工作以新的使命，我们任重而道远。大家要团结一致，抓住机遇，迎接挑战，改革创新，求真务实，完成好第四届理事会的工作任务，不辜负广大会员的厚望和重托，推动协会的健康发展，推动中国社会工作的深入发展，为和谐社会的构建作出我们应有的贡献！

提高我国社会工作者的专业水平

王思斌[1]

【摘要】　我国社会的快速转型、社会问题的凸显及建设和谐社会的战略任务，要求我国社会工作有一个比较快的发展。中共中央十六届六中全会作出“建设宏大的社会工作人才队伍”的战略部署，中共中央、国务院在《国家中长期人才发展规划纲要（2010～2020年）》中提出了发展社会工作人才队伍的具体目标，接下来需要落实的是努力在数量和质量上实现这些目标，以提高公共服务、社会管理和社会服务水平，在改善民生、促进和谐社会建设中发挥应有的作用。本文从提高社会工作人员专业素质的角度，作一些分析。

【关键词】　社会工作者　提高　专业水平

一、专业水平及其对社会工作者的意义

（一）专业与职业群体

专业是现代社会的概念。广义上专业指的是某一职业所独具的技术、方法及劳动特点，狭义的主要指经过高中级教育和培训、具有明确的价值观和系统的工作方法，并在一个相对明确的领域从事工作的职业群体。在学术领域，人们一般在狭义上使用“专业”的概念，即把专业同现代高中等教育以及某种特定的、有特殊要求的职业联系在一起。它所表达的含义是，在这些职业领域工作的人受过专门的高等教育或中等职业教育，具有

---

① 王思斌，北京大学社会学系教授。

专门的解决特定问题的技能和方法，能解决该领域较难处理的问题。比如，在现代社会，医生、律师、建筑师等基本上已成为社会认可的专业性的职业，社会工作在许多国家和地区也正在成为一个专业。

专业来自于社会对某一职业活动的较高的、特殊的要求，它一般发生于那些与人们的生命、健康、基本利益密切相关的职业领域。比如，医生是最早成为专业的职业，因为它与人们的生命健康密切相关。律师也较早地成为专业，因为它与人们的最基本的合法权利的维护相关。社会工作之所以会成为一个专业，是因为社会工作服务与某些社会群体（尤其是特殊群体）的基本生活状态、他们的生命与生活直接相关。这些特殊群体如果没有较高专业水平的服务，就难以维持基本的正常生活。

现代专业与某职业明确的、为社会服务的价值观，与其独特的工作方法和技术水平密切相关。而一个从业者的服务方法和技术水平，又可以用专业水平来衡量。这就是说，任何专业都期望其从业者认同该职业、行业的价值观，期望他们有较丰富的处理问题的能力，有较高的专业水平。这是一个专业立足于社会所要求的，这既是该专业为社会服务所必需，也是从业人员得到社会认同，进而得以安身立命之所系。社会工作作为一个为社会公众，特别是为社会特殊群体、困难群体服务的职业，也需要制定一定的入职标准，使从业者有较好的素质，具备较高的专业水平，从而社会工作应该成为一个有专业的职业群体。

（二）社会工作需要专业化

从提高专业水平的角度来看待社会工作者的队伍建设，就是要实现社会工作的专业化。专业化是一个从非专业走向专业的过程。弗莱克斯纳（A. Flexner）曾经提出了衡量某种职业是否成为专业的六个条件：伴随个人责任的智慧性操作，构成素材来自于科学和学习，这些素材趋于实用且轮廓分明，可教授的沟通技巧，职业群体朝向自组织，服务动机上的利他性（王思斌，2004）。这就是说，作为一个专业，它的职业活动应该是以利他为取向的，它需要复杂的工作方法，这些方法主要不是通过自己的内省和个人经验的积累，而是可以作为知识和科学来教授的，同时这种职业团体具有自主性，即形成以自己的价值和方法组织起来的职业共同体。实际上，这里的利他性（为社会和有需要的人服务），通过学习而获得的专业知识和方法，已经成为该职业团体的内在素质，这正是它的专业化的表现。它在社会和公众眼里是一个有社会责任感而不是利己的情怀，具有训练有素、有效地解决复杂问题的方法，并能在这种价值的指导下运用这些方法服务于社会和特定群体的职业。

社会工作需要专业化，是由它在现代社会中的地位和应该承担的责任所要求的。从社会工作发展史来看，任何国家和地区的社会服务都有一个从非专业向专业的发展过程。最初可能是社会中的慈善活动，接着是具有专业色彩的社会服务的发展，再接下来是专业社会工作的发展。这个过程与现代社会不断细化的分工有关，与社会问题的复杂性有关，也与当事人和社会对有效地解决这些问题的不断提高的需求相关。在现代社会中，许多社会问题的解决是某些个人朴素的慈善情怀、基于个人生活的、经验化的助人方法所无法解决的，需要运用人类积累起来的知识和方法加以解决，而这些助人活动的职业化、良好的助人方法的形成并成为一种社会标准，就促进了它的专业化进程。

二、我国社会工作者群体亟须提高专业水平

（一）我国社会工作者的构成及其责任

提高社会工作者的专业水平的任务还来自于我国社会工作人员的结构。在我国，社会工作被赋予多种含义，从而形成对当今我国社会工作人才队伍建设的不同理解。就概念来，社会工作是一个舶来品，因为中国传统上几乎没有现代意义的社会，也谈不上社会工作。社会工作作为一个概念，20 世纪 20 年代以后开始在我国的文献中出现。在大学里，社会工作先是以社会服务（social service）的概念出现的。新中国成立以后，在政府的文件中社会工作的概念比较少见。今天我国政府和社会上所说的社会工作是与中国共产党在革命战争和建设年代的群众工作密切相连的。改革开放以来，随着我国社会工作的重建和国际专业社会工作的传入，我国的

社会工作也变得多元化起来。笔者曾经指出过我国有三种含义的社会工作，即普通社会工作、行政性非专业社会工作和专业社会工作。普通社会工作是指在本职工作之外（在社会上或组织内）从事的面对群众的服务性的工作。行政性非专业社会工作是在政府系统中、在一定岗位上从事的服务于群众的工作。专业社会工作是指职业化、专业化的社会服务，是与国际通行的专业服务相一致的社会工作（王思斌，1998）。如果我们站在中国实践的立场上，可以说，前两种社会工作是传统的社会工作，而后者是现代社会工作。这样，与上面的分类相对应，我国就有三种不同类型的社会工作人员：在政府机关、企事业单位社会福利部门、社区从事具体服务工作的人，在各种社会服务机构中从事专业社会工作服务的人，在社区和社会上从事志愿服务的人。据说还可能出现一种对社会工作的更宽理解，即把社会工作同社会建设联系起来，社会工作被视为在社会领域中的某些工作，就像有经济工作者、法律工作者、教育工作者一样，也有社会工作者。很明显，这种理解是泛化的。由于对社会建设有宽窄不一的理解，所以以此为参照的社会工作、社会工作人员、社会工作者的概念也就难以理解了。

基于以上的复杂情况，本文仍然沿用以往的看法，即认为社会工作者群体主要包括两部分：专业社会工作人员和行政性非专业化的社会工作人员。在这里，社会工作者（social worker）被看成是一个专用概念，是与国际社会工作有一定共识的概念。

（二）我国社会工作者群体需要提高自己的专业水平

从以上界定我们可以看出，社会工作者的主要职能就是向有需要的人群、特别是困难群体提供高质量的、令人满意的服务，这是他们的“天职”。而要做到这一点，则需要社会工作者群体不断提高自己的专业水平。这是因为无论从转型期社会问题的性质，还是社会和民众对解决问题的要求来看，都需要社会工作作出新的回应。我国当前遇到的社会问题大致有两个方面：社会转型过程之中的问题和我国市场化转型本身造成的问题。前者是各国、各地区社会转型都会遇到的问题，例如工业化、城市化过程造成的问题。后者是指我国在具体的转型中由于体制、机制、方法等原因而引发的问题，比如转制和去单位化中的社会联系松散，城市扩展中拆迁引发的矛盾，利益分配失衡带来的相对剥夺，等等。在经济体制深刻变革、社会结构深刻变动、利益格局深刻调整、思想观念深刻变化的背景下，面对上述社会问题，原有的思想政治工作、群众工作方法已不完全奏效，而需要新的方法。现代社会工作就是可以选择的方法。另外，从人们对解决问题的期望来看，原来的、以政治教育为基调的思想政治工作也遇到了挑战，人们希望能更实际地解决现实问题，包括物质利益、人际关系、思想困惑等方面的问题，而且人们希望在解决问题的过程中能维持自己的尊严。这就使得，以往的比较粗放的、社会动员式、政治教导式的工作方法也必须发生某些改变，工作方法需要创新。这样，提供个性化、人性化的服务，在工作过程中发展服务者与受助者之间的信任与合作关系，不但治标而且也治本，就需要创新社会工作方法。而提高社会工作者的专业水平是回应上述问题，促进人与社会协调，促进人的发展与社会进步的必然选择。

三、社会工作者提高专业水平的路径

从国际社会工作的发展经验来看，社会工作者的专业水平的提高来自实践和研究、教育和培训等多个方面。

（一）教育和培训

现代社会工作作为一种职业，有自己的科学知识基础，形成了一定的入职标准和工作要求。在锻造社会工作者的专业理念、知识体系、方法技术等专业能力方面，教育和培训具有不可替代的作用。显然，作为一个职业的发展，社会工作的专业知识已经不能只靠原来的师傅带徒弟的方法来实现，只靠社会工作者的体悟也不能满足社会对社会工作的要求。所以社会工作在走向专业化的过程中，一直是与教育和培训密切相连的。在国际上，社会工作专业已经形成了自己的知识体系——包括价值体系、相关科学知识、方法和技巧等，这些作为人类的经验，有些具有普遍的意义。比如关于社会福利制度和人本价值观，关于社会工作者与服务对象的关系，关于双方合作的过程及效果，关于在某些具体情况下工作展开的逻辑和方法，等等，这些方面的知识常常具有普适性。这样，作为后来者就可以通过接受教育和培训来提高自己的能力。教育和培训是两个不同的但又互相促进的活动。专业教育是较长时间的、系统的、常常与学历、学位相连的过程，培训则是短时间的、专题性的提高知识和能力的过程。对于我国从事社会工作的大多数人来说，接受专业教育（专升本、本科教育、研究生教育）固然是很好的选择，但是社会工作专业培训可能是更加实际的选择。参加专业培训有多种方式，如参加社会工作学校举办的专业培训班，社会服务机构组织其成员进行专业培训，社会工作者参加社会上有资质的机构举办的相关培训，等等。这些培训的目的是提高社会工作者的专业知识素养和方法水平，如果能颁发相关证书就更好。民政部 2009 年发布了《社会工作者继续教育办法的通知》，对提高社会工作者专业水平作了初步安排，接下来的是系统的实践。在这方面，我们才刚刚起步。

（二）实践和研究

从最根本的意义上来说，社会工作者专业水平的提高来自社会工作者的实践。正是社会工作者群体的实践，是他们不断解决新问题、探索新经验的实践，推动了社会工作专业水平的提高。实践出真知。社会工作专业水平的不断提高就是在众多社会工作者的创新性实践的过程中和基础上实现的。实际上，社会工作者群体又是由一个个社会工作者组成的，因此，任何一个社会工作者的高水平服务、认真的体会和系统化的总结，都可能成为社会工作知识和方法创新的组成部分。这也可以说，任何社会工作者认真的精心实践，都可能在创造新的经验，并成为提高社会工作专业水平的组成部分。当然必须说明的是，这里指的是那些认真的精心实践，在这种实践背后实际上是对服务实践的研究。

社会工作研究可以表现为两种基本形式：一种是由学者对社会工作者的实践进行科学的研究，通过收集社会工作者成功的服务经验资料，找到其中带有实质性和典型意义的做法，形成一定的概念和理论，成为新的知识。另一种是社会工作者本身就是研究者，在服务实践中不断进行反思性研究，找到更有效的解决问题的方法，并上升为理论。现在比较盛行的行动研究即属于此。当然还可能将二者结合起来。总的来说，要提高社会工作者群体的专业水平，不但需要实践，而且需要研究。虽然并不是所有的社会工作者都具有研究的能力，但是对于一个国家或地区的社会工作来说，没有研究，就不可能有社会工作水平的总体提高。

（三）社会工作教育者与实务工作者的交流和结合

由于社会工作突出的实践性，所以将实践和研究结合起来，社会工作学者与社会工作实务工作者连接和组织起来，共同探讨实践中的问题，进而总结经验，是提高社会工作群体专业水平的重要措施。社会工作教育者的主要职责是培养学生、培训社会工作者，但他们也十分关心自己讲授的知识在实践中是否合用，他们的学生是否能满足社会的需要，提供高水平的服务，以及他们是否进行了创新性的服务。社会工作者的主要职责是具体地提供服务，但是在实践中会遇到新问题需要得到理论的指导，一些新经验需要理论的提升。这样，社会工作学者与实务工作者的交流与结合，是实际地提高社会工作群体专业水平的有效途径。一般地，社会工作教育界与实务界在这方面的合作方式有：第一，双方共同举行学术研讨和经验交流会，研究新知识的适用性，探索将合适理论和知识运用于社会工作实践的途径和方法，并推动实践。交流服务经验，获得理论提升。第二，社会工作服务机构聘请社会工作学者参与机构的以提高服务水平为目的的活动，在机构运转中帮助提高服务水平。第三，通过学生的实习环节，将学者与服务机构联系起来，解决服务实践中的问题，以理论支持实践，通过实践丰富理论。

在实践上，经验交流、实务研究、案例切磋、实践观摩，都是实际地提高社会工作专业水平的重要手段。通过这些手段和环节，社会工作学者同实务工作者密切结合，可以有效地提高专业水平，这也是国际社会工作发展的经验。

回望我国，在上述几个方面还都存在着差距。大量社会工作者没有受过系统的社会工作专业教育，甚至缺乏应有的专业培训，他们的服务实践缺乏专业理论和知识的指导，而处于“做好事”水平。把社会工作混同于一般工作，缺乏对服务的深究和研究，使这些服务变成一种老生常谈。一些受过社会工作专业教育的从业者对社会实际了解不足，难以做到理论与实践的良好结合，不能创造性地运用理论和知识，没有使社会工作实践达到应有的专业水平。另外，社会工作教育界与实务界因为来源上的差异和关注点的不同，也没有很好地合作，以促成理论与实践的良性互动。由此看来，我国社会工作群体专业水平的提高还有许多事情要做。

四、切实提高社会工作群体专业水平

（一）社会工作专业知识的普及与提升

面对中共中央十六届六中全会提出的任务和中共中央国务院作出的人才规划，社会工作界必须把尽快全面提高社会工作者的专业水平提到首要地位。中共中央、国务院要求在不长的时间内建设 200 万、300 万人的社会工作人才队伍，反映了我国社会转型和社会发展的迫切要求。但是人才队伍建设的任务只靠社会工作教育机构来完成是不可能的。到 2010 年年底，我国有社会工作本科专业 255 个，58 家学校可以培养社会工作专业硕士，还有一些专科学校培养社会工作人才。然而，这些学校充其量每年的毕业生总量也达不到 2 万人。即使加上其他方面（比如居民委员会成员、民政系统的部分工作人员）通过社会工作师考试者，其数量也远远不足。面对这种状况，要完成中央布置的任务，就要大规模地开展社会工作知识培训，促使各种类型的社会工作人员学习社会工作知识，强化其专业价值观，充实其专业方法，为切实做好社会工作打好知识基础。要使从业者真正了解到现代社会工作是一个专业、一种职业，要做好工作需要一定的理论指导和知识储备，需要不断提高自己的知识水平。就是对于社会工作专业毕业的从业者来说，也有一个继续学习的问题，即需要在实践的基础上，探索解决新问题的途径和方法。在这里并非不重要的是，有一定社会工作专业知识积累的人一定要面向我国实际，在实践中学习，在实践中提高。对此，有的学者提出“职业的专业化”和“专业职业化”的发展思路（孙莹，2006），是富有启发的。

（二）提炼本土经验形成地方性知识

社会工作的专业水平不等于国外水平，不等于专业教育水平，虽然现代社会工作产生于西方并在西方得到了长足发展。社会工作的一个重要特点是它的务实品格，即它的实践性。中国有自己的社会工作的本土经验，这是那些直接面对有困难、有需要的群众，真诚地为他们服务，帮他们解决困难的经验。在计划经济时期，我们的许多群众工作的做法具有社会工作的特点，这些群众工作虽然不可避免地受到政治因素的影响，但是在直接目的和方法上却是以人为本和务实的。经过无数次实践和经验的积累、梳理，形成了一定的本土经验。虽然这些做法在社会转型过程中其有效性遇到了挑战，但是作为助人服务，它们依然不失为经验。我们应该珍惜这些经验，进一步研究和提炼这些经验，使其向专业的、理论化、条理化的方向发展，进而形成具有中国特点的“地方性知识”。“地方性知识”是美国人类学家格尔茨用来概括某些地方存在的、不同于主流社会、但又适用于当地的知识类型（吉尔兹，2000）。相对于国际社会来讲，中国的特殊国情也会产生自己的知识，但是需要总结和提炼。

本土社会工作经验的提炼是社会工作学术界和实务界共同的任务，这一任务只有在双方密切合作的基础上才能完成。社会工作教育群体应该更多地介入社会工作本土实践，实务工作者应该提高自己的理论和知识素养，一起去探索我国既有的社会工作本土经验，并进一步创造符合中国实际需要的社会工作经验。具有国际视野、立足我国实际的社会工作才是真正的社会工作，它才是社会工作专业水平的测量器。

（三）提高社会工作者专业水平的制度保障

在当前情况下，加快社会工作专业化的制度建设是提高社会工作者群体专业水平的重要前提。在中央决定大力推进现代社会工作发展的背景下，同时存在着一些与此并不相称的现象。一是不少社会工作专业毕业生未能在社会工作领域就业，从而出现宝贵人才的流失。二是许多实际从事社会工作服务的人员没有认真学习过社会工作的理论、知识和方法，他们还基本上是靠经验办事，用老经验来应对新问题，显得力不从心。三是不少与社会工作相关的部门还没有认识到用社会工作专业知识武装其成员的重要性，没有把在本部门发展社会工作当作重要的工作来抓。总的来说，我国还缺乏切实发展专业社会工作的制度安排，中央的“健全以培养、评价、使用、激励为主要内容的政策措施和制度保障”还没有落实。现在最重要的工作就是要形成科学可行的制度，鼓励实际工作者向专业方向发展，吸引受过专业教育和训练的社会工作人才进入社会工作领域，安心工作。再加上社会工作与和实务系统内部的积极努力，我国社会工作者群体的专业水平就一定能得到较快提升，社会工作者就一定能为人民的福祉、社会的稳定和发展作出应有的更大贡献。

参考文献：

[1] 克利福德·吉尔兹：《地方性知识》，中央编译出版社，2000 年。

[2] 孙立亚：社会工作专业的产生和发展，载王思斌主编《社会工作导论》，高等教育出版社，2004 年。

[3] 孙莹：社会工作职业发展的基本要素分析，载王思斌主编《社会工作专业化及本土化实践》，社会科学文献出版社，2006 年。

[4] 王思斌：我国诸社会工作之内涵及其比较分析，《中国社会工作》1998 年第 1 期。

我国民办社会工作组织现状及发展策略

陆士桢[1]　徐选国[2]

【摘要】 随着社会建设的深入，社会工作组织在我国进入了一个新的发展阶段，本文通过对民办社会工作组织相关概念的界定，对国外社会工作组织发展理论及其经验的介绍，以及对当前我国民办社会工作组织发展特征及存在的问题的梳理，揭示了当前我国民办社会工作组织发展特征及其存在的问题，并对适合我国国情的民办社会工作组织未来发展的策略和发展路径进行了阐述。

【关键词】 民办社会工作组织　现状　发展策略

自2003年上海第一家专业社会工作组织成立以来，我国大陆地区社会工作服务组织，特别是民办社会工作服务组织逐渐进入了一个新的发展阶段，目前正式注册登记的民办社会工作组织人约有600余家。即便如此，我国民办社会工作组织总体上仍然呈现规模不大，专业化不足等问题。同时，关于社会工作组织方面的研究也较为缺乏。社会工作服务组织是社会工作嵌入社会建设与发展的重要载体，也是社会工作专业人才服务社会建设的重要阵地，没有健康发展的社会工作服务组织体系，就不可能有完善的社会工作。因此，就我国大陆地区社会工作组织，特别是民办社会工作服务组织的发展概况进行系统的梳理，揭示当前民办社会工作组织发展呈

① 陆士桢，中国青年政治学院青年发展研究院教授。
② 徐选国，中国青年政治学院社会学硕士研究生。

现出的特征，分析组织发展存在的问题及困境，探索出一条适合民办社会工作组织未来发展的路径，具有特别重要的意义。

一、核心概念界定

（一）社会组织

要论述和厘清我国民办社会工作组织概念、内涵、外延、特征及问题等方面，首先有必要对社会组织概念进行清晰的界定及对相关概念进行辨析。

关于社会组织及相关的一系列称谓，如非政府组织、非营利组织、民间组织、公民社会组织、志愿组织、第三部门等，主要是由国外 NGO、NPO 等概念引入中国语境之下出现的境遇区别，虽然实质上上述概念所指的内涵基本上一致，即指的是除政府（第一部门）、市场（第二部门）之外的第三部门，因为区别于前二者，因此，具有非政府性、非营利性、民间性、社会性、志愿性等特征。许多学者认为上述概念不可视为等同，原因可能在于各个概念所强调的特征和方面不一样；也有学者认为这些概念基本等同，只是称谓不同罢了。本文赞成陈洪涛（2008[①]）的观点，认为在中国语境下，应使用社会组织这一概念来规整当前学术界众说纷纭的观点。他认为，社会组织概念比其他概念更适合的原因主要包括以下方面：一是社会组织的内涵更加广泛，其包括法定的民间组织三大体系，即社会团体、民办非企业、基金会，也包括这之外的人民团体、事业单位及未登记注册的各种草根组织；二是社会组织具有中性特色，更适合于中国文化心理特征，更易于为民众所接受；三是社会组织概念更易于为政府及工作人员所接受，进而获得更多支持和理解。

（二）社会工作组织

社会工作组织这一提法，在我国大陆尚未明确提出，不同地区使用不

① 陈洪涛：《为什么要用“社会组织”》，载《中国非营利评论》，2008 年第 1 期，第 248～251 页。

同的概念，如民办社会工作机构，社会工作服务组织，社会工作事务所等。闻英（2009①）认为，社会工作机构是指依据社会工作专业价值观，凭借专业的理论和科学的方法技术，旨在为相关人群尤其是困难人群提供一般或者特殊的关怀、保护、物质和支持服务，以提高或者维持他们的社会功能的组织。

本文将中国社会中从事社会工作服务的组织称为社会工作组织，是指以专业社会工作价值观为指导，以专业社会工作方法为手段，以从事社会服务为组织使命和愿景，以服务社会成员、促进社会建设为目标，并通过各种手段对其所实施的社会服务进行科学监督以促进其可持续发展的社会组织。社会工作组织主要具有以下几方面要素特征：一是社会工作组织是以利他主义原则为指导，坚持助人自助的社会工作宗旨，为社会上有需要的人群提供相关社会服务是社会工作组织的组织使命；二是社会工作组织是一种不以营利为目的，通过各种渠道，将政府、市场、社会等社会主体提供的社会资源和福利服务传输给社会大众的社会组织；三是社会工作组织要具有一套专业的、明确的组织规范和架构，指导本组织开展专业社会工作服务，并不断提升组织公信力和社会认可度；四是社会工作组织必须通过具有专业社会工作教育背景的专业社会工作者，利用专业社会工作方法，来向社会上有需要的特殊人群或一般人群提供社会工作服务，以促进组织使命的达成及服务对象的自我实现；五是社会工作组织应以促进社会公平、消除社会不平等为最终目标。

（三）民办社会工作组织

当前我国社会工作组织主要有三种类型：一是官办体制内的社会工作组织，该类组织是在政府框架之内运作，资源来源于政府，并受政府领导。二是由政府推动组建的非政府性质的社会工作组织，上海的阳光社区服务中心、新航社区服务总社和自强社会服务总社等，该类组织在政府主

① 闻英：《官办社会工作机构的状况及发展策略》，载《郑州轻工业学院学报（社会科学版）》，2009 年第 5 期，第 59～62 页。

动寻求新的社会管理方式和公共社会服务方式下出现的，与主管部门紧密联系。三是民间组建的社会工作机构，如深圳的社会工作机构。这类社会工作机构由民间发起，主要通过政府购买服务的方式获得发展资源，与前两种社会工作机构相比，有较大的自主性（闻英，2009）。2008年汶川地震以来，大量社会组织进驻四川，与从事社会工作服务相关的社会工作组织运行主要有五种类型：一是政府主导模式，二是社会组织合作自主介入模式，三是以本地政府主导、联合其他社会团体建立的模式，四是民办非企业组织形式主导的模式，五是境内外资金独立运作的项目——社会企业的另类形式（廖鸿冰，2010①）。

本文所指民办社会工作组织采用民政部文件的定义，即是以社会工作者为主体，坚持“助人自助”宗旨，遵循社会工作专业伦理规范，综合运用社会工作专业知识、方法和技能，开展困难救助、矛盾调处、权益维护、心理疏导、行为矫治、关系调适等服务工作的民办非企业单位（民政部，2009②）。其基本元素有三个：一是以社会工作服务为组织根本任务；二是组织性质是介于政府与企业之间的社会组织；三是民间性质，是民办的组织。

二、国外社会组织发展理论观点及组织发展经验

（一）相关理论

在国外，与社会工作组织发展相关的理论很多，我们主要从国外社会工作组织与政府之间关系角度，对两个重要理论加以分析。

1. 现代公民社会理论

公民社会一词最早见于亚里士多德的《政治学》中，主要指“政治社会”、“公民社会”或“文明社会”。近代公民社会成熟于17～18世纪的资

---

① 廖鸿冰：《共生理论视角下灾后社工服务组织可持续发展探索——以汶川震后社工服务组织为例》，载《湖湘论坛》，2010年第4期，第117～120页。

② 民政部：《民政部关于促进民办社会工作机构发展的通知》，社会工作网 http：//sw.mca.gov.cn/，2009-10-19。

产阶级革命时期，这一时期公民社会思想主要体现为商业社会独有的一种文明，认为公民社会具有自我调节和自己管理事务的内部能力，国家对于公民社会内部事务的干预遭到阻碍。纵观国外公民社会理论发展脉络，其关于国家与社会关系之“公民先于国家、社会外于国家”的思想，是公民社会的最基本理念。与传统公民社会思想相比，现代公民社会具有如下两个最重要的特征：一是在强调社会自我管理，不受国家干预或侵犯方面，既有消极自由的同时，也强调公民社会有参与国家事务，影响国家政策的权利，也即积极的自由。二是现代公民社会理论越来越认可其与国家之间的合作互补关系：现代公民社会的活动空间是由法律确定并受法律保护的，公民社会与国家有依赖的一面；又由于在一个社会中，市场失灵、政府失灵和公民社会失灵同时存在，因此，在提供公共产品和对集体需要作出反应等方面，公民社会与国家可以互相补充（刘俊月等，2004①）。在国外公民社会视野中，政府与公民社会之间是一种相互合作又互相独立的关系：作为公民社会最重要的组织载体，非政府组织仍然外在于政府，但其活动空间及合法性是由政府确定的，并且其活动也是依照相关法律进行并受法律保护的，政府在非政府的运行中扮演着极其重要的监督者和管理者的角色。同时，非政府组织与政府又具有重要的互补关系，形成一种伙伴合作关系，一起承担向公众提供公共产品和准公共产品的职责。因此，作为非政府组织有机组成部分的社会工作组织，同样与政府之间具有上述合作、互补的关系架构。

2. 资源依附理论

资源依附理论的基本假设是：没有组织是自给的，任何一个单个的组织都无法完全控制达成目标所要的条件或者是无法从行动过程中获得预期的结果，组织都在与环境进行交换，并由此获得生存。在和环境的交换中，环境给组织提供关键性的稀缺资源，没有这样的资源，组织就难以运

① 刘俊月，邓集文：《当代国外政府对非政府组织的管理考察》，载《中共长春市委党校学报》，2004年第5期，第40～43页。

作，这就是组织间“相互依赖”的关系网络得以形成的主要原因（Hall，1991[①]）。资源依附理论有两个核心概念：一是组织的外在限制，即组织会对外在环境中掌握着重要资源的组织的需求作出回应；二是外部依赖，组织的管理人员为了确保组织的存在与延续，要尽可能地管理组织对外在环境的依赖情况，如果可能的话，就从外在限制中得到尽可能多的自主性与自由度（虞维华，2005[②]）。依据此理论，非政府组织具有包括志愿服务、亲和力、企业和个人捐赠等方面的资源，而政府具有包括财力、制度、行政等方面的资源。政府与非政府组织彼此之间都掌握着对方所需要的，并且都需要对方所具有的资源，这就形成了资源依附的合作关系。同时双方都具有一定的自主性与自由度，因此，这种合作不是一方对另一方完全的依附或附庸。这需要组织主动了解此依附关系，并采取相应的策略来改变自己，寻找多种的依附资源，降低其依附性（刘晶晶，2010[③]）。

国外政府与非政府组织之间相互的资源依附关系，表明政府在许多方面具有的优势正是非政府组织生存、发展和履行社会使命所必需的；同时，非政府组织自身的优势，也是政府实现其公共服务、政治服务、经济服务等方面不具备的，因此，政府也离不开非政府组织的支持和作用的发挥。国外社会工作组织能够在社会中发挥政府不能直接发挥的柔性功能，政府将资源转交给这些社会工作组织，并在政策、制度、法律等方面为社会工作组织创造良好的环境，也提升了政府间接服务社会、管理社会的功效。

（二）国外（境外）民办社会工作组织发展经验

国外许多国家及我国港台地区社会工作发展历史悠久，其专业化、职

---

① Hall R. Organizations：Structure，Process and Outcomes，New York：Jersey Prentice Hall，1991：278.

② 虞维华：《非政府组织与政府的关系——资源相互依赖理论的视角团》，载《公共管理学报》，2005年第5期。

③ 刘晶晶：《非政府组织与政府的关系研究——以5·12灾后重建的一个个案为例》，西南交通大学硕士学位论文，2010年，第7～8页。

业化、制度化水平较高，在承载专业社会工作服务方面，民办社会工作组织发挥了举足轻重的作用。

1. 民办社会工作组织与政府形成良好的合作关系

纵观西方发达国家社会工作发展历史，社会工作的发展一直备受政府青睐，民办社会工作组织作为非营利组织的重要组成部分，与政府之间形成良好的合作关系。这主要体现在以下几个方面：一是基本形成了政府购买社会工作服务的模式，政府通过公开招标，鼓励社会工作组织承接政府公共服务项目，为政府间接提供服务，转移政府职能创造了新型的替代模式，不少发达国家和地区形成了完善的“政府财政支持＋民办社会工作服务机构提供直接服务”的社会服务模式，社会工作组织也能因此获得发展的必要条件。二是政府为民办社会工作组织发展创造一系列有益的环境，如建立健全民办社会工作组织相关法规政策，保证社会工作组织依法开展、实施社会服务；建立完善的公共服务机制，通过一些优惠政策（如鼓励民间组织发育、减低组织注册登记门槛、减低或免除税收等手段）鼓励民办社会工作组织有效传递社会公共服务。三是政府树立必要的权威，对不遵循社会工作组织使命和目标的组织，进行严格的监管，甚至取缔，形成对于社会工作组织的强有力的监督、管理网络。

2. 民办社会工作组织使命比较明确，机制比较健全

国外（境外）民办社会工作组织具有明确的利他性、公益性、系统性、制度性和专业性，组织的使命明确，愿景清晰，机制健全。这主要体现在以下几个作用方面：一是其秉持助人为本的理念，能够获得社会其他主体，如政府、市场、社会大众等的支持和理解，并能在各方面获得资助。二是民办社会工作组织一般具有明确的组织愿景，能够对组织自身存在和发展作出有效定位，这是组织可持续发展的重要保障。三是组织自己机制健全，有利于组织内部管理，协调组织运行，提升组织效率，完成组织使命。这些特征，保证了民办社会工作组织具有坚实的生存土壤和发展基础。

3. 专业社会工作者在组织内部发挥重要作用

在国外（境外），社会工作组织以及非营利组织是专业社会工作者就业的主要场所，专业社会工作者是社会组织，尤其是社会工作组织植根基

层、贴近民众、服务社会的重要桥梁和纽带，是社会工作组织提供专业社会服务的基本力量，也是社会工作组织提升服务水平的重要支撑。国外社会工作者与社会工作组织之间形成良好的互动关系，专业社会工作者对于社会工作组织的发展不可替代的作用主要体现在以下方面：一是专业社会工作者通过其专业优势，能够将组织服务资源有效传递给社会大众，尤其是那些最有需要的人们，能够为组织创造良好的公益效益，提高组织服务质量，保证组织获得坚实的民众效应。二是专业社会工作者能够充分利用社会工作的柔性调节功能，有效发挥政府与社会之间的桥梁作用，也因专业角色的顺利实现而实现组织目标。三是专业社会工作者能够充分调动各种社会资源，倡导相关政策的形成，对于满足社会需求，实现弱势群体发展目标，促进整个社会发展起着重要作用。四是国外社会工作组织是推动社会工作的重要力量，同时也是社会工作人才就业的主要组织载体。如美国三分之二的社会工作者就职于社会工作组织中，在香港地区，民办社会工作服务机构承担了78.6%的社会福利财政支出，吸纳了61.6%的社会工作者就业（臧宝瑞，2008①）。瑞士有45%的社会工作者在非营利组织工作，英国有67%的社会工作者在社会组织中就业（王建军等，2008②）。由此可见，专业社会工作者是民办社会工作组织得以生存和发展的基础，在社会工作组织内部起着十分重要的作用，是民办社会工作组织存在和发展的保证。

4. 社会工作组织行业自律机制较为成熟

社会工作发展一个多世纪以来，逐渐形成了较为成熟的社会工作行业自律机制。以美国为例，其社会工作在发展过程中，从实际需求出发，建立起了各种专业机构，来规范、管理和引导社会工作者及其各个专业的发展。美国就有一系列著名的专业团体，如全美社会工作协会（NASW）、

---

① 臧宝瑞：《民办社会工作服务机构发展与管理政策研究报告》，中国社会组织，http：//www.chinanpo.gov.cn/。

② 王建军，朱耀银：《关于瑞士、德国、英国社会工作及其人才队伍建设的学习考察总报告》，载民政部社会工作司：《国外及港台地区社会工作发展报告》，中国社会出版社2008年版，第18页。

美国社会工作教育委员会（CSWE）、全美行政学院协会（NASSA）、美国社会工作理事会联会（ASWB）、美国临床社会工作者联合会（CSWF）等。美国的社会工作管理是政府与专业团体共同推动的，上述专业团体在美国社会工作及社会工作组织发展方面作用巨大，为社会工作专业的实务、教育、资格认证等方面提供了全方位的规范、管理和引导，成为推动美国专业社会工作及社会工作组织的重要力量。

5. 职业经理人在组织发展中不可或缺

国外民办社会工作组织发展的又一个经验是：组织机构中职业经理人角色的有效发挥。虽然职业经理人一词在国外并不常用，有的国家和地区社会组织中使用组织精英或领袖代称，是指在社会组织运行中，承担组织运行管理者角色，具备经营一个社会组织的能力的人员。这类人的基本素质包括：具备一定的社会工作专业理论知识，具备较强的组织管理和经营能力，较强的资源链接能力，较强的社会洞察能力等，只有具备这些方面的能力，才能够在组织中积极发挥作用，如向上与政府沟通，寻求资源，倡导相关政策的出台；向下与组织内部人员有效沟通，促进组织自身有效运行；同时还能与其他组织建立合作关系，争取各种资源，以此来经营组织，并实现可持续发展。

三、我国社会工作组织发展特征及其存在的问题

我国大陆地区社会工作因种种原因，滞后于西方发达国家以及我国港台地区。但随着社会转型，社会工作组织的发育已是一种必然。那么，我国目前社会工作组织发展到底呈现出一种什么状态？存在哪些问题？未来发展有哪些趋势呢？这些问题关系到社会工作在社会整体建设中的地位与作用，关系到社会工作的根本发展，理应引起我们的高度重视。

综合分析，我国社会工作组织发展具有下述特征：

（一）社会需求巨大，政府推动显著，组织发展迅速

改革开放以来，尤其是市场经济体制的建立以及社会转型的加速运作，原有社会福利与社会服务提供严重不足，政府和市场力量难以回应社

会的巨大需求。社会对社会力量功能的发挥存在着巨大的需求，部分地区较早地将社会工作纳入改革开放社会主义事业建设进程中，并积极组建社会工作组织，如上海等地，社会工作组织在社会建设体系中发挥了不可替代的作用。同时，党的十六届六中全会以来，党中央提出了要建设一支宏大的结构合理、素质优良的社会工作人才队伍的指示精神，并在人才规划中将社会工作人才纳入六大类人才中的一类，民政部出台了《关于促进民办社会工作机构发展的通知》等文件，这一切都为社会工作组织，特别是民办社会工作组织的大力发展提供了重要的政策依据。在社会强烈需求和政府的积极推动下，中国民办社会工作组织出现了蓬勃发展的新局面，目前，全国该类组织登记注册者约计600余家。

（二）社会工作组织发展主体多元化，各种力量交互整合

我国社会工作组织的发展呈现出明显的主体多元化格局，在社会工作组织产生的背景方面，社会工作组织有政府倡导建立起来的，也有民间自发组织起来的，还有高校专业力量合作组建的；在社会工作组织运行格局方面，既有政府购买服务支持组织运行的格局，也有民间自主筹资，自主运行的格局，还有政府与民间各种力量之间良性合作的格局；在社会工作组织持续发展方面，既有政府的大力支持，也有各种社会力量的积极资助，同时，还有高校专业力量的融入，这些方面促成许多社会工作组织的可持续发展。因此，当前我国社会工作组织发展呈现主体多元，形式多样，专业力量与行政系统有机结合的特点。

（三）社会工作组织作用凸显，但社会需求与组织回应之间矛盾依然尖锐

社会工作组织具有非营利性、志愿性与公益性等特征，具有不同于政府与企业的组织运行逻辑，有助于弥补“政府失灵”与“市场失灵”。在我国当前和谐社会建设进程中，民办社会工作组织继续发挥如下积极作用：一是社会缓冲器的作用，维护社会稳定、促进社会和谐；二是传递社会服务和公共服务，弥补政府提供服务的刚性特征和不足；三是有效衔接各种社会力量，促成社会发展进步。由于目前我国民办社会工作组织自身

发展现状，无论是专业力量、社会活动能力，还是组织运行、与社会需求的对应和衔接，都不能满足社会实际需要。民办社会工作组织的自身能力和社会服务的巨大需求二者之间，存在着尖锐的矛盾。这种需求与供给之间矛盾的缓解是我国民办社会工作组织发展面临的艰巨任务。

（四）社会工作组织发展空间巨大，但其生存发展仍然面临诸多困境

我国民办社会工作组织作为新时期社会经济体制转型的重要产物，对于促进社会经济体制的顺利转型起着不可替代的作用，社会工作组织在社会各领域存在巨大发展空间。但是由于一系列原因，我国社会工作组织仍然存在着很多发展困境：一是财政支持与社会资金严重不足。调查显示，目前我国社会组织财政支持不足以及社会募集资金困难的分别占56.2%和53.4%（臧宝瑞，2008[①]）。二是相关政策太过刚性和缺位，使得社会工作组织发展缺乏优惠政策和良好环境，自主性较低。三是社会认知度较低，社会工作组织发展缺乏社会良好生存土壤和群众基础。四是组织自身定位不明确，内部管理制度不健全，自身能力难以有效回应社会需求，导致民办社会工作组织还缺乏社会公信力。这些问题和困境，极大地影响了民办社会工作组织的生存与发展。

（五）社会工作人才队伍功能缺位，社会工作组织发展缺乏活力和生命力

我国社会工作人才队伍建设的制度保障正在构建中，社会工作人才培养、管理、激励、评价机制等仍然缺位，现有社会工作人才队伍专业化水平较低，人才队伍结构不尽合理，社会工作人才难以真正发挥社会作用。这一方面导致了社会工作人才与社会工作组织之间缺乏有效的衔接，社会工作组织社会使命难以得到实践；另一方面，社会工作组织发展缺乏专业社会工作人才队伍的人力保障，组织发挥应有作用的能力不足，缺乏生存与发展的生机与活力，组织可持续发展存在着严峻的挑战。

---

① 臧宝瑞：《民办社会工作服务机构发展与管理政策研究报告》，中国社会组织，http：//www.chinanpo.gov.cn/。

四、我国社会工作组织未来发展策略分析

根据我国社会工作组织目前的发展特征及其存在的问题，未来中国民办社会工作组织必须加强建设，提升组织自身能力。

（一）与政府建立合作关系，探索和实践政府购买社会工作组织服务新模式

国外（境外）经验表明：社会工作要发展，社会工作组织要获得生存的土壤和环境，就离不开政府的强有力支持。我国是社会主义国家，人民当家作主，坚持以人为本的执政理念，在党的带领下全面探索小康社会实现途径，努力促进和谐社会建设进程，这是民办社会工作组织发展自我，服务社会的政治优势，也是建立民办社会工作组织与政府良好合作关系的保证。从实际运行层面，社会工作组织要生存，必然离不开政府的资源平台，离不开政府的法律保障，因此，社会工作组织势必要与政府建立良好的合作关系。不仅实现政社之间的良性互动与合作，而且竭力探索政府出资，购买社会工作组织向社会传递公共服务的模式，这是我国大陆社会工作嵌入社会建设，民办社会工作组织发展的根本方向和根本机制。

（二）建立民办社会工作机构的行业组织，统一管理、规范组织运行

能否将中国社会工作协会、中国社会工作教育协会等行业协会打造成全国性的行业组织，在全国民办社会工作组织发展中起到规范管理、行业自律、专业提升的重要作用，是我国民办社会工作组织健康发展的重要步骤。虽然当前这些组织都在不同领域发挥着重要作用，但是其发挥作用的机制尚不成熟。未来中国社会工作组织要获得规范化发展，必须加强行业组织建设。在政策上，一是降低社会工作组织成立并合法化的难度和门槛；二是对专业社会工作组织实施相关政策优惠，鼓励其有效发挥其社会功能；三是消除当前的双重管理体制弊端，实现在民政部门对于社会工作组织注册、登记、管理基础上，充分发挥社会工作协会行业组织综合评估、专业管理、整合资源、培训骨干等功能，以从整体上提高民办社会工作组织管理效率，规范社会工作组织内部有效运作。

（三）加强组织自身能力建设，完善组织内部相关规章制度

当前我国社会工作组织存在的普遍问题是组织自身能力建设不足，以致政府、市场以及社会相关主体对社会工作组织缺乏认可和支持，严重阻碍了组织自身发展壮大。民办社会工作组织要想获得健康发展，必须加强自身能力建设。一是更加明确自身组织使命和愿景，明确组织定位，树立有效的组织目标；二是开发和探索组织服务领域和服务项目，有效链接正负极社会多种资源，不断打造组织服务社会、服务大众的品牌效应，扩大社会认知度，提升组织公信力；三是完善组织自身管理制度，如建立健全组织规章制度、完善组织内部员工激励机制和培训机制，探索和形成组织自我评估机制等，打造组织自身的品牌效应和发展战略。

（四）大力推进队伍建设，实现组织可持续发展

社会工作组织是提供专业社会工作服务的重要场所，因此，如果组织缺乏专业性，组织服务质量难以保证，也难以真正实现服务社会和大众的功效。我国社会工作组织今后应在专业性方面加大力度，尤其是在组织人才队伍建设方面加大力度，以推动和实现组织的可持续发展。一是培育一批社会工作组织职业经理人，充分实现作为社会活动家或社会企业家的优势与角色功能，以保证组织能够得到最有效经营；二是注重现有社会工作人才的培养，提升其专业化水平，充分发挥专业社会工作者的优势，有效传递社会服务和公共福利，促进组织发展的活力和生机；三是建立与高校合作的机制，通过引进和输入的方式，实现高校专业力量的定期督导与大学生不间断的专业实习，保证组织具有专业性优势；四是积极探索志愿者立足组织、服务社会的机制，通过专业人才与志愿者的有效联动，实现“社工带义工”的联动模式，带动更多的人在服务社会及他人的过程中实现自我价值，促进更广泛的社会和谐。

（五）整合多元力量，构建社会工作组织发展网络体系

社会工作组织是非营利性的，其发展离不开外界资源的供给和资助。未来我国民办社会工作组织的发展需要多渠道争取外界资源的支持，构建起社会工作组织发展的网络支撑体系。一是争取政府资金支持为主渠道，

充分有效使用政府公共服务资源，将有限的资源传递到最有需要的人手上；二是争取市场/企业资助，倡导企业承担社会责任，鼓励企业通过社会公益捐助等方式，一方面服务社会，另一方面提升企业社会形象，探索“企社合作”机制，共推社会服务事业发展；三是积极争取社会力量的支持，如向相关基金会申请投标项目，通过基金会基金支持，开展社会服务，实现组织功能的目标；四是建立与高校之间的联动机制，鼓励社会工作组织吸纳和引进高校专业师生力量，这对社会工作组织持续不断的人力输入起着不可或缺的作用。社会工作组织要可持续发展，需要构建起政府、市场/企业、社会等社会主体相互联结、相互支持的网络支撑体系。

社会工作，包括社会工作服务组织，在中国社会发展中，尚属新生事物，需要全社会共同积极探索。这中间，社会工作者的自身努力是关键。

参考文献：

[1] 民政部：《民政部关于促进民办社会工作机构发展的通知》，社会工作网 http：//sw. mca. gov. cn/，2009-10-19。

[2] 陈洪涛：《为什么要用“社会组织”》，载《中国非营利评论》，2008 年第 1 期。

[3] 闻英：《官办社会工作机构的状况及发展策略》，载《郑州轻工业学院学报（社会科学版）》，2009 年第 5 期。

[4] 廖鸿冰：《共生理论视角下灾后社工服务组织可持续发展探索——以汶川震后社工服务组织为例》，载《湖湘论坛》，2010 年第 4 期。

[5] 刘俊月，邓集文：《当代国外政府对非政府组织的管理考察》，载《中共长春市委党校学报》，2004 年第 5 期。

[6] Hall R. Organizations：Structure，Process and Outcomes，New York：Jersey Prentice Hall，1991.

[7] 虞维华：《非政府组织与政府的关系——资源相互依赖理论的视角团》，载《公共管理学报》，2005 年第 5 期。

[8] 臧宝瑞：《民办社会工作服务机构发展与管理政策研究报告》，中国社会组织，http：//www. chinanpo. gov. cn/。

构建中国特色社会工作理论体系的思考

吴　铎[①]

【摘要】　各国社会工作的实务和理论，既具有共同的特点，也具有深刻的时代和社会特征。我国社会工作有着自身的社会背景和发展环境。因此，建设中国特色社会工作理论体系，需要从我国的实际出发。首先要研究它的社会基础，坚持社会主义核心价值。要批判继承传统的社会工作理论，深入总结、提炼实践中一系列重大理论性课题。要对我国传统的思想政治工作、群众工作、民政工作等，从理性认知视角加以辨析，使之融入现代社会工作理论的内涵。

【关键词】　中国特色社会工作　理论体系　社会基础　核心价值

社会工作是世界工业化和现代化的产物，萌发于社会慈善救济活动，逐步实现专业化、职业化，并在实务工作的基础上形成相应的理论。纵观许多国家和地区的现代化进程，可以看到一个共同的特点，当社会进入转型期，必须调整经济与社会发展的格局，解决各种旧有和新生的社会矛盾，重建社会关系。社会工作正是在这样的背景下，应运而生。发达国家和地区社会工作的实务和理论，既具有共同的特点，也具有深刻的时代和社会特征。

我国社会工作有着自身的社会背景和发展环境。在借鉴发达国家和地区社会工作理论和实务经验的同时，需要从我们的实际出发，在拓展社会

① 吴铎，华东师范大学社会发展学院教授。

工作实务的实践中，探讨和逐步建立中国特色的社会工作理论，以发展社会工作事业，促进社会主义和谐社会建设。

一、关于社会基础和核心价值

建设中国特色社会工作理论体系，首先要研究这个理论的社会基础，也就是研究社会工作与社会转型的关系。马克思指出："理论在一个国家的实践程度，决定于理论满足于这个国家的需要的程度。"[①] 我们研究社会工作理论，是源于社会的需要；我们评价这个理论，也主要视其满足社会需要的程度。我国正处于社会主义初级阶段，并将长期处于这个阶段。这是一个社会转型期。在这个时期，我国实现了经济的快速增长，而社会发育和发展却严重滞后。随着改革开放的深入发展，人的需要不断的发展，新旧制度的磨擦也带来了众多新的社会问题。这些需求和问题能否得到有效解决，关系到社会稳定与国家的发展。仅依靠传统的社会治理理念、方法和手段，已越来越不能应对社会发展的需要。社会工作作为社会治理的一种科学理念、专业和方法，适应我国社会转型的需要，为推进社会的进步和发展服务。研究社会工作与社会转型的关系，是构建中国特色社会工作理论体系的基础和出发点。

社会工作价值观是社会工作理论的核心，社会工作实践的灵魂，贯彻于社会工作之中，对社会工作具有引领和规范的作用。研究社会工作的价值理念，是构建我国社会工作理论体系的重中之重。在我国，社会主义核心价值体系是在全部社会生活中居于指导、引领地位的社会价值体系。它是社会主义意识形态的本质体现，是当代中国最基本的价值取向和行为准则。马克思主义指导思想、中国特色社会主义共同理想、以爱国主义为核心的民族精神和以改革创新为核心的时代精神、社会主义荣辱观，构成了社会主义核心价值体系的基本内容[②]。社会主义核心价值体系对于构建我

---

① 《马克思恩格斯全集》第一卷，人民出版社 1965 年版，第 462 页。

② 《中共中央关于构建社会主义和谐社会若干重大问题的决定》，2006 年 10 月 19 日《人民日报》。

国社会工作理论体系具有引领和规范作用。中国特色的社会工作价值观，体现着社会主义核心价值体系主导地位。

二、关于理论内涵和基本思路

社会工作理论体系有着丰富的内涵。传统的社会工作理论涵盖社会工作价值理论、人本主义理论、社会心理理论、认知行为理论、人类成长与社会环境理论、危机介入理论、女权主义理论、增权理论、社会支持网络理论等等，与社会学、社会心理学等学科关系密切。这些理论的科学内涵对社会工作实务拓展、建设社会工作专业、社会工作人才铸造均具有重要意义。

社会工作理论是在社会实践中总结提炼出来的，需要符合社会实际，满足社会的需要。在我国长期、丰富的社会工作实践中，创造、积淀了大量具有本土特色的理论内涵。在研究、应用传统社会工作理论时，需要立足我国社会实际，在比照、扬弃、创造方面多下工夫，逐步探索真正符合我国社会实际、满足社会需要的社会工作理论体系。改革开放以来社会工作专业和实务的发展，给我们提出了一系列重大理论性的思考课题。深入研究这些课题，抽象出理性认识，应是中国特色社会工作理体系的重要内涵。

（一）社会工作与以人为本

社会工作的出发点和归宿，都要遵循以人为本的精神和原则，即天地万物，唯人为贵。管子提出："夫霸王之所始也，以人为本。本理则国固，本乱则国危。"[①] 这里明确提出了"以人为本"的概念。以人为本，就是要以实现人的全面发展为目标，从人民群众的根本利益出发，谋发展，促发展，不断满足人民群众的经济政治和文化要求，让发展的成果惠及全民。以人为本是马克思主义关于人的思想的本质体现，以人为本发展经济是不断满足和丰富群众物质生活的基础和前提，以人为本是要充分发挥广大群众的创造性和体现广大人民群众的根本利益。以人为本的精神和原则，贯彻到社会工作之中，阐明了社会工作的根本目的是人，是助人；说明推动

① 张小木著：《管子解说上》，华夏出版社 2009 年版，第 222 页。

社会工作的发展，要依靠广大的人民群众，依靠广大的服务对象。社会工作提供服务，不是赐予，而是要通过“助人”而实现受助者“自助”，再实现“自助助人”，从而达到社会工作的高境界。

社会工作与政社合作社会组织，尤其社会工作专业组织，是推动社会工作发展的重要力量，社会工作的发展多要依托运作专业的社会服务组织，社会工作的职业岗位多与社会组织依存。政府与社会组织的关系决定着社会工作的发展。

我国社会转型促进社会管理体制创新、社会组织快速发展。这就需要构建政府与社会组织的合作机制。要坚持党的政治核心地位和领导，培育、引导社会组织健全发展，加强社会组织的自律与他律；要发挥政府的主导和负责作用，实现政府职能转变，大力增强民间社会组织的社会管理功能，形成政府与民间社会组织的良性互动；要整合社会资源、引导社会广泛参与，促进社会关系和谐发展。民间社会组织由于独特的中介性质，在政府与社会、政府与企业之间发挥着良好的协调作用，维护政府与社会的和谐关系。社会治理是现代政府的责任。但是，包括社会管理与社会服务在内的社会治理，不可能都由政府直接来承担，政府并非管理和服务的唯一主体。政府的社会功能事实上是有限的，社会管理与社会服务主体的多元化、政府和社会的分工合作与共同治理，是社会发展的客观趋势。关键在于政府社会职能的转变。只有实现政府职能的转变，才可能建立促进社会和谐的“政社合作”体制。

（二）社会工作与社会管理

社会工作在一定意义上就是社会管理工作，是社会管理整体格局中的一个重要组成部分。《中共中央关于加强党的执政能力建设的决定》指出：“建立健全党委领导、政府负责、社会协同、公众参与的社会管理格局。”①在社会管理体系中，党政、社会、公众几个方面分别具有领导和负责、协同、参与的相应管理职能。《中共中央关于加强党的执政能办建设决定》

---

① 《中共中央关于加强党的执政能力建设的决定》，2004 年 9 月 26 日《人民日报》。

还提出了"更新管理理念，创新管理方式"的任务。《中共中央关于构建社会主义和谐社会若干重大问题的决定》进一步将社会管理的内容具体化，包括"建设服务型政府，强化社会管理和公共服务职能"、"推进社区建设，完善基层服务和管理网络"、"健全社会组织，增强服务社会功能"、"统筹协调各方面利益关系，妥善处理社会矛盾"、"完善应急管理体制机制，有效应对各种风险"、"加强社会治安综合治理，增强人民群众安全感"、"加强国家安全工作和国防建设，保障国家稳定安全"等[①]。党的十七大以来，进一步提出"加强社会管理能力建设，创新社会管理机制"、"加强和创新有中国特色的社会管理"[②]。包括社会管理目标、社会管理主体、社会管理内容、社会管理机制和体制、社会管理方法等在内的社会管理理论，对于构建中国特色社会工作理论体系具有特殊意义。

（三）社会工作与社会建设

以保障和改善民生为重点的社会建设，包括基本民生建设、社会结构建设、社会组织建设、社会安全建设和社会管理模式建设等，共同构成一个相对完整的社会建设系统。社会建设的内容和要求，正是我国当代社会工作的重点，对确定社会工作的指向具有十分重要的引领作用。尤其基本民生建设，以保障和改善民生为重点，包括：把保障和改善民生作为加快转变经济发展方式的根本出发点和落脚点，坚定不移走共同富裕道路，完善保障和改善民生的制度安排，加快发展各项社会事业，坚持优先发展教育，着力抓好就业这个民生之本，合理调整收入分配关系，加快推进覆盖城乡居民的社会保障体系建设，加快医疗卫生事业改革发展，加快推进住房保障体系建设，继续推进扶贫开发，发展妇女儿童事业，培育壮大老龄服务事业和产业，健全残疾人服务体系，使发展成果更好惠及全体人民等，都与社会工作有着紧密的联系。构建中国特色社会工作理论体系，需

① 《中共中央关于构建社会主义和谐社会若干重大问题的决定》，2006 年 10 月 19 日《人民日报》。

② 胡锦涛在省部级主要领导干部社会管理及其创新专题研讨班开班式上发表重要讲话，2011 年 2 月 20 日《人民日报》。

要深入研究社会建设的理论。

（四）社会工作与社会问题

社会工作是一种面向社会问题和解决社会问题的工作。它的使命是预防和解决因各种原因造成的社会问题。社会转型期的各种矛盾和问题凸显，人们在生存和发展以及参与社会竞争中，面临不少矛盾、困难、压力和挑战，如果不做好解决社会问题这篇大文章，就有可能使我们的工作处于被动，对我们推进各项事业就有可能形成障碍。改革过程中出现的社会问题引起心理失衡。下岗失业、贫富差距、腐败现象等使一些人产生了较强的失落感、相对被剥夺感、不公平感等，如果这些心理感受长期得不到改变，甚至进一步加深，势必使心理失衡现象变成严重的社会心态问题。还有人口生态问题、教育危机问题、道德失范问题、婚姻家庭问题、刑事犯罪问题、社会保障滞后问题等等。对不同层次的社会问题的产生、表征、演变、发展态势以及治理的对策等，进行全面深入的研究，在宏观上协调社会、组织和社区，在微观上涉入个人、家庭和小群体，寻求解决问题的出路和方法，是社会工作在实践上和理论上的任务。因此，社会问题的理论研究，是构建中国特色社会工作理论体系应有之义。

（五）社会工作与和谐社会

“和谐社会”的伟大构想定义为六个重大目标：民主法治、公平正义、诚信友爱、充满活力、安定有序、人与自然和谐相处①。这一构想成功地将我国传统文化的价值观与社会工作价值观相融合，构建了新型的社会工作价值观。这一价值观体现了社会主义核心价值体系的要求。按照这样的价值理念，社会成员公平地享有基本权利、机会和社会利益，承担社会责任。社会为每个成员提供成长和发展的平等机会，每个人都能发挥其最大的潜能，从而达成社会关系的和谐状态。专业社会工作具有促进社会和谐的特殊功能。专业社会工作方法具有科学化、人性化、柔性化的特征，对

① 《中共中央关于构建社会主义和谐社会若干重大问题的决定》，2006 年 10 月 19 日《人民日报》。

于帮助服务对象正确分析和对待自己、正确分析和对待他人、正确分析和对待社会，具有正面引领的作用。当社会成员都进入善于正确对待自己、他人和社会的境况时，就能避免或化解许多社会矛盾，人与人之间、个人与社会之间就会形成一种和谐人际交往关系。可见，和谐社会建设理论是构建中国特色社会工作理论体系的关注重点。

三、关于传统经验和理性认知

我国传统的思想政治工作、群众工作、民政工作以及人才成长、义务服务等，都具有悠久的历史，积累了丰富而有效的经验。这些经验是在马克思主义认识论和历史唯物论的指导下、经过大量的社会实践而获得的，不仅具有经验的价值，也具有一定的理论价值。应充分吸收思想政治工作、群众工作、民政工作、人才工作方面的传统理论、经验和方法，与现代社会工作理论的内涵融合，从而构建中国特色的社会工作理论体系。

（一）社会工作与思想工作

社会工作与我们传统的思想政治工作在工作目标、工作内容、工作方法、工作结果等方面，都有着相通之处。思想政治工作具有较强的社会调节功能，也就是通过民主的、说服教育的、相互沟通的方式，可以达到对人的情绪进行调控，对人际关系进行有效调整的目的，从而提高人的思想觉悟，建立起新型人际关系，保持和促进社会的稳定和发展。大力加强思想政治工作，通过人与人之间的思想交流与沟通，调适人们的思想状态，可以使人们的心理由不适应、不平衡向适应、平衡转化，从而消除人们的心理障碍，化解人民内部矛盾。这也是社会工作所具有的功能。不过，社会工作与传统思想政治工作并不完全等同。思想政治工作在解决人们的世界观、人生观、道德观问题时，更强调政治目标，有目的地对人们施加意识形态的影响，以转变人们的思想和指导人们的政治行为，解决人们的政治立场、政治观点等问题；社会工作则着重于调节人与社会、个人与他人的关系，启发个人的潜能，增强人的自尊、自强、自信以实现自助。其实，每个国家都有自己的思想政治工作，都离不开意识形态的教育，只是渠道和方法适合各自的特点而已。因此，深入分析、总结我国思想政治工作的经验，是构建中国特色的社会工作理论体系所必需的。

（二）社会工作与群众工作

“一切为了群众、一切依靠群众”和“从群众中来、到群众中去”的群众路线，是长期革命和建设经验的总结，是科学的领导方法和历史唯物主义的生动体现。我们现在推进社会工作，开展社会服务，说到底也是做群众工作。尊重群众的观点、服务群众的理念、为群众办事的工作方法等，传统群众工作与社会工作都是相同的。在这方面，可以传承传统的群众工作的优势，在社会工作中坚持、发扬群众工作的精神，运用群众工作的方法，同时与时俱进，创新思路、方法和机制，积极回应群众在政治、经济、文化、社会等各个领域的诉求，从而最大限度激发社会活力，回应人民群众的新期待。

现阶段推进社会工作，在一定意义上可以视其为新时期的群众工作。随着我国经济社会转型，在人民群众内部利益主体日益多元化，不同社会阶层与利益群体有着不同的价值观念、不同的利益诉求、不同的利益表达方式、不同的利益维护方式。无论是在经济、社会领域，还是在政治、文化方面，广大群众的主体意识、权利意识已经空前增强，对于国家事务和经济社会具体运行，深度参与的要求日益迫切，并且开始以各种舆论和行动来捍卫自身的知情权、参与权、表达权、监督权。面临新的形势和社会需求，做好社会工作即新时期的群众工作，在理论和实践上都具有重要价值。

（三）社会工作与民政工作

民政工作是中国特色的社会工作，这是对中国民政工作与社会工作关系的基本概括。所谓民政工作，是指以国家行政权力作为基础，由政府主管部门依法组织和实施的解决社会问题，调解社会矛盾，维护社会公平，发展社会民主，保持社会稳定，维护人民群众基本生活权益的社会行政管理工作。它包括社会保障、政权建设、社会行政管理等方面的内容，具体包括基层政权建设、优待抚恤、社会救济、救灾、社会福利事业等，具有政治性、社会性、群众性和多元性的特点，发挥着社会稳定机制的基本功能。民政工作其实是一种实际社会工作，主要由政府民政部门实施。经由社会工作专业培训的人员，遵照社会工作的价值观，采用社会工作的专业方法进行的社会服务活动，是一种专业社会工作。民政工作与社会工作不能简单地等同，但根据我国的具体国情，两者是相互结合甚至是融合的。二者的价值观相同，强调以人为本、助人自助，充分注重人的价值和需要，并对受助者以充分的尊重。二者的内容一致，都围绕着服务民生，维护人民群众基本生活权益而开展工作。二者的功能相同，即调解社会矛盾，维护社会公平，发展社会民主，保持社会稳定和发展。在具体协调二者的关系时，民政工作主要从宏观管理规划层次，对具体社会工作进行规划、管理和指导；而专业社会工作主要侧重于社工实务与理论研究。从价值观、内涵、功能、方法等方面，探讨现代民政工作与专业社会工作的关系，应属于构建中国特色社会工作的重大任务，在理论和实践上都具有重要价值。

（四）社会工作与人才培养

我国关于人才观的论述，有着悠久的历史和十分丰富的内容。葛洪《抱朴子·逸民》要求“褒贤贵德，乐育人才”①。龚自珍“我劝天公重抖擞，不拘一格降人才”② 的名句，更表达了看重人才、渴求人才的理念。人才论与社会工作是不可分割的，是整个社会工作，尤其高校社会工作专业、社会工作培训以及制定社会工作法规、伦理守则的一个重大理论问题，包括人才观、人才的价值、人才的标准、人才的培养、人才的使用等等。

我国传统的人才观与社会工作人才观文脉相系，体现在中央关于社会工作人才的决定中。中共中央十六届六中全会要求建设宏大的社会工作人才队伍，造就结构合理、素质优良的社会工作人才，建立健全以培养、评

① 陈志坚主编：《诸子集成》，北京燕山出版社 2008 年版，第 486 页。

② 梁权伟编著：《中国历代诗词名篇鉴赏下》，当代世界出版社 2009 年版，第 226 页。

价、使用、激励为主要内容的政策措施和制度保障，确定职业规范和从业标准，加强专业培训，提高社会工作人员职业素质，通过多种渠道吸纳社会工作人才，提高专业化社会服务水平[①]。这些关于社会工作人才的分析，阐明了我国的社会工作人才观，具有重要的理论价值。

（五）社会工作与志愿服务

列宁曾把十月革命胜利后在俄国工人中产生的星期六义务劳动称之为“伟大的创举”[②]。这是一种不计定额，不求报酬，自觉自愿地为社会所进行的劳动。我国也继承了义务劳动的传统。义务劳动所体现的精神与志愿服务的精神是完全一致的，即奉献社会的精神。这种产生了“伟大创举”的奉献社会的精神，正是社会工作的价值核心。

需要深入研究社会工作与志愿服务的关系。从专业性、职业性看，二者存在着区别。社会工作的专业知识和理论要求更高，同时作为一种职业，社会工作者提供的是有报酬的服务；而志愿服务的专业和理论要求相对较低，志愿服务不属于社会的一种职业，志愿者提供的服务是不计报酬的、无偿的。从价值观、工作内容、工作方法、伦理原则等方面看，二者又是一致的，有着内在的联系。这种一致性使双方具有相辅相成、相得益彰的作用。因而各个服务领域普遍采用以社会工作者为指导、志愿者服务为主体的社会工作模式。这种模式同样具有其理论价值。

构建中国特色社会工作理论体系将有一个发展过程，任重道远。

---

① 《中共中央关于构建社会主义和谐社会若干重大问题的决定》，2006 年 10 月 19 日《人民日报》。

② 《列宁选集》第四卷，人民出版社 1972 年版，第 1～22 页。

灾后重建的社会工作实务研究

韦克难[①]

【摘要】 汶川地震后，大量的社会工作机构进入灾区提供了很多专业服务，社会工作实务取得了较大的突破，特别是取得了社会工作服务以实际需求为导向，以助人自助为目标，以社区工作为主线，以资源整合为手段，以当地民俗为突破，注重政社合一，保障社会工作的适应性等有益的经验。当然，汶川地震灾后重建社会工作也还是一些探索，还存在一些问题。

通过制定各项服务规范和标准，切实提高灾区社会工作服务水平；加强信息沟通和协调，积极整合灾区的各种社工服务资源；全面加强社会工作服务能力建设等措施是解决这些问题的积极对策。

【关键词】 汶川地震　社会工作实务　灾后重建

汶川地震灾后重建三年，灾区焕然一新，取得世人瞩目的成绩。社会工作也在灾区扎根，海内外社会工作机构和社会工作者在灾区作出了独特的贡献，有很多社会工作专业机构一直在灾区艰难地工作着。为此，本文拟对汶川地震灾后社会工作实务作一个概括性研究。

一、汶川地震灾后社会工作实务模式

社会工作介入汶川地震灾后重建，每个机构都有自己独特的工作方法

① 韦克难，西南财经大学社会工作系教授。

和实务经验，但综合不同机构的经验，可以发现有这样一些共同点：

(一) 以政社合作为保障，提升社会工作的合法性

从灾区社会工作服务的经验来看，社会工作的开展需要政府的足够支持和协助。政府需要与社会工作服务机构建立起良好的合作机制和互信、平等的合作伙伴关系，形成以政府为主导，社工服务机构为主体的社会工作运行机制。这种以政社合作为保障的运行机制，能增强社会工作的合法性，排除服务过程中的客观障碍。

社会工作机构由于其自身的灵活、贴近群众等特点，能够在政府提供最基础和最主要的服务的基础上进行查漏补缺，在走访、调查的基础上，发现被遗漏的困难群体，给予必要帮助，提供更为直接、细致的服务，从而满足群众需要。同时，在协调政府与灾区群众的关系上，社会工作能够担当好“中间人”的角色，促进双方的沟通理解。许多在灾区的社工机构在总结服务经验时，都提到“加强同政府和其他机构之间的沟通合作，是提高资源利用率的有效途径。在灾区从事社会工作，环境复杂，离不开政府相关部门的指导和支持。我们的主要角色就是配合政府、协助政府做好服务工作。政府的支持能够提高我们自身的合法性，从而有利于工作的开展”。

(二) 以灾区需求为导向，增强社会工作的针对性

从灾区社会工作服务的经验来看，社会工作服务必须以灾区群众需求为导向，才能提高社会工作的针对性和服务的有效性。从最初的紧急救援到之后的灾后重建，灾区群众的需求随时间的变化而不断变化，从基本的生存需求发展到心理需求，从对家园的重建需求发展到对人际关系、社会关系的重建需求。社会工作服务都需要在客观、及时、准确调查的基础上，从灾区群众的实际需求出发来调整工作内容和工作重点。从我们的调查来看，灾区社会工作服务基本上形成了一种工作模式，工作开展的第一步，通常是进行探访工作，了解灾区群众的实际需要。在这个过程中，与灾区群众建立起初步关系，取得他们的初步信任，为今后的工作做好铺垫。

如何做到以灾区群众需求为导向呢？首先，必须要做好前期的需求评估。需求评估在社会工作服务中占有相当重要的地位。需求评估必须建立在科学的技术和手段的基础上，从灾区群众实际出发，切实、准确反映灾区群众当前的需求，并根据需求的变化作相应调整。从汶川地震社会工作的实际服务工作来看，灾区的需求可以说是呈现出规模大、数量多、差异大等特点。无论从个人、家庭，还是社区层面来看，各种各样的需求层出不穷。而且，随着时间的变化，灾区群众的需求也不断地变化。

其次，在需求评估的基础上，必须根据服务对象自身的特点，同时征询当地政府组织、非政府组织的意见来制订相应的工作计划，切勿搞“一刀切”。在汶川地震中提供社会工作服务的机构，基本上都是属于“外来”，因此在摸清当地实际情况的基础上，结合需求评估而制订的工作计划会显得更有针对性。比如“上海社工灾后重建服务团队”就是以需求为导向，以项目为平台，根据安置点居民的实际需求来设计项目，提供服务。在提供服务过程中，根据实际情况不断修正服务项目：项目设计完成之后先征询当地管委会、居委会和部分群众的意见，避免出现失误；项目进行过程中遇到问题及时进行修正和微调；项目完成后及时进行反思，并进行成效评估。

最后，将需求评估作为与灾区群众建立良好关系的重要手段。我们发现，在实际的需求评估中，通过对灾区群众需求的了解，不仅可以使服务提供者了解需求的内容、需求的优先等级，而且在这个过程中，能使灾区群众的情绪得到舒缓，能为与灾区群众建立起良好的关系打下基础。比如，启创社工服务站将需求评估工作作为与服务对象建立起良好关系的重要手段，积极走访受灾学生的家庭、学校，取得学生、学生家长、学校老师的信任，建立起良好的服务关系，为他们提供适合的个案跟进及深入辅导，协助学校建立起良好的学校—家庭—社区良性互动的生态系统打下了坚实的基础。

（三）以助人自助为目标，提高群众生存发展能力

从灾区社会工作服务的经验来看，社会工作需要秉承“与其授人以

鱼，不如授人以渔”的理念，遵照“尊重、同理、真诚”的职业操守，在提供服务的同时，帮助灾区群众提高生存和发展能力，达到“助人自助”的目标。

“尊重、同理、真诚”的职业操守能使灾区群众感受到被尊重、被理解、被信任、被需要，为建立在“优势视角”上的社会工作服务做好铺垫。优势视角强调以正面、积极、优势的视角去看待案主及其处境，强调人的能力、价值、兴趣、资源、成就和抱负在满足自己需要和解决问题中的作用。在灾区，大多数助人计划和实施过程都以服务对象的优势和抗逆力为核心，增强个人、社区的能力为目标。我们发现，在“助人自助”理念下开展的社会工作服务，能够促进受灾群众增强自己克服不利因素的能力，增加人的知识和技能，提高个人与社会协调能力。同时，能够激发受灾群众的主体意识、增强重建家园的坚定信心。为个人、社区乃至整个灾区的恢复、重建和发展提供坚定的基石。

（四）以社区工作为主线，扩大社会工作的影响面

从灾区社会工作服务的经验来看，社会工作服务必须以社区工作为主线，扩大社会工作的影响面。地震不仅摧毁了原有的物质基础，而且破坏了原有的社会关系。灾后重建涉及面之广，任务之重，难以想象。撇开物质建设外，心理重建、文化重建、社区重建、社会关系重建等社会服务、社会建设方面都亟待解决。而社会工作作为灾区的新生事物，除了面临不被人了解、缺乏资金、无制度保障等问题外，还面临力量弱小，资源分布不均等问题。为了使灾区既有的社会工作力量效用最大化，就不得不以“社区”作为主线，来扩大工作面，尽可能使更多的灾区群众受益。在灾区，全部灾区群众都是服务对象，只有以社区为平台，才能使服务效果最大化，尽可能地服务灾区群众。

从灾区社会工作服务的经验来看，社区社会工作能扩展社会工作的影响面。一方面，社区社会工作的受益对象比较广泛，能增加群众对社会工作的了解；另一方面，社区社会工作注重包括政府、非政府组织在内的各类组织的协调和合作，能增加机构和组织之间的相互了解和信任，扩展社

会工作的影响。

（五）以资源整合为手段，满足群众的多方面需求

从灾区社会工作服务的经验来看，社会工作的一个重要任务就是积极整合资源，满足灾区群众的多方面需求。地震发生后，大量的资源涌入到灾区。而资源的连接、资源的整合、资源的分配成了一个敏感而重要的任务。

连接资源是社会工作者的重要工作内容之一。在我们研究中发现，但凡到灾区服务的社工机构和组织都积极为灾区连接资源，满足灾区群众的需要，如为心理需要康复的灾民连接心理卫生资源；为受灾学生连接教育资源；为病人连接医疗资源，特别是针对震后致残人员的免费医疗服务……

资源整合是满足灾区群众需求的重要手段。我们发现，从整个灾后紧急救援和重建工作中来看，资源存在分散性、分布不均、重复浪费的现象。比如说，一些明星灾区的资源非常丰富，甚至出现了一些浪费现象，而非明星灾区却难以得到充足的物资。因此，社会工作者需要担当起资源整合的任务，将资源的真实需求情况反映给社会，使灾区群众的合理需求得到满足，使资源得到充分的利用。同时，在调查中发现，灾区有大量的服务机构，大都本着为灾区尽一份力的初衷而来，但是由于分散性、力量小的特点，不能有效发挥作用。因此，社工需要整合他们的力量，使他们之间能够相互协调和配合，减少资源的浪费。

（六）以当地民俗为突破，保障社会工作的适应性

从灾区社会工作服务的经验来看，社会工作服务需要尊重当地民俗、文化，才能使工作更贴切群众，更符合当地情况，从而保障工作的适应性。当地文化对社会工作的介入有重大的影响。在介入前需要了解当地民俗、文化，在介入过程中必须要尊重当地民俗、文化。如若不尊重当地民俗，社会工作服务效果会大打折扣。

汶川地震发生后，一些灾区服务的社工机构充分意识到当地民俗、文化的重要性，请相关专家为进入灾区服务的社工人员和志愿者提前做好当

地民俗、文化的培训，在挑选人员的时候也倾向挑选四川籍的，或者是能够讲四川话的人员。众所周知，受灾严重的汶川、北川、茂县等地都是羌族聚集区，羌族的刺绣历史悠久，羌族妇女一般都会做传统的羌绣。社工机构深入这些地区进行服务时，发现通过组织当地妇女制作羌绣，可以使丧亲家庭妇女走出家门、治疗心理创伤，同时可以增加一定的收入，缓解生计问题。同时，他们发现，羌族、藏族还喜欢围着火跳“锅庄”。而“锅庄”无疑也是治疗灾区群众心灵创伤的一种良好方法。所以，在尊重当地民俗文化的基础上，结合社工的专业手法，能够大大增加服务的效果。

二、汶川灾后重建社会工作介入中存在的问题

汶川灾后重建，社会工作介入取得了一定的成绩，为今后开展灾害社会工作提供了很多有益的经验，但也存在一些问题，这些问题是：

（一）社会工作服务以外来援助为主，缺乏长期性

在我们2009年所调查的149个组织（团队）中，有144个组织（团队）回答了灾区工作规划的问题。这144个组织（团队）中，15.3%的组织（团队）无工作规划，16.7%的组织（团队）有1～6个月的工作规划，10.4%的组织（团队）有7～12个月的工作规划，近一半的工作机构缺乏工作计划的长期性。

从资金来源上看，企业赞助、基金会（包括境内境外）赞助是主要来源。有3家选择了有政府拨款。而这类政府拨款通常并非当地政府拨款，而是由援建方政府的投入，如湘川情社会工作服务中心，主要是由理县的对口援建湖南进行资金投入。

很多项目的短期性，不能对灾区进行持续的帮助，浪费了很多之前建立的资源；坚持下来的NGO面临经费短缺，难以为继的局面。目前的社工援建灾区的工作模式不是长期性的，工作缺少系统性，导致服务效果并没有达到应有的效果。

很多社会工作服务组织工作人员流动性较大，工作不持续，造成服务

效果不理想。特别是一些服务，如心理康复，需要一个长期、持续的过程，才能保证服务效果。但是由于服务人员的流动性，在一定程度上给受助对象带来了伤害。

（二）无统一服务标准，缺乏规范性

在我们2009年调查的149家社会工作服务组织中，超过一半（53.7％）的组织（团队）有专职的人员对开展的服务进行督导，12.1％的组织（团队）有兼职的定期督导，18.1％的组织（团队）有时按要求进行督导，16.1％的组织（团队）对自己开展的服务没有进行督导。说明了有一部的社会服务组织（团体）还需要进一步落实对服务的督导，以提升其自身服务的专业化水平。

在我们调查的149组织（团队）中，23个（15.4％）组织（团队）对所开展的服务没有进行评估，126个（84.6％）组织（团队）对所开展的服务进行了评估。这126个组织（团队）其中54.0％的组织（团队）按项目要求作评估，16.7％的组织（团队）不定期对组织服务进行评估，29.4％的组织（团队）定期对组织服务进行评估。从以上组织（团队）对自身服务评估的调查结果来看，大部分的参与调查的组织（团队）还需要进一步重视对开展的服务进行定期评估的意识和重要性，这将有利于他们提高自己服务的素质，以更好地满足灾区民众的各种需要。

从社会工作者本身的职业伦理而言，目前国内社会工作者的职业化、专业化建设起步不久，职业监督机制及职业退出机制尚未建立，而社会工作者的职业水平及职业素质参差不齐，有些社会工作服务组织工作人员素质不高，缺乏必要的服务技能培训，导致工作质量受到影响。

（三）社工组织能力差，缺乏有效性

从社会工作专业的角度而言，灾后社会工作服务在国内是一个全新的领域，社工界并没有积累重大灾难发生后的社会服务经验，汶川特大地震是在国内汇集了大量的社工深入灾区开展服务的先例，社会工作服务还停留在总结经验的阶段，还远没有上升到理论层面再到业内普遍传授的阶段。所有的社会工作者都在探索中累积特大灾难发生后的服务经验，寻找更有效的服务途径。由于社工专业知识的缺乏，在工作中远不能满足工作的需求。

（四）服务资源分散并有浪费现象，社会工作资源缺乏整合性

整合的资源才能积极发挥效果。然而，社工在灾区的服务基本属于各自为战，各路人马（包括各种政府及高校组建的社工站、NGO、心理团队）都到灾区献爱心，灾区服务的机构众多，且各有所长，但彼此之间缺乏联系和资源共享，各自为营，各自为战，没有建立起一套完善可靠的转介系统，导致资源被极大地浪费，客观上导致转介资源不足、经费不足等问题。在都江堰市、北川、绵竹、安县等灾区，都有不同机构设置的社区站，但彼此之间缺少联系，资源没有共享，社工们缺乏交流，别的社工站做了什么服务，效果怎么样，很难知道。

不但如此，因为缺乏协调，甚至出现有限的社工资源竞争服务对象的局面。有些知名度较高的灾区、服务资源过于集中。如仅仅水磨小学，就有广州启创社会工作协会、李连杰壹基金等 3 家机构，造成无序竞争甚至是资源的浪费。

（五）注重社会工作预防与恢复功能，缺乏发展性功能

社会工作在灾后恢复重建中发挥了恢复、预防的功能，但发展的功能明显地发挥不够。有受访机构表示："考虑到四川灾区重建工作可能持续长达 20 年，灾区居民的现实需求需要社会工作者提供长期的服务。从香港、台湾等地社会工作服务经验来看：即使灾区重建过程基本结束，专业社工的综合服务仍然是非常必要的，专业社工的综合服务可以协助社区居民去发展社会关系网络，促使社区居民过上健康、稳定的生活，使社会更和谐。"

三、汶川地震灾后重建社会工作实务发展的对策建议

在救灾与重建中，政府相关职能部门与社会工作服务组织都为灾区群众提供了公共服务。其中，政府和社会工作服务组织是一种合作的关系，政府发挥主导作用，社会工作服务组织发挥拾遗补缺的互补作用。因此，

各级党委、政府、社会工作服务组织应该齐心协力，整合各种资源，共同促进灾区社会工作服务的发展。

（一）充分认识社会工作介入汶川地震的重要性，大力加强灾区社会工作的制度化建设并保障其合法性

由于社会、群众、干部中存在对社会工作缺乏认识或认识不足的问题，导致有些政府部门在灾后重建中没有将社会工作列入规划中，没有相应的制度化建设。因此，我们建议要更加重视汶川地震灾区的社会建设，将社会工作正式纳入抗震救灾和灾后重建政府体系，形成以政府为主导、社区服务中心为主体、民办社工服务机构为补充的灾后重建社会工作服务体系。

（二）制定各项服务规范和标准，切实提高灾区社会工作服务水平

汶川地震发生后，我国社会工作第一次以较大规模介入灾害救助和灾后重建，没有成熟的服务规范和标准可以借鉴，这也导致汶川地震灾区社会工作服务质量参差不齐。因此，应制定统一的灾害社会工作服务规范和标准，以提高社会工作服务水平和工作质量。充分发挥行业协会的作用，由行业协会牵头制定服务标准；以地震后的特殊服务对象为重点，制定服务标准。同时，加强社会工作的督导和评估，提高服务质量。

（三）以社工服务机构和社会工作者为抓手，全面加强社会工作服务能力建设

汶川地震发生后，社会工作在救灾和重建中发挥了拾遗补缺的作用，社会工作服务组织的公众认知度、社会公信力也不断提升。但到灾区服务的社工服务组织，一是规模较小，二是没有从事灾区社工服务的经验，总体而言，灾区社会工作服务组织所提供的社会服务还远远不能满足灾区群众多样化的需求，在能力上有待提高。

第一，加强社会工作服务组织能力建设。这包括：一是扩大社会工作服务组织规模，二是完善社会工作服务组织的内部治理结构，三是提高资源动员能力，四是提高项目管理能力，五是提高自我经营能力。

第二，加强对灾区社会工作者的社会工作专业知识与技能的培训，提

高灾区社会工作者的服务能力。这包括：对在灾区工作的一线社会工作者进行专业技能培训，提升他们的服务技能；对灾区居委会干部与工作人员进行社会工作专业培训，使他们掌握社会工作专业知识与方法，运用社会工作方法去工作，并且转化其中一部分人员成为专业社会工作者；对在灾区从事公益性服务的社会工作服务组织的工作人员进行社会工作专业知识培训，促进他们掌握社会工作专业方法，提升他们的服务技能。

（四）加强信息沟通和协调，积极整合灾区的各种社工服务资源

第一，通过多种途径和形式，促进社工服务组织之间的信息共享。

第二，以政府为主导，促进社工服务组织之间的资源协调。可借鉴绵竹市社会资源协调平台或者公益组织联席会议等形式，由政府联合各社工机构成立协调平台，协调在灾区服务的社会工作机构的相关工作，尤其是合理安排社工服务资源，避免无序竞争和资源浪费。

第三，充分利用高校的社工资源，为灾区社会工作提供智力和人力资源支持。应进一步发挥高校社工专业力量的作用，为灾区社会工作出谋划策，进行督导，并对灾区的社工进行培训。有计划、有组织地安排社会工作专业的学生到灾区实习，缓解灾区社工服务组织普遍存在的人手不足的情况。

（五）以灾区能力建设和生计发展为重点，做好社区发展工作

随着灾后重建的不断推进，灾区群众的需求在发生变化。这时，社会工作的重点就相应要发生变化。在整个灾后重建中，社区能力建设都应该是社会工作实务的重点，但是，很多社工组织只是简单地做一些培训，培训结束后就不再管理。要想加强社区能力建设，不但要举办各类培训班，更关键的是还需要通过各种途径把这种能力固化。其中一个有效的途径是“社区组织＋社区领袖＋社区活动”三位一体的社区能力建设，即建立各种社区组织，作为能力建设的平台，同时也是发展社区协作网络的平台。社工服务组织在开展社区活动时，紧紧依靠并充分发挥社区组织的作用，以培育和发展社区组织。在此过程中，发现和培养一批社区领袖，逐步锻炼其项目策划能力、组织实施能力、协调能力等。这样的社区能力建设的

好处是一方面培训，一方面实践，从而能够真正提高并固化所在社区的能力。

（六）强化社工对志愿者的引领作用，为灾区社会工作的开展提供充分的人力资源保障

在此次抗震救灾和灾后重建工作中，大量志愿者团队和志愿者暴发出前所未有的能量，其间，涌现出许多可歌可泣的感人事迹。但绝大多数志愿者没有经过培训，仅有热情而普遍缺乏志愿工作理念和服务技能以及相关的法律意识和公民意识；同时也存在素质参差不齐、志愿团队组织无序、志愿服务效率不高等弊端。由此导致在灾区“志愿过剩”和“志愿短缺”并存的现象。解决之道就在于由社工引领志愿者，使得志愿者去灾区有目的，到灾区有事做，同时也解决了社工服务组织人手不足的问题。具体而言，可以采用让社会工作机构成为志愿者的服务载体，让志愿者感觉被需要；社会工作机构应该提供技能培训，让志愿者服务行之有效；社会工作机构要建立激励机制，让志愿者保持积极心态。

总之，只要我们严格贯彻党中央、国务院关于大力发展社会工作的有关精神和政策，坚持“党委领导、政府负责、社会协同、公众参与”的社会管理格局，就一定能够更加充分地发挥社会工作在灾后重建中的作用，更加充分地彰显社会工作的专业价值，从而促进我国社会工作的发展。

参考文献：

[1] 2009年民政部规划课题的研究报告：《社会工作介入灾害救助的机制研究》。

[2] 2010年民政部规划课题的研究报告：《社会工作介入灾后重建的对策研究》。

从嵌入到融入：关于灾变社会工作的实践性思考

史铁尔[①]　王　松[②]

【摘要】　在我国，汶川特大地震成为灾变社会工作发展的契机。大批社工机构及一线社工进驻四川，并将社会工作理念、方法深深植根于灾区生态系统中，形成了嵌入式灾变社会工作模型。但是，也产生了宏观系统中与政府任务目标的差异、中观系统上与其他组织关系协调的不畅通、微观系统上无法真正有效满足服务对象需求等问题。融入性社会工作模式在保持社工独立性的同时迅速融入到当地各生态系统中，能够有效地克服上述问题。因此，应大力推动融入性社会工作模式的形成，实现灾变社会工作的繁荣发展。

【关键词】　灾变社会工作　嵌入性社会工作　融入性社会工作

近几年，在大自然的不可抗力因素影响下，辅之以经济社会高速发展对环境造成的破坏，波及面广、破坏性大的灾难在全球许多地区频繁发生，如1999年台湾9·21大地震、2004年印尼海啸、2008年美国中西部洪灾等。在这些灾难发生后，有一批特殊的身影进入到灾区开展了紧急救助、临时安置、灾后重建等活动。他们就是社会工作者，通过长期参与实践与积极探索研究，积累了应对自然灾害的经验并形成了相应的灾害社会工作模式。在我国，汶川特大地震也成为灾害社会工作迅速发展的契机，

① 史铁尔，长沙民政职业技术学院社会工作系教授。

② 王松，长沙民政职业技术学院社会工作系教师。

有 4 类社会服务组织、30 多家社工机构成立。理县湘川情社会工作服务中心（以下简称“服务中心”）是在重灾区理县最初由政府主导、民间运作、社会参与并纳入政府援建规划而成立的专业社工组织，在灾后重建结束后依然能够扎根理县独立运作且更精深、更专业的开展社会工作服务。可以说，服务中心是灾变社会工作组织的典型代表，是研究灾变社会工作的典型范例。下面将以服务中心两年来从嵌入到融入的实践探索为例进行思考分析，总结提炼出具有我国本土特色的灾变社会工作经验。

一、灾变社会工作的两种模式

（一）两种灾变社会工作模式

综观灾变社会工作的相关文献，国内外学者都根据已积累的实践性经验初步探索了灾变社会工作模式，以期为其他地区、学者、社工们给予指导与借鉴。Zakours（1996）根据灾难管理阶段，将灾变社会工作划分为备灾阶段社会工作、减灾阶段社会工作及恢复重建阶段社会工作。台湾大学社会学系冯燕（2008）根据台湾 9·21 大地震的经验，将灾后社会工作分为紧急救援、临时安置和灾后重建三大阶段。中国大陆中国青年政治学院陆士桢教授基于对四川 25 处社工站点调研，按照支持单位与经费来源划分出了非营利组织、政府或国内团体资助项目、境外机构与中国大陆院校联合建立的社工站点、境外机构独立运作的项目运作模式。四川省民政厅在灾害社会工作情况总结中从介入抗震救灾和灾后重建的社会工作服务组织类型及服务方式来看形成了三种模式：高校社会工作模式、社会组织模式、政府主导模式。

分析以上观点，他们分别从不同的角度（分别从灾难管理、支持单位与经费来源、组织类型与服务方式）分析归纳总结出了灾变社会工作的运作模式，各有其理论依据与现实基础。这种单视角，能够使分析更透彻、更深入，也使结论更具有可操作性。但是毕竟我们生活在一个系统社会，许多因素可能会同时作用一个事物的发展，尤其是对社会工作还比较陌生的灾区。因而，笔者采用系统理论与发展视角，从社工或机构与原有灾区的子生态系统间的关系分析灾变社会工作者是如何进入灾区并开展服务，如何得到灾区当地政府的接纳与民众的认可。据此，我们将灾变社会工作分为两种模式，即嵌入性社会工作与融入性社会工作。

一是嵌入性社会工作。针对嵌入的理解，百度百科上有三种不同的解释：牢固地或深深地固定或树立、紧紧地埋入、镶入，是一个事物进入另一个事物或系统并固定不分开。社会工作的嵌入性概念是王思斌教授提出的，即社会工作植入到政府的体制内。嵌入性灾变社会工作则是指把社会工作契入政府的救灾体系内，以社会工作专业价值理念运用个案、小组、社区等手法针对灾区民众进行专业服务，以促进个人发展与社会的公平正义。嵌入性灾变社会工作具有机械性、单向性特征，即相对于社会工作者或社工机构而言具有主动性，而对于灾区各子系统具有被动接受性。

二是融入性社会工作。融入性社会工作强调社会工作者与机构的融入特性，即社会工作在改变灾区受损的子系统时，自身也部分发生改变并融入到当地的各种系统中。融入性社会工作具有有机性、双向性特征。一方面，社工与机构通过专业手法修复与改变原有的生态系统同时也调整服务思路、手法使其融入进当地的救灾系统中；另一方面，灾区子系统在接受社会工作服务的同时，根据自身的需求调整工作思路使社会工作更顺利进入并结合在一起。值得注意的是，融入性社会工作并不是失去社会工作原有的独立性与价值理念，而是在嵌入的基础上更进一步契合到灾区各子系统中。应当说，融入性社会工作的形成实际上是社会工作本土化发展的必由之路，有助于促进本土社会工作长效机制的建立。

（二）两种模式间的关系

根据以上分析，嵌入性社会工作与融入性社会工作之间有质的区别。但是，我们并不能将两者完全隔裂开而独立发展一种形式，两者属于我国灾变社会工作发展的不同阶段，仍具有某种内在的联系（如下图）。

一是嵌入性社会工作是融入性社会工作发展的基础。在社会工作刚进入灾区时，会遇到当地政府或民众不认可的情形，他们往往会认为社工是资源的拥有者或类似于志愿者一样是免费劳动力的提供者，在失望后会对社工产生极大的抵触心理。对此，如何把社会工作牢牢的“固定”在他们生活的子系统是社工与机构迫切需要完成的任务。所以说，嵌入性社会工作模式的形成是灾变社会工作的基础。

二是融入性社会工作是嵌入性社会工作发展的趋势。嵌入性社会工作形成后，使社会工作真正在灾区立足发展了，其服务也会不断增多，服务效果会逐渐显现，专业价值也会不断得到认可。但是，嵌入性社会工作更加强调社工的积极主动性，是单向度的服务，一定程度上忽视了灾区民众的主动性，也忽视了灾区原有的传统文化、行为模式等本土特点。这个时候就需要社会工作在保持独立性的基础上融入到灾区各子系统间，使社工与机构成为原子系统中不可或缺的一部分。

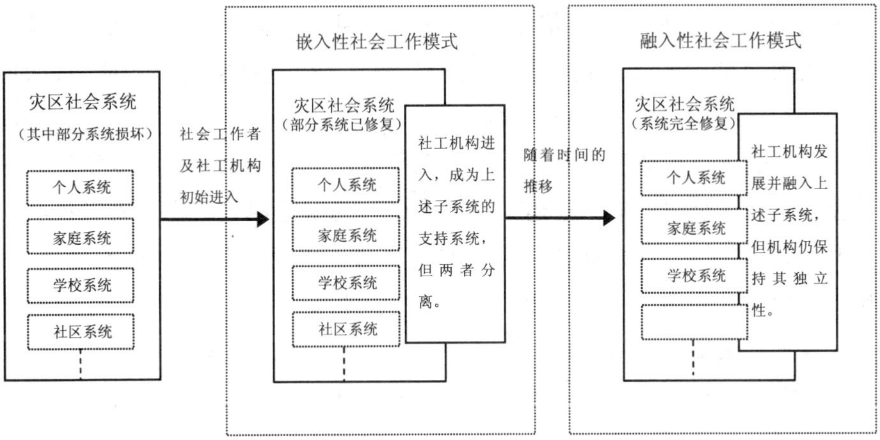

二、我国嵌入性灾变社会工作的形成与存在的问题

汶川地震，有人说这是中国公民社会的元年，有人说是中国志愿者元年，然而，这更是中国灾变社会工作发展的元年。汶川地震让社会工作院校与机构走上了舞台，让社工们走到了幕前，灾后一线社会工作被赋予了时代意义，更让我们对我国灾变社会工作发展充满了期待。据不完全统计，在社会工作院校、国内团体及基金会的支持下，大批的社工们进入灾区并成立了约 33 家社会工作站点。他们驻扎在不同地区，分别针对不同人群、不同领域开展了近两年的服务，促进了嵌入性社会工作的形成，有少部分

站点在灾后重建结束后依旧坚守在四川努力探索融入性社会工作。其中，理县湘川情社会工作服务中心已具有了嵌入性社会工作的性质、特点，是嵌入性社会工作模式的典型代表，下面将以服务中心的经验谈嵌入性社会工作的形成过程及存在的问题。

理县湘川情社会工作服务中心是一个公益性社会服务组织，位于四川理县杂古脑河畔，工作场地面积共1130平方米，其中理县县城社会工作站场地面积约870平方米，薛城社会工作站场地面积约260平方米，人均50平方米以上。服务中心拥有音乐治疗室、心脑训练室、个案室、沙盘室、宣泄室等专业工作室，电脑等设施设备和SPCS等专业软件达到20多台套。配购汽车两台，便于队员们上山下乡，走村入户。成立之初有专职工作人员26名，灾后重建后依然有19名专职社工。服务中心秉承“敦爱笃行、助人自助，人人为我、我为人人”理念，以“优势视角、能力建设、社区资产、社会资本”为基本理论，以“个案家庭工作、社区工作、小组工作、社会工作行政”等专业手法为手段，以“生活重建、家庭重建、学习重建、社区重建、文化重建、能力重建”为服务内容，针对敏感社会现象和问题，根据理县不同群体震后自身条件、社会特征和灾难受创程度，确定以地震伤亡家庭、党政干部、残疾人和青少年儿童作为主要服务群体，发挥社会工作预防和解决社会问题的专业技能，发扬藏羌文化，加强民族团结，维护社会稳定，促进精神家园重建。

（一）理县湘川情社会工作服务中心嵌入性社会工作的经验

1. 以灾后重建为契机，进入灾区并成立服务中心

国务院的指示精神、灾区民众的迫切需要、10多名灾区干部群众的生命代价、湖南援建者们的积极探索、已有社会工作服务和心理援建队伍的有效工作，为精神家园建设提供了良好的契机，湖南援建者们在调查实践中最后达成共识，经济系统与生活设施的重建属于灾后物质建设的范畴，而社会支持、社会服务与社会管理体系的重建则属于灾后非物质重建的范畴，在灾后重建中，物质重建与非物质重建都不可或缺，两者应协调发展，不可偏废。为此，湖南援建队整合了活跃在地震灾区开展社会工作与

心理援助的两支湖南队伍，一支是被四川省评为“抗震救灾先进模范”的长沙民政学院社工服务队，另一支是被“5·12震后心理援助首届国际论坛”授予“国际莫尼卡人道主义奖”的湖南娄底残疾人爱心互助会心理援助大队。同时将湖南芙蓉心理咨询中心、湘理相亲社会公益组织加入进来，于2009年3月组建成立了湘川情社会工作服务队。随后根据需要，服务队注册为理县第一家民办非企业单位——“湘川情社会工作服务中心”，形成了完善的专业组织架构，为该项目介入民族地区、服务少数民族群众，实现持续健康发展打下了坚实基础。

2. 以多元服务为手段，服务于理县民族工作

理县是一个藏羌民族聚居地区，藏羌族占全县总人口的83%，且大部分居民居住在高半山区。服务中心把社会工作运用到民族工作中去，以社会工作理论、价值为指导，以少数民族及其周边环境为服务对象，运用社会工作专业知识和技巧，发掘少数民族的潜能，助其自助，帮助其实现自我发展，解决民族社会问题，促进民族融合、民族团结，实现民族平等及各民族共同繁荣，共同发展。一方面，宣传援建政策，消除误解，化解纠纷。在灾后房屋重建过程中，社工针对理县一些民众对房屋拆迁、土地征用、风貌改造、房屋维修和重建等政策进行宣传和深入解释，特别是对余震造成房屋新的毁坏是按维修还是重建拨付救助资金，村民意见比较大，他们诉求当地政府，个别利益被忽视，社工就介入其中，帮助他们与理县政府与湖南援建队进行协调，解决个别困难，有效地消除了不良情绪，预防了问题的发生。另一方面，反映社情民情，协助解决困难问题。服务中心在驻点社区设立了信息窗与居民信箱，让居民及时掌握社会重建的动态信息，反映社区问题，构建了一个立体、便民的信息网络平台，适时地解决了一些问题，化解了矛盾纠纷，维护了民族地区社会稳定。如在援建队宣布理县饮水工程全部完工、实现了家家可以喝上甘甜的水时，而处在高半山的甲米村的藏寨日落寨向服务中心反映他们还是靠走五六里路远的地方挑水喝，服务中心将这一情况马上向湖南援建队汇报，队领导高度重视，迅速派人查明原因并解决了他们的饮水问题。还有，服务中心努力实现人文关怀与社会公正。服务中心针对少数民族地区的特殊社会问题，如

高半山居民家庭贫困、教育落后、宗教活动中出现的一些不正常现象等，充分运用民族社会工作理论技巧，运用平等、尊重、接纳、公正性、助人自助，整合社会资源，挖掘潜能，推动困难居民走向自救、自立、自助和自强，同时通过扩大就业、发展和谐劳务关系、扩大社会保险覆盖面等多种举措，运用民族政策使得少数民族居民在各方面得到优先照顾，为少数民族的进一步发展，提供了更高更好更实在的条件。

3. 以专业技巧为方法，服务于党政干部、青少年儿童、残疾人及地震伤亡家庭等重点人群

服务中心开展的每一项服务、每一个辅导、每一次培训、每一次主题活动都坚持调研评估为先、跟进服务在后的原则，以确保服务质量，最后确定以地震伤亡家庭、党政干部、残疾人和青少年儿童等四类群体作为主要服务对象，突出运用民族社工专业方法，为他们提供复合型社会工作服务。社会工作者在服务中也扮演着多元角色，使受灾社区、受灾居民及民间社会更积极地参与到灾后重建工作中来，齐心协力应对灾后重建的所带来的各种挑战，降低灾民所面对问题的严重性程度。具体服务方法为：针对地震伤亡家庭，开展家庭个案服务，帮助地震伤亡家庭恢复正常生活；针对灾后党政干部，开展心理矫正服务，化解压力和困惑，增强灾后重建能力；针对青少年儿童，开展成长服务，促其走出地震阴影，快乐学习；针对灾后残疾人群，帮助实施康复治疗与生计发展；服务农村社区，重建社区文化，推动了新农村建设。到目前为止，服务中心共提供服务 6856 人，达到了 23968 人次。在实务工作方面，建立个案档案数量 175 个，开启个案数量 92 个，结案数量 48 个，典型个案形成数量 31 个；小组开展数量 48 个，小组开展次数 454 次，小组参与人数 1282 人，小组完成数量 34 个；举办社区活动 108 次，参加社区活动人数 6835 人次；举行大型活动 31 次，参与人数 12943 人次。

正是通过以上三个方面的努力，理县湘川情社会工作服务中心目前已牢固地植入到灾区理县中，也符合嵌入性社会工作的“社工主动服务、灾区被动接受”的核心特征。

（二）嵌入性社会工作存在的问题

嵌入性社会工作在理县的运用与模式的形成，提升了灾后援建的层次水平，推动了灾后重建与和谐社会建设。但是，反思嵌入性社会工作的发展过程，其中也可能产生相当多的问题。

1. 社会工作理念方法与宏观系统中政府任务目标具有一定差异

社会工作把为有需要的困难人群服务作为自己的首要任务，对每一位服务对象都给予关心与尊重，充分认识和理解服务对象个体在生理、心理和社会文化等方面存在的差异。而政府管理体制是自上而下的管理模式，上一级政府会给下一级政府指定工作任务，而下一级政府则以完成上级任务为主要目标。当社会工作嵌入灾区后，其服务理念会与政府的任务目标间产生差异甚至冲突。特别是，由政府推动的社工机构或通过政府购买服务的社工机构，其在组织机构、服务回应群体等都可能发生改变，影响社工机构的独立性发展。

2. 社工机构与中观系统中组织关系协调没有完全畅通

在嵌入性社会工作的服务过程中，社工机构不可避免会与灾区的中观系统产生联系，如社区系统、学校系统等。中观系统是宏观层面与微观系统的桥梁与纽带，其联系沟通重心主要是针对宏观、微观两个方面，而社工机构也更多地关注服务对象。因而，两者间并没有形成良好、互动的关系，其沟通渠道也并不畅通。

3. 社工服务与微观系统中服务对象的真实需求存在一定偏差

社工往往会用问卷调查、召开座谈会等形式对服务群体展开需求调查与评估，然后依据调查报告制定切实可行的实施方案开展服务活动。但是，由于民众对社工的认知度较低，且出于对自己隐私的保密，加之有“线人边缘性”问题的存在，社工也很难通过一两次调查与活动就能了解其真实需求，进而使开展的社工服务与服务对象需求会存在一定偏差。实际上，这就需要社工真正融入微观系统中，使社工成为服务对象的“身边人”与“自己人”，这样服务对象才能将直实需求反映给社工。

三、融入性灾变社会工作的实现路径

（一）湘川情社会工作服务中心在融入性社会工作方面的探索

归根结底，之所以存在理念与任务目标的差异、关系协调的不畅通、需求的真正满足等三个方面的问题，是由于嵌入性社会工作局限性所导致的。对此，服务中心后期运用多种手段努力推动社工机构与一线社工融入当地的生态系统中，具体做法有：

1. 通过获取合法性扎根理县灾区，建立长效服务机制

服务中心的前身湘川情社会工作服务队应灾后对口援建的孕育而产生，但并没有因援建结束撤出理县。早在2009年服务队成立之初，就在服务队基础上开始筹备成立服务中心，并于当年8月注册为理县首家民办社工机构，为援建结束后扎根理县打下了软硬件基础。另外，服务中心依托民政学院这个平台在理县招收了11名高中生赴长沙进行系统的社会工作学习，使理县本土社工能够最终接手服务中心的后续发展。

2. 发挥专业优势及主观能动性，形成社工与灾区子系统间良好关系氛围

社工及社工机构不同于第一部门、第二部门，有其自身的优势，因其利他性、平等等专业理念更容易获得人们的信任与支持。即便如此，服务中心还是充分发挥主观能动性，运过用多元化的手法与技巧促进社工融入其服务的领域。如在农村社区服务中，服务中心采用驻点的方式，运用与村民同吃、同住、同劳动的形式融入灾区农村生活中；在老年人服务中，服务中心将县城站设置在福利院，及时掌握老年人的动态等。

3. 学会扬弃来寻求共同点，实现社工与各系统间的统一性

服务中心在进入理县之初，以植入式服务为主，即根据以往的经验及社工常用做法开展一些活动，因而并没有完全融入进当地的社会系统中，也出现了许多不认可的现象。对此，服务中心后期吸取国外的先进经验，摈弃并不适合我国国情及理县多民族灾区的做法，努力寻求社工机构、社工理念、社工目标与理县其他各系统间的契合点。如服务中心在克增村、沙金村开展农村社区服务时以配合政府的新农村建设为基点实施相关项目；在学校社会工作方面，服务中心在了解青少年学生的基本需求上，结

合学校系统要求，努力配合做好德育教育与五好少年的培养，促进学生的全面发展与学校的素质教育展现。

（二）融入性社会工作实现路径

努力探索并推行融入性社会工作将是灾变社会工作努力发展的方向与目标。结合服务中心的实践性探索，可以从两个方面来推动融入性社会工作的发展。

一方面，政府应提高认识，建立与社工机构的合作性关系。有人会质疑，社工理念与政府任务目标存在如此大的差距，两者能够实现合作性关系吗？答案是肯定的。从理论上来看，政府代表公共力量，被称为第一部门；企业代表市场力量，被称为第二部门。第三部门起着衔接第一部门和第二部门的作用，能够处理政府与市场之外的第三域的相关问题，第三部门是国家与市场以外存在的组织形式。这些组织通常被称为非政府组织（NGO）或非营利性组织（NFO）。在性质上这三个部门属于相对独立的领域，在功能上这三个部门又具有一定的互补性。而社工机构正是属于第三部门，它与政府部门间是平等且互补的关系。从实际操作层面看，社会工作可以有效地帮助政府化解矛盾，还可以疏导不满情绪开展维稳工作。也就是说，社会工作可以帮助政府实现其任务目标。如湘川情社会工作服务中心就是通过专业手法帮助政府解决援建过程中征地、拆迁等产生的问题，让问题消灭于萌芽之中。目前，在嵌入性灾变社会工作中运用政府购买服务的方式也逐步探索了社工机构与政府的合作性关系，在取得成绩的同时也出现难以克服的问题（如影响了机构的独立性）。其中，主要原因在于政府主导性太强且忽视了平等性，所以社工机构很难真正融入到政府系统中，无法切实回应政府需求与民众需求。因而，政府有关部门要充分认识社工的价值与作用，与社工机构真正做到平等的合作性关系，共同促进社工融入宏观的政府系统。

另一方面，社工应努力探索，寻求与政府、民众的利益契合点。国家在推动相关政策的同时，提倡建立一支宏大的社会工作人才队伍，两者并不相矛盾，为两者的契合创造了许多条件。国家自上而下的推动硬件、软件的建设，使社会环境发生急骤变迁，相应滋生出某些社会问题。社会工作应充分利用专业敏感性，发挥专业优势，加大介入社会问题力度，关注困难群体利益，解决和预防敏感社会现象的发生，配合政府相关工作，真正满足民众需求。实际上，社工与政府、民众的利益契合点有许多，如农村社会工作与新农村建设中都涉及了农村卫生、教育、生计发展等；学校社会工作与教育工作中的全面发展，素质提升等也有相关联点；社工注重个体的差别化与民众的不同需求可以紧密相连……这些契合点的发掘，有助于社工实际融入到灾区的子系统中，不能单纯拘泥于外来社工经验知识。

我国灾变社会工作刚刚起步，在发展过程中面临种种的问题在所难免，如何探索并形成适合我国国情的本土化灾变社会工作是专家、学者、一线社工一直努力的方向，融入性社会工作也不失为方向之一而加以进一步尝试。融入性社会工作模式中社工在保持独立性的前提下真正融入到各子系统中时，是双向互动的真正体现，能够真实全面地了解微观系统的民众需求，及时有效地与中观系统交流协调，平等地与宏观系统建立合作性关系。在今后，努力探索并推行融入性社会工作将是灾变社会工作努力发展的方向与目标。不过，我们有理由相信我国的社会工作已进入了飞速发展时期，灾变社会工作也将成为其重要分支领域而得以成熟壮大。

参考文献：

[1] 梅春英：《试论库恩的不可通约性》，载《温州大学（自然科学版）》，2008 年第 12 期，第 50 页。

[2] 四川省民政厅：《四川省民政厅灾害社会工作情况总结》，载《灾害救援与社会工作资料汇编（三）》，2009 年，第 1～7 页。

[3] 陆士桢：《汶川地震灾区社会服务组织发展研究》，载《灾害救援与社会工作资料汇编（三）》，2009 年，第 14～23 页。

[4] 林万亿：《灾害救援与社会工作：以台北县 921 地震灾难社会服务为例》，http：//www.docin.com/p-14654023.html。

[5] 徐永祥：《“建构式”社会工作与灾后社会重建：核心理念与服务模式》，载《华东理工大学学报（社会科学版）》，2009 年第二期，第 1～3 页。

专题报告

关于协会整改工作的总结报告

根据《民政部开展深入学习实践科学发展观活动实施方案》的要求，我会自2008年10月至2009年2月开展了深入学习实践科学发展观活动，并于2009年3月30日向民政部报送了《关于学习实践科学发展观整改意见的报告》。

2009年5月26日，民政部党组会议研究了我会《关于学习实践科学发展观整改意见的报告》，并就具体整改方案进行了议定。为落实民政部党组会议精神，我会连续10次召开会长办公会议，就深化整改工作进行研究，并用半年时间，完成了机构整改、制度建设和二级机构总干事重新聘任等工作，2009年12月22日，协会召开了整改工作总结大会。

一、机构整改情况

根据民政部党组关于协会定位不够清晰的问题，协会提出了协会机构设置和工作重心向社会工作专业化贴近的整改目标。

首先，我们根据社会工作专业化要求，对机构设置进行调整，重点加强了社会化养老、儿童救助、社区、康复卫生、企业公民、婚姻家庭、理论宣传和社工师等与社会工作联系密切的工作委员会的建制，在保留了社会化养老、儿童社会救助、康复医学、企业公民工作委员会的基础上，正在筹建社区、婚姻家庭和社工师工作委员会。对与社会工作联系不密切，或内容相近的工作委员会实行了撤并，如注销了英烈纪念工作委员会，将城区、乡镇、社区服务工作委员会进行合并等，目前，撤并和申请成立工作正在进行。

其次，在工作定位上，我们提出了协会及二级机构要进一步调整工作思路，将工作重心贴近社会工作核心内容的要求。目前，协会及二级机构正在调整工作定位和思路，并按照社会工作专业化要求进行2010年的整改工作规划。

通过机构整改，我会基本实现了机构设置上的“加强”和“消肿”，一方面强化了社会工作专业化的机构设置，另一方面工作委员会由原来的17个撤并至12个。

为促进行业化建设，我们积极配合民政部有关司局，做好婚庆、婚介、志愿者、福利企业等工作委员会升格为全国性社会组织的筹建和移交等工作。目前我会福利企业工作委员会已正式移交中国社会福利协会。

同时，为落实民政部党组会议精神，我们已向民政部递交了在整合8个专项基金的基础上，组建“中国社会工作发展基金会”的申请。

二、制度建设情况

为解决民政部党组关于协会机构人员庞杂的问题，我们结合学习实践科学发展观活动，加强了协会的制度建设，完善了机构和人员的管理办法。

为了巩固、完善协会管理体制，实现可持续性发展，协会于2009年颁布了《工作委员会管理暂行办法》和《专项基金管理办法》，在这两个办法中，重点明确了二级机构的职责、管理体制和管理制度，规范了协会工作的运行机制和工作程序。同时，为了加强人员管理，我们还在2009年颁布了《人员管理暂行办法》和《总干事聘任实施细则》，这些制度的出台，对聘任、聘用人员的引入和管理，工资、福利与社会保险，考核与奖惩，人事、党群关系的代管和转接都作了明确规定，实现了有章可循。

目前，协会已建立和完善11项规章制度，有效地规范了协会的各项工作，保证了协会的健康发展。

三、总干事重新聘任工作

根据协会整改工作实施方案和总干事任职的实际情况，协会决定，通过公开招聘、竞聘，对部分保留、新建机构的总干事进行重新聘任，将一批热爱社会工作，有能力、有实力，肯奉献的人才安排到重要岗位，强化了协会的骨干力量。

2009年11月30日至12月22日，20名申请总干事职位的人中有9人通过了会长办公会议组织的竞聘，获得了协会的聘任。这9名总干事平均年龄45.5岁；2人具有大专、3人具有大学、4人具有硕士研究生文化程度；7名共产党员。目前重新聘任的总干事已正式与协会签署了《总干事目标管理责任协议书》。

四、主要做法

（一）明确指导思想

机构整改不是简单的组织合并和人员重聘，而是以科学发展观为指导，以“专业化、职业化、行业化”为整改方向，以机构改革和体制、机制创新为重点，逐步把中国社会工作协会打造成为专业特色鲜明、重点工作突出、内外关系协调、运转规范高效，有一定实力和影响力的全国性社会公益组织。通过整改，强化协会的社会工作专业特色，提高人员素质，创新体制机制、推行可持续发展战略，这是明确和贯彻协会整改工作始终的指导思想。

（二）充分做好准备工作

半年多来，会长办公会议多次反复学习部党组会议精神，统一认识，统一思想。按照部党组会议的要求精神，对每一个工作委员会都采取听取汇报，逐个分析的办法来重新评估，明确工作定位和发展趋势。同时积极同相关司局进行沟通，对升格的、并入的、新成立的委员会提出我们的意见。组织修订了4个制度，为全面整改、良性运转打下了基础。

（三）努力做到程序严谨公正

按照整改方案的原则，我们坚持通过网上向社会、向协会全体员工公示竞聘岗位，严格资格审查，同竞聘者广泛谈话了解，在竞聘演讲和讨论投票中做到人人平等，公平竞争，充分贯彻公开、平等、竞争、择优的原则，充分体现了大家公认、注重实绩的原则。

（四）精心组织领导

为了保证这次整改和竞聘工作的顺利进行，协会把这项工作作为重中之重，全力以赴。在整改的每一个阶段的工作中都有具体要求和安排，按照分工、会领导及办公室积极履行职责，在时间紧、任务重的情况下，在大家的积极支持下，整改工作得以顺利完成，达到预期目的，协会的日常工作安排有序，在整改期间各项工作仍然做得有声有色。

2007 年 3 月协会第四次会员代表大会选举产生了现任领导机构，在本届理事会未来 2～3 年的时间里，我们将进一步深化改革，在理论研究与实务建设方面作出努力，并在专业化的进程中发挥行业组织作用。同时通过各种品牌项目和重要活动的开展，增强协会的社会影响力、公信力以及持续发展能力，为下一届理事会奠定坚实的发展基础。

中国社会工作协会

2010 年

关于社会工作实务体系建设的调研报告

为了贯彻党中央关于建设宏大的社会工作人才队伍战略部署，落实民政部关于进一步推动社会工作的要求，充分发挥社工协会在促进和谐社会建设进程中的作用，经协会会长办公会议决定，由协会副会长兼秘书长赵蓬奇带队，组成调研组赴上海等地，就如何构建具有中国特色的社会工作实务体系进行了专题调研考察。

第一部分　调研背景与基本情况

社会工作100多年的发展历史表明：作为一种社会制度，社会工作发挥着帮助困难人群、解决社会问题、促进社会公平正义、推动社会和谐构建的功能；作为一门注重社会实践的专业，社会工作面对的是纷繁复杂的社会问题。因此，一方面在我国社会工作理论和教育已有20多年发展历史的情况下，特别是在我国经济体制深刻调整、社会结构深刻变动、利益格局深刻变革、思想观念深刻变化、社会问题不断出现的新形势下，探索构建一套适合我国国情的社会工作实务体系，是摆在我们面前的一个重要课题。另一方面，中国社会工作协会作为团结、联合全国从事社会工作团体和个人的社会组织，必须适应社会工作发展的新形势，找准组织定位，调整工作重心，在构建中国特色社会工作实务体系过程中，发挥应有作用，作出应有贡献，保持协会可持续发展，走在社会建设前沿。这也是摆在中国社工协会面前的一个现实问题。正是基于上述需要，协会组织开展了此次调研。

为了比较准确、全面地了解和把握地方开展社会工作实务体系建设的真实情况和基本做法，从中探索和总结出有规律性的东西，使调研取得实效，我们在调研提纲上，力求有针对性和务实性，基本反映全国社会工作组织和社会工作者的关注焦点；在调研地区上，我们既注重具有典型意义，又注意把握地区平衡，主要依据是所选地方能从当地实际出发，在探索社会工作实务体系建设问题上，积累了典型经验。经过认真综合比较，选择了北京、上海、深圳、江西、湖南这五个地方；在调研对象上，既有地方党政领导、社工协会和社工师事务所（中心、站）等民办社工机构负责人，也有高校社工专家和学者、基层一线社会工作者以及社工杂志和网站的负责人；在调研方法上，主要是实地考察和座谈讨论相结合，力求以事实和数据说话，以保证调研效果。

调研工作从 2010 年 4 月上旬开始，历时 12 天。调研期间，共召开座谈会 10 次，参与座谈的党政领导干部 12 人，社会工作（者）协会相关负责人 9 人，民办社工机构负责人 14 人，高校社工教师和社工杂志、网站负责人 10 人，一线社工 46 人。调研人员走访社工师事务所（中心、站）共 30 家。调研组在深入调研、获得第一手材料的基础上，形成了调研报告。基本达到了了解情况、掌握动态、总结经验、指导工作的目的，为加强协会自身建设和推动全国社会工作实务体系建设提供了发展思路。

第二部分　深层次多角度构建社会工作实务体系
——经验总结与问题分析

社会工作是面向社会大众提供社会服务、倡导社会公益、缓和社会矛盾的工作；社会工作实务就是指社会工作的实际操作过程；社会工作实务体系则是指在开展社会工作中有关事物相互联系又相互作用而构成的一个有机整体。通过调研，我们发现各地在推动社会工作实务体系建设的做法上，既存在共性，又各具特色。说共性，是指各地在遵循党和国家关于建设一支宏大的社会工作人才队伍方针，推进社会工作发展的理论支撑、基本思路、政策制度、整体框架等方面表现出了社会工作实务体系建设的一般性特点；说特色，是指各地从本地实际出发，在操作模式、组织结构、岗位设置、项目运作等方面存在着一定的差异。但就整体而言，这几个地方的社会工作实务建设是中国特色社会工作实务体系构建的生动缩影和具体体现，反映出我国社工实务发展呈现出深入探索、扎实推进、效果显著的态势，也为全国社会工作实务体系的构建提供了有益经验。主要表现在：

（一）党政推动——党和政府的高度重视和行政推力是推进社会工作实务体系建设的重要前提

与西方国家社会工作“自下而上”的发展历史不同，我国社会工作呈“自上而下”的发展态势，在调研中，我们对这一点感受非常强烈。分析起来，这主要是由我国的特殊国情所决定的。我国正处在经济体制深刻变革、社会结构深刻变动的新形势下，各种社会问题不断出现，社会需求加速分化与重组，这迫切要求政府迅速转变管理模式，将一些社会服务职能转交给社会组织承担。但与此同时，我国社会组织的发展还很不健全，社会组织功能严重缺位。在这种情况下，政府就必须担负起推动社会工作实务体系建设的任务，以适应和满足人民群众日益多样化的社会需求。在这一大背景下，在党和政府的领导下，促进社会工作发展就成为必然，行政性推力也就成为社会工作实务体系构建过程中不可或缺的决定性因素。在调研中我们发现，各地在行政推力方面虽然形式有差别，但基本可归纳为四点：一是加强组织领导。从对京、沪、深、赣等地的调研来看，党委政府均能把贯彻中央关于建设一支宏大的社会工作人才队伍的精神，纳入党政工作重要议事日程，设立专门领导机构和工作部门来强力推动，这为社工实务的开展提供了坚强有力的组织保障。比较有代表性的是北京和深圳模式。北京在市、区两级成立了社工委和社工办（两块牌子、一套人马），在区、县街道层面普遍设立社会办，统筹负责社工、社区和社团的指导与管理工作，逐级负责，一插到底。深圳市采取“虚”与“实”相结合的方式，成立了由市领导挂帅和相关职能部门负责人参加的社会工作领导小组，日常办事机构设在市民政局（局设社工处），采取既有统一决策，又有具体实施，职能部门相互联动的方式。上海市浦东新区则发挥组织部门牵头的作用，调动和整合政府相关部门和社会各单位积极参与，形成“组织部门抓总、相关职能部门积极配合、社会力量广泛参与”的工作格局。以上各地尽管领导方式有所不同，但都充分显示了党政领导重视对于强力推进社工实务的保障作用。二是制定总体规划。调研各地基本都将构建社会工作实务体系纳入当地经济社会发展总体规划中。北京市社工委（社会办）成立专门小组研究如何将发展社会工作列入北京市“十二五”规划之中，多次向市委、市政府汇报，以取得重视；上海市民政局早在 2004 年 9 月就制定并颁布了《关于在本市民政系统及相关机构配置注册社会工作者的意见》，为未来社工实务的开展提供了思路，打下了基础。三是加强制度保障。四是提供财政支持。这两点后面还有详述，这里暂略。

（二）专业建设——培养和提高社会工作者专业能力和素质是推进社会工作实务体系建设的重要基础

社会工作是运用专业知识和技能，通过“助人自助”的基本方法解决社会问题的工作。显然，专业化是社会工作实务体系建设的立身之本。从调研情况看，各地在推进社会工作专业化方面主要采取“一个引进、两个培养、三个模式”的做法。“一个引进”就是引进社工专业人才。各地在开发设置相关社工岗位、组建和发展社工机构时，都注意引进较为优秀的社会工作专业本科学历以上毕业生，从事社会工作实务。这种做法可以使社工专业毕业生尽快转变角色，运用社工专业知识与方法处理社工实务中的问题，显示出社工专业化的特色，取得了良好效果。“两个培养”是指对社工储备人才（社会工作专业在校生）和职业社会工作者（未经过学校社会工作专业培养，但已在社工实际岗位工作的社会工作者）的培养。高校在对社工储备人才，即对社工专业学生加强社工基本知识教育的同时，更注重其实务能力的培养，以缩短其上岗后的适应期，满足社工实务的需要。在这一点上，湖南长沙民政职业技术学院作出了有益探索，他们不仅在专业设置上强化学生实务能力的训练，而且抓住灾后重建的有利时机，组织学生赴灾区亲身实践，提高实务能力。另外是对已在社工岗位从事社工专职工作的社会工作者的培养，在提高其专业知识和技能素质的同时，更注重培养其对职业的认同性，使他们尽快转变思维方式和社会角色，成为合格的社会工作者。“三个模式”，一是指“督导模式”。设立和推广社工督导是传授社会工作知识和技巧，指导社工开展专业服务的一个有效方式。如深圳凭借毗邻香港的便利，借鉴香港经验，引入香港督导，目前共引入了48名。同时还注重培养本土督导，在香港督导＋本土督导的基础上，探索设置“(1＋2＋4)：48”的小组督导模式，即1名香港督导配2名见习督导和4名督导助理，从而组成7人督导小组，小组督导48名社工。这一模式有力地推动了社会工作者专业素质的提高。二是指“政校合作”模式。各地普遍采取由政府出面协调将高校社工资源直接引入社工实务领域的做法，将社工专业理论和实务需求相结合，取得了很好的效果。例如，北京市西城区近期新成立的三个社工师事务所，都注意同区内高校社工系紧密合作，由高校社工系优秀社工老师兼任社工师事务所的负责人，指导社工实务的开展，对提高社会工作者的实务水平起到了十分重要的作用。三是指“实训基地”模式。这主要是指由高校与相关方面合作建立社会工作专业实训基地，为社工专业学生提供将理论运用于实践的机会，为社工实务的战略推进提供丰富的资源。

（三）岗位设置——科学设置社会工作岗位是推进社会工作实务体系建设的核心问题

设置社会工作岗位需要全面分析研究我国各类社会管理和社会服务机构的特点，掌握其对社会工作者的需求，区别对待，科学、合理地进行设置。从这几个地方的调研情况看，目前，各地在推进社工岗位设置方面的做法主要是“两个体制”和“五个类别”。“两个体制”是指“体制内社工岗位”和“体制外社工岗位”。“体制内社工岗位”又可以称为“编制内社工岗位”，主要是指在党政机关、人民团体和事业单位中，根据工作需要，在编制内设立社工岗位。“体制外社工岗位”又可以称为“编制外社工岗位”，主要是指民间机构设置的社工岗位，这是社工的主要从业方式。“五个类别”是指党政管理机关（含行政性社会团体）社工岗位、社会福利组织社工岗位、社区社工岗位、社会公益组织社工岗位和民办机构社工岗位。在这五个类别的社工岗位设置中，前三个一般是属于“编制内社工岗位”，财政直接予以保障。后两个属于“编制外社工岗位”，政府主要是通过购买服务（购买岗位和购买项目）的方式予以支持。就各种机构社工岗位的设置比例而言，上海提出的思路值得借鉴，他们在规划社工队伍建设中，提出了“85—10—3—1—1”的梯形结构，即在专业社工队伍总数中，一线岗位的社工比例为85%，具有社工实务丰富经验的人员比例为10%，督导人员比例为3%，行政管理人员比例为1%，政策研究人员比例为1%。

（四）社工机构——培养和扶持民办社会工作组织是推进社会工作实务体系建设的重要载体

调研中，我们总的印象是：各地在推进社会工作实务体系建设的过程中，都把社会工作（者）协会和民办社会工作机构的建立和发展作为推动社工实务开展的抓手，促进社会工作的发展。一是积极推动社会工作（者）协会的建立和发展，着力打造协会在社工行业参谋助手和协调服务的作用。这一点，上海市、区两级的做法更具有代表性。上海市在建立社工管理体制时，在明确民政局作为社工的行政管理主体的同时，强调上海市社会工作协会要充分发挥行业协会管理、监督、服务的职能，为社会工作者提供各种专业性的服务，规定每一个职业社工都应该是社工协会的会员。上海市浦东新区社会工作者协会坚持“团结社工、服务社会、发展专业”的宗旨，在探索制定社会工作的职业标准、推进专业社工队伍建设、孵化专业社会工作机构方面发挥了重要作用，确立了协会在浦东社会工作和社会建设中的重要地位。二是培育和发展民办社会工作专业机构，特别是把社工师事务所（中心、服务社）作为专业社会工作者队伍建设的工作平台和社会工作实务开展的主要载体予以重点培育。就调研掌握的基本情况而言，建立和发展社工师事务所（中心、服务社）已成为各地推动社工实务开展的重要手段。2009年，上海在多年探索的基础上成立了38家社工师事务所，多层次、多领域的开展社工实践。深圳目前活跃在社工领域的专业社工师事务所大约有36家。北京在狠抓社区社会工作者队伍建设的基础上，目前也将工作重点向培育和发展专业的社工师事务所转移，北京市西城区推动社会工作发展的“一会三所”模式已在全市推广，并计划在城八区和顺义区、昌平区都要成立一批社工师事务所。尽管各地催生社工师事务所的方式不同，进度也有快有慢，但从我们走访的30多家社工机构来看，具有共同的特点。即：

（1）社工专业特色鲜明，在社工师事务所工作的人员几乎都毕业于社工专业，大部分具备初级以上社工师资格。

（2）社工师事务所是社会工作者的工作平台，体制外社工基本上都依附于社工师事务所。以上海浦东新区为例，全区共有专业社会工作人员1400多名，其中各类社工师事务所共吸纳了约500多名专业社会工作者。

（3）通过“政社合作”模式，取得政府支持。

（4）保持相对独立性和自主性，体现了社会工作社会化的特点。

（5）社工师事务所在为社会服务对象提供有实效的多样化服务的同时，也为社工人才培训和能力建设给予支持性服务。事实表明，作为社会工作者从事社会工作的主要载体，社工师事务所的建立和发展已成为社会工作实务体系建设的重要突破口。

（五）制度保障——建立健全社会工作制度是推进社会工作实务体系建设的基本保障

在调查中我们发现，京、沪、深等地基本上都出台了指导当地社会工作发展的大纲性文件，并不断细化和完善相关的政策规定，这为社会工作实务的发展提供了制度上的保障。在这方面，我们感到上海和深圳做得扎实有效。2004年，上海按照“总体设计、整体推进”的思路，颁布了《关于在本市培育发展专业社会工作机构的通知》，从制度创新、体制完善和实务推进三个方面着手，抓住职业认定、队伍建设、岗位发展、注册管理、薪酬指导、项目设计、资金保障、督导评估、行业管理、社工联系义工等重点环节，为社会工作实务体系建设提供了重要的制度保障。深圳市委、市政府于2007年10月颁发了《关于加强社会工作人才队伍建设推进社会工作发展的意见》及七个配套文件（简称“1＋7”文件），对社会工作的体制、机制及其具体操作办法和措施等，都进行了制度性安排，为探索构建具有深圳本土特色的社会工作实务模式给予了强有力的制度保障，使社工实务的开展“有章可循、有法可依”，为社会工作实务体系的构建与发展创造了良好的制度氛围。

（六）运行机制——完善社会工作运行机制是推进社会工作实务体系建设的关键环节

制度是保障，机制是关键。构建社会工作实务体系应该以机制为连接点，贯穿始终。从沪、深等地的实践来看，各地在推动社工实务发展的过程中，都注重建立健全以下几个机制：

1. 人才保障机制

推进社会工作发展的关键是专业人才建设。在调研中，各地普遍反映社会工作人才队伍总量不足，专业人才流失严重，为此，必须以“体现专业人才价值”为指导思想，设计一套多层次、全方位的社会工作人才保障机制，建立科学合理的社会工作者选拔、登记、培养、评价、使用、考核、激励和薪酬保障机制，完善社会工作岗位设置和社会工作人才配置机制，保护和激发社工人才的积极性。深圳为了控制和降低社工流动率，从建立健全机制入手，以科学的机制吸引人才，以适当的待遇留住人才，除了增加基本工资外，还为年轻社工人才提供房屋补贴和周转房，解决了部分社工燃眉之急。

2. 民办社工机构适度竞争的运作机制

民办社工机构是社会工作的重要载体，是广大社会工作者的职业岗位所在。优化民办社工机构培育、发展环境，加强民办社工机构的自律和管理，建立和完善适度竞争的运作机制，防止资源和项目上的恶性竞争，打造民办社工机构发展的“良性生态圈”，这既是确保民办社工机构能够生存和良性发展的重要保证，也是构建社会工作实务体系的重要方面。在这点上，上海市杨浦区的做法值得推广。上海市杨浦区的民间社工机构发展规划是：在目前3个已有社工机构和5个正在培育的社工机构的基础上，以竞争来保障服务质量，以政府购买服务为结点，有计划地使社工机构发展壮大，使民办社工机构的数量保持在一个较为稳定的合理数量上，以打造“龙头带动、多家联动”的民办社工机构发展的“良性生态圈”。

3. 社会管理运行机制

上海的经验是：要建立和完善“三社互动”（三社即社区、社团、社工）的社会管理运行机制，以社区为平台，以社会组织为载体，以社工发展为核心，推动社会工作实务体系建设。加强“三社互动”，不仅有利于社会工作整体推进和可持续发展，也有利于凸显社会工作在社会建设大格局中的地位和作用。在这方面，上海的做法特别值得注意。

（七）资金支持——实行“政府购买服务”是推进社会工作实务体系建设的必要条件

采取政府购买服务（包括购买社工岗位和购买服务项目）方式来扶持民办社工机构发展壮大，从而为社工实务的开展创造必要条件，这是我们在调研中的强烈感受。社会工作本质上是协助政府“为民解困”的社会公益工作，政府要给予必要的财政支持。当然，民办社工机构也要“多条腿走路”，争取基金会、企业和社会的援助。政府购买服务的形式，上海、深圳的做法虽有差别，但都具有可操作性。深圳为了突破财政预算资金难以向民间机构直接拨付，以及目前难以为种类繁多的社工服务制定购买标准的双重障碍，而采取提取福利彩票公益金作为向社工机构购买社工服务的“种子基金”，社工服务项目运作成熟后，再从公益金项目转为财政预算项目，从而实现政府向社工机构购买社工服务—社工机构聘请专业社工—社工通过项目运作为服务对象提供专业服务—政府达到解决社会问题目的的基本模式。上海按照“政府主导推动、社团自主运作、社会多方参与”的总体思路和“小政府、大社会”的发展方向，将政府购买服务的经费纳入财政市、区两级预算，对社工服务实行机构契约化、运作项目化的方式，培育社工机构和开发社工岗位，从而实现社工机构的持续发展。近年来上海成立的各类社工师事务所，如上海乐群社工服务社、上海市阳光社区青少年事务中心等一批专业社会工作服务机构就是在这一思路的指引下相继成立、自主运作，并取得了明显成就。但无论采取哪一种形式，政府在购买服务过程中，都注重采取契约或协议方式，政府只是社工服务岗位和项目的购买方，对社工机构的具体运作过程包括人员安排一般不予干涉。这就明确了政府与社工机构的关系，更加有利于民办社工机构的独立和自主运作。

（八）项目运作——社工项目的运作开展是构建社会工作实务体系的重要方法

无论是社工起步较早的上海，还是目前势头较猛的深圳，或者是在探索发展之中的北京，项目的开发运作在社工实务中都具有十分重要的意义。通过调研，我们的总体感觉是社会工作的项目目前还主要侧重于社会服务类的项目。一般来说，项目运作是这样一个过程：政府（或基金会、社会组织）针对社会问题提出项目（或者由社工机构提出项目），社工机构根据其宗旨，通过项目申请的形式获取资金，而资金来源大体又分为政府直接购买、基金会资助和社会捐助三个渠道。社工机构在获得资金后，运用社工专业知识和技能，对项目进行有效的计划、组织和实施，从而使整个项目的运作形成一个完整的“生产链”，取得预期效果。一个项目的成功运作，在达到解决某一社会问题目的的同时，为项目的各参与方带来多赢，并在合作中建立社工机构的良好声誉，也为今后新的合作以及寻找更多的参与方奠定基础，以提升项目及机构可持续发展的能力。从深圳的经验看，项目购买已成为推进社工实务开展的一个主要趋势。深圳提出社工发展的未来趋势会是以项目购买为主、岗位购买为辅，但也不会一刀切。政府购买社工服务一般采用项目制，但具体操作要因地制宜，有些服务领域，如学校、医院等，岗位购买更适合案主需要，有助于社工服务质量的提高，那就还延续岗位购买方式。

（九）评估监管——开展对社工机构的综合评估是推进社会工作实务体系建设的有效保证

对社工机构开展综合评估是促进社工机构提升服务质量和专业水准，加强对社工机构有效监管的重要举措。这项工作，深圳市在全国走出了第一步。他们的主要做法是：

1. 加强组织领导

2010年年初深圳市民政局发布了《关于开展2009年度社工机构综合评估的通知》，作为2009年度社工机构评估工作的指导性文件，规定评估监管由深圳市民政局统一领导。

2. 确定评估主体

由政府主管部门、深圳市社会工作者协会、用人单位、香港督导、社会工作者五方组成评估主体。

3. 明确评估指标

评估指标涉及社工机构的基础设施管理、人力资源管理、业务管理、内部管理、财务管理、对外管理、服务质量等七大项，30个小项，总分为1000分。

4. 引入专业机构

也就是邀请第三方专业机构介入评估过程。为了提高评估工作的专业水准和保证评估的客观公正性，评估内容涉及作为评估主体的主管部门、社协、社工的指标时，由深圳市公益组织研究与评估中心进行操作考评，并出具分析报告。

5. 发挥评估作用

评估结果作为2010年度政府购买社工岗位招投标的重要依据，评估不合格的社工机构将不再纳入政府购买序列，机构去向则按社团管理规定办法相应处理。

（十）发展趋势——多领域推进社会工作是推进中国社会工作实务体系建设的基本趋势

社会工作因社会问题而生，为服务对象而存。社会工作作为一项职业化的工作，主要是由于客观上有服务对象的需要，因此，有人群的地方就有社工。在调研中，我们发现各地的情况都是如此。以北京、上海、深圳为例，就社工服务领域而言，已由老年、儿童、社区、家庭等一般意义上的社工领域扩展到教育辅导、司法矫正、人民调解、就业服务、医疗卫生、计生工作、艾滋防治、扶贫开发等。就部门而言，已由民政为主的社会工作实务范围扩展到教育、公安、司法、人口计生、民政事务等部门以及工、青、妇、残联等部门所属范围。如上海从起步阶段就坚持“大社工”的推进理念，将社会工作的服务领域涵盖到民政、司法、教育、卫生、人口计生、劳动和社会保障以及工、青、妇等多个领域，并确保这一举措在区县和基层得到整体落实，体现了“有人群的地方就有社工”的精神。目前，上海社会工作已初步呈现出“条块结合、整体发展”的局面。深圳的社会工作从一开始就打破民政领域限制，将专业社工人员和社会工作专业服务嵌入传统的社会福利和社会公共服务领域。在这一思路指引下，深圳在市、区、街道和社区等不同层级，在机关、群众团体、事业单位、社区、社会组织和企业等不同机构，在民政、教育、司法、卫生、人口计生、工会、共青团、妇联、残联、禁毒和信访，甚至应急服务等不同领域广泛开展社会工作，形成了“市直属部门带动、多领域共进、多层级并举、多点联发”的局面。江西省南昌市青云谱区则提出“社区干部社工化、社会工作本土化”的社会工作建设模式，依托社区为平台开展社会工作，运用社会工作理念提升社区干部的服务水平，让社工在实际工作中发挥作用，探索一条“体制内转换和提升”的本土化社会工作发展道路。此外，江西还积极探索农村社会工作发展之路。江西省万载县从农村实际情况出发，在多年农村社区建设的良好基础上，提升、转换、盘活现有人员和现有资源，并注意引进高校专业人才，使农村社会工作的本土化粗具雏形。总体来说，社会工作已逐步形成了“党政部门统一领导，民政组织实施为主体，社区为社工主阵地，多层级多领域全面推进”的发展态势。这是目前社会工作发展的主要趋势。

各地在构建社会工作实务体系过程中还有很多好的做法，由于调研时间短，占有资料少，欠深入，不全面，所以可能挂一漏万。但我们认为以上十条从党政推动、专业建设、岗位设置、社工机构、制度保障、运行机制、资金支持、项目运作、评估监管、发展趋势等方面分析了构建社会工作实务体系的要素，这对于我们进一步探索和推进社会工作实务体系建设是有启发和帮助的。

在调研中，我们也感到各地在推进社会工作实务体系建设的进程中也面临着一些问题，主要是：(1) 社会工作的法制法规亟待完善。就社会工作实务开展而言，全国尚无统一的权威性的科学的定义，仍处于“百花齐放、百家争鸣”的环境中。加强社会工作的法制建设，使社会工作纳入法制化轨道，是基层社会工作者的普遍呼声，也是社会工作实务发展的需要。(2) 民办社工机构的可持续发展问题值得关注。在行政推力强力推进社会工作发展的情况下，社会工作机构希望能够真正成为民办非企业实体，真正实现独立、自立的运作，它们担心会成为政府工作的简单延伸，缺乏生存空间，最终只能“自生自灭”。(3) 社会工作者的专业化水平和适应社会需要的实务能力普遍偏低。社会工作专业教育与实务能力培养之间严重脱节，这使社工专业毕业生难以适应新的工作环境，也加重了社会工作实务机构的负担，挫伤了社会工作实务机构对社会工作专业人才需求的信心。(4) 督导与评估工作滞后于社会工作实务发展的进程。目前在我国，大量的社会工作服务是在缺乏有效督导和评估的情况下实施的，有些机构虽然也建立了自己的督导和评估队伍，但其水平也基本上与社会工作者处于一个层次，很难真正实施有效的督导和评估，影响了社会工作实务的发展。(5) 在推进社会工作的进程中，存在“泡沫化”的倾向。一些地方存在盲目开发社会工作专业和职业的现象，服务对象不确定，岗位设置不科学，社会工作泛化、异化趋势明显，缺少科学的、合理的社工模式，影响了社工实务的有效推进。(6) 社会舆论宣传不足，整体上还未形成有利于社会工作发展的良好氛围。社会公众目前还普遍缺乏对社会工作专业的基本了解，公众对社会工作的认同度也有待进一步提高，这在一定程度上制约了社会工作实务的深入发展。

第三部分　社工协会的转型与发展
——深层认识与启发思考

通过调研，我们认为：从总体来看，我国已具备构建社会工作实务体系的良好氛围和社会环境。从政策环境来看，党的十六届六中全会提出建设宏大的社会工作人才队伍，党的十七大再次提出要推动建立经济建设、政治建设、文化建设、社会建设四位一体的战略发展格局，强调加快推进以改善民生为重点的社会建设，这为构建社会工作实务体系创造了良好的政策环境。从机构建设来看，随着社会的发展和进步，政府越来越注重转变管理方式，推动社会组织的发展，民间社工组织在党和政府的高度重视和推动下如雨后春笋，生根发芽，越来越多地担负起社会服务职能，这为构建社会工作实务体系提供了良好的土壤环境。从人员配备来看，广大基层社工在社会工作理念的指引下，秉承“助人自助”的社会工作精神，以社会工作专业方法和技能服务群众，应对群众日益多元化的需求，这为构建社会工作实务体系创造了良好的群众氛围。从社会环境来看，党和政府对社会工作高度重视，社会各界对社会工作的关注度和参与热情空前提高，这为构建社会工作实务体系创造了良好的社会氛围，也更加凸显出社会工作实务体系建设的迫切性。在这种良好的社会氛围和环境下，地方社会工作实务发展迅猛，效果显著，形势喜人。

但同时在调研中，我们也深刻感到如何构建中国特色社会工作实务体系的问题是能否将中国社会工作整体向纵深推进的瓶颈问题。在学习和借鉴各地推进社会工作实务体系建设经验和做法的基础上，我们认为解决好对“坚持一个格局、形成两个合作、处理好三个关系、坚持四个特性”的认识至关重要。

坚持一个格局。即“党委统一领导，政府主导推动，各方力量参与，社会组织运作”的格局。构建中国本土化的社会工作实务体系，必须坚持党的领导和政府主导。这是由我国国情所决定的，也是我国推进社会工作实务体系建设的政治优势。协会作为推动社会工作的行业组织，要主动争取和接受党和政府的领导，积极发挥社会组织的作用，在推进政社合作互动，建立新型政社关系，加快社会管理体制创新，加强自身建设上作出努力。

形成两个合作。一是指在推进社会工作实务体系建设的过程中，建构“政社合作”机制。在推进社会工作实务体系建设的过程中，倡导“政社合作”，最主要的就是通过政府购买社会工作服务的方式，建立一种政府与社工机构的新型契约关系，从而实现政府与社会的合作和政府与社会组织的重构。这既是行政管理体制改革的重点，也是建立社会工作实务体系的关键问题。二是指推行“政校合作”机制。就是指由政府出面协调组织高校社工教育人员指导职业社工人员，特别是民办社工机构人员开展实务工作。聘请高校社工专业教师做民办社工机构的负责人或督导员不失为一种行之有效的好办法。这样做，一方面高校社工教师在实践中更能深入传播专业知识，了解社会实际需求，改进社工实务教育，培养社工专业人才；另一方面，民办社工机构也在高校社工教师的指导下，更能突出机构的专业特色，规范社工实务方法，实施社工实务项目，取得社工实务效果。应该说，这种合作是针对目前我国社工教育与实践相脱节的现状，解决其问题的一种“双赢模式”。

处理好三个关系。一是借鉴国外先进经验和正确把握国情的关系。就是在推进我国社会工作发展的进程中，既要充分吸收国际及港、澳、台社会工作先进经验，又要注意从我国的国情出发，培育发展具有中国特色的社会工作实务体系。二是继承传统社会工作精华和创新社会工作模式的关系。我国具有优良的社会工作传统，20 世纪 20 年代社会工作者的实践探索，我们党的思想政治工作、民政工作、群众工作都具有较为完整的理论成果和工作方法，在构建中国特色社会工作实务体系过程中，要充分注意汲取和总结这方面经验，为中国社会工作实务体系注入活力。三是社会工作实务在经济发达地区和欠发达地区探索实践中的关系。社会工作作为一种制度安排具有一般的特点和规律，但其与一个地区政治、经济的发展程度之间又有着复杂的关系，不可能是一一对应的。社会工作可以在上海、深圳等经济发达的地区开展，也可以在江西、青海等经济欠发达地区开展，还可以在四川等地震灾区开展，但需要从实际出发，注意结合本地实情，脚踏实地地进行。

把握四个特性。即专业化、职业化、行业化和社会化。专业化是社会工作的立身之本。确立社工的专业地位，特别要强化社工的“以人为本，助人自助”专业价值，突出社工的专业知识和技能，以确保社工的专业水平符合社会建设的需要。职业化是社会工作专业化的基础，离开了职业化，专业化就成为了空中楼阁。我国社会工作的职业化发展需要完善的制度作为保障，尤其是急需建立一套推进社会工作职业化进程与发展的激励制度和措施。要积极开发设置社工岗位，建立和完善社会工作职称体系并建立与之相适应的薪酬体系，保障社工的职业地位，不断营造规范化的社会工作发展环境。行业化是指在各地社会工作蓬勃开展的基础上，总结并提炼出适合中国国情的社会工作管理模式和运作体制。社会化是社会工作的发展方向。要坚持社会工作民间运作的特点，特别是推动民办专业社工机构的发展，增强其参与社会管理和社会服务的能力。构建社会工作实务体系，须从“四化”入手，而这“四化”的关系又是一种相互依存、层层递进的关系，必须正确认识，积极把握，从而真正把社会工作实务体系的建设落到实处。

根据以上认识，我们认为构建中国特色社会工作实务体系总的指导思想应该是：在党和政府坚强有力的领导下，充分发挥各有关部门的作用，以培育和壮大民办社工机构为抓手，坚持社会工作的专业化、职业化、行业化和社会化的特性，打造具有中国特色的社会工作实务体系。

总体来说，中国特色社会工作实务体系的建立任重而道远。探索构建中国特色社会工作实务体系既是顺应工业化、城市化、现代化快速发展内在需要和发展规律性的一种必然表现，也是构建社会主义和谐社会的迫切需要。推进社会工作实务体系建设需要党政机关、行业组织、民间社工机构、服务单位和社会工作者的多方合作。作为推动社会工作发展的行业组织——社工协会相对于社会工作实务的蓬勃和深入发展，在许多方面落后于形势。社工协会必须适应新形势下社会工作发展的需要，应抓住机遇，主动迎接挑战，在正确判断形势的基础上，整合多方资源，向社会工作的核心理论贴近，确定工作重点，紧紧把握时代脉搏，把推动中国特色社会工作实务体系建设作为工作的重中之重，重点在培育专业人才，打造专业特色；改进工作方式方法，拓展社工实务领域；深入社工理论研究，开展海内外交流；总结典型实例，推广实务经验；促进民办社工机构发展，完善社会服务评估机制；贯彻职业标准，加强行业规范；推进社工协会建立，搭建社工组织网络；加强宣传力度，提升社会影响等方面作出努力，把协会打造成党和政府推进社会工作的得力助手，切实发挥社会工作解决社会问题、维持社会秩序、促进社会和谐、推动社会进步的功能，为推进社会工作实务体系建设和构建社会主义和谐社会贡献力量。

协会调研组

2010 年

关于社会工作服务组织试点工程建设情况的调查报告

为加快试点工程步伐，在民政部社工司的指导下，在南都基金会和四川省民政厅的支持下，2009 年 9 月，中国社会工作协会组织以协会专家委员会执行主任陆士桢和协会副秘书长南燕为领导的专家调研组，前往四川灾区。就推进试点工程、培育社会工作服务组织、社会工作专业进一步介入灾后社会建设、政府购买社会工作服务等问题，与地方政府、民政部门、社会组织进行了深入磋商，对拟纳入试点工程的社会工作服务组织发展情况进行了考察、督导、评估和筛选。

专家组发现，四川省各级政府，特别是民政部门对社会工作，以及社会工作服务组织建设的认识不断提高。省委省政府关于加强社会工作人才队伍建设，发展社会工作的文件正在起草，不久将成文下发；针对灾后社会发展的众多问题，在培育政府支持、专业教育介入的本土化民间非营利社工服务组织上，各级政府有着基本的共识，有些地区已经积累了一些有价值的经验。在四川灾区活跃着一批本土的、积极服务社会主流政治经济文化建设的社会组织，他们在与政府积极合作、争取社会资源、保持专业水准、提供多样化服务、维持组织良性发展等方面进行了积极的探索，在发育政府支持、专业教育介入、本土化的民办非企业单位性质的社会工作服务组织方面有着良好的基础。

一、试点工程得到了四川省各级政府领导的大力支持，社会工作服务组织有良好的生长基础

此次四川之行，专家组深感在灾区发展社会工作，建设社会工作组

织，有着良好的基础，对于试点工程的推进充满了信心。

1. 省委省政府高度重视温总理，回副总理，以及民政部李学举部长，李立国、姜力副部长对试点工程报告的批示，积极落实批示精神。省委刘奇葆书记对《关于四川灾区社会工作服务组织情况的调研报告》作了重要批示，明确让分管相关工作的副省长督察落实。蒋巨峰省长批示指出："请遵家宝总理重要指示，专题研究此问题。从制度上着手，依法依规加强管理和规范。特别要警惕境外组织以此为名进行非法活动。"此外，相关分管领导也多对此事作出明确的指示，要求重视这一问题，采取积极有力的措施予以推动。四川省委省政府对此事的重视，无疑为社会工作在灾后重建中发挥更大的作用，为社会服务组织纳入四川省各级政府灾后重建统一规划中，为社会工作服务组织的长久发展奠定了坚实的基础。

2. 省政府采取具体措施，积极推进社会工作在四川的发展。调研期间专家组发现，《中共四川省委　四川省人民政府关于加强社会工作人才队伍建设推进社会工作发展的意见（代拟稿）》正在各级部门征求意见，由省政策研究室组织的政府购买社会工作服务的讨论也正在积极进行。专家组在和各级政府对文件的学习与讨论中发现，这些举措，对于推动社工服务组织发展，对于社工人才引进，对于全面发挥社会工作专业在社会建设中的作用，都有着不可低估的重要意义。特别是对于各级政府进一步开阔思路，解放思想，意义重大。比如绵竹市民政局为进一步落实省委省政府有关精神，正在规划四个社区服务中心的建设，专家组与绵竹市郭市长、民政局樊局长进行了磋商，拟将绵竹青红社工服务中心纳入四个社区服务中心的建设规划中，推动政府购买其社工服务项目。

3. 省民政厅相关部门积极支持四川省境内的社会工作服务组织的发展。对于目前的几个社会工作服务试点，作为主管部门的省民政厅相关部门明确表示支持。四川省民政厅社工处处长表示：先想方设法做起来，以多种灵活方法予以支持，具体问题具体分析，单项问题，单项支持解决。专家组就协助绵竹青红社工服务中心在绵竹市民政局注册民非，心家园在成都有关区县注册等问题与民政厅有关部门进行了认真的磋商，并得到了支持回应。

在川期间，专家组还参与了四川省民政厅主持的社会服务组织普查报告的讨论，并给出了建设性的修改意见。

4. 四川民间社会服务组织发育有着良好基础，一批社会工作组织活跃在灾后重建的第一线，已经取得积极成果。随着灾后重建进入新的阶段，不少组织和机构已经离开，留下来的组织当中，除了那些有境外资金支持的短期项目之外，真正有长远打算的、有生命力的是一些本土的民间组织。它们中间，有的有着长期的服务经历，有的是灾后建设起来的，但也有着长期的打算。这些组织急需得到包括资金，也包括观念和技术上的扶持。许多民间 NGO 组织也强烈要求纳入首批试点工程，比如成都心家园社工服务组织，大邑兔王扶贫中心，态度特别积极，表现出极大的热情，对于下一步在中国社会工作协会扶植下的长远发展充满信心。这是社会工作组织本土化的基础和原生力量，特别值得我们重视。

二、进一步明确了试点工程的原则和工作方向，推动了试点建设

专家组在了解考察原有五个拟纳入试点工程的社会工作服务组织基础上，又根据实际情况新考察了六个社会服务组织，并且对上次拟订纳入首批试点工程的都江堰向峨乡社工服务中心和安县红十字社工服务中心重点进行了考察和督导。专家组通过实地考察社工服务中心，和服务机构的负责人和社工人员进行焦点小组访谈，全面了解了社工服务组织进展状况，现有的项目，发展中存在的困难及需求等问题，与相关市县乡镇村等政府领导进行了座谈，探讨当地社会工作服务组织在灾后重建中的作用及政府的支持等问题。

专家组发现，原有暂拟的五个试点中有三个已不适宜列为试点。其中：安县桑枣镇四川省民政厅社工站前期项目已于 6 月份结束，现在并未继续进行；西南财经大学在绵竹市汉旺镇的社会工作服务点因省委组织部门已撤点，持续亦有困难；成都市团市委温江青少年空间与成都电子科技大学的合同已终止，改由另外一公司经营。

经过认真讨论，专家组认为，要建设一种本土化、可持续、可复制、可全国推广的社会工作服务组织试点，是否具有实现自我运转的潜质和较

为成熟的发展条件是极其重要的。为此，商讨确定了遴选试点的主要条件：一是与政府具有良好合作关系；二是有高校等部门的专业介入支持；三是现有带资金的、可持续发展的项目；四是工作人员素质较高；五是有较成熟的管理经验和发展条件；六是中心负责人具备发展成优秀社会组织职业经理人的潜质。

根据以上条件，专家组拟定纳入首批试点工程建设的有六个社会工作服务组织，分为三类。第一类，高校支持型：绵竹青红社工服务中心（中国青年政治学院社工系专业支持）、理县湘川情社工服务队（湖南长沙民政职业技术学院社工系专业支持，原拟订的试点）；第二类，NGO 组织型：成都心家园社工服务中心、安县红十字社工服务中心；第三类，嵌入政府型：资阳爱在蓝天下志愿者协会、都江堰向峨乡社工服务中心（原拟订的试点）。

还有 NGO 组织型的海惠扶贫中心和大邑兔王扶贫中心作为备选机构。

以上试点社工服务中心具有各自的优势，同时也存在不同的问题和困难。

首先，它们都有着较好的发育基础：

第一，与政府有良好的合作关系，政府支持。和政府的良好关系是社会服务组织发展的必要前提。这几个站点，当地政府领导积极认同社工服务理念，社会工作服务组织具有可承接多个政府职能部门的社会公共服务项目的潜质。比如都江堰向峨乡社工服务站，与地方政府关系融洽，已实现政府购买社工服务，国家财政拨付人头费，每人每月 650 元补贴。资阳爱在蓝天下志愿者协会，市委领导执政理念先进，认同社工服务组织建设理念，积极支持社工服务组织的建设发展。此外，安县红十字社工服务中心，也具有推动政府购买社工服务的潜在资源；大邑兔王扶贫中心与当地政府关系融洽，在为政府分担解忧方面表现积极。

第二，具有好的带头人，中心负责人具有发展成为社会公益服务组织职业经理人的潜质。发育民非社会工作服务组织，领导人是关键。比如心家园社工服务中心、都江堰社工服务组织站、资阳爱在蓝天下志愿者协会等，其负责人的个人能力较好，认同社工服务理念和价值观念，工作有激情，具备良好的沟通协调多方面关系的能力，可发展成为优秀的社会公益服务组织职业经理人；此外，负责人均为当地人，扎根本土，促进了社会工作服务组织本土化、持久性建设与发展。

第三，有成熟的管理经验与发展条件。选中的几个服务站点，工作人员素质好、专业化高；有的有多年项目管理经验、手里有项目运作资金。比如资阳爱在蓝天下志愿者协会，依托政府提供办公场地“惠民帮扶中心”大楼，面积2000平方米，服务设置完备，办公环境好；涉及社工服务领域广泛，开设的惠民帮扶窗口涉及扶贫、就业、小额贷款、助残、助学、维权、妇女及青少年社工服务领域；具有成熟的组织内部管理经验，档案管理完备、工作制度有效、服务标准完善；此外，现有中心工作人员敬业尽责；有良好的争取项目经验；组建民非社工服务中心条件成熟。

第四，目前有带资金的项目支持。试点工程支持的是社会工作服务组织的日常运作，主要是人头费，所以有没有带资金的项目就成了能否持续发展的关键。比如绵竹青红社工服务中心：目前主要有生计发展型项目，以帮扶小组形式为主开展活动，服务对象主要为地震致残人员及丧亲家属。资金由中国红十字会提供，每年30万元，合同期限一年，并且续签可能性大。大邑兔王扶贫中心，主要有助学、扶贫、职业发展培训等项目，以开展扶贫活动为主，服务对象为贫困农民，资金来源为自筹模式，财力雄厚，选作备选试点。心家园社工服务中目前有一个李连杰壹基金的项目，一个企业项目，都能够保证运转。

第五，高校专业介入支持。专业介入是社会工作服务组织发展的基础。绵竹青红社工服务中心，由中国青年政治学院社会工作系专业支持，工作人员社工专业背景强，专业化程度高、且社工理论基础雄厚，负责人为中青院博士，工作人员多为中青院社工专业研究生，此试点也为高校社工专业提供了实习基地。心家园社工服务中心，由四川大学心理学专业、成都信息工程学院社工专业介入支持，工作人员素质好、专业化程度高。

同时，这些试点站点也存在着以下一些问题：

一是注册的问题。比如心家园社工服务中心急需民非注册，合法民非身份，但几次尝试都比较困难。另外都江堰社会工作者协会和资阳爱在蓝天下目前都还是群众社团，尽管都承诺申请注册民办非企业社会组织，但其中的手续也存在一定困难。

二是社会服务组织自身能力建设有待提高。作为发展中民非的社会工作服务组织，目前大多数组织的自身能力较弱，很难独立成长。以安县红十字社工服务中心为例，尽管有资金支持，也注册为民非组织，但法人主要精力不能投入，缺乏有竞争力的服务项目，人员不稳定。目前只有两名工作人员，项目也只有每日对少年儿童开放的课余服务。发展前景令人担忧。虽然政府相关部门表示有项目给机构做，但机构自身的能力明显不足，不足以承接政府项目，需要一个有能力的执行主任带领中心发展。另外有些站点人员配备也明显不足。例如绵竹青红社工服务中心缺少常驻固定社工服务人员。目前仅有一人为常驻固定社工，其余均为社工专业在读研究生兼职，影响了服务能力。

三是政府购买社工服务力度不够。社工服务组织需要积极拓展承接政府的社会公共服务，用较少的资金、人力、一流的服务，赢得政府购买社工服务。但因为受到当地经济发展条件的制约，与上海浦东新区政府购买社会工作服务的情况相比，四川省境内政府购买社工服务的力度还不够大，目前除都江堰由政府购买的社工人员之外，社会工作机构和社会服务项目的购买都还没有提到各级政府的议事日程上来。

四是整体上缺少资金。除大邑兔王扶贫中心，海惠扶贫中心资金比较雄厚外，普遍缺少项目运转资金及项目人员资金支持。都江堰社工服务站有财政拨付人员补贴，但是很少，难以留住人才；心家园社工服务中心完全没有专职人员工资，靠负责人的亲朋好友支持。此外项目运转经费普遍短缺，急需加强向社会筹募资金的能力建设。

三、发现的问题

此次调研，专家组发现因为注册难，出现了跨地区注册的苗头。上海社会组织孵化机构 NPI（一个在工商管理部门注册的，以孵化民间组织为主要工作目标的组织）近期在成都设立了工作站，对四川的民间社会组织进行孵化，并承诺帮助这些四川地区的社会服务组织跨地区去上海注册。

心家园社工服务中心、武侯玉林青少年空间都反映被纳入上海这家公司的孵化目标。跨地区注册对于正处于发育期的民间社会组织的良性发展无益而有害，应该制止。当然，这在某种程度上也反映出四川境内本土社会服务组织注册存在困难。专家组看到，一些积极作为，很有发展的社工服务组织因为在本地注册屡屡受阻，不得不走跨地区注册的路，后果很令人担忧。在四川境内的服务组织，在其他省份注册，这无疑会给发展正常运转的社工服务组织带来不必要的麻烦。专家组已将有关问题反映给四川省民政厅领导。也希望此问题能够引起有关部门的注意。

四、试点工程项目办下一步的工作打算

1. 尽快协助试点社会服务组织注册民办非。推动当地政府尽快解决绵竹青红社工服务中心、成都心家园社工服务中心、都江堰社工服务组织、资阳社会工作服务组织的民非注册问题。目前调研组已与当地政府进行了积极协调与磋商。

2. 适时举办“社会工作服务组织建设试点工程”启动仪式及专家研讨会。在条件具备的时候，为试点社工服务中心挂牌，同时举行试点工程启动仪式和专家研讨会，进一步推动试点工程扎实开展，争取得到政府和社会的认同和支持。

3. 加强社会工作服务试点组织的能力建设。对试点组织，需要采取协助扩大社工人才引进途径和渠道，固定常驻人员，和当地政府及有关机构协商选拔中心负责人，加强站点制度建设等措施。在运行中，逐步制定试点服务中心的建设规范、管理办法、自律准则、服务标准以及评估体系，实施规范管理。

项目办还要积极进行针对试点站骨干人员进行素质能力和服务功能的培训工作，以社会工作介入灾后恢复重建和民办社会工作服务组织的运营、建设与发展为内容，通过课堂讲授、实务培训、实地考察等形式提升试点社工服务中心的服务水平，培育发展一批优秀的本土的社会服务组织职业经理人。尽量在当地招募具有一定经营管理能力的、认同社工价值理念、在地震救援中表现出高度的社会责任感、年龄在40岁左右的当地人来

做中心的执行主任，带领社工服务中心团队的发展。

4. 筹募资金，对于纳入试点工程孵化期之内的社会服务组织给予一定的日常运行的资金支持。项目办要加大资金筹募力度，对于纳入试点的几个站点，先期给予5万～20万元不等的资金支持，主要用于社会工作人员的工资和一些基础设备的购置。

在今后的建设中，坚持政府支持、社会力量参与的原则，多渠道、多形式吸引慈善公益资金参与项目的实施，积极争取各级政府在资金和硬件设施等方面的支持和帮助，以支持社工服务中心的可持续发展。

5. 推动当地政府出台相关购买社工服务的政策。此次四川之行，专家组先后与省民政厅、资阳市委、绵阳市政府、都江堰民政局、德阳团市委、安县红十字会等相关部门就政府购买社工服务的问题，进行了积极的磋商，探讨了其可行性和运行方式，初步形成了一些共识。随后项目办要加强研究，多头协商，促进具体落实。

6. 在试点服务站与基金会等资源之间建立联系，帮助试点服务站争取项目。项目办要积极协调社工服务试点与基金会和大企业间的关系，调动一切社会资源，帮助试点服务站找项目、争取资金，推动其良性运行。

协会专家调研组

2009年

关于社会工作服务组织试点工程发展情况的考察报告

2009 年 4 月，中国社会工作协会组织专家对四川地震灾区的民办社工服务组织进行了调研和实地考察，提出了“以四川灾后社会重建为契机，培育政府支持、专业教育介入、本土化的民办社工服务机构，是党委、政府与社会多赢的发展方向”的意见建议。调研报告得到了国务院领导的批示和民政部领导的高度重视。

为贯彻落实国务院、民政部领导同志的批示精神，推动民办社会工作服务组织建设、促进社会工作者以自身行动服务社会，造福人民，中国社会工作协会组织实施了“社会工作服务组织试点工程”（以下简称“试点工程”）。目前已在四川灾区培育了理县湘川情社会工作服务中心等五家民办社会工作服务机构，并按照边试点、边总结、边普及推广的原则，开始向边疆民族地区和城市民族社区延伸，向全国各地和各相关行业发展。计划在各级政府的支持下，用三至五年的时间建设一批民办社会工作服务机构，发挥其化解社会矛盾，调解利益冲突，维护社会稳定的积极作用。

一、首批在四川灾区培育的社工服务机构得到了社会各界普遍认可，在维护社会稳定、促进社会和谐中发挥了积极作用

（一）发挥了有效化解社会矛盾，解决社会问题，维护社会稳定的作用

灾后的整体恢复重建中，化解多元化的社会矛盾是重要的组成部分，也是重建中的难点之一。社会工作作为一种以助人为宗旨，运用各种专业知识、技能和方法去解决社会问题的专门职业，积极通过服务传递机制，满足受助者需要，对避免由社会成员正当需要得不到满足而引起的社会不稳定，对安抚动员群众、化解社会矛盾、维护社会稳定发挥着基础性作

用。以都江堰市上善社会工作服务中心为例，针对灾后重建中部分农民对土地补偿金发放不满意，持续上访等情况，中心一方面深入相关社区、家庭，宣传解释政府政策规定，消除误解，化解纠纷；另一方面，对民众以各种方式表达的利益诉求都予以面对、倾听，帮助他们与政府进行协调。此外，还针对农村社区安置点推出了适应性社会工作介入社区重建的项目“新向峨　新生活——向峨乡鹿池新村服务项目”，通过组织社区自治团队、文体活动、义诊、文明生活讲座、居家就业技能培训等，促进社区融合和居民心理重建、提升居民的生活适应能力，有效改善了震后部分群众对政府出现的负面情绪，预防了问题的发生。

（二）发挥了帮助困难群众，缓解个别群体社会适应不良，服务人民群众健康发展的作用

随着社会的发展变迁，个别群体对于社会的不适应成为引发社会问题的突出因素，也是我们原有社会稳定机制很难应对的问题。社会工作坚持以人为本，以调动个体适应社会的主动性，治疗社会功能缺失为工作重点，弥补了传统思想政治工作和群众工作无法发挥的积极作用。以位于四川省理县的湘川情社会工作服务中心为例。该县是典型的藏羌等少数民族集中居住地区，震后90%以上的各族群众、32%以上的各族干部存在焦虑、孤独等心理障碍，仅半年时间就有10多人相继自杀，对此，中心遵循“精神家园重建和物质家园重建并重”的基本原则，组织实施了“民族地区灾后重建社会工作和心理援助项目”。对61户地震伤亡家庭共64名成员逐一建立了个案档案，及时进行心理抚慰、危机干预，通过心理健康专题讲座、宣泄治疗等系列活动，协助其重新融入社会，恢复正常生活。曾因丧亲产生过轻生念头的汉族村民王伟和羌族青年王小根都坚定地表示“要在社工的帮助下，把日子过下去”。

绵竹青红社会工作服务中心则以“团结社区、发展生计”为目标，积极培育和发展以地震伤残人员为主、包括其他困难居民构成的小型生计互助小组。促进了个人、家庭、邻里、社区的合作、和谐与和睦。绵竹市天池乡村民马兴书说：“房子毁了，我和儿子残疾了。社工互助组帮我种了10万株银杏苗，估计能卖几万元，有盼头了。”

（三）发挥了社会工作传达社会政策、汇集反映民意，调解利益冲突的“双通管道”作用

在社会综合建设中，各种社会资源的协调与动员，政府与民间力量的协作等问题，关系到公共服务的均等，也关系到社会和谐建设的成效。社会工作及其服务组织，特别是社工行业组织，是协调社会服务的重要力量。在灾后社会重建过程中，五家试点社工服务机构都不同程度地发挥了社会工作的“资源平台”作用。他们通过宣传倡导、组织动员、资源协调，协助政府充分动员、凝聚社会力量，用好社会资源，降低了社区建设和社会管理成本。譬如绵竹青红社会工作服务中心等机构协助政府组建的资源协调平台，针对灾后民众服务需求强烈，外来社会组织众多、社会资源繁杂等问题，认真调查民众需求，每月定期召开会议，对资源和社会服务需求进行归类、协调、匹配、整合，积极推动实现了社会服务资源与需求的有序对接，被政府誉为“智囊和助手”，被其他社会服务组织称作“水塔”，被群众誉为“一杆公平秤”。

（四）发挥了围绕政府中心工作，协助政府部门促进社会和谐的助手作用

社会民主化发展加剧了民众在社会、生活重建中各种利益诉求的表达，社会和谐建设中蕴藏着多样化的不稳定因素。专业社会工作作为一种科学化、人性化、柔性化的管理和服务方式，在落实社会政策、了解群众需求、协调利益关系方面发挥了独到的作用，弥补了传统行政管理上的不足。资阳市社会工作服务中心积极围绕市委市政府的发展战略和中心工作，与各级政府部门联合建立了多种联动机制，如主动与市信访局群众接待中心建立了联动机制，实现了工作互动、信息互通；主动与来访群众建立了服务档案记录和服务信息反馈机制，对重点人群还采取了个案和跟踪服务等方法，切实畅通诉求渠道，让群众“话有处说、怨有处诉、难有处解、事有处办”。在这个过程中，社会工作独有的专业化优势得到了实现，促使政府原有的工作机制中适应民众需求的有效部分得到了保持和发挥。这项工作得到了各级党委政府、各族群众和社会各界的重视和肯定。都江堰市委书记刘俊林对社会工作的评价是：“社工是水，能够融合社会。在

一些问题的协调和处理上，可能超过了我们政府机关的工作能力。”

二、以在民族地区和民族社区培育民办社工服务机构为重点，继续推进试点工程

我国是统一的多民族国家。做好民族工作关系党和人民事业发展全局，是全面建设小康社会、实现中华民族伟大复兴的战略任务。社会工作是应对工业化、城镇化、市场化带来的社会问题的重要举措。引导、推动社工人才和社工服务机构服务民族地区的社会建设，发展民族地区社会工作，进而构建中国特色的民族社会工作理论和实务体系，对创新民族工作方法、维护民族地区稳定、促进各民族共同繁荣发展具有重大意义。

党的十六届六中全会和十七大召开以来，在各地积极探索实践下，社工服务在我国民族地区和社区有了较快的发展，涌现出一批先进民办社工服务机构和优质的服务项目。在推进试点工程的进程中我们发现，总结推广民族地区先进民办社工服务机构的经验和做法，符合“从党和政府最关心的问题入手，服务群众，影响政府和社会”的思路。

经过近一年的准备，在国家民族事务委员会和民政部的指导下，我们于2010年6月25日召开了“民族地区社会工作与社会建设论坛暨民族社区社工机构试点和社工培训班启动仪式”：对民族地区和社区的先进民办社工服务机构进行了实务总结和理论提炼，发挥其典型引路作用，形成示范带动效应；以社工协会名义发出了“开展民族地区社会工作倡议书”和“中国社工协会关于推进民族地区社工机构试点建设的决定”；与相关政府部门和社会团体签署了构建民族社工服务机构的战略合作协议，进行了民族社工机构试点启动仪式，共同推动试点工程第二批15家民办民族社工服务机构的建设工作；举办了民族地区社工服务机构素质能力建设培训班，对首批和第二批试点民办社工服务机构的相关人员进行了培训。

此项工作得到了政府和社会的肯定。中共中央政治局委员、国务院副总理回良玉给大会发来贺信，指出发展民族地区社会工作具有重大意义，希望中国社会工作协会在引导推动有关人才和机构服务民族地区社会工作发展和社会建设方面发挥更大作用。全国政协常委、中央党校原副校长李君如作

了题为“把中华民族大家庭的关爱带给少数民族群众”的演讲，指出社会工作介入和服务于民族工作，是我们社会工作者的崇高使命和崇高责任。

三、下一步工作

今后一段时间内，我们将在各级政府的指导支持下，联合社会力量、整合社会资源，以建设民族地区民办社会工作服务机构工作为重点，同时推进民办社工服务机构进入企业，在更广泛的领域推进试点工程。

（一）继续做好试点工程首批五个试点工作

在现有的基础上，总结四川灾区首批五个试点的经验、运行模式和各项标准，查找问题，研究进一步加强和改进试点工作的思路和措施，9 月中旬组织专家小组赴川进行评估工作，总结实务案例。

（二）将培育民办民族社工服务机构为重点，向城市民族社区和边疆民族地区推进试点工程

首先，与深圳市民政局合作，在新疆喀什启动边疆民族地区民办社工服务机构试点建设。在取得经验的基础上，面向占国土面积 64％的少数民族聚居区，培育一批党领导的、政府支持的、民办非企业性质的、本土化民族社工示范机构。同时，联合党建、民族、社工、宗教等相关领域的专家和学者，组织开展“发展民族地区社会工作，服务民族工作方法创新”的课题研究和案例教学。

（三）推动民办社工服务机构进入企业，服务企业职工思想政治工作创新，在更广泛的领域推进试点工程

联合党建、社工、企业群团工作和职工思想政治工作等相关领域的专家学者，组织开展“发展企业社会工作，服务企业思想政治工作和群众工作创新”的课题研究和案例发掘；组建企业社工讲师团，面向企业领导和职工传递社工政策、传播社工理念、普及社工知识，推动民办社工服务机构进入企业，尤其是国有企业和新经济组织；总结北京、深圳、上海、东莞等地已有的企业社工实务模式，适时组织民办企业社工服务机构标准模式研讨会。

四、我们的建议

针对民办社工服务机构发展面临的问题和困难，为推动社会工作融入

社会建设，根据我们的工作实践，特提出以下建议。

（一）建议政府进一步加大促进民办社工服务机构发展的政策支持力度，构建政策体系

政府的支持，特别是政策的支持，是民办社工服务机构发展的基础和关键。党政各有关部门应把推动社会工作提到议事日程，把社会工作作为新时期基层群众工作的重要方式，作为推动社会建设的主要工作内容。各级政府应加大调研力度，加快出台相关政策法规，在政府购买服务、推动人才队伍建设、培育社会组织等方面构建政策体系。

（二）建议政府对民办社工服务机构加大财政投入力度，进一步推进政府购买服务

民办社工服务机构，特别是边疆民族地区民办社工服务机构普遍存在着底子薄、条件差等现实问题，自身建设、人才聘请、专业服务、督导规范等，都亟须一定数量的、长效的经费支持，政府购买服务应是民办社工服务机构经费来源的主渠道。建议加快推动将政府购买社工服务列入财政预算，并逐步扩大资金来源和数量，拓展领域和范围。加大福利彩票公益金对社工服务机构的支持力度。

（三）建议进一步提高党政领导干部对社会工作的认知度，在各级党校和行政学院开设社会工作课程，普及社工知识

建议在中央党校、国家行政学院和各地方党校、行政学院开设社会工作课程，增强党政领导干部运用社会工作的理念和方法进行社会建设的能力。对民族地区直接从事社会管理和公共服务的党政部门、人民团体、相关事业单位、部分执法单位、公益类社会组织的领导干部和城乡基层党组织、群团组织、居（村）民自治组织成员进行有计划、分步骤的社会工作教育培训，提高各级领导干部对于社会工作的认识。

协会专家调研组

2010 年

协会发展大事记（2009～2010）

2009年

1月5日 协会和宁夏民政厅联合主办的“爱心2008——走进宁夏”大型公益活动表彰会在银川举行。会议对自治区人民医院心胸外科、宁夏医学院附属医院心脏中心、贺兰县民政局等9个先进集体和23名先进个人进行了表彰。“爱心2008——走进宁夏”公益活动自2005年9月启动，截至2008年年底，共救助贫困家庭病残儿童956名。

1月6日 协会儿童社会救助工作委员会四川社工服务站的工作人员带着保暖内衣、外套、鞋子等物资前往北川任家坪安置点开展慰问活动，将过冬物品送到“灾区爱心助养”的孩子手上。

1月7日 协会赵蓬奇副会长兼秘书长主持召开部分总干事座谈会，听取大家对协会学习实践科学发展观的整改意见。与会人员就协会管理体制、运行机制以及机构设置等方面的问题展开了热烈的讨论，并提出建设性意见。

1月8日 《中国社会工作发展报告（1988～2008）》组委会会议在协会召开。主编陈良瑾、吴铎分别就全书统稿及总报告撰写情况作了通报。协会会长、编委会主任徐瑞新代表组委会向为蓝皮书编辑工作作出努力的同志表示感谢。

1月13日 协会徐瑞新会长主持召开2009年第1次会长办公会议。赵蓬奇副会长通报了民政部2009年全国民政工作会议的有关情况及国家审计署对协会进行延伸审计的情况；陈倚副会长汇报了《中国社会工作发展报告（1988～2008）》的编撰情况。会议讨论了协会《2008年度工作总结和2009年度工作思路（征求意见稿）》，讨论并决定了协会品牌项目和2008年度优秀项目、先进集体、先进个人的表彰名单。会议还听取了刘京副会长关于举行“首届中国公益事业发展与媒体责任高峰论坛暨2008年度中国年度公益新闻颁奖盛典”的情况通报。

协会对“爱心2008”贫困家庭病残儿童救助等9个项目授予“中国社会工作协会品牌项目”称号，并对2008年度的优秀项目、先进集体和个人进行了表彰。“中国慈善排行榜慈善晚宴暨2008中国明星慈善发布”等8个项目获得“2008年度优秀项目”称号，社会公益工作委员会等14家单位获得“2008年度先进集体”称号，于素华等34名同志获得“2008年度先进个人”称号，《中国社会工作发展报告（1988～2008）》获得“2008年度特殊成果奖”。

协会下发《关于发布中国社会工作协会品牌项目和表彰2008年度优秀项目、先进单位和先进个人的决定》。

1月14日 全国榜样公益系列活动组委会会议在北京王府饭店召开，协会徐瑞新会长、赵蓬奇副会长兼秘书长及全国妇联、全国总工会、民政部有关司局领导出席。会议通报了榜样公益系列活动组委会成立3年来所走过的路程及开展活动的情况，与会人员积极为榜样公益系列活动建言献策。徐瑞新会长在总结报告中对组委会今后一个时期的工作提出了具体要求，指出榜样公益系列活动旗帜鲜明、主题突出、号召力强、涵盖面广，对于弘扬现代公益精神、推动社会公益事业有着十分重要的意义。

由“榜样公益”系列活动组委会主办，腾讯公益慈善基金会和《公益时报》社承办的首届中国公益新闻年会在北京王府饭店举行。协会徐瑞新会长、赵蓬奇副会长兼秘书长及全国妇联、全国总工会、民政部有关司局领导出席。会议揭晓了“2008年度中国传媒公益推动力奖”，表彰了一批在2008年度中国的救灾、扶贫、环保、教育、医疗等诸多领域参与公益事业的媒体公民。

协会与中华永恒慈善集团在协会深圳办事处的动作下开展了迎新春送温暖慈善活动，分别通过新疆生产建设兵团民政局和河南周口社工协会向社区及福利单位赠送电视机共计52台。

1月15日 协会徐瑞新会长主持召开了协会2008年度工作总结会议，

所属机构和单位负责人参加了会议。赵蓬奇副会长兼秘书长代表协会作了《2008年度工作情况及2009年度工作计划》的报告。徐瑞新会长在讲话中强调：2009年，协会要以科学发展观为统领，巩固好现有的品牌项目和活动，抓好制度建设，完善现有管理体制和运行机制，共同创造更好的成绩。

协会下发《关于印发“中国社会工作协会2008年度工作总结及2009年度工作计划”的通知》。

协会举行2009年迎新春联谊会。会上宣读了《关于发布中国社会工作协会品牌项目和表彰2008年度优秀项目、先进单位和先进个人的决定》、《关于公布2009年“迎新春书画、摄影、歌唱、扑克牌比赛”获奖人员名单的通知》，获奖人员和近10个单位的员工表演了精彩的文艺节目，联谊会穿插了游戏、抽奖和公益拍卖等环节，欢庆气氛浓厚、热烈。《社工人之歌——我愿意》的词曲作者，著名作曲家陈卫东夫妇也亲临会场带领大家高歌《社工人之歌——我愿意》。

1月29日 由协会儿童救助工作委员会与天津杂技团、金马驿程文化传播有限公司联合主办的“蓝丝带在行动·还我美丽人生”儿童希望慈善义演在北京中国木偶剧院举行。协会副会长马学理、陈倚为本次活动的主办方颁发了2008年度爱心企业奖。

2月1日、8日 由协会、香港马会、《公益时报》社、中国教育电视台、四川省民政厅共同录制的“爱心2008”贫困家庭病残儿童救助活动四川灾区救助宣传片在中国教育电视台播出。宣传片生动地反映了救助活动的全过程，得到了社会各界的广泛关注。

2月5日 协会徐留根副会长会见日本婚介NPO机构行政书士山本善太郎，并向山本一行介绍了中国婚姻介绍行业的发展情况及中国政府对涉外婚姻的相关政策。双方就两国婚姻介绍现状等问题进行了深入交流。

协会与英国关爱儿童组织合作项目办公室向重庆、成都等30家项目单位捐款27万元人民币，帮助600名家庭寄养儿童。

2月5～6日 协会徐瑞新会长主持召开2009年第2次会长办公会议，讨论协会学习实践科学发展观整改意见。

2月9日 协会赵蓬奇副会长到英国关爱儿童组织现场考察寄养工作，

并就新一年度开展家庭寄养工作等事宜与英国关爱儿童组织负责人罗伯特交换意见。

2月10日 协会徐瑞新会长、刘京副会长应香港赛马会行政总裁应家柏先生邀请出席在北京香港马会会所举行的交流晚宴。晚宴上，双方就共同推动中国公益事业发展及未来的合作，尤其对四川灾区贫困家庭病残儿童的救助项目执行状况进行了友好会谈。

2月17日 《中国社会工作协会发展蓝皮书（2007～2008）》编委会会议在协会召开，李德运副会长主持，赵蓬奇副会长等相关人员参加。会议确定了蓝皮书编委会成员，通报了蓝皮书的编写要求和下一步工作计划。

协会儿童社会救助工作委员会联合美国儿童健康机构（A Child's Right）为青海、宁夏8家福利院安装净水设备，使福利院的孩子和工作人员喝上了纯净水。该项目还计划在云南、贵州等地开展第二期的净水设备安装工作。

2月18～19日 由民政部民间组织管理局主办、协会理论宣传工作委员会承办的全国社会组织宣传工作研讨会在京召开。来自全国各省市社会组织和有关新闻媒体代表出席了会议。与会人员就社会组织信息公布、新闻宣传等问题进行了充分交流和研讨，并提出了具体的意见和建议。

2月19日 新疆生产建设兵团通过协会深圳办事处向中华永恒慈善基金发来感谢信，感谢其捐赠的50台电视为兵团电教设备不足解困。

2月23日 协会召开党总支会议，赵蓬奇副会长传达民政部党组反腐倡廉会议精神，研究部署相关工作。

2月25日 协会赵蓬奇副会长组织召开了“爱心2008”贫困家庭病残儿童救助活动推进协调会。会议回顾总结了活动开展三年来的成绩，探讨了下一步需要解决的问题，对近期工作进行了部署。会议还确定了“爱心2008”联谊会议制度，并对“爱心2008”贫困家庭病残儿童救助活动宣传策划稿进行了讨论。

3月1日 协会下发《关于印发“中国社会工作协会专项基金管理办法”的通知》。

3月3日 协会徐瑞新会长主持召开2009年第3次会长办公会议。会上赵蓬奇副会长传达了参加民政部深入学习实践科学发展观总结大会和全国民政系统反腐倡廉工作视频会议的有关情况。会议对下一步协会的相关工作进行了安排。

3月4日 协会志愿者工作委员会在西安召开“中英志愿者国际交流项目第二阶段工作会议”。会上，工作人员和志愿者介绍了项目在西安的进展状况和主要经验成果。项目接待机构和接待家庭的代表也从不同角度发表了感受，并对项目给予了很高评价。

3月6日 协会志愿者工作委员会“中英志愿者交流项目”志愿者抵京，在东城区建国门街道开展义务指路服务。徐留根副会长前往慰问志愿者，并对他们的表现给予赞赏。

为庆祝三八妇女节，协会妇工委组织联谊会，杨建昌常务副会长等领导出席。会后，妇工委组织观看了三八妇女节主题电影《二十四城计》。

3月11日 协会徐留根副会长主持召开全国婚庆婚介标准化委员会2009年秘书处会议。会议围绕2009年婚庆、婚介标准制定时间安排、标委会委员调整等问题进行了讨论。

3月12日 由协会儿童社会救助工作委员会主办的“2009·我们美丽的夏天——关爱四川灾区儿童之摄影图画展”在北京市规划展览馆拉开帷幕，协会常务副会长杨建昌出席了开幕式。此次展览旨在呼唤社会各界继续关注地震灾区的孤儿、单亲和处于困境之中的孩子，为他们提供物质及心理援助，同时通过儿助会“灾区儿童助养项目”与孩子们建立长期的联系，为他们创造更好的生活条件。展览持续至18日，随后在上海继续展出。

3月13～15日 由协会城区工作委员会、宜兴市委党校、江苏省宜兴市宜城街道联合举办的社区干部“提高素质、提升能力”业务培训班在宜兴市委党校开班。此次培训旨在提高社区工作者的综合素养和服务能力。培训采用集中辅导、分片讨论、现场互动等形式对宜城街道近400名工作人员进行辅导，向通过测评者颁发城区工作委员会社区管理与社区服务培训证书。培训班使社区干部具备了一定业务能力和专业知识，有利于当地和谐社区建设工作的开展。

3月16～19日 协会徐留根副会长赴重庆调研，重点参观了重庆市婚庆基地，并与重庆市婚庆行业代表及相关人士座谈，探讨了婚庆市场发展现状及发展趋势等问题，为重庆市婚庆产业的发展提出了许多建设性意见。

3月17日　今天是“世界社工日”。协会与北京市委社会工作委员会、北京市社会建设工作办公室共同举办了“慰问基层社会工作者”活动，先后考察了宣武区3个社区的工作情况，现场慰问了基层的社会工作者。专业社会工作者的加入，使得各社区在建设和谐社区、创新社区方面迈出了新步伐，发挥了为政府分忧、为群众解愁的积极作用，得到了社区群众的支持与认可。

3月18日　中国社会工作协会培训中心成立并揭牌。徐瑞新会长，赵蓬奇、刘良玉副会长出席揭牌仪式并作重要指示。

3月20～21日　协会英烈纪念委员会在桂林举办了“清明节应急预案和处置”专题研讨会。会议探讨了清明节期间英烈纪念活动的特点以及清明文化与烈士陵园社会教育功能定位，讲授了中华人民共和国突发事件应对的法律体系建设和相关法律解释，同时从实务和技术层面讲授了纪念活动突发公共事件应急预案的编制、启动、应急响应及现场处置措施。为有效预防、及时控制和妥善处理各地纪念机构在组织祭典和缅怀先烈活动中可能出现的突发事件做准备。

3月25日　协会婚庆行业委员会主任扩大会议在大连召开，徐留根副会长出席。会议就加强婚庆服务理念及完善管理和运行机制等问题展开了讨论。

3月26日　协会徐瑞新会长主持召开2009年第4次会长办公会议，并通报了向民政部领导汇报协会学习实践科学发展观的有关情况。会议重点围绕协会管理体制和运行机制等问题进行了深入讨论，并就机构调整发表了意见。会上还通报了关于组建协会培训中心、举办第四届中国社会工作论坛暨《中国社会工作发展报告蓝皮书》发行仪式、拟开展社会工作爱心行动系列活动的情况及电影《爱的天空下》拍摄工作的情况。

3月27日　协会《公益时报》社组织召开金融界企业慈善排行榜专家评审团第一次会议，赵蓬奇副会长兼秘书长出席。会议听取了中国红十字会、中国扶贫基金会、中国青少年发展基金会等相关单位负责人对排行榜的意见，初步制定了上榜标准。

由协会儿童社会救助工作委员会与北京尔康医院共同合作开展的“脑瘫儿童康复家长培训班”圆满结束。为期两周的培训班通过康复师的指导让脑瘫患儿家长了解康复训练知识，学习正确的康复手法，为脑瘫儿童进行以家庭为主的康复训练，使他们尽早康复并融入社会。

3月30日 协会婚介行业委员会与北京市工商行政管理局共同主办了婚介服务发展现状研讨会。会议针对即将推出的北京市婚介服务标准合同内容及婚介服务发展现状和存在的问题展开了讨论。婚介行业委员会专家就婚介服务行业涉及的问题为北京市工商行政管理局的同志提供了丰富的材料和参考依据。

3月31日 第四届“全国十大社会公益之星”暨“全国优秀公益人物”评选表彰活动执委会第一次会议在净雅大酒店召开，协会杨建昌常务副会长，赵蓬奇、李德运、马剑飞副会长等13名执委会成员出席。会议由赵蓬奇副会长主持，审议并通过了评选表彰活动方案。各位委员还就树立品牌、加强宣传、强调权威性、明确范围、奖项设置等大家关心的问题提出了意见和建议。

4月2日 协会召开会长协调会，就“灾后重建中的工作论坛暨《中国社会工作发展报告（1988～2008）》发行仪式”的有关事宜进行了讨论。徐瑞新会长，杨建昌常务副会长，赵蓬奇、李德运、陈倚副会长出席会议。

4月3日 协会社区服务工作委员会联合企业公民工作委员会召开“社区创业就业暖心工程”专题会议，就帮助失业人员创业就业的相关项目方案进行了讨论，协会杨建昌常务副会长、刘良玉副会长出席会议。为帮助失业人员创业就业，委员会还设立了“社区创业就业暖心工程组委会”和“社区创业就业暖心工程办公室”，以整合社会资源，构建社区就业平台。

4月4日 由协会防治乳腺癌基金、深圳市莱特妮丝服饰有限公司联合主办的“粉红丝带中国行”在深圳正式启动，赵蓬奇副会长兼秘书长出席启动仪式。莱特妮丝国际集团现场捐赠10万元公益款，启动“莱特妮丝·粉红丝带中国慈善行”公益活动。活动拟于一年内在全国40个城市举办近300场专家讲座、现场咨询、门店募捐活动，动员全社会女性抗击乳腺疾病，保卫女性健康。

4月7～13日 由协会副会长、婚庆行业委员会主任徐留根任团长的中国婚庆行业代表团赴日本静冈参加了第十二届亚洲婚礼文化研讨会，在东京、静冈、京都、大阪等地参观了日本婚庆行业的相关设置，并与日本同行进行了广泛的交流。

4月7～15日 协会组建赴四川灾区专家调研小组，由专家委员会执行主任陆士桢、协会副秘书长沈南燕带队考察了都江堰、什邡、安县、浏县、绵竹、成都等地的社会工作服务站点，对社工机构、专业社工和社区人士进行了问卷调查并收回1003份问卷。此次调研的目的是探索如何发挥中国社工协会的服务功能，为灾区社工组织和社会工作者提供服务；协调灾区社工组织与政府以及其他社会组织之间的关系；筹建5个示范性社会工作服务站；形成一份具有可操作性和可持续性的灾区社工服务组织发展报告，向政府部门提供具体政策建议等。

4月8日 由协会婚姻家庭工作部、北京关爱中心、美国爱家协会联合主办的“无悔今生——青少年身心健康教育知识讲座”在北京成功举办。此次讲座吸引了来自北京、上海、山东、江苏、内蒙古等地的39名学员参加。通过讲座，专家向学员传授了如何有效地引导青少年正确认识自我，正确作出选择的专业方法。

4月9日 由协会主办，《公益时报》社与金融界网站联合发布的“达者兼济天下财富凝聚爱心”2008中国金融企业慈善榜颁奖盛典在北京钓鱼台国宾馆隆重举行，赵蓬奇、刘京副会长出席，200家金融企业榜上有名。随榜单一同揭晓的还有“2008中国金融企业慈善榜·金融行业·卓越贡献奖”、“2008中国金融企业慈善榜·各行业突出贡献奖”等一系列奖项。赵蓬奇副会长表示，在金融慈善企业的榜样带动作用下，将有更多的企业关注慈善事业，投身慈善事业，通过以爱心奉献为宗旨的慈善事业，营造尊重、理解和关心他人、热心公益事业的氛围。

4月10日 第四届全国十大社会公益之星暨全国优秀公益人物评选表彰活动执委会会议在京召开。会议由协会赵蓬奇副会长兼秘书长主持。协会杨建昌常务副会长、执委会副主任就本届评选表彰活动作了重要讲话。会议责成执委会办公室根据各执委会委员的意见，对活动方案作进一步修改，在各主办单位形成统一意见后，择日举行新闻发布会，正式启动第四届“全国十大社会公益之星·全国优秀公益人物”评选表彰活动。

4月10～12日 协会婚姻家庭工作部在广西举办儿童家庭收养研讨会，民政部社会事务司陈光耀副司长出席活动并作主题演讲。研讨会通过主题讲座与热点问题讨论，征得了多项关于儿童收养可行性建议和意见。

4月14～17日 协会项目部会同寰盛洋酒（上海）有限公司、公益时报社、人民政协报社、中国经济时报社代表赴四川绵阳，对“爱心2008——走进绵阳”活动进行实地考察和采访，并同绵阳市民政局、绵阳市404医院医务人员对118名上报的病残儿童进行筛查。

4月15日 由协会主办，协会国际科学和平促进委员会、中国红十字基金会凤凰基金等单位承办的“信心与勇气比金子更璀璨——地震周年社会工作爱心特别行动”系列活动在京启动。协会会长徐瑞新、中国科协原副主席党组书记高潮、协会副会长赵蓬奇等出席仪式。赵蓬奇副会长在仪式上发表了讲话，希望灾区青少年在灾后重建和面向未来的历程中，增强信心，鼓起勇气，战胜困难，健康成长。本活动已被列入2009年“国际科学与和平周”活动之一。

第四届全国十大社会公益之星暨全国优秀公益人物评选表彰活动启动新闻发布会在京召开。协会赵蓬奇副会长主持并介绍了活动开展的基本情况。组委会副主任巴忠倓将军发表讲话。杨建昌常务副会长在回答记者问时就活动的目的、意义等作了深刻阐述。

协会杨建昌常务副会长率协会社区服务委员会负责人一行走访了中国市长协会。双方围绕共同承办“2009两岸四地社区实务交流会”的有关事宜进行了交流并达成初步共识。

4月16日 在天津泰达国际心血管医院举行了康菲石油向“爱心2008”公益活动捐款仪式。此次康菲石油捐赠50万元人民币，用于贫困家庭病残儿童的手术治疗。

4月17日 “爱心2008——走进潮州”贫困家庭病残儿童救助活动启

动仪式在广东省潮州市举行。协会赵蓬奇副会长、潮州市委书记骆文智、市长汤锡坤、市委副书记黄俊潮、广东省民政厅副厅长骆招群、广州军区总医院副政委万金平大校、潮州市民政局局长兼慈善总会会长陈群欢、开元寺释达诠住持等有关领导及社会各界人士100多人出席了仪式，赵蓬奇副会长在会上发表讲话。仪式结束后一行人又前往活动定点医院广州军区总医院进行了实地考察。

由第一视频倡议，中国版权协会联合中国互联网协会共同召集人民网、新浪网、搜狐网、腾讯网、网易网、央视网、盛大网络、第一视频共同发起的“抵制低俗、坚持正版——绿色网络行动发起仪式”在北京隆重举行。此次活动表达了中国网络门户和网络视频门户代表对肃清网络不良环境、造福亿万网民精神家园的坚定信念。

4月22～26日 协会志愿者工作委员会在武汉市召开2009年常委会暨社区志愿者注册工作培训班。此次活动由民政部基层政权和社区建设司指导，协会志愿者工作委员会、武汉市民政局和武汉市社区志愿者协会主办，武汉市江岸区民政局、江岸区社区志愿者协会承办，协会徐瑞新会长、民政部基层政权和社区建设司王金华副司长出席会议。徐会长在讲话中强调，我们要争创人人争当志愿者，人人都能找到志愿者组织的社会氛围。

4月23日 《中国慈善捐赠发展蓝皮书（2008）》由协会《公益时报》社编制完成并正式发行。该书根据2008年中国慈善捐赠数据编写，详细地介绍和记录了2008年中国慈善捐赠的历程，民众志愿精神的觉醒以及中国公民社会的大踏步前进，有积极的现实意义。

4月24日 由民政部等中央单位指导，协会主办，《公益时报》社编制发布的“2009中国慈善排行榜”发布仪式暨颁奖典礼在京举行，入榜慈善家121位，共计捐赠18.84亿元；入榜慈善企业899家，共计捐赠117.95亿元（含物品捐赠）。江苏黄埔再生资源利用有限公司董事长陈光标继2008年获得“中国首善”称号后，再获“最具影响力慈善家”；黄如论、黄涛父子荣获“中国首善”称号；四川宏达集团董事长刘沧龙获得“2009慈善特别贡献奖”。陈逢干、杨受成、匡俊英、王秋杨、李兆会、李清友、杨卓舒、杨勋、李爱君、孙荫环等10人被评选为“2009十大慈善家”；

恒源祥、浏阳河、顶新集团、前进钢铁、加多宝、TCL、中国人寿、强生、晶龙等10家企业荣获“2009十大慈善企业”。中国红十字基金会、中国青少年发展基金会、大连慈善总会、河南慈善总会、河北慈善总会等5家单位获得“2009慈善排行榜特别支持奖”。本届“慈善排行榜”，是对2008年中国慈善捐赠的一次全面总结，也是对爱心捐赠的企业和个人的鼓励。

“善行天下2009中国慈善排行榜——明星慈善晚宴”在钓鱼台国宾馆举行，全国人大、全国政协首长和民政部、中央综治办、全国总工会、全国妇联等多个部门领导，以及慈善企业、国内外民间组织、媒体代表等近千人出席晚宴。由《公益时报》和北京电视台《每日文娱播报》联手推出的第二张“中国明星慈善榜”在晚宴上发布，容祖儿、孙楠、吕丽萍、潘长江、六小龄童、蔡明、苏有朋等14位明星到场领奖，并制作手摸拍卖筹得1000万善款，当晚爱心竞拍共筹集善款1181万元。

4月28日　协会团总支联合会员工作部组织青年团员及会员赴金梦圆老年乐园进行义务服务，与园中老人共庆五一国际劳动节，并在园中种植蔬菜瓜果，为老人提供绿色食物。

协会志愿者工作委员会和友成企业家扶贫基金会联合举办“应急志愿服务论坛”。论坛由国务院扶贫办国际合作与社会扶贫司指导，国家减灾中心、中国地震应急搜救中心、中国紧急救援促进中心特约支持，相关领域的专家和学者应邀出席。论坛上，与会专家们结合国内外应急志愿者的组织经验，根据5·12抗震救灾过程中我国志愿者参与的实际情况，就“国家灾害应急志愿服务体系”的构建以及5·12抗震救灾中志愿者精神的传承进行了深入的讨论。

4月29日　协会社区服务工作委员会与乾和咨询（北京）有限公司联合举办了“中国物业企业社区服务交流会”。协会常务副会长杨建昌、副会长刘良玉、北京物业管理行业协会秘书长黄潇俚等出席交流会。会议就物业管理和社区服务的关系、物业管理在当前遇到的主要问题、物业管理需要社区提供哪些服务与配合进行了讨论。与会嘉宾表示愿与协会进行多方面合作，并就合作方式进行了研究。

协会婚姻家庭工作部参与主办的“心系大学生——玫瑰绽放校园行”

2009年度女大学生生理健康教育活动启动仪式暨爱心教育基地挂牌仪式在国际关系学院正式拉开帷幕，赵蓬奇副会长出席并向大学生致感言和祝词。活动以关爱女大学生生理健康，帮助她们形成正确的生理、心理健康观念为主要内容，当晚首场模式课堂正式开课。

协会儿童社会救助工作委员会与民间组织“爱遍中国”共同开展了“爱遍中国·助学助教”大型公益活动。活动在世界教科文卫体发展组织的资助下，联合教育界、演艺界、企业界等各界爱心力量，以《爱遍中国·教与学的精彩》电视栏目的形式开展，展示了新中国成立60周年中国教育发展的成就，传扬优秀教育思想理念和教学经验，促进地区间教育均衡发展。

5月1日　协会联合国务院扶贫办、国家减灾中心、中国地震应急搜救中心、友成企业家扶贫基金会等单位主办的“再走志愿路——友成应急专业志愿者长途演习”在京启动。200余名志愿者将在13天内途经10个省市，行程2500公里，并在郑州、咸阳、什邡和绵竹四地进行大型应急演习。这不仅是国内首个民间应急专业志愿者的长途演习，也是一次民间爱心的大汇流，更是一次对于志愿者精神的弘扬之旅。车队将沿途举办志愿者事迹图片展、志愿者精神专场报告会等活动。

5月4日　作为“社会组织5·12行动论坛暨项目交流展示会”共同主办单位，协会有关人员参加了论坛第三次筹备会。会上，21家主办单位的代表展开了积极商讨。这是国内社会组织的第一次集体展示，如何利用好这一平台让更多的草根组织得以展示，如何宣传和包装这一盛会，如何保证让优秀的草根组织来参会等问题成为讨论焦点。

协会团总支代表参加了民政部庆祝中国共青团成立87周年暨五四运动90周年座谈会。座谈会的主题为“牢记使命，共话成长”，李立国副部长出席座谈会并讲述自己的经历，与青年代表亲切交流。

5月7日　协会徐瑞新会长主持召开2009年第5次会长办公会议。会议通报了关于举行“全国社工协会座谈会”和“灾后重建中的中国社会工作论坛暨《中国社会工作发展报告（1988～2008）》发行仪式”的有关情况。会议讨论并决定聘任陈军同志为协会国际科学和平促进委员会秘书长，边俊生为执行秘书长。

协会康复医学工作委员会、民康医学健康中国编辑部、北京市石景山区科学技术协会联合举办的“康复援助及营养科普社区行”大型公益活动启动。协会副会长李德运，北京市石景山区委常委、纪委书记刚杰，北京市石景山区副区长石玉贵，康复医学工作委员会总干事周华兵，北京市石景山区科协主席佟长江等各有关单位负责人及著名专家出席仪式。李德运副会长在仪式上讲话。该活动通过定期邀请健康科普专家及医务工作者前往社区开办系列讲座、进行慢性疾病筛查及义诊活动、提供家庭营养及社区康复等相应技能培训和健康服务，促进慢性疾病的预防和康复，提升居民健康水平。

北京建筑工程学院领导一行拜访协会社区服务工作委员会，协会杨建昌常务副会长、刘良玉副会长及社区服务工作委员会缪瑞兰总干事等与建工学院领导进行了座谈。双方就中国社会工作职业发展及社工人才队伍教育培养方向、现行体制下的社工岗位创新、培养社工实用型人才等问题展开讨论。杨建昌常务副会长针对建工学院社工专业特色提出建议。缪瑞兰总干事就社会工作应如何与社区工作有机的结合作了发言。

5月8日 由协会主办，国际科学和平促进委员会承办的“汶川地震周年社会工作爱心特别行动”系列活动在四川绵阳北川县全面开展。国际科学和平促进委员会主任高潮，协会副会长兼秘书长赵蓬奇及中国红十字基金会凤凰基金，绵阳市民政局，北川县委、县政府、县教育局、县民政局代表出席活动。北川中学、八一学校的学生们收到了主、承办单位收集、筛选、出版的励志书籍，捐书、赠画、播放电影、励志演讲等一系列活动受到灾区师生的欢迎。

5月9日 协会赵蓬奇副会长赴四川绵阳考察“爱心2008——走进绵阳”活动落实情况，并在绵阳市民政局局长和相关人员的陪同下到市人民医院看望被救助的孩子。

5月10日 协会儿童社会救助工作委员会在京举办“爱和希望　伴你成长——5·12四川灾区孤儿中韩友谊之旅暨‘爱心宝贝’公益形象捐赠授权仪式。”副会长赵蓬奇、中国人民对外友好协会主任张耀祥出席活动并讲话。应韩国首尔特别市政府和韩国韩中文化经济友好协会邀请，20名四川地震孤儿将于5月15日前往韩国进行为期5天的访问，向韩国青少年展示我国灾区儿童平安度过难关的精神风貌，增进两国青少年之间的友谊。

5月16日 协会儿童社会救助工作委员会联合中国老龄事业发展基金会、全国妇联儿童工作部协调处、中国残疾人康复协会专业委员会、中国残疾人康复协会脑瘫委员会、中国妇女儿童权益中心等六家单位共同举办的“扶老助残，有你有我”的救助活动暨捐赠仪式在江苏省睢宁县的天缘广场拉开帷幕，目的是对睢宁县的万余名残疾老人和儿童进行救助。儿童社会救助工作委员会向睢宁县脑瘫康复中心捐赠价值4万元的康复器材，活动承办单位上海仁爱医院为睢宁县的残疾人士送上了10万元的求助基金。

5月16～17日 协会婚姻家庭工作部主办的第二期儿童家庭收养研讨会在南昌举行。民政部社会事务司副司长陈光耀出席会议并作主题演讲，来自陕西、内蒙古、河北、安徽、山东、江西等地主管儿童收养和儿童福利院建设的近百名代表参加了研讨会。会议探讨了家庭收养的现状，收养的法律程序和档案管理，孤儿的心理抚慰和救助等问题，通过主题讲座与热点问题讨论，起到了掌握政策，开阔视野，交流经验，提高管理水平的积极作用。

5月19日 由协会主办的全国社工协会工作座谈会在京举行。来自全国近20个省市社工协会的27位代表参加了会议。徐瑞新会长，杨建昌常务副会长，赵蓬奇、王久安、李德运、马学理、刘良玉副会长出席会议。会议由杨建昌常务副会长主持，赵蓬奇副会长向与会代表总结了近几年来中国社工协会的工作情况，并对当前面临的形势和所存在的问题以及下一步工作要点进行了较为系统的阐述。会议围绕杨建昌常务副会长提出的：对中国社工协会的工作意见、建议和要求，各地社工协会所存在的主要问题和今后的打算，如何开展中国社工协会与各地社工协会的合作进行了讨论。徐瑞新会长在总结性发言中指出，通过此次座谈会要增进各地社工协会的交流与合作，特别是加强各地社工实务、方法、技巧的交流和探讨，推进有中国特色的社会工作不断发展。

在民政部支持下，由中国社会工作协会和中国社会工作教育协会主办、南都公益基金会及公平发展、公共治理（GED）项目协办的“灾后重建中的中国社会工作论坛暨《中国社会工作发展报告（1988～2008）》发行仪式”在北大英杰交流中心举行。第九届全国人大常委会副委员长彭佩云出席会议，民政部党组成员，全国老龄办常务副主任陈传书、协会会长徐瑞新、常务副会长杨建昌出席并致辞。《中国社会工作发展报告（1988～2008）》发行仪式由协会常务副会长杨建昌主持，中国社工协会专家委员会执行主任、社工协会赴灾区调研组组长陆士桢主持了论坛。上海市民政局局长马伊里、西南财经大学副校长边慧敏、中国青年政治学院教授史柏年、西南石油大学人文社科院副院长谭祖雪、深圳市社会工作协会秘书长闾晓文等专家、学者围绕中国社会工作组织及其人才队伍建设如何有助于灾后重建、减灾防灾、提升全社会应对风险的能力，如何有助于巩固党的执政基础、加强社会建设、促进社会和谐等议题进行了深入研讨。

协会举办《中国社会工作协会发展蓝皮书》发布会。该书比较全面地回顾和总结了近年来特别是近两年来，中国社会工作协会及其二级委员会、直属单位的发展历程、主要工作、品牌项目及所取得的成绩和经验，比较深刻地分析了当前社会工作的发展趋势、存在问题、应对措施及各项建议和办法，比较科学地预测了社会工作协会和社会工作事业的发展趋势、前进方向、奋斗目标以及美好的前景和蓝图。对于全面了解中国社会工作协会，深刻探讨中国社会工作，进一步研究社工理论、社工实务和社工队伍建设，均具有一定的借鉴意义和参考价值。

5 月 20 日 由协会孤残儿童救助基金会发起的公益救助活动“温暖之旅”在山西省民政厅的支持下向山西省五台县阳白乡探头村小学价值 9 万元的电教设备、保健治疗仪及学习用品。协会副会长兼秘书长赵蓬奇、山西省民政厅副厅长许富昌、山西省社会捐助事务管理中心主任赵春生、山西省五台县副县长张耀明等地方领导以及来自福建、上海、山东、山西的十几名企业家组成的“温暖志愿团”一同参加了捐赠仪式。“温暖之旅·山西行”的后续救助将陆续展开，救助方向主要是为贫困地区学校建立“爱心电教室”。

5 月 26～27 日 协会与英国关爱儿童组织在北京中国大饭店举行了

“关爱儿童家庭寄养工作论坛——十年回顾”。民政部社会福利司王素英副司长以及来自英国的专家作为特约嘉宾出席了会议并讲话。杨建昌常务副会长、赵蓬奇副会长、英国关爱儿童组织负责人罗伯特先生等先后发表讲话。论坛在回顾10年工作的同时，对各合作伙伴和项目单位表示感谢，并表彰了一批项目内工作突出和有贡献的人员和优秀家庭寄养家长。38家项目单位代表对寄养项目进展情况作了汇报，并就家庭寄养的可持续性问题展开了讨论。

5月29日　协会赵蓬奇副会长及项目部有关人员接待美国CCC同仁基金会负责人，双方就在中国合作开展相关公益项目进行交流与商谈，达成了初步合作意向。

由协会城区工作委员会、上海市民政局、上海市社会工作协会主办的全国首届社区“共建共享”高层论坛在上海隆重召开。全国人大常委会副委员长周铁农、全国人大常委会原副委员长雷洁琼为活动题词。城区工作委员会主任谭庆琏、国务院研究室社会司司长张大平、国家民间组织管理局副局长李勇、上海市民政局局长马伊里及郑杭生、邓伟志、王瑞璞、吴铎等社会学专家和来自全国各省市的300余名代表参加了论坛。开幕式由马学理副会长主持，郑杭生、邓伟志及潍坊社区党工委书记李国弟分别在会上作主题发言，马伊里、李勇、张大平、谭庆琏等领导分别作了讲话。会议期间，代表们参观了潍坊八村居民区、浦东三林世博家园市民中心及广中路街道社区服务中心，并围绕社区共建共享、体制机制创新主题展开交流讨论。

5月31日　由协会儿童社会救助工作委员会与贝因美集团北京分公司联合主办的“让折翼天使再飞翔”的义卖汇演活动在京拉开帷幕。此次活动得到了许多家企业的大力支持，贝因美集团北京分公司再次捐赠10万元产品，汇源饮料食品有限公司为活动赞助了果汁、矿泉水，富亚涂料有限公司为尔康医院捐助50套爱心病房的涂料。儿助会向贝因美集团北京分公司、北京尔康医院、汇源食品饮料有限公司、望京国际商业中心、北京富亚涂料有限公司、乐扣乐扣北京公司颁发了爱心企业荣誉称号牌。

5月份以来，协会志愿者工作委员会志愿者注册工作服务中心应邀先后前往石家庄桥西区、青海省、青岛市、杭州市江干区等地，为当地街道和社区工作者进行了社区志愿者注册工作理论知识和实务操作培训，培训人数近千人。

6月1日 在北京动物园管理处、北京新月出租公司爱心车队的帮助下，协会儿童社会救助工作委员会与北京尔康医院共同组织脑瘫患儿游玩北京动物园，欢度六一儿童节。四川3个社工站的员工也分别与所服务学校的孩子以不同的形式庆祝了震后第二个儿童节。

6月2日、6日 协会中英寄养项目办公室联系北京怀柔区的27家爱心家庭为四川省绵阳、宜宾儿童福利院捐赠了价值30万元的电器、电脑等物资，有力地改善了两家福利院的硬件水平和孤儿的生活条件。

6月11日 协会徐瑞新会长主持召开2009年第6次会长办公会议。会议传达了2009年5月26日民政部党组会议关于《中国社会工作协会整改方案》的议定意见。会议决定，认真遵循部党组会议确定的整改原则，立即着手落实部党组会议议定的机构调整意见，积极配合和协同有关司局及单位做好相关工作。

协会徐瑞新会长，杨建昌常务副会长，陈倚副会长听取了赴四川灾区专家小分队队长陆士桢关于“推动灾后社会工作服务机构建设”项目调研情况汇报。

6月13日 由协会儿童社会救助工作委员会主办，金色摇篮潜能教育机构协办的“儿童希望——金色摇篮希望健行”活动在京举行。此次活动旨在通过热心儿童公益事业的人士与孤残儿童进行交流，广泛宣传孤残儿童、贫困儿童救助工作。协会副秘书长沈南燕出席活动并讲话。金色摇篮总裁程跃博士为国际儿童希望之家的5名孤儿资助5万元，被授予“爱心大使”称号。现场百名儿童制作手工作品义卖，出席活动的明星和家长也纷纷解囊，为患儿筹备手术费用。

6月15日 西藏广播电视局领导拜访协会，就有关合作事宜进行洽谈。徐瑞新会长，杨建昌常务副会长，赵蓬奇、刘良玉副会长等领导参加会谈。

协会联合中国婚姻家庭研究会主办的“北京市第一届和谐家庭周公益

活动”启动，第十届全国人大常委会副委员长顾秀莲、协会副会长徐留根出席启动仪式。活动围绕婚姻家庭相关主题，以讲座、公益咨询等形式引导全社会进一步重视婚姻家庭生活质量，促进家庭和睦和谐，为构建社会主义和谐社会贡献力量。

6月16日 协会全国婚庆婚介标准化技术委员会秘书处召开婚庆婚介标准制定座谈会，徐留根副会长主持。会议就拟于今年完成的《婚姻庆典分类、术语及定义》、《婚姻庆典标志》、《婚姻庆典安全卫生与环境要求》、《婚姻介绍行业分类及术语》、《婚姻介绍机构资质与等级评定》五项标准进行了讨论，并重点就需在今年完成立项的《婚庆机构资质和等级评定》、《婚装影楼机构等级评定》、《网上婚姻介绍服务通用标准》、《婚姻介绍档案管理》四项标准进行了探讨。

6月17日 协会防治乳腺癌专项基金召开专家委员会第三次会议。会议讨论了乳腺癌早诊早治培训大纲的编写工作及防治乳腺癌科普宣传的相关工作。

6月18日 香港社会服务联合会赴京访问团在中央政府驻港联络办社工部黄清芳副部长的陪同下拜访协会，徐瑞新会长接待并组织座谈会。座谈会由杨建昌常务副会长主持。香港社联行政总裁方敏生女士表示，此行拜访协会是为了了解中国社会工作协会的情况，推进双方在专业服务发展、慈善事业促进等更多领域的项目合作，并邀请中国社会工作协会率团参加2010年在香港举办的世界社工大会。赵蓬奇副会长向来宾介绍了协会的基本架构、基本概况以及今后发展方向。徐瑞新会长作了总结讲话。

协会中英寄养项目合作办公室在北京英国关爱儿童培训中心连续组织第21、22期培训会议，来自27家项目单位的56名代表分期参加了会议。

6月22日 中央电视台节目主持人“金龟子”刘纯燕正式受邀成为协会儿童社会救助工作委员会“爱心大使”，其后参与委员会在暑期举办的“一帮一”夏令营活动，同时也会以多种方式积极支持委员会的各项救助活动。

6月22～25日 协会福利企业工作委员会在杭州召开“全国福利企业工作经验交流现场会”。会议旨在交流各地福利企业新经验，研究新情况，解决新问题。民政部社会福利与慈善事业促进司巡视员姚显会、协会副会长王久安及浙江省民政厅、杭州市民政局领导出席会议并讲话，300多名福利企业界代表参加了会议。与会代表听取了杭州市福利企业管理办公室、上海市崇明县民政局等七个单位的经验介绍，并参观了杭州临安市福利企业——浙江万马电缆有限公司。

6月22～27日 协会社区服务工作委员会在呼和浩特市举办了“社区工作方法与技巧培训班”。特邀中国青年政治学院教授和清华大学深圳研究生院EMBA特聘教授进行了授课，重点讲述社区服务中的工作方法和技巧。来自安徽、云南及江西等地的一线社区民政干部和社区工作者30多人参加了培训。

6月25日 协会徐瑞新会长主持召开2009年第7次会长办公会议。会议讨论了协会机构整改实施方案。会议决定，由分管会领导对各二级机构整改提出意见，提交下次会议讨论。

6月30日 协会徐瑞新会长主持召开2009年第8次会长办公会议。会议就落实民政部党组会议精神，做好协会整改工作进一步统一思想。会议还听取了部分分管会领导就所管工作委员会工作定位、整改等问题作的情况汇报。

协会社会养老工作委员会组织召开“北京部分民办养老院院长座谈会”。会上，大家就进一步提升北京养老服务行业水平进行了务实的讨论，并针对当前北京地区民办养老机构发展过程中遇到的一些突出问题进行了沟通和汇总。会议认为，民办养老机构应该在社会化养老服务体系中承担更大的责任，发挥更好的作用，对于自身发展过程中遇到的问题应及时向国家有关部门反映，为政府部门制定行业政策和行业发展规划提供参考，促进社会化养老事业的健康发展。

7月2日 协会国际科学和平促进委员会组织召开第二十一届国际科学与和平周联席会议。组委会主任高潮主持会议，徐瑞新会长、赵蓬奇副会长及中国红十字会等50多个主、协办单位代表出席。赵蓬奇副会长代表组委会作了关于第二十届国际科学与和平周活动的回顾及第二十一届国际科学与和平周活动安排的报告。会议审议了关于联合举办第二十一届国际科学与和平周活动的决定，通报了和平周组委会秘书处变动的情况。

7月5日 由协会主办、志愿者工作委员会与彩村（北京）国际文化有限公司联合承办的“中国，您好!”庆祝新中国成立60周年歌颂祖国大型系列活动在京启动。活动以弘扬爱国主义精神为主线，展示志愿者的风采，为新中国成立60周年献礼。活动得到民政部等中央有关部委和单位的支持与指导，并于7月至12月在全国范围内举行。

7月6日 协会徐瑞新会长主持召开2009年第9次会长办公会议。会议围绕二级机构整改工作进行了讨论。赵蓬奇副会长传达了民政部年中分析会精神。

7月16日 第四届“全国十大社会公益之星”暨“全国优秀公益人物”评选表彰活动执委会会议召开。协会常务副会长杨建昌，副会长赵蓬奇、李德运、马剑飞，执委会副主任巴忠倓，社会各界评审组组长翟启运和来自中国红十字会总会、中国老龄协会、中国残疾人福利基金会、中华环境保护基金会、人民日报政治文化部等其他主办单位领导参加了会议。会议评选出30位“全国优秀公益人物”获奖者，并于7月25日至8月3日在新华网独家接受公众投票。

7月18日 由协会城区工作委员会、中国益民文化建设基金会、陕西省西安市新城区人民政府主办的第三届全国社区睦邻文化高层论坛在西安拉开帷幕，来自全国25个省（自治区、直辖市）的200余名代表出席了会议。会议由马学理副会长主持，以“开展睦邻互助，共建和谐社区”为主题，先后听取了国家发展改革委员会顾问房维中、中国人民大学教授郑杭生、国务院研究室社会发展司司长张大平、民政部基层政权和社区建设司司长王金华、中国SOS协会会长白益华、南开大学中国社区建设研究中心主任唐忠新等领导和专家的发言。论坛还推举成立了以徐瑞新会长为总顾问的第四届全国社区睦邻文化高层论坛执行委员会。

7月20日 庆祝榜样公益基金成立一周年暨“榜样中国行”启动仪式在京举行。全国人大常委会副委员长周铁农，国务院原副总理姜春云，协会会长徐瑞新、副会长赵蓬奇等领导及社会各界公益人士共200多人出席了仪式。高占祥、欧阳中石、袁熙坤、金铁霖、于洋、田华、李维康、王淀佐、陈光标、蔡德成、崔如琢、阎肃、王永志、韩美林、王健林等获得“中国榜样公益爱心大使”称号。“榜样中国行”活动进一步推进中国公益慈善事业的蓬勃发展，“中国榜样公益爱心大使”和榜样公益基金将继续为中国的公益慈善事业作出自己的贡献。

7月25日 由民政部、全国工商联指导，协会主办，社区服务工作委员会、企业公民工作委员会承办的“2009中国社区服务发展论坛暨社区创业就业暖心工程、社区服务企业联盟启动仪式”在人民大会堂举行。第十届全国人大常委会副委员长蒋正华、民政部副部长孙绍骋出席论坛开幕式并作重要讲话，徐瑞新会长作主题发言，赵蓬奇副会长主持论坛。企业公民委员会会长田润之、民政部基层政权和社区建设司副司长王金华、协会副会长刘良玉及来自全国的社区服务部门、企业代表500余人参加论坛。论坛着重探讨了金融危机下社区创业就业问题，推出了“社区创业就业暖心工程”；研究了社区服务企业发展与社区建设的关系以及扩大社区服务领域的渠道和方式。

7月31日 由协会城区工作委员会主办，内蒙古满洲里市互市贸易区、北区街道办事处承办的“第二届全国社区社会组织建设高层论坛暨2009年常委会扩大会”在满洲里市举行。论坛主题为“培育社区组织　促进社区发展”。大会由协会马学理副会长主持。与会代表分别作了主题发言，交流社区社会组织的培育和发展的经验，研究社区社会组织的培育和发展问题。大会还组织考察了中俄互贸区和谐社区建设示范点。

8月6日 由协会主办，婚庆行业委员会和北京金海群岛国际会展有限公司承办的“中国（国际）婚博会上海展”在上海光大会展中心开幕，徐瑞新会长、徐留根副会长出席开幕式。活动以展会为载体，通过高峰论坛、婚礼发布秀、婚纱展示、讲座等多种形式，弘扬了中国特色的婚礼文化，推动了婚庆行业诚信的、高水平的服务，得到了国内外新闻媒体和社会各界的广泛认同，有力地推动了中国婚庆时尚与国际时尚的接轨。

8月7日 第四届“全国十大社会公益之星”暨“全国优秀公益人物”执委会暨执委会评审组会议在京召开，协会常务副会长杨建昌，副会长兼秘书长赵蓬奇，副会长李德运、马剑飞及中国红十字会总会、中国老龄协会、中国残疾人福利基金会、中华环境保护基金会、人民日报政治文化部等主办单位领导出席会议。综合公众投票、社会各界评审组及执委会评审组意见并报执委会审定，刘学军、王昌松、阿尼帕·阿力马洪、赵本山、张永举、陈光标、陈绍常、李振华、王绯玲（琳达）、潘世鹏当选为第四届“全国十大社会公益之星”，包陪庆等20人当选为“全国优秀公益人物”，辛文助学会获集体奖。会议决定9月初在北京举行表彰大会。

8月9日　赵蓬奇副会长代表协会出席“第三届中国品牌节——2009品牌中国（城市）高峰论坛”。论坛上，赵蓬奇副会长就如何打造城市品牌，从社会工作视角提出“四位一体　公益创新”的理念。与会专家均认同这是成就城市品牌的好方向。

8月12～14日　由协会及中国扶贫基金会、南都公益基金会、中国社会组织促进会等21家社会组织联合主办的“社会组织5·12行动论坛暨公益项目交流展示会”在京举行。活动旨在总结灾后救援重建的经验，促进公益市场资金与资源相互对接。赵蓬奇副会长兼秘书长在论坛发言，对协会在5·12汶川地震发生后所做的工作作了介绍。协会专家委员会执行主任陆士桢在论坛上作“社会工作服务组织试点工程”项目专场信息发布，提出：发展本土化的民办非企业性质的社会工作服务组织，是进一步加强社会和谐建设、推动中国特色的社会工作理论、伦理与实务体系建设的关键举措。

8月13日　协会组织召开“2009两岸四地社区服务实务论坛”筹备工作会议，常务副会长杨建昌，副会长赵蓬奇、刘良玉及相关工作人员参会。会议重点围绕“两岸四地社区服务工作实务论坛”草案进行讨论，确定了会议日程、议题等，并确定成立大会组委会，由杨建昌常务副会长和中国市长协会陶斯亮副会长任组长，赵蓬奇副会长任秘书长，刘良玉副会长任执行秘书长。

8月14日　“爱心·希望”贫困家庭病残儿童救助大型公益活动新闻发布会在京举行。协会会长徐瑞新、全国妇联书记处书记赵东花、协会副会长赵蓬奇等领导以及为本次活动提供支持的爱心企业代表和各界爱心人士出席活动。发布会上正式宣布“爱心2008”更名为“爱心·希望”。徐瑞新会长代表协会授予九如投资管理有限责任公司董事长刘秋曼女士“爱心·希望”爱心大使称号。赵蓬奇秘书长在发言中回顾了“爱心 2008”活动取得的成果，介绍了进入“爱心·希望”新阶段后的重点工作。同时协会即将全面开通 10699919 短信捐助平台，让更多爱心人士方便帮助孩子。

“同在蓝天下——爱心·希望”大型公益电视文艺晚会在京隆重举行。协会会长徐瑞新、副会长兼秘书长赵蓬奇、共青团中央和全国妇联等相关单位领导、社会爱心企业代表以及各界爱心人士出席晚会。全国人大常委会副委员长周铁农发来了贺信，预祝晚会取得圆满成功。晚会上，协会向北京香港马会会所、北京标旗世纪数据通信技术有限公司、九如投资管理有限责任公司、德利国际新能源控股有限公司、寰盛洋酒贸易有限公司、威莱（广州）日用品有限公司等 12 家爱心企业颁发了“爱心 2008 特别贡献奖”奖牌和证书。

协会徐留根副会长主持召开婚庆婚介标准专家评审会。全国婚庆婚介标准化技术委员会委员、民政部民政系统标准化建设专家委员会的专家和特约代表参会。会议研究并讨论了 2009 年计划需完成的标准送审稿《婚姻庆典术语及定义》、《婚姻庆典标志》、《婚姻庆典安全与环境要求》、《婚姻介绍行业分类及术语》、《婚姻介绍机构资质与等级评定》，并决定于 10 月中旬对五项标准进行终审后报送国家标准化管理委员会。

8 月 14～18 日 由协会康复医学工作委员会和中国民康医学杂志社主办，山西省荣军精神康宁医院承办的“全国精神疾病新进展高级论坛”在山西省太原市举行。李德运副会长在开幕式上讲话，张明园、朱紫清、费立鹏、黄秀琴、刘波、刘晓慧 6 位全国精神卫生领域知名专家进行现场讲学，来自全国 21 个省市 51 所医院的院领导、临床科主任共计 117 人参加了论坛。本次论坛对全国精神病院特别是民政系统的优抚和社会福利医院正确理解新医改政策，准确把握其实质和要求，提高对精神疾病的诊疗水平和早期干预能力，更好地开展诊断、治疗、用药、康复和管理工作具有重要意义。

8 月 15 日 协会儿童社会救助工作委员会携手北京尔康医院赴包头开展“给脑瘫儿童一双翅膀 2009 爱心在行动”公益活动，著名影星陶红参与全程活动，包头市民政局对活动给予了大力支持。北京尔康医院的专家们为当地的贫困家庭的脑瘫患儿进行免费义诊，符合救助条件的脑瘫患儿将得到儿童社会救助委员会的资助，患儿家长可到北京参加“脑瘫儿童康复家长培训班”。

8月20日 协会国际科学和平促进委员会组织的“2009年香港大（专）学生北京工作体验计划”——香港赛马会IVE大专生暑期工作体验计划正式结束，当晚举行了结业式。来自香港职业训练局、香港教育学院、香港中华青年交流中心、香港和侨国际教育交流中心的师生以及来自北京30多家实习接待单位的有关人员参加结业式。协会相关方面领导和中国人民外交学会会长杨文昌、中国民主促进会中央委员会原社会服务部部长赵会等有关领导应邀出席晚宴。结业式上，香港实习生代表、实习单位代表分别发表感言。

8月26日 由协会康复医学工作委员会和临沂市妇幼保健院共同创办的“中国社工协会康复医学工作委员会临沂儿童康复研究中心”正式揭牌，拉开了临沂市儿童康复的序幕。协会副会长李德运、临沂市副市长左沛延及临沂市民政局、卫生局等相关单位领导出席活动并致辞。临沂儿童康复研究中心以研究孤独症诊治技术为本，探索基层医院儿童康复专科标准与运作模式。

8月27日 世纪爱晚（上海）投资有限公司举行揭牌仪式，“上海‘爱晚’公益活动启动仪式暨新闻发布会”召开，这标志着协会“爱晚工程”项目正式在上海启动。协会徐瑞新会长、赵蓬奇副会长出席新闻发布会。徐瑞新会长在发言中讲道：家庭养老已无法维持城市养老需求，国家要寄希望于社会化养老，走集体养老之路。养老院要重视对老人的护理，给老人以家的感觉。即将开建的“爱晚上海中心”涵盖5大类住宅，并配备护理、医疗、心理咨询、法律援助等专业人员，能多方面满足老年人休闲养老的需求。

8月29日 协会志愿者工作委员会与民政部慈善事业协调办公室共同举办“灾后心理救援实践与慈善志愿服务模式座谈会”。会议针对灾后心理援助存在的问题以及如何以更好的模式推广实践作了深入探讨。“社区心理援助系统协作模式”将从事心理援助的人员分为“社区人员”、“社工师”、“心理咨询师”、“精神科医生”四个范畴，彼此协作，分阶段服务，得到了与会专家的高度评价。

8月30日 由协会企业公民工作委员会、襄樊市精神文明建设委员会联合主办的“中国企业公民道德建设论坛”在湖北襄樊召开，论坛主题为“金融危机与企业公民道德建设”。中华全国工商业联合会副主席孙晓华、中国企业公民委员会会长田润之、全国政协委员武春河等领导及国内知名专家、学者参会。论坛发布了《襄樊宣言》（又称《中国企业公民道德宣言》），这是我国首次发布的有关企业公民道德方面的宣言。

协会志愿者工作委员会受民政部救灾司委托负责《自然灾害应急志愿服务体系建设》课题项目研究。8月份以来，《自然灾害应急志愿服务体系建设》课题组对相关专业应急救援机构进行了访谈，先后拜访公安部消防局、北京市志愿者协会、中国地震应急搜救中心、中国红十字会应急办、北京市房山区民防局等单位，就应急志愿服务工作的理念、组织、体系、管理等方面的有关情况作了调研和访谈，就建立应急志愿服务体系征询了意见。

9月3日 协会徐瑞新会长主持召开2009年第10次会长办公会议。会议讨论并原则通过了《中国社会工作协会总干事聘任暂行办法》和《中国社会工作协会2009年总干事聘任实施方案》。会议决定根据民政部党组批准的协会机构整改意见，协会机构调整和总干事聘任工作正式进入组织实施阶段。会议听取了陈倚副会长关于启动协会“社会工作服务组织试点工程”有关情况的汇报，会议强调，这项工作今后要作为协会的重点工作予以充分重视。会议还就社会工作服务组织的机制及运行等问题进行了讨论。

9月5～6日 由协会婚庆行业委员会和中国人口文化促进会、中国音乐家协会民族器乐学会、中国妇女报社联合主办的“中国婚礼进行曲与中国婚礼文化”研讨会在京举行，徐瑞新会长、徐留根副会长出席活动。徐留根副会长在会上作了关于“中国婚礼进行曲与中国婚礼文化”的主题演讲。来自民政部、国家人口计生委、全国妇联、中国妇女报社、中华海峡两岸交流促进会、中国音乐家协会、中国大众音乐协会、国家非物质文化遗产专家委员会等相关单位领导及全国婚庆行业代表围绕创作有中国特色的婚礼主题曲建言献策。“中国婚礼进行曲”征集活动自5月启动以来，已征集400多首作品。

9月5日 协会社会公益工作委员会举办“公益事业与和谐社会建设”座谈会。武警部队原司令员巴忠倓，会长徐瑞新，吉林省人大常委会原副主任李介车，协会常务副会长杨建昌，副会长李德运、刘良玉、马剑飞，吉林省民政厅副厅长邹占卿及中国红十字会总会、中国老龄协会、中华慈善总会、中国残疾人福利基金会、人民日报政治文化部代表和专家出席会议。会议由杨建昌常务副会长主持，第四届“全国十大社会公益之星”获奖者在会上就对公益事业发展的认识和实践体会作了精彩发言。

由香港马会北京会所主办的“致礼1949”慈善拍卖酒宴在京举行。彭佩云、徐瑞新、项怀诚、陈锦程等领导共同出席了此次活动。中国嘉德国际拍卖公司主持晚宴现场的慈善拍卖，当晚筹集善款达人民币347万元，全部捐给协会“爱心·希望”项目，用于资助贫困家庭病残儿童进行康复治疗。赵蓬奇副会长在讲话中就“爱心·希望”在四川陕西等受灾地区的救助项目做了介绍。

9月6日 第四届“全国十大社会公益之星”暨“全国优秀公益人物”表彰大会在全国政协礼堂隆重召开，全国政协副主席邓朴方、全国人大常委会原副委员长彭珮云，民政部副部长李立国，协会会长徐瑞新，常务副会长杨建昌，副会长赵蓬奇、李德运、刘良玉、马剑飞及民政部社工司、全国老龄委、中华全国总工会、中国红十字会总会、中华慈善总会、中国老龄协会、中国妇女发展基金会等单位代表出席大会。刘学军、王昌松、赵本山、张永举、陈光标、陈绍常、李振华、王琳达、潘世鹏等第四届“全国十大社会公益之星”及集体奖获得者和“全国优秀公益人物”获得者出席大会并领奖。颁奖仪式由央视著名主持人沈冰主持。协会副会长、组委会秘书长马剑飞作了评选工作报告。彭珮云就“全国十大社会公益之星”暨“全国优秀公益人物”表彰活动激励更多的人参与公益事业，构建社会主义和谐社会有着重要意义作了重要讲话。李立国副部长表示民政部将一如既往地大力支持中国社会工作协会等七家主办单位继续将这一品牌活动越办越好。

9月9～10日 协会在河南省周口市、信阳市落户的“社工·如心家园”先后开园。徐瑞新会长、赵蓬奇副会长及河南省民政厅副厅长孟超等一行专程赴周口、信阳两地出席开园仪式，并为两地的“社工·如心家园”揭牌。赵蓬奇副会长在开园仪式上指出：“社工·如心家园”项目是在香港已故著名慈善家龚如心女士支持下成立的，主要针对河南艾滋病致孤儿童，采取助养、助医、助学三位一体家庭模式，使艾滋孤儿重新回归家庭。

9月15日 协会徐瑞新会长主持召开2009年第11次会长办公会议。会议讨论并原则通过了《中国社会工作协会人员管理暂行办法》和《中国社会工作协会工作委员会管理暂行办法》。会议决定将《中国社会工作协会人员管理暂行办法》、《中国社会工作协会工作委员会管理暂行办法》、《中国社会工作协会总干事聘任暂行办法》印发给总干事等有关人员征求意见。

9月17日 全国首家农村社工协会——北京市朝阳区农村地区社会工作协会成立。赵蓬奇副会长应邀出席成立大会，并为“朝阳区农村地区社会工作协会”揭牌。赵蓬奇副会长在致辞中指出，农村社会工作发展是大势所趋，农村社工协会应立足乡土实际，探索适合农村社会工作的工作方法，建立农村社会工作人才队伍，提供符合农村群众需要的服务，走有中国特色的农村社会工作之路。

9月18～22日 由协会城区工作委员会、江苏省民政厅、江苏省宜兴市人民政府共同举办的“首届中国社区节暨‘宜城杯’全国社区工作自主创新成果百花奖颁奖活动”在江苏宜兴举行。协会城区工作委员会主任、建设部原副部长谭庆琏，国务院研究室社会发展司司长张大平，协会副会长马学理、宜兴市领导等，及一批专家学者应邀出席开幕式。30多个城市的150余名代表参加活动，全国各街道近两年在和谐社区建设中取得的最好经验、最有特色品牌和最新亮点都在本次活动中得到展示。江苏省宜兴市宜城街道等10个单位获得“‘宜城杯’全国社区工作自主创新特等奖”，江苏省宜兴市宜城街道等10个单位获得“‘宜城杯’全国社区工作自主创新百花奖特等奖”，北京市东城区北新桥街道等50个单位获得“‘宜城杯’全国社区工作自主创新百花奖优秀奖”。

9月22～26日 协会福利企业工作委员会在昆明召开“全国福利企业工作管理模式创新研讨会”。协会副会长王久安出席会议并讲话。与会代表就福利企业管理工作的运行模式、工作重点、机构变化、体制机制调整等进行了研讨。各地福利企业机构管理人员近80人参加了会议。

9月25日 协会赵蓬奇副会长带队参加民政部直属机关第三届职工运动会，并取得女子铅球比赛第一名，2×25米托球接力赛第二名，4×50米障碍接力第六名，软式排球比赛优胜奖等优异成绩，充分展现了协会员工的精神风貌。

10月11日 “2009年两岸四地社区服务工作实务论坛”新闻发布会在人民大会堂举行，协会会长徐瑞新，常务副会长杨建昌，副会长赵蓬奇、刘良玉及中国市长协会专职副会长陶思亮、东莞市政府副市长成洪波等领导出席。发布会由杨建昌常务副会长主持。“2009两岸四地社区服务工作实务论坛”由协会、中国市长协会、广东省民政厅、广东省东莞市政府主办，香港社会服务联会、澳门街坊会联合总会、台湾中华社会行政学会联合协办，赵蓬奇副会长作为本次论坛新闻发言人，重点从论坛举办的意义和背景、主要内容和举办方式及论坛筹备情况三个方面进行通报。杨建昌常务副会长在总结讲话中表示主办方有信心办好这次论坛，为社区服务的发展作出新的贡献。

10月12～31日 由协会防治乳腺癌专项基金主办的“健康路·慈善行”大型公益活动在广东、香港、澳门、杭州、上海等地相继举行。活动通过健康长走的方式宣传防治乳腺癌知识，唤起全社会对乳腺癌患者的关爱。本次活动中，基金募集的近60万元善款及时送到了贫困乳腺癌患者手中。

10月13日 协会“爱心·希望——走进宝鸡”公益活动在宝鸡市中心医院启动。赵蓬奇副会长，香港马会北京会所代表及陕西省民政厅，宝鸡市委、市政府、市民政局的有关领导出席了仪式。赵蓬奇副会长代表协会向“爱心·希望——走进陕西宝鸡”项目拨付首批救助款50万元，用于宝鸡市贫困家庭病残儿童的医疗救助。活动结束后，协会工作人员奔赴延安，对治愈患儿进行家访。

10月15日 “全国婚庆婚介标准化技术委员会2009年会”在北京召开。协会常务副会长杨建昌、副会长徐留根、民政部人事司副处长黄胜伟出席会议并讲话。全国婚庆婚介标准化技术委员会委员、特邀代表和民政部民政系统标准化建设专家委员会的部分专家参加了会议。会议听取并审议了《全国婚庆婚介标准化技术委员会2009年工作报告》，审议并通过2009年计划完成项目《婚姻庆典术语及标志》、《婚姻庆典安全卫生及环境要求》、《婚姻介绍行业分类和术语标准》、《婚姻介绍机构资质与等级评定标准》（报批稿），审议并通过了全国婚庆婚介标准化技术委员会关于委员调整的方案。

10月16日 协会专家委员会执行主任陆士桢、协会副秘书长沈南燕等向民政部社工司领导汇报了2009年9月协会赴四川推动“社会工作服务组织试点工程”的工作情况。柳拯副司长对专家组的调研工作给予了肯定，赞扬了协会在推动试点工程的筹备与实施方面行动快、步子实、力度大、效果明显，指出项目的选点经验对今后社工介入灾后重建工作具有借鉴意义。同时，同意将社工服务组织的相关试点工作纳入民政部第二批社会工作人才队伍建设总体安排。

10月16～18日 协会徐瑞新会长，刘良玉、马剑飞副会长赴吉林省白城市，对吉林公益源有机食品有限公司生产运营情况进行考察，并同吉林省民政厅厅长张晶、副厅长邹占卿，白城市政府、市民政局领导共同研究探讨社会工作在当地的发展。

10月17日 协会儿童社会救助工作委员会“儿童希望——同仁先心病万里行”凉城站活动在内蒙古乌兰察布市凉城县启动，活动得到了当地政府部门大力支持。北京同仁医院专家对凉城县近70名医务工作者进行了培训，并为来自周边城镇的9名患儿进行了先心病筛查。

10月18～22日 由协会社区服务工作委员会、中华文化促进会舞蹈艺术委员会、青岛市老龄工作委员会办公室主办的“舞动社区——第二届全国社区健身舞蹈汇演”活动在青岛成功举办。活动旨在庆祝中华人民共和国成立60周年，促进社会主义文化大繁荣、大发展，通过组织关心社区中老年健康的文艺活动，丰富他们的精神文化生活。来自全国的620多名选手参加演出。

10月20日 协会徐瑞新会长主持召开2009年第12次会长办公会议。会议听取了社区服务工作委员会“2009两岸四地社区服务工作实务论坛”、国际科学和平促进委员会“第二十一届国际科学与和平周”筹备情况汇报。会议认为“2009两岸四地社区服务工作实务论坛”是协会今年一次重大活动，要在会议材料上下工夫，提高论坛质量。“第二十一届国际科学与和平周”是协会接管国际科学和平促进会后首次参与主办和承办的活动，要在原基础上进一步确定主题、提升高度，组织社会各方面力量做好各项筹备工作。会议听取了《公益时报》社关于“中国社会工作协会太阳雨公益慈善专项基金成立仪式”有关情况的汇报，还通报了11月下旬协会接待国际社工联主席大卫·琼斯访华的有关事宜。

协会儿童社会工作委员会与刘谦亚洲巡演广州站组委会免费邀请广州福利院60名孤儿和广州市癌症患儿家长会的6名患儿及家长观看魔术师刘谦在广东的演出。刘谦希望这次演出能让孩子们对自己的未来更充满希望和信心。

10月22日 印发《关于社工协会再赴四川灾区推动“社会工作服务组织试点工程”的报告》。

10月24～26日 协会专家委员会执行主任陆士桢、协会副秘书长沈南燕率“社会工作服务组织试点工程”专家组赴四川省阿坝藏族羌族自治州理县，考察湘川情社会工作服务中心灾后社会工作服务情况，对湘川情社会工作服务中心进行评估、督导。专家组认为该机构具备设立社会工作服务示范试点单位的条件，同意其作为试点单位。同时希望湘川情社会工作服务中心在今后的服务中能在“政府购买服务”和“民族社会工作”两个方面做出亮点、形成模式，起到全国示范性作用。

10月25日 是中国首个“爱乳日”，协会防治乳腺癌基金参与“中华粉红丝带关爱公益行——爱乳日”长城行公益活动，免费向公众发放了乳腺癌防治宣传单和普及乳腺健康知识手册，并在八达岭长城烽火台上组织表演“爱乳操”等。

由中国老年保健协会主办，协会社区服务工作委员会协办的“2009年九九重阳·敬老孝亲大型招待会”在人民大会堂举行。赵蓬奇、徐留根副会长出席。老将军、老部长、老艺术家、老劳动模范和来自各地的长寿老人共100多人欢聚一堂，充分展示出国家政通人和、人民幸福安康的和谐景象。招待会上，中国老年保健协会和社区服务工作委员会联合发起成立“敬老孝亲社区服务联盟”，正式推出“敬老孝亲送健康社区服务年”主题活动。

10 月 26 日 由协会福利企业工作委员会主办的“全国部分城市第 23 届福利企业工作年会暨第三届全国福利企业协会联谊会”在天津召开。民政部社会福利和慈善事业促进司副司长姚显会、协会副会长王久安、天津市民政局局长张中华等出席会议并讲话。会上，各地福利企业代表针对福利企业的改革和发展进行了探讨和交流。

10 月 27 日 协会召开会长协调会议，对“社会工作服务组织试点工程”项目经费支持问题进行专题研究，拟同意对试点单位给予一定比例的配套资金，并将研究选定一个专项工作进行推进。

10 月 28 日 经民政部批准，“中国社会工作协会太阳雨公益慈善基金成立启动仪式”在人民大会堂举行。全国人大常委会副委员长周铁农亲自为基金题词“扶贫济困，创业帮富”。全国政协副主席阿不来提·阿不都热西提，民政部副部长孙绍骋，协会会长徐瑞新，民政部民间组织管理局局长孙维林，协会副会长赵蓬奇、刘京等领导出席。徐瑞新会长在讲话中指出，中国很大一部分企业家们已告别简单的停留在捐赠层面的慈善思维，企业家的捐赠正在向专业化、组织化的方向转变，企业参与慈善事业正由道德义务向战略转变，专项基金的运作给他们提供了更好的平台。

10 月 30 日 协会“爱晚工程”项目在青岛成立爱晚中心，徐瑞新会长出席成立仪式，并为项目揭牌。作为全国首家进入实质建设和运营的爱晚中心，“爱晚工程”将以青岛为中心，向山东其他地区延伸、连锁、辐射发展老年服务产业，并实现在爱晚平台上的全国互动，力争建设成为全国的爱晚标杆示范项目。

协会下发《关于印发“中国社会工作协会人员管理暂行办法”的通知》;《关于印发“中国社会工作协会工作委员会管理暂行办法”的通知》;《关于印发“中国社会工作协会总干事聘任实施细则”的通知》。

11 月 3～5 日 协会康复医学工作委员会“第二届会员代表大会暨全国医院管理高层论坛”在浙江宁波举行。来自全国的医疗卫生机构和医药企业代表共 200 多人参会，宁波市民政局局长杨跃雄等领导到会祝贺，李德运副会长出席大会并讲话。大会审议通过了康复医学工作委员会章程修改意见和委员会工作报告，选举李德运继续担任第二届理事会主任。论坛邀请了上海复旦大学梁鸿教授、湖北省荆州市精神卫生中心主任刘波等作主题报告，10多位医院院长宣读论文，进行学术交流。

11月10日 由协会婚介行业委员会主办的“中国婚介行业研讨会”在京召开，会议主题为：中国婚姻介绍行业当前形势、机遇和挑战。徐留根副会长、北京市工商局相关领导及来自全国10多个省市的百余名婚介行业代表参加了会议。研讨会上重点介绍了新近出台的《婚姻介绍服务标准》，并征求与会代表意见，进行现场答疑。同时公布了《2009年中国网民婚恋调查报告》。

11月12日 由协会和中国红十字会、宋庆龄基金会等39家单位共同主办的“第二十一届中国国际科学与和平周”开幕式在人民大会堂举行。本届国际科学与和平周的主题是“弘扬科学，关注民生，发展公益，促进和谐”。第十届全国人大常委会副委员长何鲁丽宣布开幕，全国人大常委会副委员长桑国卫致开幕词。出席开幕式的国家领导人还有全国政协副主席阿不来提·阿不都热西提，第九届全国人大常委会副委员长彭珮云、第十届全国人大常委会副委员长顾秀莲等。协会副会长赵蓬奇、徐留根出席开幕式，联合国驻华机构代表和20多个国家的驻华大使、海外华人华商代表参加活动。会上宣读了《全民健康科普倡议书》，倡导大力开展健康科普，促进全民身心健康。各主办、协办单位结合当前实际，开展40余项主题活动。会后举行庆祝晚宴，宣布中国社会工作协会国际科学和平促进会成立，陕西宝鸡周乐乐团为和平周开幕式演奏专题音乐会《周乐》。

11月13～16日 由协会康复医学工作委员会、北京天坛医院等单位联合主办的“2009全国脑卒中康复治疗论坛”在山东青岛举行，李德运副会长出席活动并讲话。此次论坛的主题为脑卒中预防、治疗及康复的研究与进展。论坛安排了专家讲座、论文交流及研讨、实地考察等活动。

11月14～15日 协会主办的“2009两岸四地社区服务工作实务论坛”在广东东莞举行。第十届全国人大常委会副委员长蒋正华、民政部副部长李立国出席会议并作重要讲话。协会常务副会长杨建昌，副会长赵蓬奇、徐留根、刘良玉，中国市长协会专职副会长陶斯亮及广东省民政厅、东莞市委市政府领导等出席开幕式，来自大陆及港澳台地区的社区工作者、专家学者等300多位代表参加论坛，展望了我国社区服务的美好愿景，对社区服务实务工作进行了深度研讨。

11月14日 由协会防治乳腺癌专项基金主办的“健康路·慈善行2009北京站”抗击乳癌大步走活动在朝阳公园举行，王久安副会长出席活动并讲话。活动中，防治乳腺癌专项基金宣布正式成立“粉红家园”，为乳癌患者提供持续性的心理、医疗、康复等方面支持和援助。来自首都各大医院的乳腺癌专家现场提供咨询，为公众普及乳腺健康和乳癌防治知识，发放乳癌防治科普手册。活动中，众多爱心企业家和演艺明星等进行现场捐赠，所筹善款将用于贫困乳腺癌患者母亲救助项目。

11月21日 由协会联合中国名家书画研究院、中国部长将军画院、中国书画函授大学、吴东魁艺术馆等单位主办的第八届“国庆60周年诗、书、画、印大赛颁奖仪式暨慈善拍卖会”在吴东魁艺术馆启动，赵蓬奇副会长出席活动并讲话。活动旨在用中国国粹诗书画印艺术浓墨重彩地迎接新中国60华诞，同时选拔诗书画印优秀新人。评选出的300余件获奖作品于11月28日进行拍卖，拍卖所得将全部用于四川灾区公益文化事业。

11月22日 由协会与西藏自治区广播电影电视局等单位联合拍摄的《雪域军魂》新闻发布会在人民大会堂召开。该片展现了驻藏解放军60年来守卫边疆、建设新西藏的英雄事迹。民政部副部长李立国出席活动并讲话，杨建昌常务副会长重点介绍了《雪域军魂》的内容和意义。赵蓬奇副会长主持发布会，刘良玉副会长等领导出席。

11月23日 国际社会工作者联合会主席大卫·琼斯博士一行拜访协会。徐瑞新会长，赵蓬奇、徐留根、李德运、刘京副会长等领导参加座谈。双方就中国社会工作运行现状和未来发展、全球社会工作发展等内容进行了交流探讨。徐瑞新会长向大卫·琼斯主席详细介绍了协会的发展历程、运行现状。大卫·琼斯主席与协会人员探讨了全球社工发展方向。双方还商讨了2010年在中国香港举行的第二十届世界社工大会的相关事宜。

协会下发《关于转发“民政部关于促进民办社会工作机构发展的通知”的通知》。

11月24日 协会印发《关于下发〈中国社会工作协会整改工作实施

步骤和时间安排〉的通知》、《关于对协会二级机构总干事进行重新聘任的通知》。

11月26日 由协会企业公民工作委员会与中央电视台、腾讯公益慈善基金会共同主办的“2009第五届中国企业公民论坛暨优秀企业公民颁奖盛典”在上海开幕。第十届全国人大常委会副委员长蒋正华出席大会并致辞，民政部、国资委、全国工商联等部委领导及500多位企业领袖和相关负责人参加了会议。会上公布了2009优秀企业公民获奖名单。IBM、英特尔、松下、腾讯4家企业被授予“五星级中国优秀企业公民”荣誉，80家企业荣登“中国优秀企业公民责任榜”，显示了国内外企业对企业社会责任的认知及参与度日益提高。国际社工联主席大卫·琼斯，协会副会长徐留根、刘京出席活动并为获奖代表颁奖。

11月30日 协会徐瑞新会长主持召开总干事联席会议，部署协会整改工作。赵蓬奇副会长在会上作了关于协会开展整改工作安排的报告。会议宣布了协会整改工作实施步骤和时间安排，并对总干事重新聘任工作进行了部署。

12月3日 2009“中国，您好!”国际志愿者日纪念活动在京举行。全国人大常委会副委员长周铁农莅临活动现场并为活动题词“中国您好 意义深远 志愿服务 人人参与”。协会徐瑞新会长，赵蓬奇、马剑飞副会长出席活动。2009“中国，您好!”国际志愿者日纪念活动围绕庆祝第24个国际志愿者日，通报和交流了2009年全国志愿服务工作情况，对2009年全国志愿服务工作先进单位和个人进行了表彰。徐瑞新会长与志愿者工作委员会主任桓玉珊共同启动“2010中国您好志愿服务年”活动，发布2010年活动计划。中国社会志愿服务体系建设丛书之一《志愿服务政策法规概览》一书首发仪式也在当天举行。

12月5～7日 由协会城区工作委员会、厦门市民政局、厦门市湖里区人民政府主办的“第二届中国区街发展论坛暨2009年年会”在厦门举行。协会顾问谭庆琏主任、国务院研究室社会发展司司长张大平等领导出席会议并作重要发言。副会长马学理主持大会，吴铎、唐忠新教授作精彩演讲，260余名各地基层代表参与论坛。论坛以“探索街道体制改革，推动街道全面发展”为主题，理论和实践相结合，就多个问题进行了深入研讨，就推进基层行政体制改革，实现街道工作创新发展等提出了具有重要价值的研究成果，引起广泛关注和积极响应。会上还对长期为基层政权建设和社会主义精神文明建设作出贡献的单位和个人进行了表彰。

12 月 10 日　协会向各地社工协会发送《关于参加“2010 社会工作及社会发展联合世界大会”的通知》。

12 月 15 日　协会徐瑞新会长主持召开 2009 年第 14 次会长办公会议。13 名应聘总干事职位的人员进行了竞聘演讲，会议讨论并投票决定各委员会总干事人选，责成赵蓬奇秘书长牵头，分管副会长负责，做好交接等工作。会议提名增补刘晓、孙建春、王柏泉、衷向东为协会副会长。会议听取了刘京副会长关于创办“中国社工年会”的有关情况汇报，同意并决定自 2010 年起每年举办一届年会，“首届中国社工年会”定于 2010 年 2 月召开。

协会下发《关于二级机构总干事任职的通知》和《关于进行 2009 年度工作总结的通知》。

12 月 21 日　协会国际科学和平促进委员会和香港人才交流中心共同主办“2009 年香港大学生寒假北京工作体验计划”，赵蓬奇副会长出席欢迎仪式并讲话。来自香港大学、香港科技大学、香港中文大学、香港城市大学的 92 名学生被安排在各领域进行为期三周的实习，锻炼实践能力，同时增进对内地的了解。

12 月 22 日　徐瑞新会长主持召开总干事联席会议。会上，赵蓬奇副会长就协会整改、竞聘工作作了总结，并对 2009 年终总结工作作了部署，对下一步工作提出意见；徐留根副会长通报了 2010 年于香港召开的世界社工大会的具体情况；刘京副会长就“首届全国社工年会”方案作了陈述；宋玉明副秘书长通报了协会 2009 年度审计情况。杨建昌常务副会长指出，协会在整改之后要有新气象、新面貌，加强专业化建设和实务建设，向世界展示中国的社会工作。徐瑞新会长在总结讲话中强调了各委员会明确定位、加强管理、建好队伍的重要性，并对总干事 2010 年的工作提出了要求。

协会向二级机构及各地社工协会发送《关于开展“2009 年度全国社会工作领域十大事件”和“2009 年度中国社工人物”评选的通知》。

协会下发《关于创办“中国社工年会”的决定》、《关于开展“2009年度全国社会工作领域十大事件”和“2009年度中国社工人物”评选的通知》。

12月25日 协会社会公益工作委员会社工桥服务中心联合北京汇源饮料食品集团，为50名高校学生提供了勤工助学岗位。中心派社工对学生上岗情况进行跟踪和走访，及时了解和解决问题。

12月29日 全国首个超大型社会化养老服务项目“青岛爱晚中心”在青岛市城阳区开工建设。全国人大常委会副委员长周铁农、协会会长徐瑞新代表“爱晚工程”领导小组出席奠基仪式。青岛爱晚中心是爱晚工程在国内开工建设的首个超大型社会化养老基地，该项目计划以青岛为中心向山东其他地区延伸、辐射，以连锁的形式发展老年服务产业，并实现全国互动。中心预计于2011年前建成并投入使用，建成后在社区内养老的老年人将达到1万人，解决近万个家庭养老的后顾之忧。

2010年

1月6日 甘肃省民政厅有关领导拜访协会，就“爱心·希望”活动走进甘肃等事宜同协会领导进行洽谈。

香港社会服务联合会业务总监蔡海伟一行拜访协会，就2010年世界社工大会事宜与会领导进行商谈，杨建昌常务副会长，赵蓬奇、徐留根副会长出席座谈会。

1月7日 协会印发《中国社会工作协会关于整改工作的总结报告》。

1月7～8日 赵蓬奇副会长代表协会参加“2010年全国民政工作会议暨全国民政法制工作会议”。李学举部长在讲话中强调：2010年要继续加强社会工作人才队伍建设，在民政事业单位中开发社会工作岗位、配置社会工作人才、落实相关待遇；培育发展民办社工机构，推动政府购买社会工作服务。

1月11日 协会儿童社会救助工作委员会组织的“蓝草计划”公益活动在京启动，赵蓬奇副会长出席活动并讲话。“蓝草计划”由欧盟对华援助项目拨款53万欧元启动，将通过授课、培训、交流与相互合作等方式为中国川、湘、贵三省的少数民族地区妇女提供新的就业机会，改善当地群众生活状况。

1月12日 协会徐瑞新会长主持召开2010年第1次会长办公会议。会议传达了民政部“2010年全国民政工作暨全国民政法制工作会议”精神，讨论了2010年协会发展思路和重点工作，决定对协会副秘书长、办事机构、专项基金、直属机构负责人进行年度述职考核。

协会下发《关于对二级机构负责人进行年度考核的通知》。

1月16日 马学理副会长应邀出席第三届上海市业主委员会年会并在会上讲话。会议就业主委员会与社会建设、世博会与和谐社区建设、物权法与物业管理、业主大会建设与基层民主建设等议题进行探讨交流。

1月19日 由协会指导，社区服务工作委员会、企业公民委员会联合主办的“首届中国业主与物业服务论坛”在人民大会堂举行。来自北京、上海、广州、深圳、沈阳等地的200多名街道、居委会、物业服务机构和业主代表出席了论坛。论坛旨在为业主、业主组织与社区其他机构、团体之间搭建一个平等交流的平台，保障社区稳定，维护业主权益，构建社区和谐。论坛还展示了房地产企业和物业公司的企业公民理念，探讨企业如何在和谐社区建设中承担相应的社会责任，带动更多的优秀企业公民服务社区。

1月19日、20日 协会徐瑞新会长主持召开2010年第2次会长办公会议。会议听取了副秘书长、办事机构、专项基金、直属机构负责人的2009年度述职报告，并对各负责人进行考评。会议对“2009年度全国社会工作领域十大事件”和“2009年度中国社工人物”的候选名单进行了讨论。

1月21日 协会社会公益工作委员会召开2009～2010年工作年会，徐瑞新会长、杨建昌常务副会长等领导出席。会上，社会公益工作委员会负责人汇报了2009年工作总结及2010年工作规划。徐瑞新会长充分肯定了委员会2009年的工作，希望委员会继续抓好品牌建设，做大做强“公益之星”、“社工桥”和“公益拍卖”三个项目。

1月22日 由协会、《公益时报》社、腾讯公益慈善基金会共同举办的“第二届中国公益新闻年会暨2009年公益推动力颁奖盛典”在京举行。会议盘点了2009年度受媒体和公众高度关注的公益新闻事件和新闻人物，公布了2009年度十大公益新闻、年度十大公益新闻人物和传媒公益推动力大奖。全国人大常委会副委员长周铁农、十届全国人大常委会副委员长何鲁丽、民政部副部长李立国、协会会长徐瑞新等领导出席会议并为获奖者颁奖。“中国公益事业发展与媒体责任高峰论坛”上，与会专家就公益发展与传媒责任、公益创新与新媒体公益、公益传播与慈善信息公开等议题进行了交流探讨。

1月31日 协会同中国青少年发展基金会希望工程、中国红十字基金会凤凰基金等单位联合举办“集善盛典·2009阳光名人慈善夜”活动，赵蓬奇副会长出席。活动旨在集合名人的力量，为贫困地区的孩子们，为中国1200多万盲人（盲童）的就医、就学、就业、心理咨询等方面救助募集捐款，为他们送去光明、希望和祝福，让善行成为生命的习惯。

1月29日、2月1日 协会在北京香港马会举办民政部老部长迎新春茶话会，崔乃夫、多吉才让、范宝俊、李宝库、李本公、陈虹、李惠仁、张文范、张印忠等老部长出席，徐瑞新等会领导参加。

2月1日 协会徐瑞新会长主持召开2010年第3次会长办公会议。会议对驻会领导的工作进行了分工，讨论了协会品牌项目、2009年度优秀项目、先进集体、先进个人评选事宜。会议还通报了李学举部长对《中国社会工作协会关于整改工作的总结报告》所作的重要批示：“中国社工协会认真落实《学习实践科学发展观活动整改意见》，从加强、发展自身入手，定位整合、建章立制、思路清晰、重点突出、组织得力、成果显著，值得肯定。”

2月2日 由民政部指导，协会主办，《公益时报》社承办的“2010首届中国社工年会”在北京千禧大酒店举行。全国政协副主席白立忱、十届全国人大常委会副委员长司马义·艾买提、民政部副部长孙绍骋、协会会长徐瑞新等领导出席，全国各社工机构、公益组织和国际组织代表、地方政府领导和社会名流等400多人参会。年会以“传播社工理念，弘扬社工精神”为宗旨，致力于让社会更加了解和关注中国社会工作的发展，提升社会工作整体形象和影响力。年会首次系统盘点年度社会工作，蒋正华、徐祥龄、陆士桢、刘京、喇英才、李国强、刘晓、郭长江、高润霖、马伊里被推选为“2009年度中国社工人物”。全国范围内社会工作者职业水平证书登记工作启动、“社会工作服务组织试点工程”得到国务院和民政部领导的高度关注、首部《中国社会工作发展报告（1988～2008）》（社会工作蓝皮书）出版、广东东莞率先将社会工作经费全部纳入市镇（街道）财政预算范围、上海成立35家社工事务所多领域推进社会工作、“两岸四地社区服务工作实务论坛”召开、江西万载农村社会工作本土化实验取得重要成果、协和医院率先搭建社会医疗救助大平台、北京率先实施“大学生社工计划”、深圳率先在全市建立并推行社工机构评估监管体制等当选“2009年度中国社会工作领域十大事件”。

协会印发《关于公布“2009年度全国社会工作领域十大事件”和“2009年度中国社工人物”的通知》。

“爱晚工程”在北京启动世纪爱晚（北京）置业有限公司成立暨北京爱晚中心揭牌仪式。以“北京爱晚中心”为核心的全国爱晚大格局已初具规模，“爱晚工程”布局全国进入关键阶段。“北京爱晚中心”将从养老人群的实际需求出发，规划社工培训、医疗护理、养老居住、休闲度假、服务管理五大功能，服务于北京地区并辐射全国，打造和谐养老社区典范。

2月3日　第二十一届国际科学与和平周活动总结暨中国社工协会国际科学和平促进会第一届常务理事会在全国政协礼堂举行，高潮、赵蓬奇等领导出席。会议听取了第二十一届国际科学与和平周活动总结报告，听取并讨论了协会国际科学和平促进委员会2009年度工作总结和2010年工作计划。

协会团总支组织青年代表深入北京朝阳区核桃园社区，看望社区的孤寡老人、贫困家庭，并送去春节慰问品。2010年协会与核桃园社区结对帮扶的10户困难家庭大多是因病致贫的老人。今后，协会将每年针对不同困难群体持续开展此项活动。

2月4日　“爱心希望——走进甘肃”贫困家庭病残儿童救助活动启动仪式在兰州举行。王久安副会长代表协会出席仪式并讲话，甘肃省副省长张晓兰及当地相关单位领导出席仪式。项目计划用三年时间资助甘肃省受灾地区贫困家庭0～14岁先天性心脏病中的房缺和室缺儿童完成手术康复。

协会为已故慈善家龚如心女士及华懋集团颁发荣誉奖牌，感谢龚如心女士及华懋集团在河南周口、信阳两地捐建“社工·如心家园”，救助艾滋孤儿。龚如心的妹妹龚因心女士、弟弟龚仁心先生，中联办社会工作部副部长黄清芳，协会徐瑞新会长，赵蓬奇、陈倚副会长及河南省民政厅、周口市民政局、信阳市民政局相关领导出席仪式。徐瑞新会长向华懋集团授予“榜样公益系列活动特别贡献奖”荣誉奖牌，向已故慈善家龚如心女士授予“中国社会十大公益之星特别贡献奖”荣誉奖牌，并对他们表示感谢。

协会举办2009迎新春文体比赛，比赛项目包括书画、摄影、扑克牌、跳绳、乒乓球。杨建昌、赵蓬奇、王久安、马学理等会领导积极参与，与员工互动，活动取得了圆满成功。

2月6日 徐瑞新会长、赵蓬奇副会长出席由第一视频举办的“风景这边独好——春网开元”中国互联网首届首场网络春晚，网星、民星和演艺明星等献上了一场视听盛宴。晚会首次运用全媒体手段，联合七大门户网站，搭建最大规模互动平台，观众覆盖全球网民，标志着中国互联网开启春网纪元。

2月7日 赵蓬奇副会长应邀出席“2010年农民工春节联欢晚会”，代表协会向全国农民工兄弟表示新春问候。

2月8日 徐瑞新会长主持召开2009年终总结工作会议。赵蓬奇副会长代表会长办公会议作《中国社会工作协会2009年工作总结和2010年工作计划》的报告。杨建昌常务副会长提出2010年协会要引进目标管理机制，提高工作绩效。徐瑞新会长强调协会上下要形成合力，推进工作开展，同时要加强会长协调会协调、监督作用。会上对协会品牌项目、2009年度优秀项目、先进集体、先进个人进行了表彰。

协会下发《关于印发“中国社会工作协会2009年度工作总结及2010年度工作计划”的通知》。

协会举行“2010年迎新春团拜会”，会领导及全体员工参加。活动中宣布了协会2010年迎新春文体比赛获奖名单，并给获奖者颁发奖状和奖品。

2月9日 赵蓬奇副会长到北京尔康医院看望在接受康复治疗的脑瘫儿童，了解孩子们的情况，并在现场接受了中央电视台《焦点访谈》节目的采访。

2月10日、11日 徐瑞新会长，赵蓬奇、马剑飞副会长分别拜会全国人大常委会副委员长、协会名誉会长周铁农，第十届全国人大常委会副委员长、协会名誉会长司马义·艾买提，并汇报协会工作情况。

2月11日 赵蓬奇副会长代表协会赴太阳村看望特殊儿童，听取了村长张淑琴关于太阳村的情况介绍，并给孩子们送去一批益智图书，希望他们快乐、健康成长。

2月17日 刘良玉副会长到北京尔康医院看望在接受康复治疗的脑瘫儿童，认真了解脑瘫儿童在住院期间康复治疗的情况，鼓励康复师和工作人员为孤儿做好康复训练。

2月23日 安徽省社工协会会长陈文华、北京市社工协会有关领导分别拜访协会，并就相关合作事宜与会领导进行座谈。

协会下发《关于协会驻会会长、副会长工作分工的通知》。

2月25日 马学理副会长代表协会拜访全国人大常委会副委员长严隽琪，汇报协会社区工作有关情况。

2月26日 民政部召开“全国先进社会组织表彰暨社会组织深入学习实践科学发展观活动总结大会”，第二次对全国社会组织进行表彰。协会自成立以来，积极探索建设中国特色社会主义理论和实务体系，对我国民办社会工作服务机构的发展起到了推动作用，再次获得“全国先进社会组织”荣誉称号。

2月26～27日 协会党总支、团总支、妇女组织负责人代表协会参加民政部2010年直属机关党委工作会议、工青妇工作会议。会议分别对2009年部直属机关党的工作、工青妇工作进行了总结，部署了2010年工作要点，并对各单位的工作进行了指导。

3月1日 协会下发《关于转发民政部“2010年社会工作人才队伍建设和志愿者队伍建设工作要点”的通知》。

3月2日 上午，赵蓬奇副会长应邀出席北京市社会工作事务所建设工作部署会议。与会人员现场观摩了西城区社会工作者联合会及睦友、悦群、仁助三个社会工作事务所，了解了西城区“一会三所”建设有关情况，围绕社会工作事务所建设工作进行了讨论。赵蓬奇副会长在座谈会上介绍了其他省市社会工作事务所建设情况和协会“社会工作服务组织试点工程”建设项目的发展概况，提出今后社会工作建设要强调专业化、职业化、行业化、社会化，要以组建和发挥社会工作事务所为突破口，积极探索和建立具有中国特色的社会工作实务体系。

下午，协会召开会长协调会议，杨建昌常务副会长，赵蓬奇、刘良玉副会长出席。会议主要对协会儿童救助工作的整合、儿童社会救助工作委员会今后的管理体制及工作原则进行了研究讨论，并形成相关决定。

3月3日　协会徐瑞新会长主持召开2010年第4次会长办公会议。会议听取了赵蓬奇副会长参加民政部年度总结表彰大会和北京市社工委社会工作事务所建设工作部署会议的有关情况汇报。会议通报了3月2日会长协调会议关于协会儿童社会救助工作整合的相关意见，通报了协会再次获得“全国先进社会组织”称号的有关情况，通报了国家出版总署同意创办《社会与公益》杂志的批复意见。会议决定协会培训中心由陈倚副会长分管，聘马志良为中心主任。

3月5日　“2010春季中国（上海）婚博会”开幕，徐瑞新会长，徐留根、刘京副会长出席开幕式并剪彩。婚博会以时尚、个性为主题，吸引了1350个中外著名品牌的结婚新品参展，为我国婚庆文化的交流和国际合作提供了平台。

协会下发《关于对副总干事进行聘任备案的通知》。

3月8日　协会举行庆祝三八妇女节活动，杨建昌常务副会长，赵蓬奇、王久安、李德运、马学理、陈倚副会长出席，30多名妇女代表参加。杨建昌常务副会长代表会领导对女性员工为协会做出贡献表示感谢，并激励大家为社会工作发展再接再厉。

3月9日　刘良玉副会长及儿童社会救助工作委员会吴建英总干事一同到房山区窦店“济慈之家”看望盲童孤儿。“济慈之家”收留了来自全国各地的视障孤儿，目前协会儿童社会救助工作委员会与“济慈之家”正在合作开展盲童康复培训项目。

3月11日　长春市常务副市长隋忠诚拜访协会，徐瑞新会长等领导出席座谈会。双方就加强相关方面的交流、合作交换了意见。

杨建昌常务副会长，赵蓬奇、王久安副会长一行视察协会社会养老工作委员会工作，与委员会员工进行座谈。座谈会由王久安副会长主持，吕斌总干事就委员会机构设置、规章制度完善、2010年工作计划等情况作了汇报。杨建昌常务副会长，赵蓬奇、王久安副会长分别作了讲话，强调要培养一支专业的社工服务队伍，打造社会养老工程特色品牌。

陈倚副会长代表协会应邀出席由北京大学和香港理工大学共同筹建的中国社会工作研究中心成立仪式。当日下午举行的中国社会政策研究峰会上，各界学者围绕社会政策治理、城乡与社会发展、社会保障政策与服务模式等主题共论社会工作发展。

3月12日 “全国婚庆婚介标准化技术委员会2010年北京研讨会”召开，徐留根副会长出席会议并讲话。会上审议了《婚庆机构资质和等级评定》、《婚姻介绍网络服务》和《婚姻介绍档案管理》三项标准草案，听取了委员对标委会工作的建议，并研究讨论如何推动已出台标准的贯彻实施。

3月17日 赵蓬奇、王久安副会长及协会相关二级委员会总干事一行前往北京西城区社会工作者联合会考察社会工作发展情况，现场观摩西城区社会工作者联合会及睦友、悦群、仁助三个社会工作事务所。

3月18日 徐瑞新会长、杨建昌常务副会长、赵蓬奇副会长兼秘书长向民政部李立国副部长汇报协会2010年工作计划及相关情况。李立国副部长对协会的工作计划、工作重点表示赞成，并特别强调协会要找好定位，转变活动开展方式，搞好社工理论和实务体系的探索和建设。

3月19日 朝阳区社工委有关领导拜访协会，同会领导就合作开展社会工作实务体系建设等进行洽谈。双方就朝阳区作为协会社会工作实务示范基地等事宜达成初步意向。

3月23日 协会下发《关于印发〈中国社会工作协会法律事务管理暂行办法〉的通知》，对协会相关法律事务进行统一管理；下发《关于转发民政部〈2010年社会工作人才队伍建设和志愿者队伍建设工作要点〉的通知》，要求各二级机构认真学习贯彻，进一步加强协会社会工作人才队伍建设和志愿者队伍建设。

3月23日、25日 协会徐瑞新会长主持召开2010年第5次会长办公会议。会议传达了李立国副部长对协会工作的重要指示，就如何落实指示精神进行了讨论，并决定适时召开总干事联席会议落实。会议决定在2010

年上半年召开“中国社会工作协会第四届常务理事会第三次会议”和“全国各地社会工作协会发展与建设座谈会”。会议决定由赵蓬奇副会长率社会工作调研组深入北京、上海、深圳、江西等地考察社会工作发展现状，提出下一步行业发展思路和实务建设意见。

3月27～28日 项目部举办“公益组织项目运作知识培训班”，对协会公益爱心项目合作单位人员进行社工基础知识、公益活动劝募、公益项目运作等方面的培训。赵蓬奇副会长应邀讲解社会工作相关知识，介绍协会基本概况和项目运作情况，并对培训活动提出目标要求。中国青年政治学院社工学院副院长陈树强、母亲水窖项目负责人罗丽英女士讲解了社工、公益项目发展、劝募相关知识技巧。

3月30日 北京市委社工委委员、市社会办巡视员王智玲一行拜访协会。徐瑞新会长，杨建昌常务副会长，赵蓬奇、陈倚副会长等出席会谈。会领导介绍了协会的基本情况及“社会工作服务组织试点工程”的相关情况。王智玲委员介绍了北京地区社会工作及社区服务工作等方面的状况和部分经验。双方就进一步加强交流及合作交换了意见。

3月31日 社会养老工作委员会举行员工知识培训，对民政、社工、养老知识进行系统学习，以提高委员会员工专业素质，加快推进社会化养老工作体系建设。赵蓬奇副会长出席培训活动并作指导。

4月2日 协会举办“社会组织人员依法履行职责相关问题讲座”，邀请朝阳法院刑事二庭副庭长臧德胜作法律事务相关知识培训，提高协会法律风险防范能力。杨建昌常务副会长、赵蓬奇副会长，协会二级机构负责人及工作人员参加了培训。臧庭长主要从社会团体以及社会团体工作人员的法律定位、所处角色、工作中常见的法律问题、各种违法犯罪行为的预防进行讲解。协会法律顾问张琦律师介绍了建立协会法人治理结构方面的相关内容及需要注意的问题。赵蓬奇副会长就增强对依法治会的重要性认识提出要求。杨建昌常务副会长在总结讲话中强调要落实“学法、懂法、依法、用法”，保证内部依法办事。

4月6日 协会徐瑞新会长主持召开2010年第6次会长办公会议。赵蓬奇副会长向会议通报了民政部传达监察部、国务院纠风办等九部委清理评比达标表彰活动的会议精神和民政部清理、合并、保留评比达标表彰项目的有关情况。会议认为，协会及所属机构开展的表彰先进及示范活动等要严格按照中央精神进行重新审定，积极改革评选表彰方式，拟定新方法，推广行业先进经验。会议对“中国慈善排行榜”、“中国社工年会”、“全国十大社会公益之星”等活动进行了重点讨论，决定除“全国十大社会公益之星”评选活动外，其他评比表彰活动一律停止，必须表彰的要报会长办公会议讨论，严格按程序报批。

4月7～13日 协会组成社工调研组，由赵蓬奇副会长带队赴上海、北京、深圳、湖南、江西等地，就如何构建具有中国特色社会工作实务体系进行专题调研考察。

4月10日 协会志愿者工作委员会与广州亚运会志愿服务研究中心、北京中关村地区社会工作协会共同主办“社工义工携手创新服务模式——社会工作与志愿服务京粤论坛”。北京、广东社会工作与志愿服务领域的资深专家，社工、志愿者代表共计100余人参加论坛。论坛上，专家、学者和实务工作者共同探讨了社会工作与志愿服务的发展，对如何完善“社工引领志愿者、志愿者协助社工”服务格局和“社工＋志愿者”服务模式作出了积极探索，促进了京粤两地社工和志愿服务的交流与合作。

4月13日 “中国社会工作协会社区工作委员会成立大会暨全国社区工作经验交流会”在重庆召开。协会会长徐瑞新、副会长马学理、社区工作委员会顾问谭庆琏、重庆市人大常委会副主任王洪华、重庆市渝中区区长王福清等领导及全国各地专家、委员代表共计360余人参会。大会由马学理副会长主持，李晶总干事向大会作了工作报告，大会一致通过了《中国社会工作协会社区工作委员会章程》，推选出第一届常务委员会成员、专家组成员、顾问。徐瑞新会长对社区工作委员会的成立表示祝贺，谭庆琏主任围绕社区工作委员会今后的工作重点提出了意见。首届全国社区工作经验交流会上，重庆市渝中区七星岗街道、杭州市上城区人民政府、天津市和平区民政局等25个单位的代表作典型发言，委员会专家唐忠新教授、徐永祥教授发表了主题演讲。

4月14日 青海省玉树县发生里氏7.1级地震后，协会积极组织员工向灾区捐款，表达了对灾区人民的关心与支持。协会各工作委员会、专项基金、办事机构、直属机构、直属单位、深圳办事处共 244 人参与捐款，筹得款项 66001 元，其中 2100 元直接购买救灾物资，已经送到玉树灾民手中，其余款项已按规定送至民政部有关部门。

4 月 15 日 协会联合北京市委社工委等单位共同主办“北京 2010 年国际社工日大型主题活动”，协会赵蓬奇、陈倚副会长，北京市委、市政府等相关单位领导，北京市社区和高校的社工代表及来自美、英等国家的社工代表出席活动。赵蓬奇副会长在活动中致辞。活动展示了社工专业服务内容，北京 10 家社会工作事务所在活动中揭牌成立，将为社会工作者开展专业服务提供更多的平台和载体。社工题材影片《十二情感》在活动上首映。活动现场还举行了为青海玉树地震灾区捐款仪式。协会领导及与会人员纷纷捐款，用实际行动践行“互帮互助　共建共享”的活动主题，为灾区人民奉献爱心。

徐留根副会长出席“全国婚庆婚介标准化技术委员会 2010 年（杭州）座谈会”。会上审议了《婚庆机构资质和等级评定》、《婚姻介绍网络服务》和《婚姻介绍档案管理》三项国家标准草案，讨论了已出台标准的贯彻、实施方案，听取了委员和代表对委员会工作的建议。

4 月 16 日 解放军 309 医院正式成为协会儿童社会救助工作委员会合作医疗医院，刘良玉副会长向 309 医院颁发“合作医院”匾牌，军地双方联合启动“贫困儿童爱心救助”活动，将利用医院丰富的医疗资源和经验为患有先天性心脏病、唇腭裂等疾病的贫困家庭儿童搭建一个有效的救治平台。

4 月 17 日 协会儿童社会救助工作委员会工作人员赴青海地震灾区，为灾民送去一批急需物资，并将灾区的信息传出，让大家及时了解灾民的需要。

4 月 24 日 协会社会公益工作委员会联合朝阳门街道举行“心系玉树，我们在一起”闲置物品公益拍卖会，赵蓬奇副会长出席活动并讲话。朝阳门街道工委、街道办事处主要领导、社区居民 150 余人参加拍卖会。65 件由社会各界捐赠和社区居民委托的物品成功拍出，善款捐赠给玉树灾区人民。

4 月 28 日 由民政部主办，协会协办的“全国婚姻家庭研讨会暨纪念新中国首部婚姻法颁布 60 周年大会”在京举行，全国人大常委会副委员长陈至立出席会议并讲话，民政部部长李学举在大会上致辞。大会由窦玉沛副部长主持，最高人民法院、中宣部、司法部、国务院法制办、共青团中央、全国妇联等单位相关负责人以及学术界代表就贯彻落实婚姻法工作作了发言。大会征集的论文从多个角度对新中国首部婚姻法颁布60周年的成果、经验和贯彻落实情况进行了总结，对面临的问题进行了剖析，对婚姻家庭建设的发展方向进行了系统研究。

5月4日 协会青年团员代表参加民政部五四纪念表彰大会暨“让生命站立成树”青年干部座谈会，交流了抗震救灾工作经验。

协会印发《关于下发2010年协会工作要点分解方案的通知》。

5月11～12日 “2010年中国社会工作协会婚介行业委员会执委会扩大会议”在武汉召开，徐留根副会长出席会议并讲话。婚介行业知名人士、特邀代表及全国80家婚介机构负责人等参加会议。会议对《婚姻介绍服务》国家标准的贯彻实施和试点工作、婚介行业广告发布规范等进行讨论，对拟完成的“婚姻介绍网络服务和婚姻介绍档案管理标准稿”征集意见。

5月13日 协会徐瑞新会长主持召开2010年第7次会长办公会议。会议通报了协会社会工作师委员会、社工人才服务中心筹建等有关情况。会议听取了关于召开协会四届三次常务理事会、专家委员会座谈会、全国各地社会工作协会发展与建设座谈会的筹备情况汇报；听取了赵蓬奇秘书长关于上海、北京、深圳、湖南、江西等地社会工作实务体系建设情况的调研汇报，并就实务体系建设中协会的地位和作用进行讨论。

协会下发《关于调整协会理论宣传工作领导小组成员的通知》。

5月14～15日 协会召开总干事联席会议，就加快协会社会工作专业化进程，实现理论创新，推进实务建设，为社会提供社会工作专业化服务等问题展开讨论，各二级委员会总干事针对主题积极发表建议。会上，赵蓬奇副会长兼秘书长就上海、北京、深圳、湖南、江西等地社会工作实务体系建设情况作了主题发言。杨建昌常务副会长在讲话中指出，要加速推进协会的专业化建设，打造协会的核心竞争力，为推进社会工作实务建设和理论创新创造条件。徐瑞新会长在总结讲话中强调，协会必须把推动中国特色社会工作实务体系建设作为工作的重中之重，促进行业规范、提升行业形象，把协会打造成党和政府推进社会工作的得力助手，切实发挥社会工作解决社会问题、维持社会秩序、促进社会和谐、推动社会进步的功能，为构建社会主义和谐社会贡献力量。

5月16～19日　由协会康复医学工作委员会、中国民康医学杂志社和上海市社会福利中心共同主办的“全国老年病康复高级论坛”在上海召开。李德运副会长、上海市民政局高菊兰副局长等领导参加了论坛开幕式并讲话，来自全国民政系统及相关民营机构的120余名代表参会。论坛就社会福利老年康复机构的发展方向和趋势、社会工作在老年福利康复机构中的作用和应用、老年病的康复医疗和照料、老年康复医疗的改革和管理等议题进行深入研讨。论坛期间，李德运副会长先后赴上海、苏州出席“第五届中国国际残疾人和老年人康复护理技术及辅助器展览会”开幕式、“抗抑郁药多中心临床研究”启动会。

5月18日　香港社会工作人员协会黎永开会长一行20人拜访协会，进行交流座谈，杨建昌常务副会长，赵蓬奇、徐留根副会长等领导出席座谈会。杨建昌常务副会长主持会议并代表协会对黎永开会长一行的到来表示欢迎。赵蓬奇秘书长介绍了协会的基本情况和大陆开展社工实务体系建设的情况。会领导为香港社工解答了协会如何推动社工继续教育工作，如何增进大众对社工的了解等提问，双方就未来开展专业合作达成共识。

5月24日　上午，中国社会工作协会第四届常务理事会第三次会议在京召开。徐瑞新会长等会领导，协会常务理事、专家委员会专家等共140余人出席会议。会议由杨建昌常务副会长主持。会议听取并审议通过了徐瑞新会长所作的四届三次常务理事会工作报告《明确方向　改革创新　共创中国社会工作发展新局面》。徐会长在报告中强调：协会下一步的工作要以学习实践科学发展观为统领，以加强协会的专业化、职业化、行业化建设为核心，以推动社会工作理论和实务创新为重点，促进社会工作的深入发展和协会的可持续发展。会议审议并通过了《中国社会工作协会2008～2009年财务报告》、《关于增补中国社会工作协会常务理事、理事、专家委员会委员的提案》，选举产生了增补副会长刘晓、孙建春、王柏泉、衷向东。参会代表就进一步确定协会的发展思路和工作定位，实现专业化建设发表意见。

协会下发《关于增补刘晓、孙建春、王柏泉、衷向东同志为协会副会长的通知》。

下午，“中国社会工作协会专家委员会座谈会”在京召开，深入探讨了协会理论创新和实务建设与发展等问题。杨建昌常务副会长，徐留根、陈倚副会长及19名专家出席会议。会议由陈倚副会长主持，专家委员会执行主任陆士桢教授介绍了协会“社工服务组织试点工程”的有关情况。专家们就推进社工协会专业化进程，开展社工服务组织试点工程建设进行讨论，提出协会要提高自身定位，在多领域开展实务工作，积极争取政府购买服务。杨建昌常务副会长在总结发言中强调，协会愿意与专家合作开展社工实务体系建设，总结和推广各地经验，推动中国特色社会工作理论和实务体系建设。

5月24～25日 协会组织召开“全国各地社会工作协会发展与建设座谈会”。徐瑞新会长，杨建昌常务副会长，赵蓬奇、王久安、李德运、马学理、陈倚、马剑飞副会长出席会议，全国各地社工委、社工协会等近40家单位代表参会。赵蓬奇副会长在会上作《积极探索构建中国特色社会工作实务体系　促进社会工作深入发展》调研报告，对北京、上海、深圳、湖南、江西等地社会工作实务经验进行总结分析。北京、上海、深圳、湖南、江西、青海、沈阳、宁波、大庆等地社工委、社工协会代表分别介绍了各自的工作经验。会议重点围绕如何切实解决自身问题，发挥社工协会作用，促进行业建设与发展进行了讨论。会议认为当前中国社会工作的发展进入了关键时期，找准社会工作组织的定位，发挥社会工作组织的作用意义重大。

5月31日 协会儿童社会救助工作委员联合史家胡同小学启动青海玉树“孤儿学校”长期教育援助计划。赵蓬奇、刘良玉副会长出席启动仪式。赵蓬奇副会长代表协会为史家胡同小学颁发“阳光公益社”铜牌，成立中国第一个小学生公益社，搭建玉树的孤儿学生与北京儿童交流的平台，让玉树地震灾区的儿童有机会获得首都的优质教育资源。史家胡同小学在地震后组织全校捐款，募集善款45万余元，购买面包车赠送给玉树“孤儿学校”作为“流动图书馆”，随后将派出优秀青年老师到玉树州孤儿学校助教，并邀请玉树州孤儿学校的部分教师、学生到北京进修学习，为玉树的重建和发展奠定了人才培养的坚实基础。赵蓬奇副会长表示，地震灾害对玉树带来了极大的创伤，此次援助计划不仅从物质上给予帮助，更重要的是通过无形的教育资源整合、配对，对灾区教育产生重要影响。

6月1日 协会召开会长协调会议，研究如何落实四届三次常务理事会所提出的加大专业化建设力度、充实社工人才队伍、加强协会能力建设等任务。

6月3日 协会徐瑞新会长主持召开2010年第8次会长办公会议。会议通报和讨论了为落实四届三次常务理事会、2010年专家座谈会和全国各地社会工作协会自身建设与发展座谈会提出的下一步工作计划，并形成初步实施意见。

6月10日 协会常务副会长杨建昌、副会长陈倚、副秘书长南燕一行到协会支持的《社区生活》报采编中心考察工作。《社区生活》报创刊近10个月以来，报道内容不断丰富，发行范围已覆盖北京3000多个行政社区，同时还积极承担社会责任，参与公益活动。杨建昌常务副会长、陈倚副会长表示，希望《社区生活》作为社会工作的一个平台，多多宣传和报道我国的社会工作事业。

6月10～14日 协会赵蓬奇副会长率团出席在香港召开的“2010社会工作及社会发展联合世界会议”。会上，赵蓬奇副会长就中国社会工作实务建设及社会工作服务试点工程有关情况发表演讲，为扩大中国社会工作的影响起到了积极的推动作用；协会代表积极参与分论坛发言，就中国内地社区和儿童社会工作发表意见和建议。会议期间，代表团参观了香港8个具有代表性的社工服务中心，并与香港社联、香港社会工作者协会、香港社工教育协会、救世军等组织进行了工作交流。

6月14～16日 国际社会工作者联合会第二十届年会在香港召开，徐留根副会长出席会议，并对来自世界各地的国际社工联成员国代表到中国香港参会表示热烈欢迎。本次年会由国际社工联主席大卫·琼斯主持，大会审议了国际社工联前两年的工作；听取了各地区组2008～2010年的工作报告；通过了2008年巴西年会的会议纪要；继续讨论社会工作定义和社工行为守则；通过了关于消除贫困和妇女权益保护的政策声明。

6月21日 协会儿童社会救助工作委员会组织北京尔康医院的脑瘫专家为长春市儿童福利院的50多名脑瘫孤儿进行义诊，并对福利院的康复人员进行了康复指导。此次活动得到了长春市民政局、儿童福利院的大力支持。

6月22日 协会印发《关于印发中国社会工作协会第四届常务理事会第三次会议工作报告的通知》。

6月23日 协会印发《关于出席国际社会工作者联合会第二十二届年会的情况汇报》。

6月24日 协会印发《关于印发全国各地社会工作协会发展与建设座谈会纪要的通知》。

6月25日 协会在人民大会堂主办“民族地区社会工作与社会建设论坛暨民族地区社工机构试点和社工培训班启动仪式”。论坛旨在总结社会工作服务民族地区社会建设的实务经验，研讨民族地区开展社会工作的理论成果，表彰服务民族工作的先进社工服务机构，推动“社会工作服务组织试点工程”的建设。会上，宣读了回良玉副总理发来的贺信，全国人大常委会副委员长陈昌智、国家民委党组书记杨传堂、民政部副部长姜力到会并发表了重要讲话，徐瑞新会长代表主办方致辞。全国政协常委、中央党校原副校长李君如作论坛开题演讲，湖南省对口支援理县灾后重建工作队湘川情社会工作服务队、都江堰市民政局、四川海惠助贫服务中心、北京市宣武区牛街街道、深圳市民政局、爱德基金会及北京仁爱慈善基金等机构的代表进行了实务模式讲演，专家对每个发言进行了精彩的点评。

协会下发《关于推进民族地区社工机构试点建设的决定》。

协会《中国民康医学》杂志社联合国际血管健康学会中国分会等7家单位在京举办“第七届中国血管病变和动脉功能学术会”，李德运副会长出席会议并讲话。来自法国、韩国、日本及中国各省区的血管疾病领域的专家就血管病变评价和干预的最新进展等进行了深入交流。

甘肃省民政厅有关领导拜访协会，就相关合作事宜进行洽谈，刘良玉副会长出席座谈会。

6月26～28日 协会举办民族地区社工机构能力建设培训班。赵蓬奇副会长出席培训班开班仪式并讲话。培训班邀请了社工专家学者、职业经理人对首批试点服务中心的骨干、先进社工机构的从业人员及参加民族地区社工机构试点建设的单位负责人进行了培训。6月28日上午，徐瑞新会长、陈倚副会长看望学员，并为他们颁发结业证书。

6月29日 协会党总支举办庆祝中国共产党建党纪念活动，组织党员观看电影《唐山大地震》。

6月30日 协会印发《关于参加“2010联合世界大会——社会工作及社会发展之愿景及蓝图”的情况汇报》。

7月2日 《社会与公益》杂志创刊首发式在人民大会堂举行。全国人大常委会副委员长周铁农、新闻出版总署副署长李东东、民政部原部长崔乃夫、财政部原部长项怀诚、协会会长徐瑞新、常务副会长杨建昌等出席首发式。全国政协原副主席、宋庆龄基金会主席胡启立发来贺信。中国红十字会、宋庆龄基金会、中国老龄事业发展基金会、中国青少年发展基金会、中华环境保护基金会等相关负责人也到场祝贺。《社会与公益》杂志于2010年2月经新闻出版总署正式批准创办，旨在宣传报道中国社会与公益事业发展进程、展现社会工作与公益事业在社会建设中的重要作用，搭建国内外公益组织相互学习与交流的平台。活动现场，徐瑞新会长向周铁农、崔乃夫、项怀诚颁发了《社会与公益》杂志顾问证书。

7月7~9日 赵蓬奇副会长先后赴浙江杭州、慈溪，就当地社会工作及公益事业发展情况进行考察调研，并同浙江省民政厅领导进行工作交流。

7月15日 协会社会养老工作委员会推出《养老》月刊，宣传养老工作专业知识、行业最新动态与先进理念，为国内养老机构和养老从业人员提供借鉴。

7月16日 赵蓬奇副会长出席北京市朝阳区农村社会工作培训班，为学员讲解社会建设及农村社会工作相关知识，并与朝阳区有关方面共同探讨如何推进农村社会工作。

7月20日 协会会员单位青岛爱益普社会工作服务中心组织大庆市社会工作委员会一行25人前往新加坡和香港两地学习考察社会工作。协会专门将两地社会工作情况报告整理形成《内部参阅》，为内地社工人员提供专业参考。

7月24日 首届“全国民间文化艺术精品（上海）公益博览周暨中国公益拍卖上海行”活动在上海展览中心开幕。民政部、文化部、上海市民政局及协会有关领导出席活动。

7月28日 “全国社区居委会建设工作推进会暨社区工作委员会第一次常委会议”在新疆克拉玛依市举行。来自全国60多个城区的120余名街道、社区代表及社区工作委员会委员单位参加了会议。会议总结、交流、学习了全国各地社区居委会建设工作经验及好的做法。

赵蓬奇副会长兼秘书长应邀参加江苏友谊手套服饰有限公司“友谊国际‘双拥’工作站”成立仪式，就如何运用社会工作的理念与方法，进一步推动双拥活动的深入开展发表讲话。活动后，赵蓬奇副会长同镇江市民政局、扬中市民政局领导进行洽谈，并参观考察扬中市社区、养老等工作开展情况。

8月6～7日 马学理副会长赴哈尔滨出席“三北”地区城市街道工作研究会第十八届年会暨南北城市街道工作经验交流会并讲话。会议以“党组织在社区工作中的领导作用”为主题，研究讨论了25个街道的党建工作经验做法。

8月7日 甘肃舟曲发生特大泥石流灾害后，中国社会工作协会及相关二级委员会密切关注灾情，积极制定灾后救援方案。同时，协会领导与员工纷纷踊跃捐款，以实际行动支援灾区人民救灾，一天内筹得捐款37190元，并交由民政部支援舟曲灾区的救灾及重建工作。儿童社会救助工作委员会发起“有爱的冬天不会冷”公益活动，为玉树、舟曲灾区人民募集过冬物资。

8月9日 国际社工联主席盖瑞·贝利、亚太地区副主席约翰·翁、亚太地区执委 Mariko Kamura 给协会发来慰问信，对在中国甘肃舟曲特大泥石流及洪水灾害中受灾的人们表示诚挚的关切和支持。国际社工联表示将支持和帮助协会在救灾及灾后重建中作出努力。

8月11日 协会举办“同在蓝天下——爱心·希望”大型公益晚会，相关会领导参加，著名歌唱演员祖海、李丹阳、李琼等参与演出。晚会以“呼唤爱心、秉承奉献、扶弱济贫、旨在公益”为宗旨，总结和展示了近年来“爱心·希望”贫困家庭病残儿童救助活动将重点转向灾区，对汶川和玉树地震灾区进行积极有效的救助以及所取得的成果，表彰并奖励了一批多年来支持“爱心·希望”的爱心企业和爱心人士，弘扬扶弱济贫、见义勇为、助人为乐、无私奉献的传统美德。

8月17日 协会徐瑞新会长主持召开2010年第9次会长办公会议。会议认为，协会上半年工作已经迈上了向社会工作专业化发展的轨道，各委员会要进一步加强专业化建设，重点在社工知识普及、社工人才培训和社会工作试点方面作出努力，积极争取政府购买服务。

8月20日 中国社会工作协会婚姻家庭工作委员会成立大会在京召开。十届全国人大常委会副委员长、中国关心下一代工作委员会主任顾秀莲，协会会长徐瑞新，协会常务副会长杨建昌，全国妇联书记处书记范继英，民政部社会事务司副司长陈光耀，全国总工会女工部部长沈兰萍，协会副会长赵蓬奇、徐留根等相关领导出席大会。婚姻家庭问题研究专家和学者、法律工作者、企业代表参会。会议由常务副会长杨建昌主持，民政部社会事务司副司长陈光耀对委员会的成立表示祝贺，赵蓬奇副会长兼秘书长在大会上作委员会筹备工作报告。会后，举行了“幸福婚姻、和谐家庭，从维护夫妻情感做起”主题论坛，巫昌祯、龙翼飞、李明舜等专家分别作了主题演讲。参会代表纷纷表示，要积极推动我国婚姻家庭生活的健康发展。

8月23～25日 由协会社区工作委员会、中共秦皇岛市市委组织部、中共秦皇岛市海港区委员会、秦皇岛市海港区人民政府联合主办的“首届全国社区党建工作推进会”在秦皇岛市海港区召开。马学理副会长出席活动并发表讲话。会上，海港区委书记张经华介绍了区委组织部的工作经验。同时，天津市天塔街道的党员认领先锋模范岗活动、北京朝阳门街道成立社区纪检委的做法、上海新成路街道的楼组党建工作、哈尔滨爱建街道的地区商圈党委建设等也作为推进会的成果进行了交流。

8月24日 徐瑞新会长、杨建昌常务副会长、陈倚副会长与专家委员会执行主任陆士桢商谈协会进一步推进“社工服务组织试点工程”的相关事宜。会议决定对民族地区社会工作状况进行调研，重点推进民族地区社工试点工作。

8月27日 “第十三届亚洲婚礼研讨会”在韩国首尔举行，徐留根副会长应邀出席活动，协会婚庆行业委员会组织中国婚庆行业代表团参加。

中国婚庆代表团向大会介绍了中国婚庆文化的历史渊源和近年来中国婚庆市场的发展状况，同时展示了以“穿越中国风”为主题的传统中式婚礼，赢得了高度的关注和赞赏。

8月30日 经协会会长办公会议讨论，经协会第四届理事会通信选举，王一莉被正式增选为中国社会工作协会副会长。

协会印发《关于王一莉任中国社会工作协会副会长的通知》。

协会印发《关于举办庆典、研讨会、论坛活动的情况报告》。

9月1日 由协会主办，社会养老工作委员会承办的“首届全国‘众益杯’老年书画大赛”启动仪式在大连举行，协会副会长王久安出席。大赛评委会由中国书画家协会副主席杨宗霖等5人组成，本着公平、公正的原则进行评审。大赛获奖作品及参加活动的著名书画家作品进行现场义卖，所得经费将全部用于福利院养老事业。

9月7日 徐瑞新会长主持召开总干事联席会议，总结并部署协会工作。赵蓬奇副会长兼秘书长在会上作了《关于协会2010年前期工作总结及下步工作安排》的报告。李德运副会长就编写《中国社工协会发展蓝皮书（2009～2010）》的计划和安排作了部署。陈倚副会长对“社会工作服务组织试点工程”2010年的工作情况及下一步打算进行了汇报。宋玉明副秘书长就社会团体小金库专项治理工作作了简要说明。杨建昌常务副会长在讲话中强调，要努力把下半年的工作做好、做实，要特别关注专业技能、专业队伍的培养和社会工作的专业化建设，并提出各级委员会和专业单位合作共建社工站点的建议。徐瑞新会长在总结讲话中指出，在协会转型发展之际，要更加注重在工作中紧贴社会工作、创新社工理念。在明确大方向的基础上，各级委员会应积极推动社工发展试点的建立，总结经验，提出各具特色的报告，为理论和实务建设的创新发展提供依据，把协会工作推向新阶段。

9月10日 协会副会长兼秘书长赵蓬奇一行赴广东省南海市，对当地社工和义工的发展状况进行了解，并考察了南海桂城社工建设情况。赵蓬奇副会长表示，南海社工和义工联动的机制，使得南海义工文化深入基层，体现出浓厚的“社会化”的色彩，“南海经验”值得向全国推广。中国社会工作协会将与南海义工联建立合作关系，拟以南海为实验基地、孵化器，总结并推广南海经验，促进本土社会工作事业的发展。

9月12日　“爱心·希望——共铸中国心暨北大国际EMBA十周年主题晚会”在京举行。晚会上，启动了“北大国际EMBA——共铸中国心”关爱行动，旨在弘扬现代公益理念，传播积极的企业社会责任观念，为北大国际EMBA学员热心公益、践行社会责任树立榜样，把商业领域的成功理念注入到公益领域，让更多人受益。

9月12～16日　由协会康复医学工作委员会、全国社区康复专业委员会、北京天坛医院、《中国民康医学》杂志社共同主办的“全国老年康复治疗论坛”在江苏无锡举行，来自全国民政、卫生、残联系统的代表110余人参加。与会专家、学者进行了深入的专业交流，为各地基层及社区老年康复工作提供成功的经验。李德运副会长出席论坛，并在讲话中强调要大力推广适合我国国情的老年康复管理模式、康复技术规范及合理的康复协作网络，大力开展老年人社区康复，让有需求的老年人都能享受到康复服务。

9月15日　赵蓬奇副会长主持召开“小金库”专项治理主题会议，落实《社会团体“小金库”专项治理实施办法》及《民政部主管社会团体和公募基金会“小金库”专项治理实施方案》。会议结合协会的实际情况，认真学习领会文件精神，要求协会相关部门高度重视，有计划、按步骤完成自查自纠阶段工作。

9月16日　协会印发《关于“社会工作服务组织试点工程”的情况汇报》。

9月20日　协会下发《关于重申对外签署法律文书、协议有关规定的通知》，就二级机构对外签署具有法律效力的文书、协议相关问题的有关规定进行重申，杜绝擅自对外签署具有法律效力的文书、协议，造成不良影响和后果问题的发生。

联合国国际科学与和平周中国系列活动的主、协办单位及相关社会团体代表100余人在北京聚首，纪念联合国国际和平日。十届全国人大常委会副委员长何鲁丽、协会会长徐瑞新、中国作家协会党组副书记张健、中国农工民主党中央委员会副主席汪纪戎、九三学社中央委员会副主席贺铿、中国联合国协会副会长张小安等领导出席会议。当日，第二十二届国际科学与和平周中国组委会成立，并召开组委会联席会议。会议决定，第二十二届国际科学与和平周将于2010年11月7日至14日举办，主题为“绿色、低碳、健康、和谐”。

9月22日 协会首次组织召开所属媒体座谈会，整合媒体资源，加强社工宣传工作。会议由陈倚副会长主持，徐瑞新会长，杨建昌常务副会长，赵蓬奇、李德运副会长出席会议并讲话。协会所属的10家报纸、刊物、视频媒体代表参加会议，并联系各自工作实践和业务特点作了工作汇报。

9月25～28日 由民政部基层政权和社区建设司指导，协会社区工作委员会、上海市民政局、上海市嘉定区人民政府主办，上海市嘉定区菊园新区党工委、管委会承办的“三全服务”（全方位、全过程、全天候服务）专家论证会在上海召开。民政部基层政权和社区建设司副司长王金华、协会副会长马学理、国务院研究室社会司原司长张大平、上海市民政局副局长方国平等领导及出席论证会并讲话。会议以现场考察、主题报告、专家论证为形式，邀请郑杭生、吴铎、徐永祥、顾东辉、唐忠新等专家和各省、市具有丰富经验的街道领导共同研讨、论证上海市嘉定区菊园新区全方位服务、全过程服务、全天候服务的“三全服务”的经验。专家们认为，“三全服务”是社区服务社会化的丰富和延伸，是科学发展理论的一个创新成果和生动实践。

9月27日 吉林市社会工作协会正式成立，马剑飞副会长代表协会出席成立大会并致辞。

“全国婚庆婚介标准化技术委员会（成都）座谈会”召开，徐留根副会长出席会议并讲话。座谈会重点讨论了如何在全国范围宣传、贯彻《婚姻庆典服务》国家标准。徐留根会长在会上强调，标准的制定出台是第一阶段的工作，如何贯彻执行是更加重要的工作，希望各地能够结合本地实际情况，积极出台地方标准，使国家标准尽快“落地”，更好地推动行业的健康有序发展。

9月28日 协会派代表参加民政部召开的“全国社会组织创先争优活动推进视频会议”。李立国部长出席会议并作重要讲话，部分社会组织在会上作创先争优先进经验介绍。

10 月 12 日 协会徐瑞新会长主持召开 2010 年第 10 次会长办公会议。会议听取了赵蓬奇副会长关于协会拟担任“中国管理科学研究院”业务主管单位的有关情况通报。听取了协会和各委员会近期工作情况和下一步工作安排汇报。会议强调，年底前协会及各委员会要认真完成各项工作。

10 月 14 日 由协会儿童社会救助工作委员会、欧美同学会、中国留学人才发展基金会、玉树县人民政府等单位联合举办的“海归同仁情系玉树，救助儿童大爱无疆”活动在京启动，赵蓬奇、刘良玉副会长出席启动仪式。委员会先后两次组织北京同仁医院和北京尔康医院先心病及脑瘫康复专家赴玉树重灾区进行义诊；欧美同学会和中国留学人才发展基金会为活动筹集资金近 120 万元，资助 30 名玉树孤残儿童在京进行手术治疗。活动当日，来自玉树的 17 名患儿抵京，在同仁医院和尔康医院接受治疗，其中 15 名儿童经过手术治疗后顺利康复，于 29 日启程返乡。

10 月 16～17 日 由协会彩票工作委员会、全国彩票收藏鉴定专家委员会、湖北省福利彩票事业促进会、湖北省福利彩票发行中心、武汉市福利彩票事业促进会、武汉市福利彩票发行中心共同举办的“全国第八届彩票收藏展示交流会”在湖北武汉举行，徐瑞新会长出席活动。

10 月 17 日 由协会儿童社会救助工作委员会主办的“真情无限　爱在人间”慈善聚会在上海举行。刘良玉副会长出席活动并讲话，委员会爱心接力救助慈善活动大使马以和王澜霏登台呼吁大家奉献爱心。此次活动是为答谢上海各界人士对转往上海救治的急重症儿童给予的关爱，呼吁更多的爱心企业和爱心人士参与和帮助玉树一批亟待救助的贫困重症儿童，同时正式启动儿助会上海工作站。

10 月 20 日 由协会、济南市神通寺、方金影视文化传播（北京）有限公司联合制作的大型公益电影《神通佛影》新闻发布会在人民大会堂举行。全国人大常委会副委员周铁农、协会会长徐瑞新、副会长赵蓬奇等领导出席发布会。罗家英、梁晓龙、元华、姜超、来喜等海峡两岸暨香港的著名演员倾情加盟。该片不仅反映了爱国主义精神，更具有慈善意义元素，影片部分票房将捐出，用于发展公益事业，弘扬现代公益理念，传播企业社会责任观念，呼吁更多企业家践行社会责任。

10 月 21 日 首届全国“众益杯”老年书画大赛颁奖典礼在大连举行。徐瑞新会长、民政部社会福利和慈善事业促进司姚显会巡视员、赵蓬奇副会长等领导出席颁奖典礼并致辞。此次活动旨在推动老年社会工作的实务建设，激励全国养老服务组织尤其是民办养老机构的科学发展。

由全国婚庆婚介标委会和协会婚介行业委员会主办的“全国婚庆婚介标准化技术委员会 2010 座谈会”在南京召开。徐留根副会长出席会议并讲话，来自全国各地的 100 多家婚介机构代表参加了会议并进行经验交流。会议重点讨论了《婚姻介绍服务》国家标准的贯彻和实施，会议认为，通过标准的达标试点工作，将对行业的健康、有序发展起到积极的推动作用。

10 月 23～25 日 协会康复医学工作委员会在福建厦门举办“第二届二次理事会议暨第七次医院管理论坛”，李德运副会长出席活动并讲话。来自全国 20 多个省市医院的 150 多名代表出席会议。大会审议通过了康复医学工作委员会理事会的工作报告；讨论并通过了《加强理事会建设的意见》，着重强调要进一步强化理事会的改革和建设，突出医务社会工作理论研究和实务。与会代表还就医院管理及医务社会工作等内容进行了讨论。

10 月 24 日 协会理论宣传工作委员会组织中国青年政治学院、四川省社科院等单位的 16 名专家学者，对协会 5 个社工试点机构进行了评估，并在都江堰对首批 5 个试点机构及第二批部分试点机构的 40 余名工作人员进行了专业培训。四川省民政厅、资阳市委、都江堰市政府等部门的 18 名领导干部及南都公益基金会、爱德基金会、联合国儿童基金会的 9 名项目官员也参加了此次活动。

10 月 26 日 神华公益基金会秘书长翟日成一行拜访协会，商谈儿童救助合作事宜，赵蓬奇、刘良玉副会长出席座谈会。双方就如何开展儿童先心病及儿童白血病救助，推进贫困家庭儿童大病救助工作进行了探讨。神华公益基金会拟与协会合作，在 2010～2011 年度救助不少于 365 名 0～14 岁贫困家庭先心病患儿和 365 名白血病患儿。

10月29日　由协会指导，枣营北里社区、《社区生活》报、杰雅公司主办的“2010首届中国·北京麦子店国际化社区文化节”开幕。赵蓬奇副会长出席了活动并致辞，孟加拉国、斯里兰卡、匈牙利、捷克、巴基斯坦等国近30位驻华使馆官员及朝阳区街道有关领导、嘉宾参加活动。本次文化节以“睦邻、友好、文明、祥和”为主题，旨在加深社区中外居民之间的睦邻友好，推进中外民间艺术文化交流，打造中国特色的和谐社区名片。

10月30日　协会社会公益工作委员会联合北京南磨房东郊社区共同举办“爱心手拉手”公益拍卖会，74件拍品共筹得善款13910元，用于东郊社区贫困家庭和“社工桥”革命老区贫困家庭病儿救助行动。

11月1日　徐瑞新会长、马学理副会长出席了协会与中华预防医学会保健时报社、中国产业报协会等单位联合主办的“全国健康教育进社区工程”启动仪式。第九届全国政协副主席王文元出席活动，徐瑞新会长代表协会致辞。会上成立了“全国健康教育进社区工程”活动专家指导委员会，组建健康科普巡讲团，定期在全国范围进行社区巡回科普讲座，发送健康科普书籍，动员企业为贫困农村送医捐药。

11月2日　由中国社会科学院社会学所、社会科学文献出版社、协会《公益时报》社共同举办的“2010年《慈善蓝皮书》发布暨中国慈善事业发展研讨会”在中国社会科学院学术报告厅举行，刘京副会长出席活动。研讨会上正式发布《2010慈善蓝皮书》，该书总结了2009年中国慈善事业的发展成就和经验，探讨了慈善事业发展的主要问题和矛盾，展望了慈善事业的发展前景。

11月6日　为玉树灾区小学运送过冬物资，而在途中发生车祸罹难的香港义工曾敏杰与内地志愿者杨浩的追悼会在北京举行。赵蓬奇、刘良玉副会长参加追悼会，并代表协会儿童社会救助工作委员会追授曾敏杰先生为“杰出爱心志愿者”。

11月7日　10699919公益短信特服号启动仪式在人民大会堂举行。十届全国人大常委会副委员长、中国关心下一代工作委员会主任顾秀莲，协会会长徐瑞新，河南省民政厅副厅长孟超等领导出席活动。10699919公益短信特服号，是中国工业信息化部特别准予协会使用的，用于接受社会各界捐赠的号码。征集到的善款将主要用于“爱心·希望”贫困家庭病残儿童救助活动，为患有先天性心脏病、小儿白内障、唇腭裂等贫困家庭的病残儿童提供手术费用。

下午，“第二十二届国际科学与和平周”开幕式在人民大会堂举行。全国政协副主席阿不来提·阿不都热西提，十届全国人大常委会副委员长何鲁丽、顾秀莲，九届全国政协副主席赵南起等国家领导人出席活动，协会会长徐瑞新，副会长赵蓬奇、徐留根等领导出席了开幕式。本届和平周活动的主题是“绿色、低碳、健康、和谐”，期间开展了20多项系列活动。

11月14～15日 马学理副会长出席安徽省芜湖市第二届社区睦邻文化论坛暨镜湖区第三届邻居节，并在活动中致辞。

11月15日 陈倚副会长代表协会出席了2010年民政论坛。李立国部长在论坛开幕式上致辞。罗平飞副部长通报了2010年民政政策理论研究获奖情况。

11月16日 协会举办自身社会工作专业化建设培训，协会所属各机构50余人参加了培训。中国青年政治学院教授孙莹就社区社会工作的专业理论和技巧进行了讲解，为提高协会员工专业知识水平和实际运作能力起到了积极的作用。此次培训中，协会首次引入了督导制度，聘请孙莹教授为协会社会工作专业化建设督导，杨建昌常务副会长向孙莹教授颁发了“中国社会工作协会社会工作专业建设督导”证书。

11月16～18日 徐瑞新会长赴横店出席“中国民间收藏文化创新论坛”。论坛由协会联合中华炎黄文化研究会、中国收藏家协会、中国拍卖行业协会、中国文物保护基金会、全国工商联古玩业商会等单位主办，旨在通过交流互动共同推进中国民间收藏文化的创新发展。

11月24日 赵蓬奇副会长应邀出席全国妇联“心系女性——和谐婚姻指导教育”系列宣传活动启动仪式。活动以“营造健康幸福婚姻、创建文明和谐家庭”为宗旨，以女性带动家庭成员的全面发展，以家庭的和谐服务于和谐社会建设。活动预计将有逾700万女性及家庭受益。

11月26日 协会举行“社工实务创新基地座谈会暨签字授牌仪式”。会长徐瑞新，常务副会长杨建昌，副会长赵蓬奇、王久安、陈倚、刘良玉出席会议，来自北京、湖南、深圳等地的社工机构代表参加座谈。“社工实务创新基地”是协会为深入开展社会工作，积累本土化社工实务经验，形成和推广实务操作模式，推动中国特色社工实务体系建设而开展的项目。经研究，五个基地的发展方向确定为：建立“城区社会工作实务创新基地”（以北京市西城区社会工作联合会——厚朴社工事务所为主）、“企业社会工作实务创新基地”（以深圳市民政局社工处——深圳市龙岗区至诚社工服务社企业社工实务基地为主）、“基层社区岗位专业化创新基地”（以江西省社工协会——南昌青云谱社会福利院为主）、“农村社会工作实务创新基地”（以长沙民政职业技术学院——湘西自治州古丈县默戎镇中寨村社工实习基地为主）、“社工带义工社工功能拓展实验基地”（以广东南海青年社工协会——南海桂城为主）。座谈会后，赵蓬奇副会长分别与五个基地的代表正式签订社会工作实务创新基地合作协议，徐瑞新会长及杨建昌常务副会长向他们颁发了社会工作实务创新基地牌匾。

11月27日　由协会企业公民工作委员会、中央电视台、腾讯公益慈善基金会共同主办的“2010第六届中国企业公民论坛暨优秀企业公民颁奖盛典”在人民大会堂举行，活动旨在倡导中国特色的企业公民理念，推动企业公民在中国的发展。十届全国人大常委会副委员长、企业公民委员会名誉会长顾秀莲出席大会并致辞，民政部、国资委、国家发改委、全国工商联、中国红十字会等单位的相关领导和300多位企业负责人出席大会。嘉凯城集团、雅昌集团、日立电梯（中国）、IBM（中国）和英特尔（中国）获得“中国五星级企业公民”称号，另有76家企业获得“中国优秀企业公民”称号，20家企业获得“中国成长型企业公民”称号，8位企业家获得“中国最具社会责任企业家”称号；大会首次通过第三方发布的《企业公民报告》，并有3家企业获得《年度企业公民报告》优秀奖，为企业主动发布相关报告，自觉接受社会监督，更好地履行社会责任树立了榜样。

11月27～12月2日　协会社区工作委员会在深圳召开“全国学习型单位经验交流会暨2010年社区工作委员会年会”，马学理副会长出席会议并主持开幕式。会上对17个全国学习型城区示范单位、122个全国学习型街道示范单位、15个全国学习型社区示范单位进行了命名。与会代表在活动的分论坛上就创建学习型单位的重大意义和做法进行了广泛的交流，并现场参观了南山蔚蓝海岸社区、北头社区、蛇口街道海昌工作站等社区建设先进典型单位。

12月1～7日 协会在上海市举办“社工服务机构督导能力培训班”。培训班旨在充分发挥督导在加快和提升本土化社会工作发展中的重要作用，分享督导专业知识及督导过程中常见问题的处理原则和成功经验，同时通过参观优秀社会工作服务机构，提高“社会工作服务组织试点工程”各机构的实务工作能力和专业服务水平。来自四川理县、资阳、都江堰、绵竹、安县的5个首批“社会工作服务组织试点工程”试点机构人员参加培训。赵蓬奇副会长出席活动并为培训合格的学员颁发结业证书。

12月2日 协会志愿者工作委员会主办第25个国际志愿者日纪念活动。全国人大常委会副委员长、协会名誉会长周铁农，协会会长徐瑞新，副会长赵蓬奇、马剑飞及全国各地志愿者代表、企业代表、政府部门代表等出席活动。周铁农副委员长亲手启动了“志愿服务网络平台”，民政部基层政权和社区建设司副司长王金华通报了2010年度全国社区志愿服务情况，赵蓬奇副会长在会上致辞。《中国志愿服务——从社区到社会》一书在活动中首发，书中收集了与志愿服务相关的实践经验、典型项目，总结了我国志愿服务的发展历程，为我国志愿服务实践发展提供了指导。

12月3日 杨建昌常务副会长、刘良玉副会长出席“中国医院协会医院社会工作暨志愿服务工作委员会成立大会”。中国医院协会医院社会工作暨志愿服务工作委员会的成立，将整合医院社会工作和志愿服务优势资源，推动中国医院社会工作与志愿服务的发展。

12月7日 协会举办了第二期自身专业化建设培训，进一步提升社会工作专业化能力。此次培训邀请了深圳市社会工作协会副会长颜政，以“中国社会工作服务机构本土化建设”为主题进行讲授。常务副会长杨建昌，副会长兼秘书长赵蓬奇，副会长李德运、马学理、陈倚以及各二级委员会员工近60人参加培训。常务副会长杨建昌在总结中强调，协会员工要不断提高自身的专业化水平和能力，推动全国社会工作的发展。培训结束后，杨建昌常务副会长为颜政教授颁发了“中国社会工作协会社会工作专业化建设督导”证书。

协会徐瑞新会长主持召开2010年第11次会长办公会议，就年底工作安排和明年工作思路及要点进行讨论。会议强调，要加快转变协会工作发展方式，实现向专业化、职业化、行业化转型；要加强能力建设，提升自身队伍的专业化水平；要加强相关领域实务建设，促进社会工作实务创新和理论发展；要动员整合社会资源，打造一支宏大的社会工作人才队伍。会议强调，要抓紧抓好“第二届中国社工年会”的各项筹备工作，继续发挥这一品牌项目的社会影响力。

12月10日 赵蓬奇副会长应邀出席“深圳市社会工作者协会三届四次会员代表大会”。赵蓬奇副会长在致辞中表示，作为中国社会工作协会的会员单位，深圳社会工作者协会以其良好的民间运作机制和突出的专业水准，带动了广东省各地社会工作的开展，为各地社工协会起到了良好的借鉴和示范作用。

协会企业社会工作实务创新基地正式落户龙岗区至诚社会工作服务中心。协会副会长赵蓬奇、深圳市民政局副局长余智晟、深圳市社会工作者协会秘书长李光明等领导参加了揭牌仪式。仪式结束后，赵蓬奇副会长一行参观了至诚社会工作服务中心及至诚社工冠旭电子有限公司社工服务中心。

陈倚副会长应邀出席北京社会管理职业学院社会工作系“专业指导委员会启动会暨顶岗实习推进会”并在会上致辞。陈倚副会长阐述了社会工作实践的重要意义，希望进一步促进学校和社会工作实践机构密切合作。

12月11日 协会培训中心召开“社工培训工作专家会”。杨建昌常务副会长、陈倚副会长出席会议并讲话。史柏年、孙莹等社工领域专家，北京、深圳、江西万载等地一线资深社工，司法部、中央广播电视大学、爱德基金会的负责人等共计30余人参会。会议对社工培训在社工人才队伍建设中的地位与作用，社工培训中现代化技术手段的运用、社工培训系列教材的编写等问题进行了讨论；对培训中心的工作规划提出建议；对中国社工远程培训平台进行评审并提出修改意见。会上，还成立了培训中心专家委员会。

12月13日 马学理副会长应邀出席北京市民政局贯彻中央办公厅

“关于加强和改进城市社区居民委员会建设工作的意见”会议，并就如何开展社区工作提出意见。

12月13～17日 由协会主办，协会婚庆行业委员会承办的未来好杯“第四届全国婚礼主持人大赛”在苏州举行，徐留根副会长出席活动闭幕式并为获奖选手颁奖。

12月16日 由协会主办，北京协和医院、山东省立医院、上海儿童医疗中心联合主办的“首届全国医务社工论坛”在北京举行。徐瑞新会长，杨建昌常务副会长，赵蓬奇、李德运副会长及卫生部代表、世界卫生组织官员、联合国儿童基金会项目官员等出席会议，来自全国各地27个医院的46个医务社工代表和相关社会组织代表参会。此次论坛主题为“医院社会工作”，论坛重点就医院社会工作部门开展医务社会工作和医务社工目前工作现状进行交流，围绕医院社会工作定位，医院社会工作的切入点、落脚点及政策需求进行探讨，刘继同、季庆英、矫杨、史铁尔等专家作了专业点评和指导。会议倡议并成立了“全国医务社工联盟”，致力于开展医务社工理论研究和实务探索，推进医务社工实务体系的建立和发展。

12月17日 神华公益基金会揭牌暨“神华——爱心工程”签约仪式在北京举行，徐瑞新会长、赵蓬奇、刘良玉副会长出席活动。“神华——爱心行动”项目由协会与神华公益基金会合作共同启动，由神华公益基金会出资5000万元，于2011年度累计救助白血病和先心病患儿各不少于365名。

12月18日 协会社会养老工作委员会“全国会员代表大会暨社会养老服务体系建设论坛”在北京召开。全国人大常委会原副委员长司马义·艾买提，协会会长徐瑞新，常务副会长杨建昌，全国老龄委办公室副主任阎青春，民政部社会福利和慈善事业促进司巡视员姚显会，协会副会长赵蓬奇、王久安、李德运等出席会议。杨建昌、姚显会、赵蓬奇、王久安、李德运等领导在会上致辞。会议通过选举产生委员会新一届领导班子，通过了新章程和《会费收缴及管理暂行办法》，并表彰了在社会养老服务体系建设工作中涌现出来的先进典型。

下午，举行社会养老服务体系建设论坛，全国老龄委办公室副主任阎青春、中国人民大学社会与人口学院副院长姚远、北京社会管理职业学院社会服务系主任孟令君等社会养老领域专家在论坛上作了主题演讲，并就民办养老机构发展中存在的问题及对策、如何应对人口老龄化等问题发表了看法，来自一线养老机构的负责人结合自身机构的运营实际交流了工作经验。

12月19日 “‘爱晚工程’”落户山西新闻发布会暨‘山西爱晚中心’揭牌仪式”在太原举行。徐瑞新会长、李德运副会长、国家税务总局原常务副局长程法光、山西省副省长牛仁亮等领导出席了发布会。全国人大常委会副委员长、“爱晚工程”领导小组组长周铁农为“山西爱晚中心”题词。

12月21日 协会徐瑞新会长主持召开2010年第12次会长办公会议。会议听取了“第二届中国社工年会”筹备情况汇报，听取了赵蓬奇副会长关于民政部有关会议精神的传达。

12月22日 协会印发《关于下发“中国社会工作协会工作委员会评估指标（试行）”的通知》，开始试行评估制度。

12月26日 协会召开“社会工作服务组织试点工程”首批试点机构评估研讨会。协会副会长陈倚、副秘书长南燕、专家委员会执行主任陆士桢、民政部社工司社会工作处副处长黄胜伟及中国红十字总会、南都公益基金会、中国扶贫基金会、中国青年政治学院的专家出席会议。首批试点机构负责人参加会议并进行项目汇报。与会专家深入探讨了民办社工服务组织未来发展方向。会后，组织参观了北京市西城区睦友社工事务所和银龄敬老院社会工作室。

12月27～28日 协会召开“2010年年终总干事联席会议”，研究探讨协会专业化发展之路。徐瑞新会长，杨建昌常务副会长，赵蓬奇、徐留根、李德运、马学理、陈倚、刘良玉、马剑飞、王柏泉副会长出席会议并讲话；专家委员会执行主任陆士桢对协会今后发展提出了指导性建议，各二级机构负责人对本机构的专业化建设情况进行了汇报，专业化建设督导孙莹、颜政教授对各单位专业化建设中的难题给予了解答。

12月29日 赵蓬奇副会长应邀在北京大学同香港在校社工专业学生交流大陆社工发展情况。

（撰稿人：富琼英、陈佳佳、雷雪芳、田健）

协会组织机构

（一）中国社会工作协会领导

名誉会长

华建敏	周铁农	陈昌智
阿不来提·阿不都热西提	司马义·艾买提	顾秀莲（女）
成思危	蒋正华	郝建秀（女）
姜春云	彭珮云（女）	孙孚凌

会长、常务副会长、副会长、秘书长

会长：徐瑞新（驻会）

常务副会长：杨建昌（驻会）

副会长兼秘书长：赵蓬奇（驻会）

副会长：（按姓氏笔画排序）

马学理（驻会）	马剑飞（驻会）	王一莉（女）	王久安（驻会）
王思斌	王柏泉（驻会）	王　路	邓　丽（女）
刘良玉（驻会）	刘　京（驻会）	刘　晓	孙建春（驻会）
张力军	李守镇	李晓林	李德运（驻会）
陈　倚（女）（驻会）		姜　昆	施德容
徐留根（驻会）	衷向东	陶斯亮（女）	

（二）协会专家委员会成员（按姓氏笔画顺序排列）：

丁元竹	马仲良	王　婴（女）	王震宇（女）
邓伟志	龙翼飞	关信平	刘继同
孙炳耀	何明宝	吴　铎	张秀兰（女）

张继焦	李明舜	李　强	杨大文
杨　团（女）	邹文开	陆士桢（女）	陆学艺
陈一筠（女）	陈良瑾	陈富美（女）	巫昌祯（女）
范燕宁（女）	郑杭生	赵春福	唐忠新
夏吟兰（女）	夏学銮	徐永祥	郭长墉
商玉生	黄方毅	韩克庆	

（三）协会分支机构、办事机构、派出机构、直属机构、直属单位

工作（行业）委员会

1. 社会养老工作委员会
2. 儿童社会救助工作委员会
3. 社区工作委员会
4. 康复医学工作委员会
5. 社会工作师委员会
6. 婚姻家庭工作委员会
7. 社会公益工作委员会
8. 企业公民工作委员会
9. 彩票工作委员会
10. 理论宣传工作委员会
11. 社会名人工作委员会
12. 国际科学和平促进委员会
13. 婚庆行业委员会
14. 婚介行业委员会

专项基金

1. 孤残儿童救助基金

2. 贫困家庭病残儿童救助基金
3. 成龙、杨受成公益慈善基金
4. 甘泉工程公益基金
5. 扶贫开发基金
6. 防治乳腺癌专项基金
7. 榜样公益基金
8. 太阳雨公益慈善专项基金

办事机构

1. 办公室（人力资源部）
2. 财务部
3. 理论宣传部
4. 会员工作部
5. 项目部（919 项目推广办公室）
6. 法律事务部

派出机构

深圳办事处

直属机构

1. 法律援助中心
2. 影视制作中心
3. 培训中心
4. 公益文化发展中心
5. 社会心理健康服务指导中心
6. 全国婚庆婚介标准化技术委员会秘书处办公室（非常设机构）

直属单位

1.《公益时报》社

2.《中国民康医学》杂志社

3.《社会与公益》杂志社

4. 第一视频

协会重要规章制度

中国社会工作协会章程

第一章　总　则

第一条　本协会的名称为中国社会工作协会，在国际社会工作者联合会注册为中国社会工作者协会。英文名称为 China Association of Social Workers（缩写为 CASW）。

第二条　本会是由从事和关注社会工作的单位和个人自愿组成的，按照章程开展活动的，非营利的、公益性、联合性、行业性、全国性的社会团体。

第三条　本会宗旨是：坚持以人为本的科学发展观，遵守宪法、法律、法规和国家政策，以为民解困和助人自助为己任，推动社会工作专业化、职业化、行业化建设，开展社会服务，推进社区建设和社会福利、社会救助、社会公益事业的发展，维护社会公平，促进社会进步，推动社会主义和谐社会建设。

第四条　本会为民政部主管，接受民政部的业务指导和监督管理。

第五条　本会设在北京市。

第二章　业务范围

第六条　执行和宣传国家有关社会工作的方针、政策和法律、法规，促进社会工作改革，推动社会工作发展。

第七条　开展社会工作理论研究，搞好有关课题的调研论证，提高社会工作水平，发展社会工作文化，拓展社会工作领域，推动具有中国特色的社会工作理论体系和工作体系的建设。

第八条　推动社会工作专业化、职业化、行业化建设，协助政府建设一支规模宏大、结构合理、素质优良的社会工作人才队伍。

第九条　筹集资金，为社会服务、社会公益、社会救助、社区发展和志愿服务事业提供经费支持。

第十条　促进社会福利事业改革，推动社会福利企业、彩票事业、老年服务事业、康复医学事业的发展。

第十一条　开展社会救助活动，动员社会力量，救助孤残儿童、孤寡老人及其他困难群体。特别是组织开展对贫困家庭病残儿童和孤儿的助养、助医、助学活动，维护孤残贫困儿童的合法权益，推动儿童救助工作的发展。

第十二条　促进基层社会建设，加强城区、街道和乡镇的合作与交流，为开展和谐城区、和谐街道、和谐社区及农村的社区建设服务。研究社区服务行业政策，制定社区服务行业行为规范。弘扬志愿者精神，推进志愿者服务事业的发展。

第十三条　倡导健康的婚姻道德，开展创建和谐家庭活动，组织婚姻家庭领域的研究和服务活动，推动婚庆和婚介行业的规范服务和科学管理。

第十四条　宣传公益理念，传播公益文化，宣传英烈事迹，搭建企业和企业家、社会名人开展社会公益活动的桥梁，提高企业、企业家和社会名人的社会责任感，推动社会公益事业和社会主义精神文明建设的发展。

第十五条　发挥协会提供服务、反映诉求、规范行为的作用，并根据各个领域的行业特点进行人员培训、学术交流、总结推广先进经验，表彰先进集体和先进个人。

第十六条　积极开展同世界各国及港、澳、台地区的民间组织和社会团体的学术交流、培训及项目合作。

第十七条　承办政府委托的其他事项。

第三章　会　员

第十八条　本会会员为单位会员和个人会员。

第十九条　申请加入本会的会员，须具备下列条件：

（一）拥护本会的章程；

（二）自愿申请加入本会；

（三）从事和关心、支持社会工作。

第二十条　会员入会的程序是：

（一）提交入会申请书；

（二）单位会员经常务理事会审查批准，即为本会单位会员；

（三）个人会员经本会会员二人介绍或单位会员推荐，经常务理事会批准，即为本会个人会员；

（四）批准入会后，发给单位会员证和个人会员证。

第二十一条　会员享有下列权利：

（一）本会的选举权、被选举权和表决权；

（二）参加本会的活动；

（三）获得本会服务的优先权；

（四）对本会工作的批评建议权和监督权；

（五）入会自愿、退会自由；

（六）有推荐会员的权利。

第二十二条　会员应履行下列义务：

（一）执行本会的决议；

（二）维护本会的合法权益；

（三）完成本会交办的工作；

（四）按规定交纳会费；

（五）向本会反映情况，提供有关资料和信息。

第二十三条　会员退会应书面通知本会，并交回会员证。会员如果一年不交纳会费或不参加本会活动的，视为自动退会。

第二十四条　会员如有违反本章程的行为，视其严重程度，经常务理事会表决通过，予以警告、严重警告、除名。

第四章 组织机构和负责人产生、罢免

第二十五条 本会的最高权力机构是会员代表大会，会员代表大会的职权是：

（一）制定和修改章程；

（二）选举和罢免理事；

（三）审议理事会的工作报告和财务报告；

（四）决定终止事宜；

（五）决定其他重大事宜。

第二十六条 会员代表大会须有2/3以上的会员代表出席方能召开，其决议须经到会会员代表半数以上表决通过方能生效。

第二十七条 会员代表大会每届五年，因特殊情况需提前或延期召开的，须由常务理事会研究通过，报民政部批准。延期最长不超过一年。

第二十八条 理事会是会员代表大会的执行机构，会员代表大会闭会期间领导本会开展日常工作，对会员代表大会负责。

第二十九条 理事会的职权是：

（一）筹备召开会员代表大会；

（二）执行会员代表大会的决议；

（三）选举和罢免常务理事，选举和罢免会长、副会长、秘书长，聘请名誉会长，授予荣誉称号；

（四）决定会员的吸收或除名；

（五）向会员代表大会报告工作和财务状况；

（六）决定设立办事机构、分支机构、代表机构和实体机构；

（七）领导本会各机构开展工作；

（八）制定内部管理制度；

（九）决定其他重大事项。

第三十条 理事会每年召开一次会议，特殊情况下也可采用通信形式召开。

第三十一条 理事会须有2/3以上理事出席方能召开，其决议须经到

会2/3以上理事表决通过方能生效。

第三十二条　本会设立常务理事会。常务理事会由理事会选举产生。常务理事会人数不超过理事人数的1/3；常务理事会对理事会负责，在理事会闭会期间行使第二十九条第一、二、四、六、七、八、九项的职权。

第三十三条　常务理事会须有2/3以上常务理事出席方能召开，其决议须经到会常务理事2/3以上表决通过方能生效。

第三十四条　常务理事会半年召开一次会议；特殊情况下也可采用通信形式召开。

第三十五条　常务理事会闭会期间，重要工作由会长办公会研究决定。会长办公会由会长、副会长、秘书长组成。会议由会长主持。会长办公会职权是：

（一）贯彻执行常务理事会决议；

（二）组织实施年度工作计划，制定本会工作制度，报理事会、常务理事会批准；

（三）决定副秘书长、各专业委员会总干事和各部门主任以及各专项基金秘书长任免事宜；

（四）研究日常工作中需要集体决定的事项。重大事项报协会理事会、常务理事会审定。

第三十六条　本会设名誉会长若干名；顾问若干名；会长一名，副会长若干名；秘书长一名。

第三十七条　会长为本会法定代表人。本会法定代表人不兼任其他社会团体的法定代表人。会长行使下列职权：

（一）召集和主持理事会和常务理事会；

（二）检查会员代表大会、理事会和常务理事会决议的落实情况；

（三）代表本会签署有关重要文件；

（四）任命副秘书长以及各办事机构、实体机构主要负责人；

（五）主持本会工作；

（六）副会长根据分工协助会长工作，并负责抓好分管的工作。会长离会期间由常务副会长主持工作。

第三十八条　本会日常工作实行会长领导下的秘书长负责制。秘书长为专职，其职权为：

（一）协助会长、副会长开展工作；

（二）主持办事机构开展日常工作；

（三）组织起草有关文件，制定并组织实施年度工作计划，搞好年度考核、总结；

（四）协调各分支机构、代表机构、实体机构开展工作；

（五）按规定决定办事机构、代表机构、实体机构的专职工作人员聘用；

（六）处理其他日常事务；

（七）副秘书长根据分工协助秘书长工作。

第三十九条　会长、副会长、秘书长必须具备下列条件：

（一）坚持党的路线、方针、政策，遵守国家法律法令法规，政治素质好；

（二）热爱社会工作，在本会业务领域内有较大影响；

（三）最高任职年龄一般不超过70周岁；

（四）身体健康，能坚持正常工作；

（五）未受过剥夺政治权利刑事处罚；

（六）具有完全民事行为能力。

第四十条　会长、副会长、秘书长如超过最高任职年龄的，须经理事会表决通过，报民政部同意后，方可任职。

第四十一条　本会会长、副会长、秘书长每届任期五年。会长、副会长、秘书长任期最长不超过两届，因特殊情况需延长任期的，须经会员代表大会2/3以上会员代表表决通过，报民政部审查批准同意后方可任职。

第四十二条　本会设立专家委员会。专家委员会主要负责理论研究指导，重大课题调研，重要决策论证和有关政策咨询。专家委员会由在社会工作及相关学科具有一定造诣和影响的资深专家组成。专家委员会设主任、副主任（若干），主持专家委员会的工作。专家委员会的成员享有协会常务理事待遇。

第四十三条　本会根据需要可以设立分支机构，分支机构主任、副主任由分支机构委员会议选举产生。各分支机构可根据自己的业务范围开展活动。实行主任领导下的总干事负责制。总干事和专项基金秘书长由本会聘任。

第五章　资产管理、使用原则

第四十四条　本会经费来源：

（一）会员会费；

（二）筹集、捐赠或资助的资金；

（三）政府购买服务的经费；

（四）在核准的业务范围内开展活动或服务的收入；

（五）利息；

（六）其他合法收入。

第四十五条　本会按照国家有关规定收取会员会费。

第四十六条　本会经费必须用于本章程规定的业务范围和事业的发展，不得在会员中分配。

第四十七条　本会建立严格的财务管理制度，保证会计资料合法、真实、准确、完整。

第四十八条　本会配备具有专业资格的会计人员。会计不得兼任出纳。会计人员必须进行会计核算，实行会计监督。会计人员调动工作或离职时，必须按规定办清交接手续。

第四十九条　本会的资产管理必须执行国家规定的财务管理制度，接受会员代表大会和财政部门的监督。资产来源属于国家拨款或者社会捐赠、资助的，必须接受审计机关的监督，并将有关情况以适当方式向社会公布。

第五十条　本会换届或更换法定代表人之前必须接受民政部组织的财务审计。

第五十一条　本会的资产，任何单位、个人不得侵占、私分和挪用。

第五十二条　本会专职工作人员的工资和社会保险、福利待遇，参照国家对事业单位的有关规定执行。

第六章　章程的修改程序

第五十三条　本会章程的修改，须经理事会议定后报会员代表大会审议通过。

第五十四条　本会修改的章程，须在会员代表大会通过后15日内，报民政部审查核准后生效。

第七章　终止程序及终止后的财产处理

第五十五条　本会完成宗旨或自行解散或由于分立、合并等原因需要注销的，由理事会或常务理事会提出终止动议。

第五十六条　本会终止动议须经会员代表大会表决通过，并报民政部审查同意。

第五十七条　本会终止前，须在民政部及有关机关指导下成立清算组织，清理债权债务，处理善后事宜。清算期间，不开展清算以外的活动。

第五十八条　本会经民政部办理注销登记手续后即为终止。

第五十九条　本会终止后的剩余财产，在民政部的监督下，按照国家有关规定，用于发展与本会宗旨相关的事业。

第八章　附　则

第六十条　本章程经2007年3月23日会员代表大会表决通过。

第六十一条　本章程的解释权属本会的理事会。

第六十二条　本章程自民政部核准之日起生效。

中国社会工作协会工作规则（暂行）

第一章　总　则

一、根据中国社会工作协会章程制定本规则。

二、以科学发展观作为本会的指导思想，以建设具有中国特色的社会工作体系作为本会的工作重点，以高举社会公益的旗帜，作为本会的形象品牌，近期目标是在三五年内把本会建设成具有良好社会形象，较高社会公信度和较大社会影响力的全国性社会团体。

三、坚持决策科学化、民主化。协会领导机构在作出重大决策前，要切实贯彻充分酝酿、专家咨询、法律分析和集体决定相结合的决策制度。

四、以机制创新和制度创新为动力，以项目运作为手段，构建龙头带动多点支撑的整合协作模式。

五、要建立执行有力的运作机构和运作机制，加强各专业委员会、专项基金和各部门之间的综合协调，确保协会在布局合理、分合有节、协调有度、信息畅通、有序高效的状态下运转。

六、协会全体职员要以与时俱进、改革创新、遵纪守法、诚信团结、发愤图强的团队精神，勤奋工作和严格自律，以高质、高效的工作，增强协会的凝聚力、生命力和影响力。

第二章　职　能

七、依据章程规定的业务范围，准确把握社会工作在国家经济和社会发展中的地位作用，积极发挥参谋助手和桥梁纽带作用；正确处理好社会工作与政府有关部门，社会工作与其工作对象，社会工作与其他社会组织的关系。

八、密切联系、广泛团结全国的社会工作者和社会工作机构，了解和反映他们的利益、愿望和要求，维护他们的合法权益。

九、在政府有关部门指导下，积极组织社会工作者从事社会福利、社会救助、优抚安置、英烈纪念褒扬、城乡基层组织建设、社区服务、婚姻家庭等社会公益和公共服务方面的工作。

十、发挥自身在社会公益领域的协调整合和带动作用，动员各方面的社会力量为老人、妇女、儿童等需要帮助的社会成员提供相应服务。

第三章　会议制度

十一、为了贯彻决策科学化和民主化，为了保障领导决策执行有力，协会决定实行会长会议和秘书长会议制度。

十二、会长会议包括以下三种形式：

1. 会长全体会议：参加人员为会长、驻会副会长和非驻会副会长、秘书长。由会长主持，每半年召开一次，主要讨论协会工作进展情况，研究协会重大工作事项。

2. 会长办公会议：参加人员为会长、驻会副会长、秘书长、分管副秘书长和办公室主任。由会长或常务副会长主持，根据工作需要召开。主要研究决定协会的重大工作布局安排、年度工作计划、机构设置、制度建设、中层以上人事的任免、重要项目、重要社会活动以及国内外合作等事项。

3. 会长协调会：主要研究或协调某一方面的业务工作。由主管某一方面工作的副会长根据需要主持召开。

十三、秘书长会议包括以下两种形式：

1. 秘书长碰头会议：由秘书长、分管副秘书长、办公室主任组成，主要任务是根据会长会议所做出的决定研究执行办法；依照有关规定，研究和处理协会的日常事务。

2. 总干事联席会议：报经协会领导同意后，由秘书长主持召开，主要是协调业务活动和落实协会所决定的重大事项，督促和检查总干事的工作进度，提出建议和要求。

十四、需要提请会长会议讨论的议题，由分管副会长协调、审核并提出，秘书长汇总后，报会长确定。会议的组织工作由办公室负责。会议议题及相关文件材料一般应在会前送达与会人员。

十五、以协会名义召开的全国性或行业性业务工作会议，应经会长办公会议讨论决定；以委员会或专项基金名义召开的行业工作会议，应经主管会领导同意，会后应有会议结果的书面报告报协会领导审阅。

十六、上述会议召开，应本着务实和节俭的原则，不得借召开会议牟取不正当利益。

第四章　公文审批和公章管理

十七、凡以协会名义发文，均由各委员会、专项基金和各部（室）拟文，办公室统一核稿，秘书长审核后由会长或常务副会长签发。发文的原件由办公室存档，其中的协议、合同类文件的原件由办公室统一保管。

十八、协会公章的使用，由有关部门提出，分管会长审核同意后秘书长签发；重大事项用章由会长或常务副会长签发。原件一律由办公室存档备查。

十九、各工作委员会和专项基金的公章原则上只能用作出具不具有法律约束力的证明信或商洽函。如需超出该范围的公文用章，则必须使用协会公章，应依照本规则第十九条的规定办理。

二十、协会的发文和各工作委员会、专项基金和各部门报送协会的公文，应当符合《国家行政机关公文处理办法》的规定。除特殊情况外，公文报送程序应先送协会办公室登记分送，一般不得直接向协会主要领导报送公文。

第五章　办事程序

二十一、各工作委员会、专项基金和部门要紧密围绕协会的中心任务和各自的业务范围开展工作。要认真贯彻执行协会的重大决策，按期如实地向协会报告工作。年初有工作计划，年终有工作总结，平时有情况通报，重要工作要请示汇报，防止各自为政，各行其是。

二十二、各工作委员会、专项基金之间以及各部门之间要搞好协作，形成合力。凡属需要单位或部门间协调处理的事项，由分管副会长或办公室及其他综合部门协调解决。未经协商或协商未达成共识的，不得擅自答复和处理。

二十三、要加强请示汇报制度。按职责应由委员会、专项基金或部门解决的问题，各委员会、专项基金和部门要认真研究、尽职尽责地去解决。对于超出自己权限，需协会决定和解决的问题，各该委员会、专项基金或部门要事先按程序向主管会领导请示。

二十四、建立健全信息通报制度。各委员会、专项基金和部门对重要信息要早发现、早收集、早报送，信息内容务求真实可靠，数字准确，情况清楚，防止迟报、漏报和虚报。

二十五、协会人事工作由办公室（人力资源部）统一管理。具体管理依照本会《关于专业工作委员会人事管理和议事规则》等相关规定办理。

第六章　作风纪律

二十六、协会全体工作人员都应当具有社会工作者的相关知识和资格，热爱社会工作职业，具有热心为他人、为社会作奉献的品德和作风。

二十七、各专业工作委员会、专项基金和各部门的负责人应当具有相应的专业知识技能和全局观念。具有国民经济行业性质的委员会的负责人应当具有为全行业服务的观念，不得为本人所在的企业牟取不正当利益。

二十八、协会全体工作人员都应自觉遵守协会各项工作制度和工作纪律。工作期间应尽职尽责，提高工作效率。要保持办公环境的文明整洁，对外接待要做到礼貌热情，保持良好对外形象。各委员会总干事、部门主要负责人因事外出，要按规定请假，并报办公室备案。

第七章　奖惩与监督

二十九、协会全体工作人员都有依照国家法律法规和协会规章制度对协会领导人行为进行监督的职责。

三十、严格执行国家财经纪律、会费管理办法和协会财务管理方面的有关制度。各专项基金要严格执行国家有关法律、法规，杜绝违规操作，确保基金运作安全。协会要加强对各工作委员会、专项基金的财务管理与监督。

三十一、各级负责人和办事人员有权拒绝执行来自任何人违规、违法的指令。

三十二、协会员工为协会做出重大贡献，协会将对其予以奖励。具体奖励办法另行规定。

三十三、协会员工因违规或违法给协会造成损失以致重大损失，协会将对有关责任人予以相应的处罚。具体的处罚办法另行规定。

第八章　附　则

三十四、本规则自公布之日起生效。在此之前的原有规定与本规则不一致的，以本规则为准。

三十五、本规则由中国社会工作协会负责解释。

中国社会工作协会工作委员会管理暂行办法

一、总则

第一条　为加强协会对工作委员会的管理，保障协会健康发展和有效运行，依据《社会团体登记管理条例》制定本办法。

第二条　工作委员会依据《中国社会工作协会章程》及本工作委员会管理办法开展工作及活动。

二、工作委员会的职责

第三条　严格遵守国家法律、法规，自觉接受协会的指导、管理和监督。

第四条　服从、服务于协会宗旨、任务，维护协会的合法权益和良好信誉。

第五条　接受协会委托，开展会员发展和会员服务工作。

第六条　动员社会力量，整合社会资源，积极开展社会活动，创建品牌项目。

第七条　依据《中国社会工作协会人员管理办法》，自主聘用和管理工作委员会专职人员。

第八条　依据《中国社会工作协会财务管理办法》，对工作委员会财务实行自收自支、独立核算。

第九条　严格经费使用和固定资产管理，任何人不得私分和私自处理工作委员会的公有资产。

第十条　严格管理和使用工作委员会印章，不得以工作委员会名义对外签署具有法律效力的文书、协议。

第十一条　严格内部管理，遵守协会各项工作纪律和行为规范。

三、管理体制

第十二条　工作委员会实行主任领导下的总干事负责制。

第十三条　工作委员会的主任或常务副主任由协会分管会领导担任。

第十四条　总干事在主任领导下，负责处理工作委员会日常工作：

（一）接受协会管理和主任（分管会领导）的领导；

（二）认真执行协会各项规章制度，落实会长办公会议决议，履行与协会签署的《目标管理责任协议书》；

（三）团结、组织工作委员会人员，积极筹划、开展各项会员服务和业务活动；

（四）制定工作委员会管理办法，对内部事务进行规范管理；

（五）负责工作委员会的人员聘用、管理和副总干事的提名；

（六）负责工作委员会的财务管理，保证资金来源和使用的合法性；

（七）积极发展会员，并按规定向协会上缴一定比例的会费收入；

（八）重大事项和重大活动按程序向主任（分管副会长）请示、报告。

第十五条　副总干事协助总干事工作。

四、管理制度

第十六条　协会对工作委员会实行指导、管理和监督，按照《社会团体登记管理条例》承担相应法律责任：

（一）决定工作委员会的设立、合并和撤销，并报经国家有关部门批准；

（二）对全国性社会活动，包括评选、评比、表彰活动进行审定并报经国家有关部门批准；

（三）对涉外开展的合作项目或交流、培训等活动进行审定并报经国家有关部门批准；

（四）审定并签署工作委员会拟定的对外具有法律效力的文书、协议。

第十七条　会长办公会议是协会日常工作决策机构：

（一）讨论审定工作委员会的设立、合并和撤销，并提交理事会审定；

（二）讨论审定工作委员会主办或承办的全国性社会活动，包括评比、评选、表彰等重大活动；

（三）讨论决定工作委员会重大项目的启动和运作；

（四）研究、审定工作委员会主任、常务副主任人选；

（五）讨论决定工作委员会总干事的任免。

第十八条　分管会领导负责处理分管工作，承担相应领导责任：

（一）对分管工作委员会的业务工作进行指导和政策、法律把关；

（二）对分管工作委员会重大活动和项目进行审核并提请会长办公会议讨论，对重大活动和项目的运行进行总体把控和监管；

（三）对分管工作委员会涉外项目和活动进行审核，提请协会主管领导审定；

（四）对分管工作委员会重要文件和法律文书进行审核并提请协会主管领导审定；

（五）对分管工作委员会总干事的任免提出意见，对副总干事的任免进行审定；

（六）掌握分管工作委员会财务状况，对重大收支进行监管。

第十九条　秘书长在会长领导下主持协会日常工作，负责协调各工作委员会开展工作：

（一）负责协会主办、工作委员会承办的重大活动的组织与协调；

（二）受会长委托，负责审核或签署工作委员会对外重要文件和法律文书；

（三）负责总干事任免的组织工作，并受会长委托与总干事签署任期内的《目标管理责任协议书》；

（四）负责组织对工作委员会及总干事的年度考核和任期考核；

（五）负责对总干事执行会长办公会议决议和《目标管理责任协议书》情况进行检查；

（六）负责组织协会相关部门对工作委员会人、财、物管理进行指导、监督。

五、附则

第二十条　本办法自 2009 年 11 月 1 日起施行。

中国社会工作协会人员管理暂行办法

第一章　总　则

第一条　为加强协会人员管理，使其规范化、制度化，根据国家有关规定，制定本办法。

第二条　本办法适用协会所属分支机构（专项基金）、办事机构和代表机构（以下简称二级机构）正式聘任、聘用的工作人员。

第二章　二级机构负责人

第三条　二级机构负责人指分支机构（专项基金）正、副总干事（正、副秘书长）；办事机构、代表机构正、副主任。

第四条　二级机构负责人实行聘任制，聘期为三年，可连聘连任。

第五条　二级机构负责人的任职年龄不得超过60周岁。

第六条　二级机构负责人实行公开招聘。符合所在机构负责人条件和能力，年龄在57岁以下的大专以上毕业生、社会从业人员和退休人员均可竞聘。

第七条　二级机构负责人的聘任程序：

二级机构正职竞聘人向协会人力资源部递交竞聘申请书，经协会秘书长和分管会领导对其资格进行基本确认后，提请会长办公会议组织竞聘并讨论决定；

二级机构副职由所在机构正职提名，主管副会长审定，报协会人力资源部备案。

第八条　分支机构总干事、专项基金秘书长和代表机构主任接受聘任时须与协会签订任期《目标管理责任协议书》。

第九条　不能胜任或其他原因不能继续任职的，协会可依据聘任程序对二级机构负责人给予解聘。

第十条　二级机构负责人因个人原因不能继续任职时，应提前一个月依据聘任程序向协会提出辞职申请，经批准后按相关规定做好各项交接工作。

第十一条　工作委员会总干事和专项基金秘书长解聘、辞聘时，需进行离职审计。

第十二条　二级机构负责人的任免，由协会人力资源部负责在协会网站上公示。

第三章　二级机构专职工作人员

第十三条　二级机构专职工作人员实行聘用制。

第十四条　二级机构专职工作人员实行公开招聘，一般为大专以上文化程度，年龄57岁以下的应届毕业生或有相关从业经历的社会人员，具有社会工作师相关资格的人员优先聘用。

第十五条　二级机构专职工作人员的在职年龄不得超过60岁。

第十六条　协会办事机构的专职工作人员由协会人力资源部统一聘用；分支机构（专项基金）和代表机构的专职工作人员由所在机构自行聘用，报协会人力资源部备案。

第十七条　分支机构（专项基金）、代表机构专职工作人员聘用和管理依照协会有关规定执行。

第十八条　二级机构专职工作人员聘用合同的订立、履行、变更、解除或终止依照《中华人民共和国劳动合同法》和双方签订的《聘用合同书》执行。

第十九条　办事机构聘用人员合同由协会秘书长与聘用人员签订；分支机构（专项基金）、代表机构人员聘用合同，协会委托分支机构（专项基金）总干事（秘书长）、代表机构主任与聘用人员签订。

第二十条　根据工作需要，协会及二级机构有权安排和调整聘用人员的岗位及工作任务。具有以下情形之一的，可提前解除聘用合同：

（一）提供虚假学历、简历和身份的；

（二）工作实践证明不符合聘用条件的；

（三）严重违反工作纪律和规章制度的；

（四）给协会工作和声誉带来损失和不良影响的；

（五）被依法追究刑事责任及其他法律责任的。

第二十一条　聘用专职工作人员本人因各种原因不能继续留职时，应提前提出辞聘，并做好各项交接工作。

第四章　工资、福利与社会保险

第二十二条　协会实行每周五天，每天8小时工作制。

第二十三条　协会实行月工资制。

第二十四条　聘任、聘用人员的工资和津贴、补贴、劳保福利待遇，参照国家对事业单位的有关规定执行。

第二十五条　办事机构聘任、聘用人员的工资、福利和社会保险等费用由协会统一发放和支付；分支机构（专项基金）、代表机构聘任、聘用人员的工资、福利和社会保险等费用由所在机构自行发放和支付。

第二十六条　聘任、聘用人员的社会保险统一按国家有关规定执行。

第二十七条　办事机构聘任、聘用人员的社会保险由协会负责办理；分支机构（专项基金）和代表机构聘任、聘用人员的社会保险由所在机构自行办理。

第二十八条　协会及二级机构为聘任、聘用人员提供必要的工作条件和培训机会。

第二十九条　聘任、聘用人员享受国家法定节假日和病假、婚假、产假、计划生育假、丧假和年休假。

第五章　考核和奖惩

第三十条　二级机构负责人实行年度考核和任期考核。

第三十一条　二级机构负责人的年度考核通过协会的年度工作总结进行，考核优秀的给予年度先进个人的表彰和奖励。

第三十二条　二级机构负责人的任期考核在任期期满时进行，称职并符合条件的可依照聘任程序连聘连任。

第三十三条　聘用员工的考核和奖励通过年度工作总结进行，考核优秀者给予年度先进个人的表彰和奖励。

第三十四条　聘任、聘用人员有特殊贡献的，由协会给予奖励。

第三十五条　聘任、聘用人员违反协会规定和管理办法，协会及二级机构应对其进行教育、帮助，情节严重的，给予解聘处理。

第三十六条　聘任、聘用人员严重违法，被追究法律责任的，协会及二级机构给予辞退或除名并协助司法机关和有关部门进行处理。

第六章　人事、党群关系的代管和转接

第三十七条　聘任、聘用人员的信息资料统一由人力资源部备案管理，并制发工作证。

第三十八条　聘任、聘用人员的人事档案代管和党团组织关系转接按国家有关规定办理。

第三十九条　办事机构聘任、聘用人员的人事档案代管由协会人力资源部负责办理；分支机构（专项基金）和代表机构聘任、聘用人员的人事档案代管由上述机构自行办理。

第四十条　党团组织关系转接由协会党总支、团总支统一办理。

第七章　附　则

第四十一条　本办法自 2009 年 11 月 1 日起施行，原有关规定同时废止。

中国社会工作协会财务管理办法

一、本协会严格遵守国家和民政部财务管理的有关规定，加强协会财务管理，树立长期发展的思想，合理控制经费支出，提高经费使用效益，不断扩大公共积累，为中国社会工作事业发展服务。

二、财务管理的原则：协会对所属各委员会财务收支、经济活动实行统一管理、分户设账、独立核算。

三、财务部是协会对各委员会经费收支实施结算报销、监督及内部审计的财务管理机构。

四、凡是办公地点在协会的，不单独设立银行账户；对经批准单独设立的账户，必须由财务部统一管理、独立核算。各委员会不单设财务，不准搞账外账和私设小金库。

五、在各委员会拥有本单位资金使用权和财务自主权的前提下，实行资金支出审批、会计凭证审核制度。

六、各委员会实行资金自筹、定额上交、独立核算、自负盈亏的经济管埋责仕制。

各委员会每年上交协会数额，视各工作委员会的具体情况，由总干事与协会秘书长商定方案，报会长批准。

协会主办的经济实体或以中国社会工作协会名义参与设立的经济实体，应在协议书中明确收益分配比例。

七、会费的收取及使用原则。会费要单列科目。各专业委员会可单独向会员收取会费，总会向常务理事、理事单位会员收取会费。会费主要用于业务活动，不得用于奖金发放。

八、工资制度：各工作委员会在完成上交协会定额后，其工作人员工资、福利及奖金参照事业单位标准自定；协会综合部门人员工资参照各委员会同职能岗位工资平均数制定。

九、所有需要动用经费活动，必须坚持量入为出和成本核算的原则。一切经费开支，必须取得合法的原始凭证，严格审批手续，按规定及时办理结算报销。

十、费用开支划分。公用账户开支内容主要有：总会人员的工资、福利，日常办公费用、统一安排的业务经费（如差旅费、会议费等）和外事、房屋维修和设备购置费等；分户账主要开支内容是：以各专业委员会名义开展的业务经费（如会议费、差旅费、外事经费等）和工资、奖金的发放。奖金的发放，由总干事提出方案，由主管副会长批准，报财务部门审核，并报会长备案。

十一、经费开支审批程序

（一）需公用账户支出的

总会各项开支，经财务部门审核后，由秘书长批准；

（二）需分户账开支的

业务活动和办公开支 3000 元以下的，由总干事签署后，报财务部门核准；

日常开支超过 3000 元的，由总干事签署后，报分管副会长批准；

大型活动项目经费开支，由各委员会提出意见，财务部门审核，由分管副会长批准；总会开支由秘书长批准。

十二、坚持财务公开的原则。财务部年初要做出预算，年终要做出决算，预算账目公开。每年 12 月底，各委员会要将第二年的资金预算报财务部，财务部编制预算报告后，报会长办公会议批准。每月财务部将各委员会经费收支情况表报分管副会长。

十三、坚持经济活动报告制度。凡以协会或协会会员名义参与社会经营性活动，事先必须如实向协会报告，正当的予以支持，如不报告，一经发现，严加惩处。

此办法自会长议事会讨论通过执行，原暂行办法废止。

中国社会工作协会专项基金管理办法

一、基金设立

第一条　根据国务院《基金会管理条例》和中国社会工作协会章程有关规定，捐款人可以在协会设立符合本会宗旨的由捐款人指定捐赠方向的专项基金。

第二条　凡国内外热心公益事业的机构、企业和个人皆可向中国社会工作协会申请设立专项基金。

第三条　专项基金的设立由会长办公会议决定，报民政部批准。

第四条　设立专项基金的创始基金最低数额为200万元人民币或等额外币。独家捐助并冠名的专项基金其创始基金的最低限额为1000万元人民币或等额外币。

二、基金机构设置

第五条　专项基金设立管理委员会（理事会），各基金管理委员会是中国社会工作协会的分支机构。

第六条　专项基金管理委员会（理事会）是该基金的决策机构，由中国社会工作协会法定代理人担任理事长，捐赠方任副理事长。设理事若干名，由双方有关人员组成。

第七条　基金理事会的办事机构为基金管理委员会秘书处。秘书长由理事会提名，中国社会工作协会聘任。在理事会领导下，秘书长具体负责该基金的日常管理工作。

三、基金的使用与监督

第八条　专项基金的使用管理必须符合其基金管理办法和其他有关法律、法规的规定。

第九条　中国社会工作协会基金部代表协会对各专项基金实施监督、协调和管理。

第十条　各专项基金的创始基金由协会基金部的专用账户统一管理。根据国家财政政策，各基金管理委员会可设立供办公使用的经费收支专用账户，该账户由秘书长使用。

第十一条　各专项基金管理委员会的公章统一由协会基金部保存，基金部负责各基金管理委员会的会计工作，各管理委员会的出纳人员负责银行账务日常结算和报销及与基金部的财务往来工作。

第十二条　各专项基金管理委员会一般只能使用其创始基金以外的部分，特殊情况下，经申请方可动用创始基金。

第十三条　申请使用专项基金需向基金管理委员会（理事会）提出申请，提交项目建议书，基金的预算报告等文件；基金管理委员会（理事会）批准后，秘书处监督申请方组织项目实施，并于项目完成后提交基金使用执行报告及项目决算。

第十四条　专项基金的使用由基金管委会（理事会）秘书处提出项目建议并编制年度预结算方案，报基金管理委员会（理事会）审批并送基金部备案。

第十五条　按照协会财务管理规定，各专项基金每年可以提取不超过上年基金总额的10%作为基金管理委员会（理事会）的工作经费，其中的20%在每年11月30日前上交协会，作为基金的风险储备金和管理费用。

第十六条　如该基金使命已完成或遇特殊情况，需要终止时，须经会长办公会议决定报民政部批准。基金终止后由协会成立专门的清算小组对该基金进行清算。清算结果由具有资格的审计机构进行审计并公开发表，剩余钱物经中国社会工作协会批准后转做其他社会慈善项目使用，并发布公告。

第十七条　本管理办法自2009年3月1日起生效，原《中国社会工作协会专项基金管理办法》（2004年9月24日会长议事会通过）同时失效。

第十八条　本办法由中国社会工作协会负责解释。

中国社会工作协会关于发展会员的暂行办法

根据《社会团体登记管理条例》的有关规定，制定本办法。

一、中国社会工作协会会员分为个人会员和单位会员。

二、入会条件

承认《中国社会工作协会章程》，热心、从事社会工作的中国公民，均可申请成为中国社会工作协会个人会员。

承认《中国社会工作协会章程》，热心、从事社会工作，在中国有关部门登记注册的组织和单位，均可申请成为中国社会工作协会单位会员。

三、入会程序

填写入会申请书，经协会两名会员介绍，协会审查通过即可成为中国社会工作协会个人会员。

填写入会申请书，提交合法登记、注册材料，经协会审查通过，即可成为中国社会工作协会单位会员。

协会实行入会登记，每年注册制度。

批准入会和给予注册的会员，将颁发会员证和注册证明并在中国社会工作协会网站上进行登记、注册公示。

四、会员的权利和义务

会员享有选举权、被选举权和表决权；

会员有对协会工作的批评建议和监督权；

会员有了解有关业务信息，享有有关服务的权利；

会员有入会自愿，退会自由的权利。

会员有遵守协会章程，执行协会决议，维护协会声誉和合法权益的义务；

会员有完成协会交办工作，按时交纳会费的义务。

五、会员发展和管理

协会会员发展和管理的具体工作由协会会员部统一负责。

协会授权各分支机构在相关领域以中国社会工作协会的名义按规定要求发展会员和收取会费。

会员基本信息、诚信记录由国家信息中心诚信数据库提供咨询服务。

六、会费标准

依据协会《关于会费标准和收取会费的有关规定》执行。

中国社会工作协会法律事务管理暂行办法

第一章 总 则

第一条 为加强协会法律事务管理，规范法律事务处理程序，防范和化解日常工作中的法律风险，根据《中国社会工作协会章程》，结合协会工作实际，制定本办法。

第二条 本办法适用于协会及各分支机构（专项基金）、办事机构、直属单位和深圳办事处（以下简称二级机构）。

第三条 本办法所称法律事务是指协会及二级机构对法律风险防范与控制、协会项目及活动的法律审批、诉讼或仲裁案件管理、合同管理、对内对外文书的法律审核、工商税务登记管理等。

第四条 协会及二级机构应采取有效措施，不断加强法制宣传教育，努力提高员工法制观念，依法建立健全法律风险防范体系，有效保护协会利益。

第二章 法律事务管理机构及职责

第五条 协会设立法律事务部，作为法律事务管理的专门办事机构。全面负责协会法律事务工作，指导、管理协会及各单位的法律事务工作，为二级机构提供无偿的法律咨询与服务，处理协会及二级机构日常工作所面临的法律问题，完成协会领导交办的其他有关法律事务。

第六条 二级机构应明确一名领导分管法律事务管理工作，指定相应人员负责本单位法律事务及法律事务部的联系工作。

第七条 二级机构要接受法律事务部的指导，及时地向法律事务部通报涉法事务的有关情况。

第八条　二级机构要做到：

一、按照本办法规定，结合本机构实际，切实加强法律事务管理，认真做好法律风险防范与控制工作，确保本机构建立完善的法律风险防范体系；

二、提高加强法律意识，对于涉法事务积极履行上报义务；

三、根据协会法律事务部的意见，积极配合法律事务部办理本机构的诉讼与仲裁案件；

四、按照协会法律事务部的相关要求，认真做好有关工作，及时提供有关资料。

第三章　法律事务管理程序

第九条　协会及二级机构拟定合同，统一使用由协会法律事务部监制的规范性合同文本。

二级机构签订合同前，须将合同文本上报协会法律事务部审定。

法律事务部应加强对各单位合同管理的检查、指导和监督，修改机构应予积极配合。

第十条　按照相关规定，协会及二级机构的项目（包括各地报批的项目）、课题及活动等提案在报送协会审批前，必须经由法律事务部出具法律审查专项意见。

第十一条　二级机构对外具有法律性质的文书，应先送交法律事务部审查，并由法律事务部出具法律意见书或者法律建议书后，方可对外发布。

第十二条　协会及二级机构的各项活动应邀请法律事务部代表全程参与，以便法律事务部根据临时情况或突发事件等因地制宜地提供法律支持，从而确保协会及二级机构活动的合法性。

第十三条　二级机构遇到诉讼或仲裁案件时，应当在 2 日内向协会法律事务部书面汇报，重大案件应在 24 小时内汇报。

法律事务部在办理案件过程中，二级机构及管理人员应当积极配合，并提供必要的办案条件和正常的关系协调支持等事宜。

第四章　考核与奖惩

第十四条　协会及二级机构对在促进协会依法治理、防范法律风险、避免或挽回经济损失、提高经济效益等方面作出突出贡献的负责法律事务工作的部门和法律工作人员，给予表彰和奖励。

第十五条　协会及二级机构负责法律事务工作的部门或法律事务工作人员由于疏于职守等过失，给本单位造成重大经济损失的，应给予相应处罚。

第五章　附　则

第十六条　本办法由中国社会工作协会负责解释。

第十七条　本办法自公布之日起执行。

附　录

中国社工年会——2009 年、2010 年
全国社会工作领域十大事件和年度中国社工人物

关于创办“中国社工年会”的决定

中国社会工作协会 2009 年 12 月 15 日第 14 次会长办公会议讨论决定，中国社会工作协会自 2010 年起创办“中国社工年会”，并推出“年度全国社会工作领域十大事件”和“年度中国社工人物”。

“中国社工年会”定于每年春节前夕举行。主要内容包括揭晓“年度全国社会工作领域十大事件”和“年度中国社工人物”等。

“年度全国社会工作领域十大事件”将汇集全国最具影响力，承载社会工作发展历程的重要事件和活动。

“年度社工人物”重在表彰全国范围内社工理论建设卓有建树者、社工实务建设成绩显著者和社工相关领域突出贡献者。

中国社会工作协会

二〇〇九年十二月二十二日

一、2009年度全国社会工作领域十大事件和年度中国社工人物

（一）2009年度全国社会工作领域十大事件

1. 全国范围内的社会工作者职业水平证书登记工作开始

2009年4月8日，民政部发布《关于印发社会工作者职业水平证书登记办法的通知》，北京、上海、广东、沈阳等地陆续开始登记工作，全国范围内的社会工作者职业水平证书登记正式展开。社会工作者职业水平证书登记是内地社会工作职业化的里程碑性的举措。为及时掌握社会工作人才状况和用人单位聘任和使用社会工作人才提供客观、有效的依据。

2. “社会工作服务组织试点工程”得到国务院和民政部领导的高度关注

2009年，中国社会工作协会组织专家对四川灾区的社会工作服务组织进行考察调研，并正式启动“社会工作服务组织试点工程”项目。该工程计划从灾区起步，建设政府支持、专业教育介入、社会资源助力的本土化、可持续发展的社会工作服务组织，并向全国推广。目前，已选定5家试点社工服务机构，并派专家进行多方面指导。专家组《关于四川灾区社会工作服务组织的调研报告》得到了国务院、民政部和四川省领导的高度关注和重要批示。

3. 首部《中国社会工作发展报告（1988～2008）》（社会工作蓝皮书）出版发行

由中国社会工作协会联合中国社会工作教育协会、上海市社会工作培训中心、民政部社会工作研究中心和长沙民政职业技术学院编写的首部《中国社会工作发展报告（1988～2008）》（社会工作蓝皮书）于2009年5月19日由社会科学文献出版社正式出版发行。该书对1988～2008年20年间中国社会工作的发展进行了全面描述和分析，内容涉及专业社会工作的恢复和拓展、专业社会工作理论、实务和职业化探索、推进中国社会工作制度和体制建设，并对社工领域中存在的问题及今后的发展提出了意见和

建议，该书在我国相关领域产生重要影响。

4. 广东东莞率先将社会工作经费全部纳入市、镇（街道）财政预算范围

东莞市首先从制度层面明确了要建立公共财政支持社会工作体制，并在全国率先明确将社会工作经费全部纳入市、镇（街道）财政预算范围。据不完全统计，2009年下半年，市、镇两级财政投入社会工作经费总额达到1300多万元。同时，市财政还给予每个试点镇（街道）20万元的专项补助以调动镇（街道）试点的积极性。该市还明确提出社工薪酬指导价，确保社工薪酬不低于同等专业技术人才平均收入，有力地增强了对社工人才来东莞工作的吸引力和留住优秀社工人才的竞争力。2009年下半年，全市共设置社工岗位172个，购买社工服务岗位163个。同时，还专门聘请了9名香港督导对新入职社工进行全方位的“传、帮、带”。

5. 上海成立35家社工事务所，多领域推进社会工作

2009年，上海在老年人、妇女、儿童、青少年、司法、矫治、禁毒等多层次、多领域全力推进社会工作，陆续成立了35家专业社工师事务所，呈现出蓬勃发展的喜人景象，引起社会广泛关注。2009年上海民政局与市委统战部等10多个部门联合发文推进社会工作，引起市委、市政府的高度重视，在11月上海市委召开的社会建设大会上，市委、市政府办公厅发布了《关于推进本市社会工作者人才队伍建设的意见》，在全市进一步加快了社会工作多领域推进的步伐。

6. “两岸四地社区服务工作实务论坛”召开，实现政府、社会组织、企业共同关注社区服务实务建设

2009年11月14日，“2009两岸四地社区服务工作实务论坛”在广东东莞举行。论坛以社区服务的运行机制与发展趋势为主线，对我国社区服务的现状与未来，社区服务的市场化与产业化运作，社区服务中心的生存与发展，社区照顾、就业服务、社区志愿服务等议题进行研讨。两岸四地社工专家对各地先进的实务经验进行了交流。此次论坛由中国社会工作协会、广东省民政厅、东莞市政府和广东光大集团共同主办，标志着社区服

务实务建设受到政府、社会组织、企业的共同关注和相互联动，对促进两岸四地交流，发展我国社区服务事业将产生深远的影响。

7. 江西万载农村社会工作本土化实验取得重要成果

2009年，万载制定出台了《关于进一步加强社会工作人才队伍建设，推进社会工作发展的意见》等11个系列文件，明确了“党委统一领导、政府主导推动、部门密切配合、整合现有资源、社工义工联动、公众广泛参与、广大群众受益”的社会工作发展模式。同时在县、乡、村三级设立社会工作组织机构，建立了以专业社工、本土化从业队伍、义工为主的三支社工队伍，开展了一系列专业服务活动。万载的社会工作实验，得到了政府部门的高度重视，继2008年12月“全国农村社会工作人才队伍建设试点经验交流会”后，全国各地600余人次专家、领导考察、观摩。

8. 协和医院率先搭建社会医疗救助大平台，资助病患，促进医患和谐

北京协和医院最早在医院设立“社会工作部”，组织社工和志愿者在为沟通医患联系，解决医患矛盾方面作出了有益的探索和积极推进，2008年下半年该院成立了“北京协和医学基金会”。2009年基金会建立了5个项目基金，其中包括“协和疑难重症慈善基金”、“协和贫困患者救助基金”、“协和早产儿救助基金”、“协和‘粉红花园’乳腺癌患者救助基金”等，一年中筹集资金140万元，用于资助临床患者疑难重症诊治和贫困患者医疗费用，12名因资助取得良好医疗效果的患者和患者家属，对医院汇集关爱、资助病患的救助举动给予了高度评价。

9. 北京在全国率先实施“大学生社工计划”

北京市为吸纳大学生到社区工作加快社区工作者的专业化，职业化建设，在全国率先实施“大学生社工计划”。2009年面向高校选聘2000名应届毕业生到社区工作，并通过社区居委会、社区党委换届选举、面向社会和“大学生村官”选聘等形式，吸纳大学生到社区就业。经过一年的努力，全市社区工作者具有大专以上学历的，已由原来的26%提高到60%以上，计划通过3～5年的努力，提高到90%以上，基本实现专业化、职

业化。

10. 深圳率先在全市建立并推行社工机构评估监管体制

社工机构作为以社会公众支持为基础、以提供福利性服务为特点的单位，其主要的经费来自于政府购买，因而针对其所建立评估监管体制至关重要。为此，深圳市先后出台了《社工机构行为规范指引》、《社工机构综合评估办法》等政策文件，逐步建立、完善了社工机构评估监管体系，评估结果将作为政府购买民办社工机构服务的重要依据，有效促进了民办社工机构健康发展和良性竞争。到目前为止，深圳市已先后展开了三次全市范围内的社工机构评选工作，并于2009年年底成立了“深圳市现代公益组织评估与研究中心”，在全市范围内建立并推行评估监管体制，这在中国政府购买社工服务方面尚属首例。

（二）2009年度中国社工人物

1. 蒋正华　第十届全国人大常委会副委员长

位居庙堂者更应心怀天下，更要成为社会标杆。当前，正是社会工作需要榜样力量的时候。他虽身居高位，却从实践与理论相结合的角度，从全面贯彻落实科学发展观出发，对中国的社区建设及社工事务发展在公开场合多次提出高屋建瓴的指导意见，以个人的实际行动和影响力在中华大地上传播着社工的理念。

2. 徐祥龄　香港居民，广东东莞市横沥镇隔坑社区服务中心创办人

徐祥龄先生，现年77岁，曾在香港做过30多年专职社工，是香港地区第一个研究并实践“外展社工”的先行者，素有“香港外展社工之父”之称。因社会工作业绩杰出，1994年获英女皇颁授荣誉勋章，2005年获香港十大杰出长青义工奖。退休后，徐祥龄先生到东莞定居，并于2005年初拿出全部资产，并多方筹措200万元在东莞市创办大陆第一家非营利性的民办外来工服务中心——东莞市横沥镇隔坑社区服务中心。目前，该中心已有会员1000多人，先后数十万次为新莞人（即外来务工人员）提供帮扶和支持。2009年中心在社工人才培养、社工专业服务等方面做了大量卓有成效的工作，为当地社会工作的发展起到了重要的标杆作用，产生了巨

大的示范效应。

3. 陆士桢　中国青年政治学院青年发展研究院院长、教授，中国社工协会专家委员会执行主任

2009 年，4 次参加中国社会工作协会组织的专家组赴四川地震灾区调研和督导，提出了“培育一批民办社工服务组织、培养一批社会组织职业经理人、建设一个社工组织联盟”的设想，并对灾区试点社工服务中心进行具体指导，在社工理论与社工实务，尤其是社会工作介入灾后重建方面作出了突出贡献。协会专家组撰写的《关于四川灾区社会工作服务组织情况的调研报告》得到了国务院和民政部领导的高度重视，并作出重要批示。

4. 刘　京　中国社会工作协会副会长、企业公民工作委员会常务副会长、《公益时报》社社长

从“中国慈善排行榜”到“企业公民实务”，从《公益时报》到“中国公益新闻年会”，从《中国慈善捐赠发展蓝皮书》到《中国企业社会责任发展报告》，他从多重角色以社工的职业性、专业性，在理论研究、科学实践、理念传播等多个角度上，推动着中国社工事业的前行。

5. 喇英才　青海省社会工作协会副会长兼秘书长

任职以来，协助政府在促进贫困地区开发、改善贫困人口生活状况，扶持农村教育和卫生发展、贫困家庭病残患儿救助诸方面做了大量卓有成效的工作。特别是动员省内外公益资源约 1500 余万元，实施各种救助 20 余项，被贫困地区各族群众誉为“爱心使者”。2009 年，为全省疝气患者争取到了李嘉诚基金会的全力资助，已为 660 名疝气患儿做了手术救治。同时自 2009 年开始，与省民政厅、妇联联合实施“社会工作人才队伍培训项目”，并对 600 多名县乡民政、妇联干部，社区业务骨干、老年儿童福利机构的专业人员开展了社会工作知识的普及培训。

6. 李国强　泉城义工志愿服务联络站站长、“泉城义工在行动”总策划人和负责人、“济南市精神文明建设先进工作者”、“泉城十大杰出青年”

在李国强的积极参与和组织下“泉城义工”已注册包括医生、律师、教师、公务员在内的义工10万余人，推出主题服务、固定项目长期服务、专题月服务、特色主题服务等活动几十个，成立了60多个泉城义工服务团队，建立了90个社区活动站。其中“母亲粮仓”、“雪中送炭”、“泉城无贼”、“为农民工讨薪”、“千人法律援助”、“与文明同行”、“泉城义工在行动”等众多公益活动累计有170多万人次受益。

2009年，李国强组织开展了“泉城义工迎全运‘八个万’活动”和市民排队日、全运志愿服务、抗震救灾一周年援助灾区、泉城红歌会等系列公益活动；泉城义工成为全运会志愿者中的一道靓丽风景。

7. 刘　晓　长沙民政职业技术学院院长、教授，湖南省社会工作协会常务副会长

在担任全国人大代表和全国政协委员期间，曾对社会工作提出数十篇建议和提案，如《关于创建和谐社会，推进司法社会工作的建议》、《关于引入“学校社会工作”，开展青少年服务的建议》等；并主持多项关于社会工作的课题，如《发挥NGO（公益性非政府组织）作用，为弱势群体服务》、《健全覆盖城乡的社会救助体系研究》等，有力推动了社会工作事业的发展。领导长沙民政职业技术学院创建社会工作系，并使之成为全国示范性高职高专重点建设专业系部。代表湖南省在四川理县建立社会工作站，在上海、江西、深圳、湖南等地建立社会工作实训和农村社会工作基地，均取得了重大进展。

8. 郭长江　中国红十字会副会长、总会党组副书记、中国红十字基金会理事长

在他的带领下，中国红十字基金会在招聘慈善事务社会监督巡视员、专业筹款等多方面，成为了中国公益事业发展过程中的先锋，以其特殊的技能和专业的社会工作方法，为社会领域的改革和发展开创了先河。同时，在社工理论研究，社工理念推广，用自身的能力和优势发挥着积极作用。

9. 高润霖　中国工程院院士、国家心血管病学专家、中国医学科学

院、中国心血管病研究所、北京阜外心血管病医院心内科首席专家、研究员、博士生导师，中国医师协会副会长

长期工作在临床第一线，联合中国健康促进基金会、北京红十字会、步长集团发起“共铸中国心”西部地区心脑血管疾病健康关爱计划，作为专家团团长亲自前往西海固地区义诊巡诊，并向医疗界发出倡议对西海固地区的先心病儿童进行救助救治，以专业实务践行一个医务社会工作者的责任。

10. 马伊里　上海民政局局长、党组书记。社会学博士，上海社会科学院特约研究员，复旦大学研究生兼职导师，香港理工大学兼职教授

2009 年，成功策划举办“上海社区公益创投大赛”、“上海社工介入灾后重建研讨会”、“上海都市社会工作研讨会”，探讨实践政府、学者、实务界共同推进社会工作合作模式。同时，善于从理论层面思考并总结民政工作实践，以自己的言行影响高层决策，《关于推进本市社会工作者人才队伍建设的意见》由上海市委、市政府联合下发，《以人为本　以人和为目标——关于现代民政功能的思考》获得了民政部“2009 年民政政策理论研究”一等奖。在实务领域，创办了 35 所社工师事务所，从多领域推进社会工作发展。

二、2010 年度全国社会工作领域十大事件和年度中国社工人物

（一）2010 年度全国社会工作领域十大事件

1. 社会工作人才位列《国家中长期人才发展规划纲要（2010～2020 年）》六大主体人才队伍

构建和谐社会要求加快社会工作人才队伍建设。党的十六届六中全会《决定》指出，“要建设宏大的社会工作人才队伍。这是构建和谐社会的一个重要依托，也是人才强国战略的一个新的内容”。这一重要论述阐明社会工作人才队伍建设的目标和定位。党的十七大指出，“科学发展、社会和谐是发展中国特色社会主义的基本要求”，提出了“使全体人民学有所教、劳有所得、病有所医、老有所养、住有所居”的社会建设目标。这表

明我国政府将更加重视社会建设和社会发展，重视社会工作人才队伍的建设。作为推进推进机构社会工作的基础，2010年6月，胡锦涛总书记主持召开中央政治局会议，审议了《国家中长期人才发展规划纲要（2010～2020年）》，第一次将社会工作人才纳入党和国家人才发展大局，将社会工作人才与党政人才、企业经营管理人才、专业技术人才、高技能人才、农村实用人才一起作为我国的六支主体人才队伍进行全面部署。这对社会工作的发展具有里程碑式的重要意义。

2. 回良玉副总理致信“民族社工论坛”

2010年6月25日，首届“民族地区社会工作与社会建设论坛暨民族社区社工机构试点和社工培训班启动仪式”隆重举行，会议总结了社会工作服务边疆民族地区和城市民族社区社会管理与公共服务的实务经验，研讨了有中国特色的民族社会工作的理论成果，表彰了先进民族社会工作社工服务机构。这次活动在社会工作如何服务党的民族团结进步事业方面作出了有益的探索，在民族社工理论和实务体系建设方面作出了重要的贡献，进一步推进了“社会工作服务组织试点工程”。

中共中央政治局委员、国务院副总理回良玉致信祝贺，指出发展民族地区社会工作，对创新民族工作方法、维护民族地区稳定、促进各民族共同繁荣发展具有重大意义。希望中国社工协会在引导推动有关人才和机构服务民族地区社会工作发展和社会建设方面发挥更大作用。

3. 深圳社工介入“富士康员工关爱”行动，开创了我国企业社工发展的先河

2010年3月以来，富士康科技集团接连发生员工跳楼伤亡事件，引起社会各界高度关注。深圳市民政局先后抽派了全市425名一线社工和社工督导进驻富士康集团，及时缓解跳楼危机，成为富士康员工心灵成长的陪伴师。他们的工作方法和业绩，为我国企业社工的发展提供了宝贵的经验。这次行动也是全国的社会工作者首次大规模、全方位参与公共危机的救援行动，为社会工作危机干预作了大胆的尝试。

4. 世界社工大会在中国（香港）举行，各国社工共同探讨国际性发展

议题

2010 年 6 月 10 日至 14 日，由国际社会工作学院联盟（IASSW）、国际社会福利协会（ICSW）及国际社会工作者联合会（IFSW）共同主办的世界社工大会在香港举行，会议的主题为“2010 联合世界大会——社会工作及社会发展之愿景与蓝图”。这是三家国际组织决定合作举办两年一度的大型社工会议以来的首个会议，世界社工大会让来自全球不同国家、不同层面的社会工作者及社会发展倡议者聚首一堂，对当前全世界共同面临的多个共同发展议题（包括人口老化、贫富差距扩大、精神健康、社会多样性和社区融和等）展开了一次国际性的讨论，勾画出具有战略目标的重要议题，社工发展的纲领以及如何面对 21 世纪的挑战。

5. 首届全国医务社工论坛召开，首次广泛探讨医务社工的发展之路

由中国社会工作协会主办，北京协和医院、山东省立医院、上海儿童医学中心联合主办的“首届全国医务社工论坛”于 2010 年 12 月 16 日在北京举行。加速发展医务社会工作已经成为深化医疗体制改革、改善医疗管理水平、建立和谐医患关系、提高全民健康水平的重要方法和最佳途径，因此探索创新医务社工新路也已经成为社工人的重要任务。在会上各专家、代表就目前医务社工的现状、存在的问题进行了探讨，交流了做法，分享了经验，提出了医务社工发展的建议和希望，为推广医务社会工作的理论研究和实务建设，为推动社会工作的专业化、行业化、职业化发展作出了重要贡献。同时大会还通过了建立“全国医务社工联盟”的倡议，并确定了“本土化的医务社会工作”为下届论坛主题。

6. “社会工作国际论坛”在深圳召开，探讨推进社会工作本土化发展

2010 年 3 月 19 日，由民政部、深圳市委市政府联合主办，深圳市民政局承办的“社会工作国际论坛”在深圳举行，论坛以“中国社会工作本土化”为主题，在总结、研究我国社会工作发展尤其是深圳社会工作试点的实践经验和存在问题，对中国推进社会工作本土化发展的具体路径进行了深入探讨。深圳市介绍了近年来在社会工作本土化探索的道路上取得的经验和成果：社工岗位增加至 834 个，社工机构增至 38 家，服务领域扩展

至12个，社工立法推进、社工党委成立、社工注册启动等都取得了显著成绩。大家在了解这些本土化成果的基础上，对当前社会工作存在的问题与不足进行了深入探究，从而为下一步完善政策，改进工作，进一步推进社会工作本土化统一了认识。

7. “共铸中国心”项目启动，引入社工理念，构建“助人自助”的救助体系

“共铸中国心”项目是在中国社会工作协会管理下，由《公益时报》社联合多家爱心企业共同主办的公益项目，是“爱心·希望”贫困家庭病残儿童救助项目的深化和延续。其通过社会工作的理念和方法，发动全国广大医务工作者、爱心企业、爱心人士把先进的医疗技术、设备和药品带到西部贫困地区，利用义诊巡诊、救助救治、培训讲座、健康宣传、捐赠款物等系列方式，为全国贫困家庭病残疾儿童进行救助，为当地营造“健康和谐之家”。自2010年1月22日“共铸中国心”项目启动至今，在步长集团、百胜医疗等多家中国慈善排行榜上榜企业家的参与支持下，该项目已走进内蒙古、宁夏两区共十几个区县，募集的款物救助了数百名先天性心脏病儿童。

8. 首届中国社工年会召开，引发全国范围内对社会工作高度关注

2010年2月2日，中国首届以“社工”为主题的年度盛会在北京召开。首届中国社工年会是中国社会工作发展的整体形象展示，第一次系统盘点了2009年中国社会工作取得的经验成就，评选了2009年度全国社会工作领域十大事件和年度中国社工人物。国家领导人蒋正华等领衔获评十大年度社工人物。全国政协副主席白立忱、十届全国人大常委会副委员长司马义·艾买提、民政部副部长孙绍骋等领导参加年会。会议引发了社会各界对社会工作的高度关注。

9. 中国社会工作协会和地方合作创建5个社工实务创新基地

中国社会工作协会在落实社会工作“专业化、职业化、行业化”目标的进程中取得了突破性的成果。在上半年“全国社会工作实务发展综合调研”的基础上，于下半年创建了五个“全国社会工作实务创新基地”，即

“城区社会工作实务创新基地”（以北京市西城区社会工作联合会——厚朴社工事务所为主），“企业社会工作实务创新基地”（以深圳市民政局社工处——深圳市龙岗区至诚社工服务社企业社工实务基地为主），“基层社工岗位专业化创新基地”（以江西省社工协会——南昌青云谱社会福利院为主），“农村社会工作实务创新基地”（以长沙民政职业技术学院—湘西自治州古丈县默戎镇中寨村社工实习基地为主），“社工带义工社工功能拓展实验基地”（以广东南海青年社工协会—南海桂城为主）。这些基地的创建是对中国社会工作实务发展的新探索、新推动，抓住了当前社会工作实务建设的重点环节，获得了基层单位的积极响应和好评。协会与合作单位签订了协议并举办了隆重授牌仪式。协会将通过“抓试点树典型”，努力推动社会工作实务建设，在促进全国社会工作本土化建设中发挥积极作用。

10. 中央福彩公益金首次大规模购买社会组织服务，5000 万元支持红十字基金会工作，5000 万元支持法律援助工作

经国务院批准，财政部安排中央专项彩票公益金 1 亿元支持中国红十字基金会和中国法律援助基金会开展相关社会公益项目。在 2010 年 3 月份前发放完毕关于救助贫困家庭白血病儿童的资金；此外，用于中国法律援助基金会资助开展针对农民工、残疾人、老年人、妇女家庭权益保障和未成年人的法律援助。

（二）中国社会工作事业终身成就奖

为表彰在中国社会工作发展的重要阶段发挥关键性作用的人士特设此奖项。

1. 顾秀莲　十届全国人大常委会副委员长、中国关心下一代工作委员会主任、中华少年儿童慈善救助基金会会长

顾秀莲同志多年来在推动中国妇女儿童事业进步及推动妇女儿童社会工作发展方面作出了重要贡献。她在指导全国各地妇女儿童工作中多次强调要学会运用社会工作的理念和方法，拓展工作渠道、延伸工作手臂，积极探索妇女工作的新思路和新方法。她鼓励社区妇联干部参加全国社工师

考试，提高基层妇联干部的理论与科学素质。多年来，她在维护稳定、服务妇女、保护儿童等方面做了大量富有成效的工作，如推动发起的“母亲水窖”、“春蕾计划”、“安康计划”、“心系系列活动”等社会公益活动，在社会上引起很大反响。2010年她又推动创办了“中华少年儿童慈善救助基金会”和“中国关心下一代教育基金会”。她始终关注社会发展中的各类新问题，参加社会工作领域相关活动，并提出重要指导意见，推动社会工作发展。

2. 崔乃夫　民政部原部长、中国社会工作协会创办者和第一任会长

早在20世纪80年代中期，他就依据我国改革开放的大形势，提出了建立社会保障制度、社会服务和社区建设体制的构想，指出了社会工作为落实社会保障和加强社会管理的配套性专业服务，应该作为一种制度逐步建立起来。在他的推动下，民政部与北京大学联合开办了我国第一个社会工作专业研究生班；在他的倡导和组织下，1991年成立了中国社会工作者协会，他亲任会长，为推动建立具有中国特色的社会工作理论和实务体系，作出重要贡献。2010年7月，《社会与公益》杂志创办，他不顾80多岁高龄，担任了杂志的顾问，撰写文章，精辟论述了社会公益与社会工作的关系，对指导我国社会工作的发展，具有重要的指导作用。

（三）2010年度中国社工人物

1. 刘静林　广东工业大学社工系教授、广州大同社会工作服务中心总干事

具有强烈的社会责任感和专业使命感，倾力推动社会工作实务发展，2008年以来创建广州市大同社会工作服务中心、（汶川）广东社工站/汶川县大同社会工作服务中心、深圳市坪山新区大同社会工作服务中心三家社工机构，并作为理事长和督导支持其发展。工作效果得到民众好评，受到国家、省、市等领导赞扬。

2. 季庆英　上海儿童医学中心副院长兼社会工作部主任，香港大学、复旦大学社会工作机构督导

凭着对助人事业的热诚，对医务社会工作热爱，在全国率先创建医务社会工作部，着力实践与国际接轨的医务社会工作，探索本土医务社会工作模式，将社会工作理念融入医疗服务，在健康领域推广社会工作作出了骄人业绩。

3. 宋贵伦　北京市委社会工委书记、市社会建设办主任

宋贵伦同志作为北京市委社会工委、市社会办首任书记、主任，始终站在首都和谐社会建设的高度，认识和把握社会工作及其人才队伍建设。他既是社会工作有力的领导者，又是社工领域富有创新精神的开拓者；既是倡导社会工作的宣传者，又是社工人才队伍建设发展的推动者。社会建设的“北京模式”和“北京经验”得到了中央和北京市领导的充分肯定。

4. 刘沧龙　全国工商联副主席、宏达集团董事局主席

他将企业发展推向更高层面的同时，关注社会工作发展。2010 年开始积极捐资，支持社会工作发展；同时，筹备成立专业公益基金会，将更多精力转向社会与公益工作，实现当代企业家向社会工作与社会公益活动家的转型。

5. 王杉　北京大学人民医院院长

对于各大医院来说，医患矛盾一直是个顽疾，负面事件频生。如何通过发展医务社工改善医患关系则是一个重要课题。王杉则将这一课题付诸实施。他所带领的北大人民医院也是最早设立社工部的医院之一，倡导并推动在中国医师协会成立医务社会工作委员会。通过社工的服务让医生和患者体会到医院对改善医患关系的努力，也让医患之间加深相互了解、互相谅解。

6. 吴铎　华东师范大学教授、上海乐群社工服务社董事长

作为社会工作理论界的资深教授，吴铎长期以来致力于推动中国社工的本土化发展，成绩斐然。作为上海乐群社工服务社的董事长，同时也是浦东社工协会发起人之一，他在致力浦东社工发展过程中，积极搭建政府与社会组织之间的互动桥梁，为政府与社会组织间的互信互利奠定了扎实

的基础。

7. 李志斌　河南省原副省长、河南慈善总会会长

在他带领下，河南省慈善总会取得令人瞩目的成绩，特别是他在慈善事业中注意引进社工理论和方法，要求在儿童救助项目中严格按照社会工作“助人自助”的理念开展工作，为公益事业植入社会工作专业化理念与技能的推进作出了榜样。

8. 王汝鹏　中国红十字会秘书长

王汝鹏在公益组织工作多年，他经受社工理念濡染，也在影响中国公益组织的专业化发展，社会创新始终是他秉持的工作信条。在组织项目资金招标，支持社会组织发展，招聘社会监督巡视员等，多方面积极探索、勇于试验，以其特殊的技能和专业的社会工作方法，为社会领域的改革和发展开创了先河。

9. 史铁尔　长沙民政学院社会工作系主任、教授，湘川情社会工作服务队项目负责人

作为社工教育和理论研究者，多年来注重和投入社工实务建设，尤其是通过组织实施湘川情社会工作服务队项目，在灾变社会工作和农村社会工作方面作出积极探索和突出成绩，受到有关各方的充分肯定，在2010年全国民族社工论坛上荣获殊荣。

10. 刘润华　深圳市民政局党组书记、局长

刘润华同志任深圳市加强社会工作人才队伍建设推进社会工作领导小组办公室主任，作为深圳社工行业当之无愧的领导者，推进了深圳社会工作的发展。深圳社工模式被民政部肯定和全国推广。刘润华同志组织起草了《深圳市社区服务“十二五”规划（讨论稿）》和《深圳市社会建设考核指标体系（讨论稿）》等文件。

2010年度优秀中国社工人物：

为表彰年度中国社工业绩优秀者特设此奖项。

1. 段慧霞　上海浦东新区社会工作协会副会长兼秘书长

在她的带领下，协会通过项目开发、注资扶持、筑巢引凤、合理培育

等多种方式，先后孵化了9家专业社工机构，开发了大量社工岗位和一系列颇具品牌和公信力的服务项目，逐步将社工服务拓展到少数民族、移民、灾后重建、医务、企业等18个领域，培养了大批社工人才，完成了一批课题报告，为政府决策和机构发展提供了参考依据，被誉为社工领域的先行者。

2. 闫宝勇　河北医科大学第一医院院长

闫宝勇同志现任河北医科大学第一医院院长，在他的带领下该院主动承担社会责任，积极开展了以“社工理念”为主导的救助贫困先心病儿童的社会公益行动，成功救治许多贫困家庭先心病儿童。

3. 何淑莹　南海青年社会工作者协会会长

何淑莹于2005年放弃了教职，加入南海区义务工作者联合会，投身社会工作事业。她凭着火热的爱心和坚定的信念，抓住每次机会，在推动社工事业发展道路上奋力奔跑，为促进社会工作本土化发展，特别在社工带义工模式、拓展社会工作功能方面作出了积极探索与贡献。

协会品牌项目和优秀项目

品牌项目

一、“爱心 2008”贫困家庭病残儿童救助活动

“爱心 2008”贫困家庭病残儿童救助活动是协会为配合“人文奥运”主题发起的专项助医活动。活动自 2005 年 6 月开展以来，秉承“救助一个孩子，解脱一个家庭，带动周围一片，促进社会和谐”的宗旨，集合海内外的爱心力量，为我国贫困家庭病残儿童募集手术资金，在全国范围开展救助活动。截至 2008 年 6 月，活动共救助 3683 名贫困家庭病残儿童，得到了社会各界的广泛好评，并连续两年获得我国慈善领域政府最高奖项——“中华慈善奖”，2007 年获最具影响力慈善项目提名奖，2008“中华慈善奖”。为了更好地推动活动的发展，树立品牌公益项目，在充分调研的基础上，“爱心 2008”于 2009 年 5 月正式更名为“爱心希望”。

二、中国慈善排行榜

“中国慈善排行榜”是由中华人民共和国民政部、中央社会治安综合治理委员会办公室、中华全国总工会、中华全国妇女联合会指导，中国红十字总会、中国社会工作协会、《公益时报》社主办，《公益时报》社发布。该榜每年发布一次，以宣传榜样的力量，鼓励全民捐赠行为，弘扬现代公益精神，繁荣中国公益慈善事业，打造和谐社会为宗旨。开创了“政府指导、民间主办、媒体发布、社会参与”的慈善捐赠信息披露模式。并迅速发展成为中国慈善公益领域最权威、最具影响力的年度盛事。中国慈善排行榜发布“中国慈善家排行榜”、“中国慈善企业捐赠排行榜”、“明星慈善榜”三张榜单。同期发布的还有由中国慈善排行榜办公室推荐并由专家顾问小组最终评选出的中国首善、十大慈善家、十大慈善企业、慈善特别贡献奖等奖项内容。

三、“全国十大社会公益之星”评选表彰活动

“全国十大社会公益之星”评选表彰活动是经民政部批准，在中央精神文明办、中央综合治理办公室、中华全国总工会、共青团中央、中华全国妇女联合会等部门的支持下，由中国社工协会联合中国红十字会总会等七家单位共同主办。自2003年起已成功举办了四届。活动通过大力宣传表彰长期参与和从事社会公益活动的杰出人士，弘扬公益精神，树立公益楷模，推动和促进我国社会公益事业持续健康发展，积极构建社会主义和谐社会。这一活动得到了包括人民日报、新华社、中央人民广播电台、中央电视台等在内的各级各类媒体的自觉响应，通过活动的举办和获奖者的宣传效应，公益精神正日益深入人心，“公益之星”品牌逐渐打响，有力地推动了公益事业持续健康发展。

四、中国优秀企业公民调查评价活动

2009 第五届和 2010 第六届优秀企业公民调查评价，吸引了众多的优秀企业参加：中国建设银行、国家电网、中国一汽集团、中国医药集团、中国人民保险集团等大型央企均榜上有名；IBM、英特尔、日立、罗地亚、渣打银行等跨国公司以及联想、亿达、雅昌、腾讯、百度、招商银行、民生银行等民营企业踊跃参加。活动坚持创新和与时俱进，一是推出“中国五星级企业公民”，对会员企业提出了更高的要求，丰富了“企业公民荣誉体系”；二是增加了“媒体记者评审组”，用记者敏感的眼光监督企业行为；三是 2009 年第五届表彰大会，第一次选择外地（上海）召开，促进当地商会和企业家的企业公民意识。活动成功举办获得了社会各界的广泛好评。2009 第五届活动荣获中国社工协会品牌项目。2010 第六届活动，在前五届的基础上又有了系统总结和新的提升。

五、全国社区志愿者注册工作

"全国社区志愿者注册工作"是协会受民政部委托自2006年在全国范围内开展的项目。该项目通过推行统一注册编码的《中国社区志愿者证》和"中国社区志愿者注册管理系统"搭建全国志愿服务数据库平台，建立社区志愿者注册制度，健全城乡志愿服务组织，进一步发挥了志愿服务活动在建设和谐社区中的重要作用。截止到2010年12月2日，全国已有26个省、自治区、直辖市和48个地级市、174个城区推广使用了志愿者工作委员会的"中国社区志愿者注册管理系统"，全国社区志愿者组织已经达到28.9万个，社区志愿者人数达2900多万人，其中注册社区志愿者达到599.3万人，参与社区志愿服务活动超过5000多万人次，为推动全国志愿者服务的组织化、制度化建设发挥了重要作用。

六、全国和谐社区建设自主创新项目

“全国和谐社区建设自主创新项目”是中国社会工作协会社区工作委员会主抓的品牌项目。此项目2006年开始，以推动文明和谐社区建设为目标，以创新为动力，以促进社区共建共享为重点，对街道社区党建、街居管理、居民自治、社区服务、社区志愿者队伍建设、物业管理、关爱社区老人、未成年人教育、社区邻居节等一系列创新项目和原有优秀项目进行汇总评选、专家点评及经验交流。2009年9月21日，社区工作委员会联合中共宜兴市委、市人民政府在宜兴市宜城街道举办中国社区节暨全国社区工作自主创新成果百花奖颁奖活动，来自全国各地参会代表及周边社区百姓2000余人共同参与此活动。

七、民族地区社会工作与社会建设论坛

2010 年 6 月 25 日，协会在北京举办的“民族地区社会工作与社会建设论坛”，重点总结了社会工作服务民族地区社会建设的实务经验，研讨了民族地区开展社会工作的理论成果，表彰了服务民族工作的先进社工服务机构，为联合更多的社会力量，推动“社会工作服务组织试点工程”的建设，尤其是在民族地区和社区，建设更多的新的社工服务机构作出了积极的贡献。

八、国际科学与和平周活动

国际科学与和平周是联合国倡导的一项国际性、公益性社会活动。1988年12月，第43届联合国大会通过决议，确定每年11月11日所在周为“国际科学与和平周”，要求各会员国在此周举办相应活动，弘扬科学精神，维护世界和平、促进人类社会和谐发展。为响应联合国号召，中国的40多家国家机构、人民团体和社会组织，连续20多年在全国范围内开展相应活动逾千，参与人数过亿，规模大，规格高，产生了较大的公众影响和社会效益，为推动和谐社会建设发挥了积极作用。该项活动现由中国社工协会主办，国际科学和平促进委员会承办。活动规范，组织严密，效果明显，受到多方好评。

九、中国（国际）婚博会

中国（国际）婚博会是协会婚庆行业委员会创办的婚庆项目，自 2005 年开始至今在北京成功举办了 16 届，在上海成功举办了 10 届。目前，该展会已发展成为全球规模最大、参观人数最多、现场新人与服务商家签约金额最高的结婚展。中央电视台、北京电视台、东方卫视、旅游卫视、北京晚报、京华时报、新浪网、搜狐网等给予积极翔实报道。展会覆盖婚礼服务、婚礼用品、婚纱摄影、珠宝首饰、新婚家居、婚宴服务、蜜月旅游等 20 余个与结婚消费相关的产品和服务。婚博会有力地推动了中国结婚消费的规范服务与国际交流。2011 年，中国婚博会扩展至广州市。协会婚庆行业委员会将继续监督中国婚博会组委会认真搞好每次展会工作，推动和促进我国婚庆产业持续健康发展。

十、全国婚礼主持人大赛

全国婚礼主持人大赛是由协会主办，婚庆行业委员会承办的一项大型赛事，旨在弘扬先进婚礼文化，提高全国婚礼主持人的文化和素质修养，发展具有中国特色的婚庆文化，满足全国新婚群体的婚礼服务需求。大赛至今已成功举办了四届，参赛范围扩展到23个省、自治区和直辖市。每届赛事都有几千名热爱婚礼主持的人们报名参赛。该赛事为国家级的婚礼文化活动之一，得到众多媒体和业内人士的认同，被誉为国内水平最高的婚礼主持人大赛，其社会关注程度之高、参赛选手人数之多、比赛规模之大、涉及范围之广，在婚庆行业内外的影响都是空前的。它不仅展示了全国婚礼主持人的风采，培养了一批高素质的婚庆人才，也弘扬了健康、文明、时尚的婚礼文化，成为引领我国婚礼流行趋势的风向标。

十一、两岸四地社区服务工作实务论坛

“两岸四地社区服务工作实务论坛”是经国务院港澳事务办公室、国务院台湾事务办公室批准，由中国社会工作协会、中国市长协会、广东省民政厅、东莞市政府主办，香港社会服务联会、澳门街坊联合总会、台湾中华社会行政学会联合主办。论坛于2009年11月14日至15日在广东省东莞市隆重召开。来自我国内地和香港、澳门、台湾地区的社区业务骨干、专家学者以及部分城市的市长、区长等300多位代表参加了本届论坛。论坛议题涉及中国社区服务的现代与未来、社区服务的市场化与产业化运作、社区服务中心的生存与发展等。民政部李立国副部长在会上作了重要讲话，30多位代表及专家进行了主题发言。本届论坛对促进两岸四地交流，发展我国社区服务事业产生了重要作用，为我国社区服务工作的又一次盛会。

十二、中国社区睦邻文化工程建设

为加强文明和谐社区建设，社区工作委员会多年来一直注重在城市基层弘扬睦邻文化、推进邻里和谐，先后树立了天津市河西区天塔街道、上海市嘉定区嘉定镇街道、西安市新城区西一路街道等一批先进典型。中国社区睦邻文化工程在全国400多个地市广泛开展，涌现出一批优秀品牌项目，引领各地开展各具特色的社区邻里互助和睦邻友好活动，指导社区工作由单一管理模式转变为多元服务、居民参与管理、社区共建共享的模式，极大激发了居民参与社区活动，争做社区主人的热情。中国社区睦邻文化工程建设项目开始之初就受到全国人大常委会周铁农副委员长和民政部姜力副部长的充分肯定，在2010年此活动被民政部授予“争创党员品牌工程”。

十三、脑瘫儿童康复项目

脑瘫儿童康复项目是协会儿童救助工作委员会助医项目的重要组成部分。该项目曾以北京尔康医院为依托，帮助孤残儿童在北京进行康复训练。我们在工作的同时，不断总结脑瘫康复经验并帮助 4 名辽宁阜新福利院、2 名青海福利院员工及部分患病儿童家长进行康复技能培训。这一项目得到满文军、原梓霏等演艺界明星的鼎力支持，通过各种活动为脑瘫康复项目捐款，用于支持脑瘫患儿治疗、脑瘫康复师培训或康复器材购置。未来将重点研究、开展儿童脑瘫康复培训相关项目。

十四、《同在蓝天下——爱心·希望》主题晚会

《同在蓝天下——爱心·希望》主题晚会，启动于2004年，是协会影视制作中心围绕协会的中心工作，面向青少年困难群体，呼吁社会向他们奉献爱心所打造的大型社会公益项目。从2004年的“爱心献孤儿”，到2005年的“为了明天”，再到2008年的“爱心2008”，直至2010年的“爱心·希望”，每一年，我们都有确定的爱心主题。在晚会的策划、设计、筹资、组织各个环节，我们都充分发挥自身优势，联合和动员社会各方面共同合作。晚会的成功举办，有效地宣传了“爱心·希望”工程，较好地宣扬了协会的社会公益形象。此项目得到了中央电视台的大力支持，已成为与中央台“六一”晚会相匹配的一档关注青少年困难群体的爱心节目，成为我们独立操作的品牌项目。

十五、中英志愿者交流项目

中英志愿者交流项目由中国社会工作协会志愿者工作委员会和英国VSO资助并指导，旨在通过双方选拔不同的志愿者以结对的方式共同在两国从事社区志愿服务活动，来培养志愿者的志愿服务意识，帮助他们了解不同文化背景下的社会发展状况，提升社区工作管理能力和实践能力，并且促进两国社区的可持续发展。

十六、全国社区社会组织高层论坛

全国社区社会组织高层论坛的前身是社区社会组织节，发源于2000年天津和平区小白楼街道。2008年，由社区工作委员会与天津和平区委、区人民政府联合主办，小白楼街道承办，举办了首届全国社区社会组织高层论坛。民政部基层政权和社区建设司作活动的指导单位。2009年在满洲里举办了第二届社区社会组织高层论坛。2010年举行了首届中国社区工作经验交流会，推广社区社会组织建设经验。2010年年底，在深圳对社区社会组织优秀提案进行了表彰。推动社区社会组织建设，对于整合社区社会力量，承接政府交办的项目，推动社区服务社会化具有重大意义。

十七、中国公益拍卖

“中国公益拍卖”项目，旨在探索公益募捐新渠道，搭建爱心公益人士互动桥梁。自设立以来，先后举办了“革命老区贫困家庭病儿助医行动”、“爱心2008革命老区贫困家庭病儿助医行动——中国当代名家书画作品公益拍卖”、“闲置物品公益拍卖进社区”、“爱之风行动”、“关注病童爱‘心’行动”、“爱心手拉手”等多次不同主题、不同规模的公益拍卖活动，得到了来自社会各行各业的爱心人士积极响应，筹集款项达上千万元，开拓了公益组织筹资新渠道，也为汶川地震灾区，江西老区贫困先心病儿、社区贫困大学生、福利院孤残儿童等社会困难群体提供了切实有效的帮助。

十八、第三方发布企业公民报告

《企业公民报告》（也称企业社会责任报告）是企业与利益相关方沟通，构建和谐社会责任的重要手段。企业公民工作委员会依据我国首部《中国优秀企业公民评价标准》，制定了《中国企业公民社会责任报告指南》，从申请、指定专家、实地考察，到评价认定、发布等，制定了规范的发布程序，周密细致，可操作性强。委员会作为第三方发布机构，已先后发布《2005 沈阳市自来水总公司企业公民社会责任报告》、《2006 中凯集团企业公民报告》、《2006 广厦集团企业公民报告》、《2007 南京栖霞建设企业公民报告》、《2010 嘉凯城集团企业公民报告》等。顾秀莲、蒋正华、成思危等国家领导和相关部委领导多次出席报告发布会，并给予高度认可；同时得到社会各界好评。

优秀项目

2009 年

1. 中国社会工作协会发展蓝皮书
2. 第四届“全国十大社会公益之星”暨“全国优秀公益人物”评选表彰
3. 中国心脑血管疾病康复工程
4. 首届中国公益新闻年会
5. 《婚姻庆典服务》和《婚姻介绍服务》国家标准发布
6. 社会工作服务组织试点工程
7. 首届全国社区共建共享示范单位创建活动
8. “社工桥”勤工助学项目
9. 四川社工站项目
10. “爱心希望——走进宁夏”贫困家庭病残儿童救助活动

2010 年

1. 2010 年首届中国社工年会
2. 民族地区社会工作与社会建设论坛
3. 首届全国医务社工论坛
4. 《公益时报》手机报
5. 创建学习型社区活动
6. 第 22 届国际科学与和平周“艺术与和平”论坛系列活动
7. 协会获得公益性捐赠税前扣除资格
8. 2010 中国企业公民优秀公益项目申报活动
9. 德阳市区域性乳腺癌防治网络项目
10. 中国彩票游戏设计大赛

协会会歌——《社工人之歌——我愿意》

这是著名词曲作家陈卫东夫妇为社会工作者谱写的歌曲《社工人之歌——我愿意》。在协会主办的“爱心 2008——爱在蓝天下”大型公益晚会上，著名歌唱家王宏伟首唱了这首歌曲。

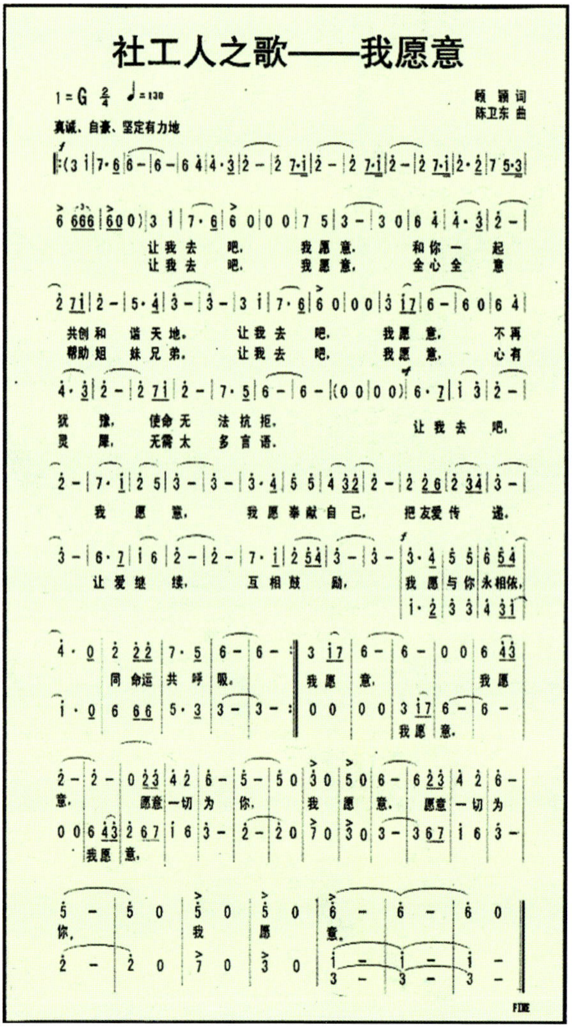

社会工作蓝皮书

中国社会工作协会与中国社会工作教育协会等五家单位于2009年联合编写了首部社会工作蓝皮书——《中国社会工作发展报告（1988～2008）》。该书获得中国社会工作协会“特殊成果奖”。

首届中国社工年会

2010年2月2日，由民政部指导，中国社工协会主办，公益时报社承办的“首届中国社工年会”在北京隆重举行。

后　记

关于我国社会工作走向的思考

中国社会工作协会常务副会长　杨建昌

2009～2010年的社会工作协会蓝皮书经过半年的编写，终于和大家见面了。这本蓝皮书的编写有一个特点，就是不仅要向社会报告中国社会工作协会的发展情况，而且要把视角向全社会扫描，试图把我国当前社会工作发展的现状介绍给大家，所以书中不仅增加了一些全国各地社会工作发展的状况、人物和事件，而且还选编了部分领导同志的有关讲话，并邀请了一些国内知名社会工作的专家、学者撰写论文，把社会工作的理论研究的前沿问题，奉献给大家，以供学习参考。同时，中国社会工作协会也组织力量撰写综论，对全国社会工作的发展形势作出综合性的评述和展望。

大家看过这部蓝皮书以后，可能会有一个感觉，就是中国社会工作协会这两年实现了自身工作性质和定位的转轨。即由过去比较庞杂的一般性的公益组织向着专业化、职业化、行业化的方向转轨。我们认为，在社会工作加速发展的大好形势下，中国社会工作协会必须体现出自身的特色，没有特色，就没有生命。这个特色就是中国社工协会“社会工作化”，把中国社会工作协会从里到外地打造成一个社工特色浓厚的专业化的社会组织。我们首先在思想上统一认识，然后在机构上加以调整，第三步就是在工作上和项目运作上逐步做到以社会工作为核心，我们叫做形成“合理内核”。

根据社会工作的发展形势分析，我们确定了中国社会工作协会的工作重点：加速推进中国社会工作实务创新和建设。我国已经颁布了《国家中长期人才发展规划纲要（2011～2020年）》，这个纲要把社会工作人才列入了国家重点培养的六类人才之一，且明确提到2020年国家要培养社工人才300万，这是一个非常鼓舞人心的宏伟蓝图。要实现这个目标，必须有强大的社会工作实务体系来支撑，而当前我国社会工作实务建设才刚刚起步。我国的社会工作发展状况是教育先行，但长期以来，培养出来的社工人才大部分没有干社会工作，有的即使分配到基层搞社工，也不太清楚做什么，怎么做。遗憾的是时至今日，还有相当一部分地区没有把社会工作实务建设提到议事日程。虽然有的地方在推进社工实务，并做了大量的有益的探索，取得了可喜的成绩，但大部分地方还是浅层次、粗放型的，缺乏职业化的指导和专业化的提升。鉴于上述，我们认为，加速推进社会工作实务建设，应是当前的主要任务。中国社会工作协会作为一个专业性、行业性的社工组织，义不容辞地应该把推进社会工作实务建设作为中心工作。为此，我们组织大型调查研究，召开各种会议研讨和统一认识，举办专业社工论坛，推动行业社工实务，组建社工实务创新基地，推动民间社工服务组织建设，表彰一线社工模范，评选实务创新项目，等等，都是围绕着社工实务创新展开。2011 年我们准备在实务建设上再扎扎实实地向前迈出一步。

提到今后的发展方向，我们认为，应以建设具有中国特色的社会工作理论体系和实务体系为目标。理论体系是为实务体系服务的，实务体系是理论体系发展的基础。我们在两个体系建设中，要紧紧把握三个特点，即本土化、时代化和大众化。所谓本土化，就是外来的东西要和中国的实际情况相结合，要接受中国的地气和气场，地气就是中国的民情和社情，气场就是中国文化。现在我们课堂上所教的，相当多的内容是外来的东西，要在中国加以运用和推广，必须和中国的实际情况相结合，和中国文化相融合。所谓时代化，就是要随着时代的发展而发展，要符合时代的情况和需要，我们总不能拿着人家一百年前发明的东西来指导我们今天的工作。即使适应今天了，也还要考虑明天的需要和发展，社会工作始终是一个动态的发展过程，要与时俱进。所谓大众化，就是要为广大老百姓排忧解难，要代表他们的利益，扎根百姓中，全心全意为老百姓服务。这三点是发展有中国特色的社会工作的精要。

因为社会工作是为社会建设服务的，是为构建社会主义和谐社会服务的，所以今后社会工作的走向必须搞好三个结合：一是和党的群众工作相结合，二是和社会服务类的公益组织相结合，三是和基层组织建设相结合。

为什么要和党的群众工作相结合？我认为广义上讲，新形势下的群众工作就是有中国特色的社会工作。不论在任何时候，都不能放松群众工作。群众工作也是动态的、发展的。在革命战争时期，我们的群众工作可以说是有声有色，卓有成效，积累了丰富的经验。但时至今日，时代发生了翻天覆地的变化，如果一成不变地照搬过去那套老的经验和做法，恐怕难以取得很好的效果。时代变了，人也变了。现在的人知识丰富、信息灵通，价值取向也发生了根本性的变化，必须用一种新的理念和方法来做群众工作，这个新的理念和方法就是专业化、职业化的社会工作，我们要用社会工作的理念和方法去丰富群众工作的内涵和外延，提升群众工作的质量和水平。我们认为，群众工作就是广义的社会工作，而社会工作就是职业化、专业化了的群众工作。所以尽快地把社会工作融入党的群众工作，应是我们努力奋斗的方向。

为什么要和社会服务类的公益组织相结合？应该说，社会服务类的公益组织，也都是做群众工作的，主要是为困难群体服务的，也应该运用社会工作的理念和方法，配备专业的社会工作者去做公益慈善工作，福利也好，救济也好，都不应只是简单地落脚到“助人”，还应该重视落脚到“自助”上，即运用社会工作的理念和方法，达到“助人自助”的目的。调动受助者自身的潜力，实现运用自身的力量，达到自我发展的目的。社会工作大家做，社会服务类公益组织，应该是社会工作的基本力量。

为什么要和基层组织建设相结合？基层组织应该是社会工作的主要载体。所谓基层组织主要是城乡社区，在城市是指街道办事处和居民委员会，在农村是指乡镇政府和村民委员会。街道和乡镇虽然是属政权性质，但它是直接面对老百姓的，是以人民群众为出发点和归宿的，其主要工作人员在施行职权的同时也应该是社会工作者。至于居民委员会和村委会则更应该是做社会工作的工作机构，村（居）委会主任都应该是社会工作师，其他工作人员也都应该是社会工作者。所以在加强基层群众组织建设的同时，就应该加强其社会工作的职能和岗位配备，使之成为社会工作专业化、常态化的工作机构。

说到中国社会工作协会自身，今后恐怕还是要不断地提高专业化水平，把协会真正打造成一个专业化、职业化、行业化的社会组织，以团结、联合广大社会工作者和关心、支持社会工作的各界人士，在党和政府的领导下，把我国的社会工作建设事业不断推向前进。希望各界朋友，及广大社会工作者今后更加关心、支持中国社会工作协会，指导、监督协会的工作，使协会更好地为社会服务，为广大社会工作者服务，为广大老百姓服务，为推动我国社会工作的发展，为构建社会主义和谐社会，做好自己的本职工作，作出应有的贡献。

衷心感谢社会各界和广大社会工作者对中国社会工作协会的支持，祝大家身体健康！